希罗多德的序言
The Proem of Herodotus

张 巍 主编

复旦大学历史学系主办

西方古典学辑刊
Museum Sinicum

复旦大学出版社

目 录

i 编者引言

经典诠解

003 散文纪事家希罗多德　　　　格雷戈里·纳吉　（阮　芬 译）
014 萨福残篇十六、高尔吉亚《海伦颂辞》与
　　希罗多德《历史》序言　　　海登·佩利恰　（何　珵 译）
043 表演、竞争性展示与 *Apodeixis*
　　　　　　　　　　　　　　罗莎琳德·托马斯　（李尚君 译）
069 创制历史：希罗多德的 Historiēs Apodexis
　　　　　　　　　　　　　　埃格伯特·J.巴克　（刘保云 译）
103 刺猬与狐狸：希罗多德序言的形式与意义
　　　　　　　　　　　　　　马列克·韦科夫斯基　（郭　涛 译）

哲学新探

145 Mixture and Mean in Plato's Second Constitution:
　　a Problematization　　　　　　　　　　　　André Laks

研究综述

175 西方学术界关于共和时代罗马人民政治作用的讨论　　晏绍祥

参考书架

215 《拉丁铭文集成》的编纂与拉丁碑铭学研究　　　　　　　王忠孝

学术书评

241 自我与他者：雅典视角下的斯巴达
　　——评《古希腊强邦：雅典人自我定义中的斯巴达》　白珊珊
256 从拓荒者到引路人
　　——弗格斯·米勒的罗马史研究历程（下）　　　　　　王班班

古典艺术

275 雅典陶瓶画和僭主刺杀者　　　　　　　　　　　　　　虞欣河
287 奥古斯都和平祭坛：献给皇帝的荣誉与元老院的表态
　　　　　　　　　　　　　　　　　　　　艾米·罗素（贺向前 译）

编者引言

那倾注一生于唯一一部作品的作者，已将他的生命与他的唯一之作合二为一。当他用唯一之作的创作实践着自己的生命，他的生命也就渐渐转化成唯一之作。对于其他作者来说，需要在数部作品当中呈现不同的主题，或者用不同的方式呈现同一主题，于是一部又一部作品的开始与完成便形成了生命的节奏，有如一年年的春华秋实，循环往复。可是，对于唯一之作的作者而言，他的生命与那部作品相始终，他的生命随着那部作品展开、延伸，以至完结，有如一条滔滔大河，奔流不息。只创作唯一之作，这是对生命做出的坚定抉择，是将生命实现于唯一之作。何种神秘莫测的力量促使作者做此抉择？其中蕴含怎样的生命奥义？把自己的生命托付给唯一之作，一部在有生之年总是处于创作之中的作品，总是在某种意义上未完成（可以接续下去的）的作品，必定意味着，这部唯一之作有着可以托付生命的至高价值。那究竟是何种至高的价值呢？这至高的价值是否缘于唯一之作担负着作者的唯一之思呢？

在古希腊，希罗多德便是这样一部唯一之作的作者，而且他的唯一之作还是古典世界第一部完整传世的散文体作品。这部作品被后世命名为《历史》(*Historiai*)，由希罗多德从公元前5世纪中叶开始撰作，一直持续到该世纪20年代，也就是从大约三十岁至六十岁去世为止，三十年的岁月里他不断地苦心经营着。当这部唯一之作临近完成，其篇幅之庞大，内容之广博，已经超越了同时代人和前人的绝大多数著述。此际，希罗多德回到作品的开篇，于卷首添加了那句震古烁今的开场白：

> 哈利卡纳索斯人希罗多德的探究展示于此，目的是让人类的所作所为不致因时光流逝而黯淡失色，让一部分由希腊人、另一部分由异族人展示的令人惊异的伟大功业不致失去荣耀，除了其它，特别是他们之间发生战争的原因。

这段冠于卷首的"序言"开宗明义地宣告了希罗多德的"唯一之思"。时隔两千五百年，我们如何才能领会它，领会它和《历史》这部"唯一之作"的本质性关联，领会《历史》这部"唯一之作"足以托付生命的至高价值？

本辑推出"希罗多德的序言"专题，旨在深入研读《历史》序言，索解希罗多德的"唯一之思"。首先有必要对这里使用的"序言"一词加以澄清。国际古典学界通常称上引序言为 proem。Proem 一词源自古希腊诗歌术语，严格意义上说来，指的是正式的诗歌表演之前向神明演唱的颂歌，此即"序诗"。该词从希腊文转写成拉丁文的 prooemion 或 proemium，再转写成英文的 proem。除了 proem，也有论者称这段序言为 prologue（通常指戏剧的开场白）或者 preface（通常指散文体作品的"前言"）。这段序言在通行的《历史》古希腊文校勘本里，没有标注卷数和行数，可视为独立于正文的"卷首语"。此外，也有学者认为，这段"卷首语"与第一卷第 1 至第 5 节共同构成了整部《历史》的"序言"（prologue 或 preface），过渡到正文即第一卷第 6 节起首叙述的吕底亚国王克洛伊索斯的故事。为便于读者理解，本辑统一用"序言"一词来对译 proem，如若论者持前一种观点，即《历史》的"序言"等同于"卷首语"（例如本辑纳吉、托马斯和巴克诸文）；如若论者持后一种观点（例如本辑佩利恰和韦科夫斯基两文），即"卷首语"被视为整部《历史》"序言"的一部分（也就是包括第一卷第 1 至第 5 节），则用"卷首语"来对译 proem，用"序言"来对译 prologue 或 preface，以示区别。概言之，"序言"一词在这里有广义和狭义之分，广义的"序言"指代"卷首语"及第一卷第 1 至第 5 节，狭义的"序言"仅仅指代"卷首语"。

当代古典学界对《历史》序言的深入研究始于 20 世纪初，持续至今已逾百年。本辑汇集的五篇译文体现了近四十年来的学界主流,侧重从语言、修辞和观念三个方面展开研究。语言方面最受关注的是序言的句法结构。狭义的序言(即"卷首语"),如上所引,是一句复杂而又精致的长句,其句法经过高度浓缩,意蕴绵密,绝非一目了然。经过细致的句法结构分析(参看本辑纳吉和巴克两文)可以发现,希罗多德的序言与史诗的序诗,尤其与《伊利亚特》的序诗非常相似。史诗序诗一般具有三重功能,即向神祈求、宣告主题和展开主题,而"展开主题"的部分往往又起到向正文过渡的作用。譬如《伊利亚特》第一卷的第1行,诗人向给他带来灵感的神明即缪斯女神祈求,歌唱一个特定的主题("阿基琉斯的愤怒");接下去的第2—7行描述了"愤怒"带来的后果用以展开主题,而第8行则通过一个问句过渡到正文。《历史》的序言采用了相似的句法结构:希罗多德的名字和籍贯取代了对缪斯女神的祈求,概括作品总体性质的一个短语("探究展示于此")等同于史诗的主题宣告;接下去的两个否定目的从句进一步说明了作品的主题和宗旨(前一个从句对主题和宗旨的表述极为宽泛,后一个从句则对之做出了明确的限定);最后展开主题"(探究涉及的)除了其他,特别是他们之间发生战争的原因",这又回应了作品的总体性质("探究的展示"),与之首尾相接。此处翻译成"原因"的名词(aitiē)还巧妙地将这段序言与正文第一卷的第1至第5节衔接起来,也就是通过紧接下去的第一句话里所使用的该词的形容词形式aitios:"有学识的波斯人说,对争端负有责任的(aitious)是腓尼基人。"(第一卷第1节)这样就过渡到广义的序言,其宏观结构同样有着荷马史诗惯用的形式。从"卷首语"到第一卷第1至第5节的这段文本,由一个巨大的环状结构组织起来,其中的重要元素前后一一对应。在这样一种环状结构里,正如古希腊神庙山墙上的浮雕,最中间的元素得到了凸显,相互对称的元素又彼此呼应和补充(参看本辑韦科夫斯基一文)。

《历史》序言除了严密的句法结构,还展现了高超的修辞手法和策略。狭义的序言里包含的两个否定目的从句使用了对仗的句式(isocolon),而且还以同样的单词收尾(homoioteleuton),形成一种尾韵的效果,这两种修辞手法都为同时代的智术师特别是高尔吉亚所偏爱,有着鲜明的智术师风格特征(参看本辑巴克一文)。修辞上的这一智术师特征还延伸到广义的序言。有学者指出（参看本辑佩利恰一文），从"卷首语"到第一卷第1至第5节，希罗多德使用了一个特别的修辞手法，即所谓的"对虚假开头的驳斥"（false-start recusatio），而这一手法也见于高尔吉亚的演说辞《海伦颂词》，尤其是后者的序言部分。两篇序言在修辞和表述以及主题上存在诸多相似之处，尽管很难确定究竟是哪一个文本影响了另一个，但毫无疑问的是，两个文本都属于公元前5世纪下半叶的智术师文化语境。这使我们认识到，《历史》序言不仅秉承了荷马史诗的智识传统，而且还参与了新兴的智术师智识活动。再进一步，对序言里的核心观念进行辨析，会加深我们的认识，发现更多的智识传统元素。狭义的序言里的重要概念包括historiē【探究】、apodexis【展示】、ta genomena ex anthrōpōn【人类的所作所为】、exitēla【黯淡失色】、erga megala te kai thōmasta【令人惊异的伟大功业】、aklea【失去荣耀】和aitiē【责任、原因】。学者们或使用内证法，用希罗多德《历史》文本自身的证据，来确立这些概念的语义（参看本辑巴克一文），或从希罗多德所属的智识语境入手，例如荷马史诗和早期抒情诗如品达（参看本辑纳吉一文），早期哲学如赫拉克利特和德谟克利特（参看本辑韦科夫斯基一文），史学萌芽时期的谱系学、地理学和民族志如赫卡泰乌斯（参看本辑佩利恰和韦科夫斯基两文）、智术师如高尔吉亚（参看本辑佩利恰和托马斯两文），甚至医学文献如希波克拉底学派文集（参看本辑托马斯一文），从某个或数个智识语境来分析这些概念的语义，强调《历史》序言与以上种种智识传统之间的呼应关系。

从所有这些智识传统当中浮现出来的希罗多德是一位与之竟比的"智慧之士"（sophos）。他开创了一种新型智慧（sophia），也就是"史"（historiē）的智慧，他的historiē远远超越其他早期史家（如赫卡泰乌斯），对智慧有着包罗无遗、圆融一体的诉求，正如早期哲学家开创的"思"的智慧，也要与"诗"的智慧比肩而立。这一诉求萦绕希罗多德的一生，在《历史》"序言"里被响亮地宣告：如果说"诗"的智慧在于呈现和颂扬神话里的英雄的伟业，赋予他们不朽的荣光（kleos aphthiton），那么历史中的人能否以及如何像他们那样成就伟大的功业？历史中的人的伟大功业又该如何被呈现和颂扬？对历史中的人的伟大功业的呈现和颂扬又如何配得上他们的伟大功业,使之垂诸久远而"不致黯淡失色","不致失去荣耀",恰如诗赋予神话英雄的不朽的荣光?在希罗多德生活的年代,主要有两种方式来呈现和颂扬神话英雄的伟大功业:荷马史诗和阿提卡悲剧。希罗多德如同所有希腊人,自幼便浸淫于荷马史诗,可以说是由荷马史诗哺育成人的,而当他壮年之际来到雅典,又感受到独树一帜的阿提卡悲剧的震撼。与他同时代的杰出抒情诗人品达,则仍旧在诗歌传统内部,以神话里的英雄比喻历史中的人(竞技赛会的优胜者),呈现和颂扬他们的伟大功业。"史"(historiē)的智慧要与这些方式争胜,不仅仰赖historiē开拓出的历史中的人的伟大功业这一新的领域,更要仰赖apodexis【展示】:对伟大功业的展示本身必然要成为伟大的功业;只有如此,historiēs apodexis【探究的展示】才能作为"伟大的功业"配得上历史中的人的伟大功业,也才足以蕴含托付生命的至高价值——这便是希罗多德倾注一生创作的《历史》,一部汇聚历史中的人的伟大功业的唯一之作。通过《历史》这部唯一之作,希罗多德将序言里的"唯一之思"付诸实现。

张 巍

二〇二一年十一月

经典诠解

Classical Text: Modern Studies

散文纪事家希罗多德[*]

格雷戈里·纳吉

（阮 芬 译）

"散文纪事家"（logios）一词，正如我想要展示的那样，是理解希罗多德《历史》的关键所在，《历史》作为散文体口述传统中惯例的产物，与荷马的《伊利亚特》和《奥德赛》所代表的诗体口述传统相关，但并不源自后者。

我打算以希罗多德《历史》的开篇，即所谓的序言（prooemium）作为研究起点。希罗多德《历史》的第一句话，因其产生争议的句法，已被学者们以多种方式解释，并且仍难达成一致的看法。正如克里舍尔（Tilman Krischer）所言，要想正确理解这句话的句法，有必要研究序言的形式与成规，研究序言在那些古风时期的作品如荷马的《伊利亚特》那里如何发挥作用[1]。我将基于克里舍尔有价值的评论，进一步讨论《伊利亚特》的序诗和《历史》序言之间的相似之处，这不能仅仅归因于希罗多德对荷马的模仿。的确，当希罗多德创作其《历史》中的第一句话时，心中显然想到了荷马。然而，我将举出句法和惯用手法上的证据，以论证希罗多德的散文体叙述本身是口述

---

[*] Gregory Nagy, "Herodotus the logios", *Arethusa* 20 (1987), pp. 175-184.[原文标题里的logios（复数形式为logioi），意思是"善于说故事的人"，但作者未给出英文对译。译者根据上下文语境，以及本文中的如下说法，即"logios看起来似乎是散文体口述传统的大师，正如诗人（aoidos）是诗歌体口述传统的大师"，将其翻译为"散文纪事家"。——译者按]

[1] Krischer (1965).

传统中惯例的产物。

那么,让我们接下来考察《历史》的第一句话:

Ἡροδότου Ἁλικαρνησσέος ἱστορίης ἀπόδεξις ἥδε, ὡς
  (a) μήτε τὰ γενόμενα ἐξ ἀνθρώπων τῶι χρόνωι ἐξίτηλα γένηται,
  (b) μήτε ἔργα μεγάλα τε καὶ θωμαστά, τὰ μὲν Ἕλλησι, τὰ δὲ βαρβάροισι ἀποδεχθέντα, ἀκλεᾶ γένηται,
τά τε ἄλλα καὶ δι' ἣν αἰτίην ἐπολέμησαν ἀλλήλοισι.[2]

这是哈利卡纳苏斯人希罗多德的**探究**[=historia][3]的**公开展示**[=名词 **apodeixis**][4],目的是为了促使
  (a) 人类所做的事情不随时间的流逝而被遗忘[5],
以及
  (b) 那些伟大且奇迹般的行为——一些被希腊人**公开实施**[=动词 **apo-deik-numai**][6],另一些被蛮族人——不致失去荣耀[**aklea**= 没有 **kleos**]。
特别是[7],[**探究**的**公开展示**涉及]基于什么原因[**aitia**]他们互相之间发生了冲突。[8]

---

[2] 与 Krischer (1965) 及其他人一样,为了说明语法,我运用了行首缩进;我还分出了(a) 和 (b) 两个否定的目的从句,它们不仅通过 μήτε .../μήτε ..【既不……也不……】的句式,还通过相同的结尾词 ... γένηται/ ...γένηται【发生……发生……】相并列。
[3] 更多关于 **historia**【探究、调查】的语义的讨论见下文。
[4] 希罗多德所用的 **apodexis** 这一伊奥尼亚方言形式,通过伊奥尼亚方言书写的铭文书证(参见,例如 LJS 词条 **apodeiknumi**)得到印证,可能反映了两个动词 **apo-deik-numai**【使公开】和 **apo-dek-omai**【接受或者认可一个传统】的混合。参见 Herodotus 6.43。
[5] 更多关于 ἐξίτηλα【转瞬即逝、被人遗忘】语义的讨论见下文。
[6] 我将在下文讨论"实施"的翻译。
[7] 关系结构 δι' ἣν αἰτίην 之前的副词性短语 τά τε ἄλλα καὶ 能够有效地将强调从整体转向细节,对应于否定目的从句 (a) 和 (b) 中从整体到细节的转变。
[8] 最后一个句子 τά τε ἄλλα καὶ δι' ἣν αἰτίην ἐπολέμησαν ἀλλήλοισι 比较难。我将其翻译成间接问句,因此不同于 Erbse(1956, 211 和 219):他将这整句话作为假设存在的 ἱστορήσας【探究】这个动词详细表述的直接宾语,而假设的整个表述是 Ἡρόδοτος Ἁλικαρνησσεὺς ἱστορήσας ἀπέδεξε τάδε,这变形为我们在希罗多德笔下所读到的实际表述 Ἡροδότου Ἁλικαρνησσέος ἱστορίης ἀπόδεξις ἥδε。我也不同意 Erbse 的另一看法(第 215 页),即 δι' ἣν αἰτίην 是对应于一个间接问句的关系结构(换言之,这个结构等同于 τὴν αἰτίην δι' ἥ)。事实上,关系结构可以直接被用作间接问句。参见 Herodotus 2.2.2: Ψαμμήτιχος(转下页)

重要的是，这里需要小心注意序言中将名词 apodexis【公开展示】与派生它的动词 apo-deik-numai【使公开】关联起来的思路，这个动词可以在接下来的从句（b）中找到。我们会认为这个中动形式的动词意味着"给……做出公开展示"，并且在一些语境中这个翻译的确是恰当的。因此，当薛西斯下令开凿运河，以将阿托斯山（Athos）的地峡变成岛屿，他被描述为 ἐθέλων τε δύναμιν ἀποδείκνυσθαι καὶ μνημόσυνα λιπέσθαι【希望公开展示他的权力，并且让后世记住】（Herodutus 7.24；参见 7.223.4）。当与直接宾语 gnōmēn/gnōmas【意见、判断】搭配时，这个中动形式的动词用于某人当众展示其看法的语境中，其中包括希罗多德自我表述的三个具体例子（2.146.1；7.139.1；8.8.3）[9]。不过，在序言的语境中，以及希罗多德文本的其他类似用例中，中动形式的 apo-deik-numai 与直接宾语 ergon/erga【行为】连用，仅仅被翻译成"实施"（perform），而不是"公开展示"（make a public display of）。因此在鲍威尔（Powell）的《希罗多德词典》中，我们可以找出 29 个例子，其中 apo-deik-numai 与直接宾语如 ergon/erga 连用，并且被翻译成"实施"[10]。举例来说，在我们刚才读到的序言中，提到的是由希腊人和蛮族人 apodekhthenta【实施】的 megala erga【伟大的行为】。如果我们在此处将"apodekhthenta"翻译成"公开展示"而不是"实施"，我们将无法理解文本。在如下语境中也是这样，其中垂死的卡利克剌忒斯（Kallikrates）表达了他深深的后悔……

（接上页）δὲ ὡς οὐκ ἐδύνατο πυνθανόμενος πόρον οὐδένα τούτου ἀνευρεῖν, οἵ γενοίατο πρῶτοι ἀνθρώπων【当普撒美提科斯（Psammetichus）不能通过探究的方法找到一种发现谁是人类的第一个种族的方法】。Herodotus 1.56.1: μετὰ δὲ ταῦτα ἐφρόντιζε ἱστορέων, τοὺς ἂν Ἑλλήνων δυνατωτάτους ἐόντας προσκτήσαιτο φίλους【此后，他小心调查希腊人中的哪一个是最强壮的，为他自己赢得作为朋友的支持】。Thucydides 5.9.2: τὴν δὲ ἐπιχείρησιν, ᾧ τρόπῳ διανοοῦμαι ποιεῖσθαι, διδάξω【我会告知你，我将用何种方式完成我心中的意图】。这些和其他例子，见 Kühner/Gerth II 2, 438–439。我要补充的是，在大多数例子中，关系从句与表达或暗示叙述的言语行为的动词相连。

9　可与 apo-deik-numai【使公开】+gnōmēn/gnomas【判断】作为宾语的这三个例子相比较的是，apo-phain-omai【使公开】+gnōmēn【判断】作为宾语（Herodotus 2.120.5）。此处，希罗多德可以说是再次公开表明观点。关于 apo-deik-numai 和 apo-phain-omai 的同义性，试想希罗多德 5.45.1–2 节中这两个词同时出现。

10　Powell (1938), 38 s.v. ἀποδείκνυμι B II (middle).

> ... ὅτι οὐδέν ἐστί οἱ ἀποδεδεγμένον ἔργον ἑωυτοῦ ἄξιον προθυμευμένου ἀποδέξασθαι.
>
> ……没有什么他**所实施的行为**(deed performed)值得他做，尽管他竭力去**施行**(perform)。
>
> （Herodotus 9.72.2）

显然，这个年轻人所悲伤的不是他没有为伟大行为做出公开展示的事实，而是更加基本的事实，即他没有伟大的行为去展示。这里所用的动词**apo-deik-numai**，显然应解释为"实施"(performing)，而不是"公开展示"(publicly displaying)。这是因为，在所有这些例子中，"公开展示"特定行为的真正媒介正是希罗多德的语言。换言之，实施一个行为，等同于公开展示一个行为，因为最终会被希罗多德的《历史》所公开展示[11]。正如《历史》序言的第一句话所宣称的，整个作品自身是一种**apodeixis**【公开展示】的行为：Ἡροδότου Ἁλικαρνησσέος ἱστορίης ἀπόδεξις ἥδε【这是哈利卡纳苏斯人希罗多德的**探究**的**公开展示**】[12]。

---

[11] 同样，说某事在希罗多德自身的事例中等同于**写某事**，因为它最终会被写在《历史》中。

[12] 名词**apodeixis**承担用于指称叙述的动词的句法功能，这可以从连词ὡς看出，该连词紧跟在分句ἀπόδεξις ἥδε之后，并且在间接问句(见上文)的结束从句之前引导出复杂的目的从句。此外，正如Krischer(1965, 162)所指出的那样，希罗多德的序言中间接问句δι' ἣν αἰτίην ἐπολέμησαν ἀλλήλοισι【基于什么原因导致他们互相之间发生冲突】，与《伊利亚特》序诗中的间接问句ἐξ οὗ δὴ τὰ πρῶτα διαστήτην ἐρίσαντε【[讲给我听，缪斯……]开始于何时，他们第一次争吵，分立两边】相类似。我强调关系从句"基于什么原因导致他们互相之间发生冲突"与"这是希罗多德的探究的公开展示……"相关联，正如"开始于何时，他们第一次争吵……"与"歌唱吧，女神，阿喀琉斯的愤怒……"(Ⅰ1)。还要注意希罗多德的ἀπόδεξις ἥδε ... δι' ἣν αἰτίην【公开展示……基于什么原因】所跨越的宽阔的句法间隔，类似于《伊利亚特》(第一卷第1—6行)中ἄειδε ... ἐξ οὗ δὴ τὰ πρῶτα【歌唱吧……开始于何时他们第一次】。在荷马真正的序诗和间接重述的序诗(这两种类型的列举，见Van Groningen 1946)的其他证据中，存在其他关系从句被用作间接问句的例子(最明显的是《奥德赛》第八卷第76行ὥς ποτε δηρίσαντο【他们曾经怎样作战】); 还需注意序诗的间接问句中**prōta**、**prōtos**、**prōton**【首先】等词的频繁使用，如《伊利亚特》Ⅰ6/ⅩⅠ 217/ⅩⅥ 113，与前文引用过的希罗多德2.2中**prōtoi**【首先】相对照。关于荷马《伊利亚特》和希罗多德《历史》中从序言到真正叙述之间的正式过渡的相似之处，下文有更多讨论。

当某人实施一个行为（或者完成一个纪念性建筑，如希罗多德1.84等所述的那样），这个"实施"（或者"完成"）等同于"公开展示"，只要它能够被公开展示的媒介所维持[13]。如希罗多德在序言里所宣称的，其《历史》的 apodeixis【公开展示】是为了确保希腊人和蛮族人所做的伟大行为不致 aklea【失去荣耀】。保存荣耀这一目的传统悠久，已经被建构进动词 apo-deik-numai 的遗存语义之中：伟大的行为已经被货真价实地 apodekthenta【公开展示】，因为它们正处于被希罗多德这一中介复述的过程中——正如更早时候已经被他的前辈们所复述的那样[14]。希罗多德的这些前辈，正如从序言到《历史》正文的过渡措辞所清晰表明的，被命名为散文纪事家（**logioi**）（Herodotus 1.1.1）。我提请读者注意用来形容《历史》的特殊主题的单词，即希腊人和蛮族人之间冲突的 aitia【原因】: τά τε ἄλλα καὶ δι' ἣν αἰτίην ἐπολέμησαν ἀλλήλοισι【特别是，（探究的公开展示涉及）基于什么**原因**[aitia]他们互相之间发生了冲突】（Herodotus prooemium）。紧随其后，该单词出现在《历史》正文的第一句：Περσέων μέν νυν οἱ λόγιοι Φοίνικας αἰτίους φασὶ γενέσθαι τῆς διαφορῆς【波斯人中的散文纪事家说，腓尼基人才是冲突的**原因**】（Herodotus 1.1.1）。这个过渡句表明，希罗多德在关注这场冲突的"原因"时，他自己其实就是一个散文纪事家，如他笔下亲波斯的对应者，那些被明确地称为散文纪事家的人，他们也关心这一问题：谁是冲突的原因？[15]通过重复关键词——虽然是以不同的词形——从序言过渡到正式叙述（在这个例子中αἰτίην 紧跟着 ἐπολέμησαν，意思是"发生冲突的……原因"，被 αἰτίους 紧跟着 διαφορῆς，意思是"冲突的……原因"接过话题），与此相似的例子，我参考了克里舍尔的文章，他指出了《伊利亚特》的序言 ἐξ οὗ δὴ τὰ πρῶτα διαστήτην ἐρίσαντε (*Iliad* I 6)【讲给我听，缪斯……）开始于何时，他们第一次争吵，分立两边】，到正式叙述的第一行 τίς τ' ἄρ' σφωε θεῶν ἔριδι

---

[13] 纪念性建筑自身可以是这样的媒介。
[14] 在 apo-deik-numai 的这种语境下，我们开始理解其与 apo-dek-omai "接受或认可一个传统"明显相混合的基础（见上文）。
[15] 关于希罗多德的序言和 1.1.1 中的 aitia【原因】和 aitioi【责任人】[="原因"]的语义，参见 Krischer (1965), 160。

ξυνέηκε μάχεσθαι(*Iliad* I 8)【然后,是众神中的哪一位让他们开始互相对立,发生争吵?】的过渡。克里舍尔还引用《舰船名录》(*Catalogue of Ships*)序言的例子(《伊利亚特》第二卷第493行的ἀρχούς【首领】,在第494行中被ἦρχον【率领】接过话题)。还可以注意《奥德赛》的序诗(第一卷第9行中的νόστιμον ἦμαρ【归家之日】被第13行的νόστου【归家】接过话题),还有《神谱》的序诗(第115行中的ὅ τι πρῶτον γένετ' αὐτῶν【他们之中的哪一个最先产生】被第116行中的ἦ τοι μὲν πρώτιστα Χάος γένετ'【最先产生的确实是卡俄斯】接过话题)。

正如我们从品达的话语中得知,散文纪事家的功能是授予 kleos【荣耀】:

> πλατεῖαι πάντοθεν λογίοισιν ἐντὶ πρόσοδοι | νᾶσον εὐκλέα τάνδε κοσμεῖν· ἐπεί σφιν Αἰακίδαι | ἔπορον ἔξοχον αἶσαν ἀρετὰς ἀποδεικνύμενοι μεγάλας
>
> 来自四面八方的道路很宽广,好让**散文纪事家**给这座岛屿饰以**荣耀**;因为埃阿科斯的后裔(Aiakidai)已给这座岛屿授予特有的份额[亦即,荣耀的份额],展示了伟大的**业绩**[复数的 **aretē**]。
>
> (品达:《尼米亚凯歌》6.45—47)

正如希腊人和蛮族人能够通过希罗多德所明言的"公开展示"(**apodeixis**),"公开展示"(**apodekhthenta**)他们的行为,并且因此不致"失去 kleos【荣耀】"(**aklea**)[16],阿喀琉斯的血脉,埃阿科斯的后裔(Aiakidai),同样能够继续"公开展示"(**apodeiknumenoi**)他们的业绩,即便在死后——通过未言明的散文纪事家的公开展示,在品达的

---

16 参见上文对 ἀπόδεξις … ἀποδεχθέντα 在句法上存在接续性的评述。

语言中他们被描述为荣耀的来源[17]。在其他地方，品达的语言将散文纪事家（**logioi**）明确类比于"诗人"（**aoidoi**），并且强调他们保存了那些早已消失的业绩：

> ὀπιθόμβροτον αὔχημα δόξας ｜ οἷον ἀποιχομένων ἀνδρῶν
> δίαιταν μανύει ｜ καὶ λογίοις καὶ ἀοιδοῖς. οὐ φθίνει Κροίσου
> φιλόφρων ἀρετά.

> 自豪地宣扬将来的荣耀是唯一一件事情，可以证实现在已经逝去的人们的生活，对 **logioi**【散文纪事家】和 **aoidoi**［＝诗人］来说都是如此；克洛伊索斯（Croesus）的心地善良（**philos-minded**）的 **aretē**［＝业绩］不会凋零[18]。

（品达：《皮托凯歌》1.92—94）

散文纪事家和诗人的明确类比，应该与《尼米亚凯歌》第6首中的"话语"（**logoi**）和"诗歌"（**aoidai**）相对照，我刚刚引用的品达凯歌中仅有的另一处"散文纪事家"的证据出自同一首诗歌。这个段落如下：

> εὔθυν' ἐπὶ τοῦτον, ἄγε Μοῖσα, οὖρον ἐπέων ｜ εὐκλέα·
> παροιχομένων γὰρ ἀνέρων, ｜ ἀοιδαὶ καὶ λόγοι[19] τὰ καλὰ σφιν ἔργ'
> ἐκόμισαν·

> 朝着这个胜利者的方向，缪斯啊，鼓起微风，用这些我的言词，它们将带来美好的**荣耀**。因为即便当人们已经逝去，**诗歌**和**话语**会重新将他们的行为之美善带回。

（品达：《尼米亚凯歌》6.28—30）

---

[17] 埃阿科斯的后裔不仅是埃阿科斯的直接后裔，包括儿子佩琉斯（Peleus）和忒拉蒙（Telamon）、孙子阿喀琉斯和埃阿斯（Ajax）等，还包括埃阿科斯的最终谱系，扩展到品达同时代的埃吉那（Aegina）的全体居民。

[18] 希腊语动词 **phthi-** 在作为不及物动词时，用以表达各种转瞬即逝的形象，尤其是植物的凋零［相关语段的全面评述，见 Nagy（1979），174-189］。

[19] 关于异文 ἀοιδοὶ καὶ λόγιοι，我将另文讨论。

简单来说，品达的语言明确指出，散文纪事家（**logioi**）类似于诗人（**aoidoi**），两者的作用都是保存人们的荣耀，甚至在他们死后，并且暗示散文纪事家和诗人的行为都事关"公开展示"（**apodeixis**）。

至于希罗多德，我刚刚已经论证过，他在其《历史》开篇时被含蓄地呈现为散文纪事家这个悠久谱系里的一员，并且他明确指出他保存荣耀的功能事关公开展示。相应地，我发现将 **logioi** 解释成"历史学家"是一种时代错置[20]。

散文纪事家的媒介，正如公开展示（**apodeixis**）的诸种语境所表明的那样，至少从观念形态上属于表演，而不是写作。如诗人一样，散文纪事家的每一个表演都能够重现人们的功绩。这是品达的话已经告诉我们的。因此，以克洛伊索斯之类的人为例，正如我们刚刚在品达的《皮托凯歌》第1首中所读到的，他的"业绩"不会"凋零"（**phthi-**），因为他的业绩被散文纪事家（**logioi**）和诗人（**aoidoi**）所传颂。当然在这个例子中，我们甚至有实际证据表明，相似但相互独立的克洛伊索斯故事，存在于一位散文纪事家的散文叙述（Herodotus 1.86ff.）和一位诗人的诗体叙述中（Bacchylides 3.23—62）[21]。因此看起来，散文纪事家是散文体口述传统的大师，正如诗人是诗歌体口述传统的大师。

散文纪事家如诗人一样能够防止一个人的"业绩"（**aretē**）转瞬即逝，这种观念不仅可以在品达那里发现，我们也已经在希罗多德的序言中看到了两次。第一次出现在否定目的从句中：(ὡς) μήτε τὰ γενόμενα ἐς ἀνθρώπων τῶι χρόνωι ἐξίτηλα γένηται【目的是为了促使人类所做的事情不随时间的流逝而 **exitēla**〔=转瞬即逝〕】。这个从句随后呼应了另一个否定目的从句，而第二个从句比第一个更加具体：μήτε ἔργα μεγάλα τε καὶ θωμαστά, τὰ μὲν Ἕλλησι, τὰ δὲ βαρβάροισι ἀποδεχθέντα, ἀκλεᾶ γένηται【那些伟大且奇迹般的行为——一些被希腊人公开实施，另一些被蛮族人——不致 **aklea**〔=

---

[20] 请 Farnell (1932), 116 原有我的不同观点。

[21] 见 Campbell (1976), 416 提到的甚至更早的图像证据（公元前500年：Beazley 1963 no.1）。

失去 kleos【荣耀】］］[22]。

在其他能看到的语境中，形容词 exitēlos 可以用来表明诸如布料[23] 或绘画[24] 色彩的淡退，种在陌生土壤中的种子失去繁殖能力[25]，以及一个家族世系的灭绝[26]。指向植物和人类生命的转瞬即逝表明，这个形容词在语义上与动词 phthi- 相类似，后者在用于人类业绩（aretē）的转瞬即逝时，我们已将其翻译为"凋零"[27]。此外，形容词 aphthiton，源自动词 phthi-，译为"不会凋零的"，该词在赞美诗继承的词汇中是荣耀（kleos）的传统饰词，正如当诗人伊比科斯（Ibycus）向他的赞助者波吕克剌忒斯（Polycrates）做出如下宣誓：

καὶ σύ, Πολύκρατες, <u>κλέος ἄφθιτον</u> ἑξεῖς
ὡς κατ' ἀοιδὰν καὶ ἐμὸν <u>κλέος</u>.

你，波吕克剌忒斯，也将拥有**不会凋零的荣耀**，
通过这篇诗歌和我的**荣耀**。

（Ibycus PMG 282.47—48）

从诗歌和散文遣词造句的对比来看，希罗多德散文序言中的两个否定目的从句——第一个旨在让人类的业绩不随时间流逝，第二个不让它们失去荣耀——其实是一个诗歌词组"不会凋零的荣耀"（**kleos aphthiton**）的迂回说法。

业绩或品质被"不会凋零的荣耀"所歌颂的那个人和唱颂歌的人之间的互惠关系，在刚刚引用的伊比科斯那句诗中得到了明确说明。这可以解释为："我的荣耀将会是你的荣耀，因为我为你作的颂歌将会成为你成名的途径；反过来，因为你值得永久的名声，我赞美

22　我不同意 Krischer (1965) 的看法，即两个否定从句反映了不同的媒介。
23　Xenophon *Oec.* 10.3.
24　Pausanias 10.38.9.
25　Plato *Republic* 497b.
26　Herodotus 5.39.2.
27　关于 **phthi-** 所指植物和人类的转瞬即逝意，见上文。

你的诗歌也将会永垂不朽,因此我这个歌颂者也将获得永久的声名。"[28] 相似的关系也存在于他们之间——一方是那个提出其《历史》是"公开展示"(**apodeixis**)的那个人,另一方是那些业绩被"公开展示"(**apodekhthenta**)而不会被遗忘和不会失去荣耀的希腊人和蛮族人。

希罗多德自称,他的目的是让冲突所引发的行为的荣耀持续,这让人想起《伊利亚特》。荷马史诗把自身称为荣耀[29],在此之外更重要的是要意识到阿喀琉斯自己专门提到过,伊利亚特的传说将会给他永恒的荣耀,即 kleos aphthiton【永不凋零的荣耀】(见第九卷第413行)。不仅如此,这种荣耀的实现,通过表面上讲述阿喀琉斯和阿伽门农之间的冲突故事,其背景则是阿凯亚人和特洛伊人更大规模的冲突,即特洛伊战争。必须要记得,这个更大规模的冲突,被归入甚至规模更大的希腊人和蛮族人之间的冲突,即希罗多德探究(**historia**)的主题。与品达的荷马一样,希罗多德的荷马正被纳入一种超越史诗的交流形式。

希罗多德的"**historia**"的框架包含了《伊利亚特》的框架这一观点,隐含于希罗多德的序言与《伊利亚特》的序诗的对比之中。希罗多德序言中的表述 δι' ἣν αἰτίην【基于什么原因】[30],问的是为什么希腊人和蛮族人之间会发生冲突,在作用上类似于《伊利亚特》的序诗所提出的问题:为什么阿喀琉斯和阿伽门农之间会发生冲突(*Iliad* I 7–12)?[31] 当然,后一冲突导致了阿喀琉斯的愤怒(*Iliad* I 1),阿喀琉斯的愤怒又导致数不清的阿凯亚人和特洛伊人的死亡(*Iliad* I 2–5)[32]。在《伊利亚特》的故事进程中,这些英雄纷纷死去,但如果没有阿喀琉斯的愤怒,他们本不会死去;换言之,《伊利亚特》的序诗认为阿喀琉斯

28　见 Nagy (1974), 251。
29　例如,《伊利亚特》II 485, XI 227, Nagy (1979), 15–18 讨论过。
30　重复一次,这个词组被下一句的 αἰτίους【原因】接过话题,见 Herodotus 1.1.1。
31　《伊利亚特》第 7 行中的这个问题"谁导致他们之间的冲突",在第 8 行中用"阿波罗"来回答,紧跟着通过第 8 行至第 9 行中的解释性从句(由 γάρ 引导)来告知为什么阿波罗引发了这场冲突:他愤怒了。然后在第 11 到第 12 行中出现了另一个解释性从句(由 οὕνεκα 引导)来告知为什么阿波罗愤怒:阿伽门农羞辱了阿波罗的祭司克律塞斯(Chryses)。因此,这是对单个问题的复合回答,并且这个答案假定想要问的问题也是复合的:不仅问了"谁导致这场冲突",还问了"为什么这场冲突会发生"。
32　关于阿喀琉斯的愤怒作为《伊利亚特》自称的"情节",见 Nagy (1979), 73。

和阿伽门农最初的冲突促成了《伊利亚特》。同样，希罗多德《历史》的序言认为，希腊人和蛮族人之间最初的冲突促成了《历史》。在这两种情况下，探究原初的原因不仅是所述事件的动机，也是叙述本身的动机。立足于《伊利亚特》序诗和《历史》序言来看，希罗多德实际上在暗示，《伊利亚特》所述事件是自己所述的更大事件框架中的一部分。希罗多德这个散文纪事家（**logios**）的《历史》实际上不仅是延续荷马这个诗人（**aoidos**）的史诗内容，更是把后者囊括其中。

征引书目[33]

Beazley, J. D., *Attic Red-Figured Vase-Painters*, 2nd ed., Oxford: Clarendon Press, 1963.

Campbell, D. A., *Greek Lyric Poetry: A Selection of Early Greek Lyric, Elegiac and Iambic Poetry*, Basingstoke and London: Macmillan, (Reprint of 1967 ed. with addenda.), 1976.

Erbse, H., "Das erste Satz im Werke Herodots", in Erbse (ed.), *Festschrift Bruno Snell*, Munich: Beck, 1956, pp. 209–222.

Farnell, L. R., *The Works of Pindar II: Critical Commentary*, London: Macmillan, 1932.

van Groningen, B., *The Proems of the Iliad and the Odyssey*, Mededeel. Ned. Akad. van Wetensch., IX.8, Amsterdam: North-Holland Publishing Company, 1946.

Krischer, "Herodots Prooimion", *Hermes*, vol.93, 1965, pp. 159–167.

Kühner-Gerth II=R. Kühner, rev. by B. Gerth, *Ausführliche Grammatik der griechischen Sprache: Zweiter Teil: Satzlehre*, 3rd ed., Hannover and Leipzig: Hahnsche Buchhandlung, 1898.

Nagy, G., *Comparative Studies in Greek and Indic Meter*, Harvard Studies in Comparative Literature 33, Cambridge, Mass: Harvard University Press, 1974.

Nagy, G., *The Best of the Achaeans: Concepts of the Hero in Archaic Greek Poetry*, Baltimore: Johns Hopkins University Press, 1979.

Powell, J. E., *A Lexicon to Herodotus*, Cambridge: Cambridge University Press, 1938.

（译者单位：华中师范大学历史文化学院）

---

[33] 以下书目根据作者在本文脚注中征引的文献，从全书的"征引书目"中提取出来，以便读者查阅。——译者按

萨福残篇十六、高尔吉亚《海伦颂辞》与希罗多德《历史》序言[*]

海登·佩利恰

（何　珵译）

雷斯（William H. Race）在谈论萨福（Sappho）与阿尔凯奥斯（Alcaeus）的一篇新近论文中指出，高尔吉亚（Gorgias）的《海伦颂辞》（Helen）中关于"爱欲"（ἔρως）的讨论受惠于萨福残篇十六，在他看来，智术师直接从这位诗人处受益。在雷斯讨论枚举衬托（priamel）修辞手法的著作中，他就已对希罗多德的序言（preface）与上述同一首诗歌之间结构上的相似之处展开评论，但他并未揭示萨福的诗歌作品与希罗多德《历史》序言之间的任何直接联系[1]。我将在此阐释两位散文作家之间独立于萨福残篇十六的关联，以补全这一三角关系。二者之间存在的相似之处表明，如下两种情况必居其一：两部作品诞生于同一语境，从而产生了彼此间相互独立的相似主题；其中一部作品在意识到另一作品的重要性并对它产生兴趣的情况下创作出来，或许还与之存在竞争关系。

---

[*] Hayden Pelliccia, "Sappho 16, Gorgias' *Helen*, and the preface to Herodotus' *Histories*", *Yale Classical Studies* 29 (1992), pp. 63-84.

[1] W. H. Race, "Sappho, fr. 16 L-P and Alkaios, fr. 42 L-P: Romantic and Classical Strains in Lesbian Lyric", *CJ* 85 (1989), 16-33, 以下简作 Race (1989), 19, 以及 *The Classical Priamel from Homer to Boethius, Mnemosyne Supplement* 74 (Leiden 1982), 以下简作 Race (1982), 111。熟悉这些论著的读者一眼就能看出本文受惠于它们之处。

一

《历史》序言(即卷首语[proem]外加第1—5节)与高尔吉亚的演说《海伦颂辞》(尤其是其前言部分)存在着主题、修辞与表述上的相似。主题的相似显而易见：希罗多德讲述了以帕里斯、海伦与特洛伊战争为高潮的一系列劫夺事件，这些事件便是他所声称的波斯散文叙事者(λόγιοι)的记载；而这是高尔吉亚整篇作品自始至终谈论的主题。两位作者在表述上都严格遵从法律模式：希罗多德笔下的波斯人详细地记录事件经过，而当入侵行动逐步升级为军事战斗时，他们为自身辩护，并依据一个相对更应受惩罚的理由谴责希腊人。希罗多德审慎地引出几位腓尼基见证者，为波斯人针对本族群的指控辩护，并允许他们提供一个伊奥(Io)消失的解释，从而为自身开脱，并不强行对波斯人的说法进行彻底的纠正。另一方面，高尔吉亚对海伦的赞颂几乎完全致力于按照法律模式为她的无罪辩护。关于这些法律主题，我将于下文展开进一步的讨论。

由于修辞手法与表述上的相似性合为一体，我将一并讨论。这些段落共同采用了一个技巧，我在别处称之为"对虚假开头的驳斥"(false-start recusatio)[2]。该策略并未于萨福残篇十六中采

---

[2] "Pindarus Homericus: *Pythian* 3.1—80", *HSCP* 91 (1987), 39—63, 47f. 人们通常将驳斥策略的运用范围局限于拉丁诗歌，譬如贺拉斯1.6，并将这一做法的源头追溯至卡里马库斯。参见 R. G. M. Nisbet and M. Hubbard eds., *A Commentary on Horace Odes Book I*, Oxford, 1970, p. 81。J. P. Barron, "Ibycus: To Polycrates", *BICS* 16 (1969), 119—149。其中第135页指出："驳斥的主题在趣味上完全是希腊化时期的，实际上，在那一历史时期之前，没有与之相似的修辞手法。"这一看法有点言过其实：Barron、Nisbet 与 Hubbard 均提到Callimachus, *Aitia* fr.1 Pf., 人们通常认为，其中的第17—28行是贺拉斯的上述引文以及维吉尔 *Ecl.*6.3—5 的最终范本。但由于卡里马库斯仿照品达 *Pae.*7b.10-12 (κελαδήσαθ' ὕμνους, ǀ ὁμήρου [δὲ μὴ τρι]πτὸν κατ'ἀμαξιτόν ǀ ἰόντες, ἀ[λλ'ἀ]λοτρίαις ἀν'ἵπποις) 创作了自己的段落，那么人们声称采用驳斥策略的做法源自卡里马库斯的理由何在？基于如下两点理由，我将我所考察的做法称为一个"驳斥"：它与拉丁诗歌中展现的通常被人们如此称呼的修辞策略存在相似性。此外，品达在一处示范性段落(*Ol.*1.52, 见下文)中采用了ἀφίσταμαι一词，该词正是 recuso 的希腊语同义词(参见 Aesch. *Eum.* 413f., 在此处文本中，雅典娜在可能冒犯别人时及时住嘴，她考虑到 ἀποστατεῖ θέμις【是不应当的】【亦即，不礼貌的个人评论】)。Race (1989), p. 25 n. 23 简要证明了这一术语可用于萨福残篇十六，并援引了 L. Rissman 的著作 *Love as War: Homeric Allusion in the Poetry of Sappho, Beiträge zur klassischen Philologie* 157, Königstein, 1983, 30—54。D. C. Young 已于1968年发 (转下页)

用³,而希罗多德与高尔吉亚各自为了不同的效果采取了这一策略,但他们的确都这么做了,若我们想真正理解两位作家创作的段落或这些文本与此前作品之间的关联,我们必须了解该策略的性质与功能。

我将品达《奥林匹亚凯歌》(*Olympians*)第一首第25—53行以及第九首第29—41行称作采用了"对虚假开头的驳斥"策略的段落,正是在这些段落中,诗人以一个故事或一个故事版本作为开头并扩展其内容,但在结束前出于某种原因决定中止这一主题,而以某些另外的主题、版本或路径取而代之。这一策略的修辞目的与枚举衬托的修辞目的类似:引入的某一事物仅因要支持另一事物而被摒弃,得到支持的事物也因此前的衬托物而显得格外突出。我们或许能将它想象为枚举衬托修辞手法的一种戏剧化形式:在后一种修辞手法中,作者公开地提供备选项,并且出于某些或多或少明确的理由往往选定最终提及的事物。许多枚举衬托好似智力训练:作者要求我们思考一系列备选项,但最终决定通常正如(作者)已决定的那样展现出来。然而,许多其余的枚举衬托手法是提问式的:备选项以修辞问句的方式展现:"我该如何赞美你,阿波罗?如A或B或C?"或者"在从前的辉煌荣耀中,底比斯,你最自豪哪一项?在A或B或C中?"诗人在如上情况下以一个犹豫不定的形象展现自身,或者更确切地说,好像就在当着我们的面做决定。很明显,这种形式在某种程度上是具有戏剧性的:诗人模仿一个正在思考如何做决定者,并因此邀请我们来评价,从而参与到做决定的过程中。

使用"对虚假开头的驳斥"之时,作者起初并未给出任何明显的提示,表明将要做出一个决定⁴,正如品达诗歌所展示的那样,作者有时以一个对即将到来的变化并不知情或并未做好准备的形象展现在读者面前。因此,在《奥林匹亚凯歌》第九首中,品达在自己几乎已

(接上页)表的论文(*Three Odes of Pindar, Mnemosyne Supplement* 3, Leiden, pp. 33-34)中将品达 *Pyth*.3 视为一个驳斥,另外可参见 Race (1982), p. 21 以及同一作者的著作 *Classical Genres and English Poetry*, London, 1988, pp. 1-34。

3 但可参见 J. G. Howie, "Sappho Fr.16 (LP): Self-Consolation and Encomium", *Papers of the Liverpool Latin Seminar* (1976), 207-235。

4 我们究竟应将希罗多德的《历史》序言归于一种枚举衬托还是一种从虚假开头出发的驳斥策略?"公开性"与决定之间的关联何在?关于这两个问题的讨论,参见下文。

经讲完赫拉克勒斯的寓言后才开始意识到,这则故事在道德教谕的层面上并不合适。当诗人了解到这一认识的重要性后,他激烈地回应道(或将自己描绘为一个正在回应的形象):舍去这则故事,闭嘴!品达在《奥林匹亚凯歌》第一首中拒绝继续描述:我实在不能将任意一位神祇称为嗜食者,我拒绝这样做[5]。

我们并不能于希罗多德或高尔吉亚的作品中发现如此生动的内容,在这两位作者那里,这种策略的使用都变得较为平淡。文本中并未出现任何明确的陈述,表明开始的内容是错误的或不道德的,仅仅就这么开始了,紧接着被舍弃,并无任何解释,为什么作者开始采用新的路径。我将概述这些段落,描述它们的论述过程,并引用表述上的相似之处。

高尔吉亚以格言式的句子开篇,提出赞颂与谴责的普遍原则,而这些原则最终将用来指导作者随后对特定演说主题即海伦的探讨:χρὴ τὸ μὲν ἄξιον ἐπαίνου ἐπαίνῳ τιμᾶν, τῷ δὲ ἀναξίῳ μῶμον ἐπιτιθέναι【我们必须采用赞颂的方式对值得歌颂的事物赋予荣耀,而对不值得歌颂的事物加以谴责[6]】。这一无可指责的主张反映了传统的赞颂表达方式,正如品达《尼米亚凯歌》第八首第39行所言,αἰνέων αἰνητά, μομφὰν δ' ἐπισπείρων ἀλιτροῖς【通过赞扬值得赞扬的事物并谴责作恶者[7]】。高尔吉亚在眼下这篇作品中面临的挑战在于,他要向读者证明,海伦属于第一类而非第二类的论述对象。出于这一理由,这位

---

[5] 人们往往将这些品达诗歌段落相互比较,并与其余明显的自我修正事例相对照。他们构想出"对虚假开头的驳斥"术语,目的在于从某种程度上强调该技巧具有深思熟虑的特征,与此相反的是R. Lattimore, "The First Elegy of Solon", *AJP* 68 (1947), 161-179,以及"The Composition of the *History* of Herodotus", *CP* 53 (1958), 9-21,他谈道,"并不突兀的修正"差不多是因缺乏先见之明而导致的结果。我采用了从某种程度上说草草地将这些段落归为一类的方式,但这样做并不是说,它们之间缺乏重要的差异;一些共同的要素——有意的、修辞上有目的的误导——足够明显。关于这方面内容近来有一番精彩的讨论,参见M. Griffith, "Contest and Contradiction in Early Greek Poetry", in M. Griffth and D. J. Mastronarde eds., *Cabinet of the Muses*, Atlanta, 1990, pp. 185-207。他将品达的诗句视为对既有作品的创新与超越的案例进行研究,在我看来,这些动机与希罗多德和高尔吉亚也有关,详见后文第三部分。

[6] 高尔吉亚《海伦颂辞》的引文,均由译者依据古希腊语原文译出,下同。——译者注

[7] 品达诗句引文的翻译参考了勒布古典丛书的英译文,参见Pindar, *Nemean Odes, Isthmian Odes, Fragments*, vol.II, edited and translated by William H. Race, Cambridge, Massachusetts: Harvard University Press, 1997, p. 93。——译者注

演说辞作家在后一句中提出了一个论证，以支持先前提出的赞颂原则，而这一论证基于不言自明的自相矛盾：ἴση γὰρ ἁμαρτία καὶ ἀμαθία μέμφεσθαί τε τὰ ἐπαινετὰ καὶ ἐπαινεῖν τὰ μωμητά【由于谴责值得赞颂者与赞扬应予谴责者是同样错误而愚蠢的做法】。这一消极的表达方式让高尔吉亚得以在后续对海伦的赞颂中囊括消极（却互补）的驳斥行为，也就是说，驳斥了那些对值得赞颂的事物给予了不恰当指责意见的人们的行为[8]，因此，τοῦ δ' αὐτοῦ ἀνδρὸς λέξαι τε τὸ δέον ὀρθῶς καὶ ἐλέγξαι τοὺς μεμφομένους Ἑλένην【对于同一人，阐述适宜的话语并驳斥那些谴责海伦者是应尽的义务】。此句中，λέξαι τὸ δέον【必须阐述】指代先前由"χρή"【必须】引出的赞颂原则，而ἐλέγξαι云云【驳斥……】重复并详述了消极的再次表述的内容。[9] 我将"赞颂"的这两个虽然互补但截然不同的方面称为颂辞（encomiastic）与驳辞（elenctic）。高尔吉亚在下一句——也就是序言要结束的地方——指出，他这篇演说的目的在于驳斥：ἐγὼ δὲ βούλομαι λογισμόν τινα τῷ λόγῳ δοὺς τὴν μὲν κακῶς ἀκούουσαν παῦσαι τῆς αἰτίας, τοὺς δὲ μεμφομένους ψευδομένους ἐπιδείξας καὶ δείξας τἀληθὲς παῦσαι τῆς ἀμασίας【我希望通过这篇演说的论证终结那些指责海伦者的言论，并通过揭露诋毁海伦者是在撒谎，展现真相，终止他们的愚蠢行为】。

尽管高尔吉亚发布了这则采用驳斥论证方法的声明，但他接下来于第三节中以颂辞的传统主题，开启了看上去似乎是演说的正文

---

[8] 他因此提前提出了伊索克拉底在《海伦》第14节中的指责意见。

[9] 自Dobree以来，这样的做法就很常见：在ἐλέγξαι一词后放一个阙文标记，并补充已佚文本的含义，如Diels所添加的：τὸ λεγόμενον οὐκ ὀρθῶς · προθήκει τοίνυν ἐλέγξαι。学者们不大可能对于文本的含义存在疑惑，从而针对流传的版本提出反对意见，由于该部分文本并不存在任何理解上的困难，他们仅仅针对文本含义表达的直接方式提出反对观点。但流传的版本是令人印象深刻的介绍海伦的内容，并在思想上与那种采用夸张方式进行赞颂的段落（譬如Pindar, Pyth. 9.87 κωφὸς ἀνήρ τις, ὅς Ἡρακλεῖ στόμα μὴ περιβάλλει与Isth.5.19f. τὸ δ' ἐμόν, οὐκ ἄτερ Αἰακιδᾶν, κέαρ ὕμνων γεύεται）之间存在某些相似之处。的确，此处提到海伦的突兀性在品达的文本中并未重现，但这里产生的效果与亚里士多德通过如下做法实现的效果具有相似性，他在正式开始自己的修辞学讲座前，先以修改后的欧里庇得斯的语句（αἰσχρὸν σιωπᾶν, Ἰσοκράτην δ' ἐᾶν λέγειν）开头，参见Cicero, de Orat.3.35。

部分内容——赞美演说对象的 γένος【家族】以及 φύσις【出身】[10]：ὅτι μὲν οὖν φύσει καὶ γένει τὰ πρῶτα τῶν πρώτων ἀνδρῶν καὶ γυναικῶν ἡ γυνὴ περὶ ἧς ὅδε ὁ λόγος, οὐκ ἄδηλον οὐδὲ ὀλίγοις【现在，作为演说对象的这位女性，在出身与家族方面都是杰出的男性与女性中最为出类拔萃的，这一点在许多人看来都是十分明显的】。高尔吉亚引入这一主题的原因——它与对海伦的一个驳辞性辩护之间的关联并不那么明显（有人指控她的血统不够高贵吗？）——我将在后文中予以说明。我们目前只需注意，作者诉诸普遍共识的说服力来支持他认为海伦具有优越血统的主张。这　节的剩余部分与海伦的父母（凡人与神）有关，他们是勒达（Leda）、廷达瑞俄斯（Tyndareus）以及宙斯。

下一节转向 φύσις【出身】主题下的一个标准子类：演说对象遗传的美貌[11]，这一点与海伦的特殊关联显而易见。然而，高尔吉亚随即开始阐述如下内容：海伦的美貌对那些见证者产生的影响。这也是一个常见的颂辞策略：赞颂者主张的真实性由实际存在的见证者们的证据证实，作者同样赞扬这些对象，以使他们的证词具有足够的分量[12]。作者暂停赞颂前的最后一节（第4节）充溢着高尔吉亚所有最精妙且最具特色的风格策略：

πλείστας δὲ πείστοις ἐπιθυμίας ἔρωτος ἐνειργάσατο, ἑνὶ δὲ

10　关于 γένος（或 ἡ γενεαλογία）作为颂辞主题以及作者将这部分论述内容率先置于序言后的问题，参见 Rhet.ad Alex. 1440b23-1441a14。关于这一"纲领"在更早期诗歌中的呈现，参见 A. M. Miller, From Delos to Delphi, Mnemosyne Supplement 93, Leiden, 1986, pp. 6-9以及书中各处。关于 φύσις，参见 Menander Rhetor, περὶ ἐπιδεικτικῶν 371.14-15 (Russell and Wilson): μετὰ τὴν γένεσιν ἐρεῖς τι καὶ περὶ φύσεως, οἷον ὅτι ἐξέλαψεν ἐξ ὠδίνων εὐειδὴς τῷ κάλλει καταλάμπων。

11　参见上一个脚注所引用的演说家米南德的文本段落，试比较 Rhet.ad. Alex.1440b17-18，在后一处文本中，κάλλος 与 εὐγένεια（以及 ῥώμη 与 πλοῦτος）被归为一类，共同阐释 τὰ ἔξω τῆς ἀρετῆς。

12　早在荷马那里，我们便能发现使用这一策略的痕迹。涅斯托尔通过如下表述证明他的资历（也就是说，进入自我赞颂），譬如，"我与在他们所处时代最为强大的人物结交，譬如佩里托奥斯和忒修斯，由于他们邀请我前往，现如今，没人能与他们相争；他们听取我的建议并听从我的话……"(Il.1.260-73) 参见 Pindar, Nem.8.8-10（埃阿科斯乃伊诺妮与宙斯之子）πολλά νιν πολλοὶ λιτάνευον ἰδεῖν. ἀβοατὶ γὰρ ἡρώων ἄωτοι περιναιεταόντων ἤθελον κείνου γε πείθεσθ' ἀναξίαις ἑκόντες κτλ. 伊索克拉底依据同样的准则在赞颂海伦的过程中为关于忒修斯的全部离题内容辩护（第38节）：οὐ γὰρ δὴ μάρτυρά γε πιστότερον οὐδὲ κριτὴν ἱκανώτερον ἕξομεν ἐπαγαγέσθαι περὶ τῶν Ἑλένῃ προσόντων ἀγαθῶν τῆς Θησέως διανοίας。

σώματι πολλὰ σώματα συνήγαγεν ἀνδρῶν ἐπὶ μεγάλοις μέγα φρονούντων, ὧν οἱ μὲν πλούτου μεγέθη, οἱ δὲ εὐγενείας παλαιᾶς εὐδοξίαν, οἱ δὲ ἀλκῆς ἰδίας εὐεξίαν, οἱ δὲ σοφίας ἐπικτήτου δύναμιν ἔσχον. καὶ ἧκον ἅπαντες ὑπ' ἔρωτός τε φιλονίκου φιλοτιμίας τε ἀνικήτου.

她在多数人中激发了十分强烈的爱欲，凭借一人的身体便将许多因拥有绝佳理由而深感自豪者的身体吸引至一处，在他们之中，部分拥有巨额财富；部分拥有古代贵族的声望；部分个人力量超群；部分拥有新获取的智慧的力量。所有人因有征服性的爱欲与无法遏止的对荣耀的渴望来到此处。

此处文本纯熟且华丽的演说风格，使这一节成为整篇演说一个特别重要的段落[13]，我们或许会再次想知道作者的创作动机，尤其因为海伦求婚者的主题必然导向她的婚姻主题，这是一个听众也许会原谅赞颂者试图回避的主题。事实上，这正是高尔吉亚即刻采取的做法（第5节）：

ὅστις μὲν οὖν καὶ δι' ὅτι καὶ ὅπως ἀπέπλησε τὸν ἔρωτα τὴν Ἑλένην λαβών, οὐ λέξω· τὸ γὰρ τοῖς εἰδόσιν ἃ ἴσασι λέγειν πίστιν

---

[13] 同一词汇的异形重复（polyptoton）：πλείστας/πλείστοις; σώματι/σώματα; μεγάλοις/μέγα. 矛盾对照（paradox）：ἑνὶ σώματι/πολλὰ σώματα. 双关语（word-play）：以 εὐ- 与 φιλο- 为前缀的复合词交缠在一起（参见 D. Fehling, *Die Wiederholungsfiguren und ihr Gebrauch bei den Griechen vor Gorgias*,[Berlin 1969] 247f）。最后四个词尤为精妙：不仅仅是 φιλο- 与 νικ- 的重复，还运用了 Calvert Watkins 在品达诗歌中发现的一种普遍存在的语音修辞格，将主题上适用于凯歌的内容与语音上互补的一对词根 "τιμ-" 与 "νικ-" 紧密地连接在一起："元音相同，一个词中的鼻响音与口阻塞音的顺序在另一个词中倒换过来。""New Parameters in Historical Linguistics, Philology, and Cultural History", *Language*, 65(1989), 783–799, 789.除开 Watkins 发现的品达例证以外，还可参见散文中的相关证据，如托名吕西亚斯的葬礼演说第16节"ἐπίπονον καὶ **φιλόνικον** καὶ **φιλότιμον** αὐτῷ καταστήσας τὸν βίον"以及修昔底德3.82.8"πάντων δ' αὐτῶν αἴτιον ἀρχὴ ἡ διὰ πλεονεξίαν καὶ **φιλοτιμίαν** ἐκ δ' αὐτῶν καὶ ἐς τὸ **φιλονικεῖν** καθιστομένων τό πρόθυμον"。A. B. Westervelt 将于即将发表的一篇论文中对希腊文学中普遍出现的 τιμ-/ 与 νικ- 的双关用法展开研究，我在此对 Thuc.3.82.8 的引用来自他的文章。

μὲν ἔχει. Τέρψιν δὲ οὐ φέρει. τὸν χρόνον δὲ τῷ λόγῳ τὸν τότε νῦν[14] ὑπερβὰς ἐπὶ τὴν ἀρχὴν τοῦ μέλλοντος λόγου προβήσομαι, καὶ προθήσομαι τὰς αἰτίας, δι' ἅς εἰκὸς ἦν γενέσθαι τὸν τῆς Ἑλένης εἰς τὴν Τροίαν στόλον.

现在是谁通过获取海伦满足了他的爱欲,为何这么做以及怎样做到的,我将不做论述,因为向知情者透露他们已知晓的信息,会赢得他们的信任,却并无趣味。现在在我的演说中,过往时刻的内容已略去,我将转入自己想要阐述的内容的开头,并将提出海伦远航至特洛伊这一事情可能发生的各种理由。

作者正是在这一过渡段落中采用了驳斥策略(recusatio),这表明,演说第3—4节的材料已成为一个"虚假开头"。正如我们所见,高尔吉亚以一则声明开始了他的演说,他向读者表明,自己试图采用驳斥论证的方式赞扬海伦,换言之,作者试图采取驳斥海伦诽谤者的做法;接着他用两节的篇幅赞美海伦的血统与美貌。我已指出,在作者称之为反驳论证的内容中发现这些传统的颂辞主题是令人惊讶的,但我们确信,正因为这些主题非常传统,它们的出现看上去便不会显得过于自相矛盾而令人无法接受。听众一定认为,从 φύσις【出身】与 γένος【家族】开始的演说开篇表明,作者的方向已确定,演说正在进行中。然而,真正意想不到的情况将于第5节中出现,高尔吉亚突然改变了论述方向。作者已表明在此时刻采取这一做法的理由:海伦的婚姻是一个关键点,她的赞颂者与诽谤者将会因此产生意见分歧,并且当我们回过头来看时可以发现,作者是如何自然地——几乎是率真地——提出这一关键事件,他单单是采纳了颂辞的常用主题。

14　与 Diels-Kranz 的做法一样,我并不同意 Blass 的意见,在 νῦν 前补上 τῷ 一词。如果我们添上该词,"目前的叙述"将只可能是第三节开始的赞颂内容,并且一定会与现在声称的"即将发生的叙述"区别开来(正如 Immisch 此处的评注已指出的那样),这是我所不能接受的,因为 τὸν χρόνον τὸν τότε 跳过的内容并不是第3—4节颂辞内容的一部分,而是使赞颂终结的内容,作者在先前的文本中采用了短语 οὐ λέξω,向读者宣告了赞颂的终结。因此,我倾向于保留 νῦν,用以指代这两节间的过渡时刻,而不是用它与 Blass 添加的定冠词一起具体指代前文所述的内容。

然而，既然提及这一主题，高尔吉亚明智地拒绝讨论已发生的事件，而转向它们的解释，这种方式允许作者既能驳斥 τοὺς μεμφομένους Ἑλένην【那些谴责海伦者】，又能证明这位妇女自身是无辜的。这一方式是演说的后续内容所采用的做法，它才是演说的真正计划，而矛盾的是，这也是第1—2节的序言所规划的主张让我们心里有所准备的内容：驳斥使我们回到了最初选择的方向。

高尔吉亚为何不在序言之后直接开始他在那些以及这些段落中宣称的驳斥论证计划，而选择在两节之后展开论述？穿插的赞颂素材令人兴奋地必定会导向海伦不忠的话题，这样一来，通过让我们看到作者可以说是使他自己陷入困境，高尔吉亚实现了某种特定的戏剧效果；但当这位演说辞作家已在文本开篇表明，他的意图是使海伦免于遭受那些诽谤者的指控时，高尔吉亚很难指望我们会将这一自陷罗网的行为看得过于认真。除了那些源于海伦与帕里斯私奔的指控，高尔吉亚一直说的指控还能是什么呢？我们有理由推测，在这一赞颂素材——它与高尔吉亚所宣称的计划不协调——背后隐藏着某些东西，作者认为，这些内容后续会对他有用，问题是，它们是什么？

"对虚假开头的驳斥""枚举衬托""假称不提"（praeteritios）以及其余为了形成某种高潮而否定陪衬物的策略不断引发了这类问题：被否定的陪衬物究竟实现了怎样的目的？在这里起作用的原则往往是鱼与熊掌兼得[15]。演说后续显示了高尔吉亚通过现在的策略兼得的"鱼"与"熊掌"，作者呼吁为海伦辩护，并诉诸先前的第3—4节赞颂终止前就已提出的（并且可能是受众已接受的）一种主张。请注意，被拒斥的段落（第3—4节）展现了毫无争议的主张——非常传统且毫无争议的素材，主旨是结束第3节第一句的几个词：οὐκ ἄδηλον οὐδὲ ὀλίγοις【这一点在许多人看来都是十分明显的】。此处存在作者将在后文详细阐明的特殊内容，它是如下观点（第4节开头）之后的语句：海伦拥有来自其双亲的ἰσόθεον κάλλος【神样的美貌】。该句描述了这一美貌的效果：πλείστας δὲ πείστοις ἐπιθυμίας

---

[15] T. C. W. Stinton, "'Si credere dignum est': Some Expressions of Disbelief in Euripides and Others", *PCPS* N.S. 22 (1976), 60–89, 67f.

ἔρωτος ἐνειργάσατο, ἑνὶ δὲ σώματι πολλὰ σώματα συνήγαγεν ἀνδρῶν ἐπὶ μεγάλοις μέγα φρονούντων【她在多数人中激发了十分强烈的爱欲，凭借一人的身体便将许多因拥有绝佳理由而深感自豪者的身体吸引至一处】。众人皆知，这是海伦的美貌曾在其同时代人中产生的效果——该观点毫无争议。然而，通过赢得受众对这一表述观点心照不宣的赞成态度的方式，高尔吉亚默默地从其中提炼出一个更为普遍的观点：这是我们有理由期待所有具有特定标准的美都能在其旁观者中产生的效果，作者将在这篇演说末尾直接阐明这一总体原则。

高尔吉亚在第 15 节转向了他最终也是最为重要的为海伦辩护的主张：她是爱欲的一位受害者。作者关于爱欲的观点有些令人惊讶，因为该主张完全局限于视觉效果的范围内，特别是将看到所爱者的效果与看到敌方所部署的武器的效果相比较：διὰ δὲ τῆς ὄψεως ἡ ψυχὴ κἀν τοῖς τρόποις τυποῦται. αὐτίκα γὰρ ὅταν πολέμια σώματα [καὶ] πολέμιον ἐπὶ πολεμίοις ὁπλίσῃ κόσμον χαλκοῦ καὶ σιδήρου, τοῦ μὲν ἀλεξητήριον τοῦ δὲ †προβλήματα, εἰ θεάσεται ἡ ὄψις, ἐταράχθη καὶ ἐτάραξε τὴν ψυχήν【通过注视，灵魂也会被注视之物的天性影响。举例而言，若（人们的）视线注视着敌人以及一长排用青铜与铁制成的敌方武器，一边是防卫阵列，一边是盾牌，它会深感惊慌，它也会令灵魂感到惊恐】（第 15—16 节）[16]。雷斯已准确地发现，此处对观看的强调，以及将对爱欲对象的观看与对军事对象的观看相结合的做法源于萨福残篇十六，该诗结合了军队、特洛伊的海伦以及目睹所爱之人的身影[17]：

οἱ μὲν ἱππήων στρότον, οἱ δὲ πέσδων,
οἱ δὲ νάων φαῖσ' ἐπὶ γᾶν μέλαιναν
ἔμμεναι κάλλιστον, ἔγω δὲ κῆν' ὄτ-
τω τις ἔραται·

16　关于这一存在讹误的段落，我依照 D-K 的文本。
17　Race (1989), 19. 所有要素都出现于"墙上观战"（Teichoskopeia）中，这也是雷斯在同篇论文中讨论的内容。

πάγχυ δ' εὔμαρες σύνετον πόησαι
πάντι τοῦτ', ἀ γὰρ πόλυ περσκέθοισα
κάλλος ἀνθρώπων Ἐλένα τὸν ἄνδρα
τὸν [πανάρ]ιστον

καλλ[ίποι]σ'ἔβα'ς Τροίαν πλέοισα.
κωὐδ[ὲ πα]ῖδος οὐδὲ φίλων τοκήων
πά[μπαν] ἐμνάσθη, ἀλλὰ παράγαγ' αὔταν
　　　　]σαν

...
...

...]με νῦν Ἀνακτορί[ας ὀ νέμναι-
σ' οὐ] παρεοίσας·

τᾶ]ς κε βολλοίμαν ἔρατόν τε βᾶμα
κἀμάρυχμα λάμπρον ἴδην προσώπω
ἤ τὰ Λύδων ἄρματα καὶ πανόπλοις
　　　　]άχεντας.

一些人说骑兵的队伍，另一些人说步兵，
还有一些人说海军舰队，是黑色大地上的
最美之物，而我说，最美的是
一个人钟爱的对象。

让所有人清楚地理解这点十分容易，
因为美貌远胜过世上任何人的海伦
离开了她地位最高贵的丈夫，

远航至特洛伊。
她完全不顾孩子，不顾亲爱的父母，

而爱欲将她引入歧途。

……
……
如今,她让我想到已不在我们中间的
    阿娜克多丽娅。

我情愿看她可爱动人的步态
和她脸上闪烁着光辉的神情,
远胜过吕底亚人的战车和兵器
铿锵的队伍。[18]

正如雷斯注意到的那样,高尔吉亚概括了这一论点:**总体而言**,视觉拥有"令人心理上激动的力量"。作者在概括了如上论点后,紧接着列举军事与艺术的事例阐明他的主张,并在随后(正如雷斯再次注意到的那样)将这一论点用于海伦[19]。然而,需要补充的是,高尔吉亚的新论点颠倒了人们通常对于海伦的描述——作者自己在第4节中支持的观点:她自身现在是由其钟爱之人的美貌所激发的情欲的受害者。此外,完成这一反转的方法正是对第15—18节直接展现、第4节暗含的论点的概括。这一关键性的段落出现在第18节末尾的过渡部分:

οὕτω τὰ μὲν λυπεῖν τὰ δὲ ποθεῖν πέφυκε τὴν ὄψιν. πολλὰ δὲ πολλοῖς πολλῶν ἔρωτα καὶ πόθον ἐνεργάζεται πραγμάτων καὶ σωμάτων. εἰ οὖν τῷ τοῦ ᾿Αλεξάνδρου σώματι τὸ τῆς ῾Ελένης ὄμμα

---

18 萨福残篇十六的中译文依据勒布古典丛书的英译文翻译,参见 *Greek Lyric*, vol.I, *Sappho and Alcaeus*, edited and translated by David A. Campbell, Loeb Classical Library, Cambridge, Massachusetts: Harvard University Press, 1982, pp. 66-67。——译者注

19 Race (1989), 19:"高尔吉亚在讨论爱欲本身之前,首先阐明了观看在影响心灵情感方面的力量。他挑选的典型事例很明显地表明,作者脑海中想到了萨福的诗歌:高尔吉亚指出,观看军事编队的行为能在观者中引发恐慌的情绪。像这样阐释了观看行为在心理上令人激动的力量后,高尔吉亚将他的论点(见 οὖν 一词)用于海伦对帕里斯的爱欲事例上(第19节)。"

ἠσθὲν προθυμίαν καὶ ἄμιλλαν ἔρωτος τῇ ψυχῇ παρέδωκε, τί θαυμαστόν;

因此，一些事物自然会引发痛苦，而另一些事物自然会引发视觉上的愉悦感。许多事物给众人带来爱欲以及对许多行动与身体的渴望情绪。因此，若海伦的双眼喜爱亚历山大的形体，并在她的灵魂中注入一种渴望与对爱欲的追求情感，（对于此种情形，我们）有什么好惊讶的呢？

高尔吉亚选择这样的措辞是为了让大家回忆起第4节的表述：<u>πλείστας</u> δὲ <u>πλείστοις ἐπιθυμίας ἔρωτος ἐνειργάσατο, ἑνὶ δὲ <u>σώματι</u> πολλὰ <u>σώματα</u> συνήγαγεν ἀνδρῶν【她在多数人中激发了十分强烈的爱欲，凭借一人的身体便将众人的身体吸引至一处】。正如我所言，先前对海伦的描述（第4节）是传统且毫无争议的：众人皆知，这是海伦的美貌曾对其旁观者产生的影响。这是一种拥有毋庸置疑的权威性的描述；当高尔吉亚在第15—18节中突然想起需要概括论点并将该论点通常的适用对象反转至海伦身上时，通过提醒读者回忆起前文所述内容——这本就是高尔吉亚将该段落作为"虚假开篇"纳入演说中的目的，作者更加强调了他的立场[20]。因此，若任何人现在反对这一新的矛盾观点，即海伦自己曾是爱欲的受害者，高尔吉亚对此有一个反驳的立场："你曾平静地接受了我此前在第4节中提出的观点，即海伦的美貌对于其求婚者们产生了这一影响，你如何能在此否认该原则？"

高尔吉亚的洞见并没有多么非凡，而不过是说，对海伦的传统描述中就包含了为她辩护的素材。如果对于传统的描述，你接受如下观点，即正是美的本性在那些赏识者身上施加了强烈的冲动，那么海伦自身的恶名则被高尔吉亚当作为她辩护的一则有力证据。海伦的

20　Race (1989), 19: "在此处文本中，双眼（ὄμμα）被（帕里斯）的身体形象吸引，引发了无法抗拒的爱欲（ἔρωτος）。尽管萨福把'爱欲'作为人们判定美貌的基础，她却并未提出与道德因素有关的问题；高尔吉亚有意直面道德问题，只为了证明，爱欲难以抑制的特性能使海伦（当然也能使其他人）免除道德责任。"

故事包括两部分：她首先是主动的施害者，然后是受害者；第一点的普遍权威性能用来证明第二点（εἰκὸς ἦν γενέσθαι τὸν τῆς Ἑλένης εἰς τὴν Τροίαν στόλον【海伦远航至特洛伊可能会发生】，第4节）的合理性[21]。

所有这些论述听起来很熟悉，它们是萨福残篇十六中矛盾论点的智术师改编版本。佩奇（Page）在他对萨福残篇十六第7行的评注中很好地描述了那一论点，即使带有批判：

> 这一连串的想法或许可以更加清晰。前节已提出问题："何为 τὸ κάλλιστον——世间最美之物？"诗人已给出了答案："就是你钟爱的对象。"海伦将证明这一论述的真实性：对于她而言，"τὸ κάλλιστον"【最美之物】是自己钟爱的对象——为了其情人的缘故，海伦抛弃了家园与家庭。这则寓言的核心在于，海伦在其情人身上发现了"最美之物"，但这则寓言的开头却声明她自身在美貌这一特征上超越了所有凡人，这似乎有些不精巧。[22]

而高尔吉亚似乎为这种"不精巧"寻找到了一个解释——或至少一种用法：他提醒受众海伦具有超凡的美貌（提及其经历的更早部分，当时那种美貌主动地产生了它众所周知的影响），这一做法的重点在于为这位妇女随后经历的解释赋予权威性，当她自己在引起爱欲的美貌的驱使下采取行动[23]。若将高尔吉亚在第18节中的普遍结论

---

[21] 正如雷斯向我指出的那样，《伊利亚特》第3卷中对海伦的描述证实了这一看法，"在那里，阿芙洛狄忒的眷顾既是一种祝福，同时也是一种诅咒，海伦既是特洛伊人的施害者（πῆμα），也是受阿芙洛狄忒操控的受害者"。他同样提及《致阿芙洛狄忒的荷马颂诗》（*Homeric Hymn to Aphrodite*），在这首诗歌中，让其他人陷入爱河的女神自己爱上了安奇塞斯（Anchises）。

[22] D. L. Page, *Sappho and Alcaeus*, Oxford, 1955, p. 53. 关于学者们对Page所描述问题的多方面讨论的概述，参见G. W. Most, "Sappho Fr. 16.6-7 L-P", *CQ* 31 (1981), 11-17。Most自己正确地辨认出萨福对海伦事例的运用是一种援引权威的论证，正如亚里士多德所述（*Rhet*.1398b19-1399a6）。

[23] 人们会不可避免地提出如下问题：对萨福这一高尔吉亚式"解读"是否适用于诗作本身？Most（参见上一条脚注所引第15页）像这样解决了（Page所陈述的）问题："作为所有凡人中'最美的女性'，海伦是唯一有资格评判所有事物中何为'最美之物'的对象。拉达曼迪斯（Rhadamanthys）的行为在决定何为'最正直之物'方面拥（转下页）

(πολλὰ δὲ πολλοῖς πολλῶν ἔρωτα καὶ πόθον ἐυεργάζεται πραγμάτων καὶ σωμάτων【许多事物给众人带来爱欲以及对许多行动与身体的渴望情绪】）与萨福的表达方式（τὸ κάλλιστον 是 κῆν᾿ ὄττω τις ἔραται【最美之物是一个人钟爱的对象】）做比较[24]，我们可以发现，两者均为一种根本上属于相对主义的观点。萨福表面上的目的在于将这一现象解释为普遍规律，她附带着让海伦作为支持证据出现[25]；高尔吉亚的目的在于为海伦辩护，作者系统阐述这一普遍规律，以便将它用于海伦的具体事例上，在其他方面，两位作者的观点是相同的。

我们对高尔吉亚的《海伦颂辞》进行这番考察，目的在于发现他把第3—4节包含在演说辞里的理论依据，也就是说，发现作者采用"对虚假开头的驳斥"策略的理论依据。我们可将这一理论依据看作分析——并因此避免所谓"不精巧"一说——萨福在残篇十六中十分灵活地运用海伦事例的一种方式：海伦作为美的主动力量的一个范例所具有的权威性（萨福的 ἀ γὰρ πόλυ περσκέθοισα κάλλος ἀνθρώπων【因为美貌远胜过世上任何人】），被高尔吉亚

（接上页）有最大权威；阿基琉斯的行为在决定何为'最有勇气者'方面拥有最大权威；海伦的行为在决定何为'最美之物'方面拥有最大权威。"但这只是把缺点变成优点的迁就之词（Most 的论文第13页承认了，或者更确切地说强调了在这种援引权威的论证中的"非理性"因素），且并未处理一个基本的矛盾，即萨福的两点主张间彼此矛盾：存在着一个普遍承认的且客观的美的标准（海伦），而美是纯粹主观的 κῆν᾿ ὄττω τις ἔραται【一个人钟爱的对象】。高尔吉亚的"解释"通过采取将所有的观点局限于主观因素范围之内的做法，拥有避开这一可能出现的问题的好处：并不是那位海伦构成了美的一个客观标准，而是众人（主观地）从她身上发现了"他们渴望之物"，因此，她阐明了那一影响的力量。我猜想，他因此会理解到，ἀ πόλυ περσκέθοισα κάλλος ἀνθρώπων【美貌远胜过世上任何人】并不是存在一个客观的"美人"的客观看法（就像看上去的那样），而是仅仅与萨福刚刚系统阐述的主张有关："她在所有凡人中曾是大多数人渴望的对象。"该论证因此成为与如下表述相似的内容："众所周知，她在每一人心中激发了爱欲，因此本来能享有任何一人的爱情，但她追求在她心中引起同样影响的人。"假如这是萨福头脑中的想法，那么我们必须认同如下看法：她的陈述过于简短，并且阐述得并不恰当，Page 关于萨福表述不精巧的指控具有合理性。

24 萨福的系统阐述使我们联想起赫西俄德的表述（*Th*. 120）"Ἔρος, ὃς κάλλιστος κτλ."，并且一般而言，正如在神话学的解释中一样，爱欲/厄罗斯（Eros）在神谱起源说的重要性将会对希罗多德而言具有重要意义，关于希罗多德，见后文内容。参见阿迦同（Agathon）将厄罗斯视为"最美之物"的描述（Plato, *Symposium*, 195A）以及苏格拉底的否定看法（201B: οὐκ ἔχει Ἔρως κάλλος）。

25 她最终揭示的目的——赞扬阿娜克多丽娅（Anactoria）——在于赞颂，就像《海伦颂辞》中的赞颂一样。

放在铺垫部分（第3—4节：ἔσχε τὸ ἰσόθεον κάλλος κτλ.【拥有神样的美貌……】），而第5节过渡性的驳斥段落将会舍弃那一内容；海伦的补充功能——作为"爱欲"对其受害者产生影响的范例（萨福的 παράγαγ᾽αὔταν【将她引上歧途】，参见《海伦颂辞》第4节 πολλὰ σώματα συνήγαγεν【将众人的身体吸引至一处】）——被高尔吉亚保留到论证的结尾以及高潮部分（第18—19节）。正如我们所见，作者有意设计这一段落，以唤起人们对前文的记忆并充分利用前文所述内容。

二

现在，让我们转向希罗多德《历史》的序言，想要辨认出一个类似结构的运用将会是相当容易的工作——尤其因为雷斯的考察。我将再次总结并描述作者遵行的步骤。

希罗多德以一个著名的复杂长句开篇，内容是描述其著述的目的：

> Ἡροδότου Ἁλικαρνησσέος ἱστορίης ἀπόδεξις ἥδε, ὡς μήτε τὰ γενόμενα ἐξ ἀνθρώπων τῷ χρόνῳ ἐξίτηλα γένηται, μήτε ἔργα μεγάλα τε καὶ θωμαστά, τὰ μὲν Ἕλλησι, τὰ δὲ βαρβάροισι ἀποδεχθέντα, ἀκλεᾶ γένηται, τά τε ἄλλα καὶ δι᾽ ἣν αἰτίην ἐπολέμησαν ἀλλήλοισι.

> 在这里展示的，乃是哈利卡纳索斯人希罗多德的探究成果。他之所以要发表这些探究成果，是为了使人类的作为不致因时光流逝而被人们遗忘，使一部分由希腊人、另一部分由异族人展示的那些令人惊异的伟业不致失去它们的荣耀，特别是为了将他们发生纷争的原因记载下来。

近年来的讨论集中于那些看上去似乎让人想起史诗传统的特

征²⁶,而一个消极的或能引发争议的要素引起了我的注意。外在与内在证据表明,希罗多德曾将赫卡泰乌斯(Hecataeus)视为自身著述的榜样与陪衬²⁷。《历史》第二卷第143节采用颇具讽刺色彩的手法描述了赫卡泰乌斯对谱系的兴趣,希罗多德明显有计划地否认自己也拥有这一兴趣,如上两个事实表明,赫卡泰乌斯的《谱系》(*Genealogies*)是希罗多德蔑视的一个特殊对象²⁸。在我看来,如下情况至少是可能的:一个拒绝依据谱系组织创作《历史》的想法总体上构成卷首语中一些语言表述的动机。在希罗多德的文本中,唯一一则关于ἐξίτηλος【被遗忘的】的事例出现在《历史》第五卷第39节中:斯巴达的监察官让无子的国王安那克桑德里德斯(Anaxandrides)去娶一位有生育能力的新妻,因为他们不能允许攸里斯提尼斯(Eurysthenes)家族绝嗣。试比较如下语句与序言中的表述:

ὡς μήτε τὰ <u>γενόμενα</u> ἐξ ἀνθρώπων τῷ χρόνῳ <u>ἐξίτηλα γένηται</u>

ἡμῖν τοῦτό ἐστι οὐ περιοπτέον, <u>γένος</u> τὸ Εὐρυσθένεος <u>γενέσθαι ἐξίτηλον</u>.²⁹

为了使人类的作为不致因时光流逝而被人们遗忘

我们不能坐视这种情况继续下去,也不忍心看到攸里斯提

26　参见 T. Krischer, "Herodotus Prooimion", *Hermes* 93(1965), 159–167 以及 G. Nagy, "Herodotus the. *Logios*", *Arethusa* 20(1987), 175–184(参见本辑第3—13页——译者按)。《伊利亚特》22.304f.也许影响了双重目的从句中的否定式表达(赫克托尔庄重地祈求道): μὴ μὰν ἀσπουδί γε καὶ <u>ἀκλειῶς ἀπολοίμην</u>, ἀλλὰ μέγα ῥέξας τι καὶ ἐσσομένοισι πυθέσθαι. 据我所知,这一点尚未有评注者提及。

27　参见譬如 F. Jacoby, "Die Entwicklung der griechischen Historiographie", *Abhandlungen zur griechischen Geschichtsschreibung* (Leiden, 1956), 16–64, pp. 37–39=*Klio* 9 (1909), 80–123, pp. 90–100, 关于雅科比观点的缺陷,参见 C. W. Fornara, *The Nature of History in Ancient Greece and Rome*, Berkeley, 1983, pp. 29–31。

28　πρότερον δὲ Ἑκαταίῳ τῷ λογοποιῷ ἐν Θήβῃσι γενεηλογήσαντι ἑωυτὸν καὶ ἀναδήσαντι τὴν πατριὴν ἐς ἑκκαιδέκατον θεὸν ἐποίησαν οἱ ἱρέες τοῦ Διὸς οἶόν τι καὶ ἐμοὶ <u>οὐ γενεηλογήσαντι ἐμεωυτόν</u>.

29　关于采用该词汇表达"家族绝嗣"含义的另一例证,参见 Aeschylus, *fr.* 162.4: οὔπω σφιν ἐξίτηλον αἷμα δαιμόνων.

尼斯这个家族从此绝嗣。[30]

两处文本的相似性使我们提出如下可能性：希罗多德在第一个 μήτε【既不】从句中选择了 γενόμενα【作为】一词——与第二个 μήτε【也不】从句中的 ἔργα【功绩】一词相平衡——作为某种事物，以取代随后的 ἐξίτηλα【被遗忘的】将使人们回忆起的内容，亦即 γένος/γένεα【种族】[31]。正如我们在譬如托名阿斯克勒庇阿德斯的短诗（A.P. 9.64.7f=[Asclepiades] xlv Gow-Page）（与 ἔργα【功绩】一道）中发现的那样，作者回应了赫希俄德："μακάρων γένος ἔργα τε μολπαῖς καὶ γένος ἀρκαίων ἔγραφες ἡμιθέων【受诸神祝福的种族，以及你写入歌中的功绩与古老的半神种族】。"[32] 试比较《荷马颂诗》第31首第18行中的表述：κλήσω μερόπων γένος ἀνδρῶν ἡμιθέων ὧν ἔργα θεοὶ θνητοῖσιν ἔδειξαν【我将赞美半神的凡人种族，缪斯已向人类展示其功绩】[33]。我的推论假定，我们可以看出，ἐξίτηλα【被遗忘的】是属于谱系的词汇，并且对于受众而言，谱系曾是一个传统的甚至是人们期待的主题或体裁，正如引文中的史诗短语 γένος ἀνδρῶν【人类的种族】所代表的那样。这一短语可能宣示了它是这样的作品：其中诸事件之间的联系是随意的，因为各个事件都与种族中的不同个体有关，而后者提供了一个总体上的组织结构（正如《名媛录》一样，《名媛录》以如下语句开头：νῦν δὲ γυναικῶν φῦλον ἀείσατε【现在，请歌

30　希罗多德《历史》引文的翻译参考了勒布古典丛书的英译文，参见 Herodotus, *Histories*, Books I-II, vol.I, with an English translation by A. D. Godley, Loeb Classical Library, Cambridge, Massachusetts: Harvard University Press, 1920。——译者注

31　尽管存在如下事实：γενόμενα 在语序上先于 ἐξίτηλα 出现，情况依旧是，γενόμενα ἐξ ἀνθρώπων 在句法结构上与 ἐξίτηλα γένηται 相连，并且在受众的脑海里，它们会被放在一起理解。

32　该引文的翻译参考了勒布古典丛书的英译文，参见 Hesiod, *Theogony, Works and Days, Testimonia*, edited and translated by Glenn W. Most, Loeb Classical Library, Cambridge, Massachusetts: Harvard University Press, 2006, p. 191。——译者注

33　γένος 与 ἔργα（或是 πράξεις）在后来的修辞学理论中构成颂辞的两大主要类型，见 Miller（第19页注10）对这一现象以及诗歌先例的讨论。（《荷马颂诗》引文的翻译参考了勒布古典丛书的英译文，参见 *Hesiod, The Homeric Hymns, Epic Cycle and Homerica*, with an English translation by Hugh G. Evelyn-White, Loeb Classical Library, Cambridge, Massachusetts: Harvard University Press, 1914, p. 459。——译者注）

颂这些妇女的部落吧】)[34]。在我看来,如下表述是合理的:既然希罗多德的部分尝试在于超越谱系史的范畴,那么,他采用使人物及其谱系从属于事件的做法,就颠倒了这一组织原则。此外,将其史著主题称为 γενόμενα ἐξ ἀνθρώπων[35]【来自人类的业绩】而不是 γένος ἀνδρῶν【人类的谱系】的设计也充分地显示了这一倒转。无论如何,赫卡泰乌斯似乎在某种程度上已将他自身视为赫希俄德传统的后继者与延续者,并且值得注意的是,人们采用如下三个名称提及这位散文作家的同一种著作:Ἱστορίαι【历史】,Γενεαλογίαι【谱系叙事】以及Ἡρωολογία【英雄叙事】。第一个名称是希罗多德用以描述自身研究方法的词汇,而另两个名称恰好反映了希罗多德在筹划自身作品的原则时舍弃赫卡泰乌斯著作的那些方面[36]。

希罗多德试图让人们明白,他的序言包含了一个舍弃依据谱系组织创作历史的意图,这一想法依旧停留于猜测阶段,尽管这样的舍弃在第二卷中直截了当地展现了。但我认为,无人会否认如下事实:希罗多德序言的剩余部分内容有拒斥"英雄叙事"的目的[37]。我

---

34 关于诗歌与散文领域的希腊谱系作品,见 M. L. West, *The Hesiodic Catalogue of Women*, Oxford, 1985, pp. 2-11。(《名媛录》引文的翻译参考了勒布古典丛书的英译文,参见 Hesiod, *The Shield, Catalogue of Women, Other Fragments*, edited and translated by Glenn W. Most, Loeb classical library, Cambridge, Massachusetts: Harvard University Press, 2007, p. 41。——译者注)

35 采用 γενόμενα 一词表达"已完成之业绩"之意尽管是希罗多德的特色,或许也反映了赫西俄德 Th.31-33 中这一分词的相似用法,而在赫西俄德那里,这一用法又与希罗多德舍弃的内容 γένος【种族】相结合:ἐνέπνευσαν δέ μοι αὐδὴν|θέσπιν, ἵνα κλείοιμι τά τ᾽ἐσσόμενα πρό τ᾽ἐόντα|, καί μ᾽ἐκέλονθ᾽ὑμνεῖν μακάρων γένος αἰὲν ἐόντων.

36 关于赫卡泰乌斯作为赫西俄德追随者的说法,参见譬如雅科比(上文第30页注27)第20页(=83):"它们[亦即赫卡泰乌斯的《谱系》以及《大地环游》取代了'赫西俄德式的'教诲诗,并且创造了一个纪元,因为它们用科学的语言来容纳科学的材料。"请注意,在这一点上对赫卡泰乌斯的批评并不一定要简单地排斥谱系,正如纳吉向我指出的那样,"希罗多德与赫卡泰乌斯相比,的确拥有更多样的技能"。

37 雅科比(上文第30页注27)第37—39页(=99—100)不将这一发展视为具有辩论性质,而更多地视为希罗多德将他自身看作"历史空间"(spatium historicum)的谱系传统的继承者的自然结果:"任何人若是对他的序言(Prooimion)(1 1-5)加以思考便会看到这一点,因为在序言中,世界历史上的东西方对立的最初阶段被很简要地处理,实际上只是一带而过,以引言的方式唤起读者的回忆。他没有对希腊历史的这一部分进行详细叙述,这并不是出于一种清晰且富于批判性的思考,即反对这一时期传统的真实性和历史性,而是出于一种外在的且切实际的观点:这几节(伊俄、欧罗巴、海伦)已被希罗多德的前辈们进行过广泛的批判性处理,即合理化和历史化的处理。"雅科比在这里发现了一种礼貌地向前辈们致敬的姿态,而我认为(尤其是在 1.5.3 作者表示强调的措辞 οἶδα αὐτός 中,这与紧接于前且语带轻蔑的"至于这些事情是以这种还是以那种方式发生的,我不想(转下页)

们正是在此处发现了"对虚假开头的驳斥"策略。希罗多德通过转述波斯人的说法开篇，并未发表任何编者评论，他延缓了这一做法，直到第5节真正的驳斥表述才出现：Περσέων μέν νυν οἱ λόγιοι Φοίνικας αἰτίους φασὶ γενέσθαι τῆς διαφορῆς【依据波斯人的说法，腓尼基人是引起争端的肇始者】[38]。紧随其后的四节内容包括劫夺希腊人与亚细亚少女（伊奥、欧罗巴、美狄亚）的一连串故事，以帕里斯劫夺海伦的故事以及由此事引发的战争（第3—4节）为高潮。《历史》第5节第1部分总结了这一叙述，第5节第2部分中止了上述内容，转向伊奥故事的腓尼基人版本。现在回顾第一句，我们可以发现，作者两次重复了μέν【的确】(περσέων μέν νυν κτλ.【现在的确……波斯人……】）这一词汇，并且两次以δέ【然而】来回应。第一次在第5节第1部分的总结内容（οὕτω μὲν Πέρσαι λέγουσι γενέσθαι κτλ.【这是波斯人对这些事件的描述……】）中出现，作者采用了腓尼基人的版本，直接回应了这一内容：περὶ δὲ τῆς Ἰοῦς οὐκ ὁμολογοῦσι Πέρσῃσι οὕτω Φοίνικες【然而，关于伊奥一事，腓尼基人的说法和波斯人的说法有所不同】。μέν【的确】与δέ【然而】第二次出现于第5节第3部分，以μέν【的确】开头的从句总结了到目前为止全部的序言（卷首语除外）内容，而以δέ【然而】开头的从句构成驳斥的内容：ταῦτα μέν νυν Πέρσαι τε καὶ Φοίνικες λέγουσι. ἐγὼ δὲ περὶ μὲν τούτων οὐκ ἔρχομαι ἐρέων ὡς οὕτως ἢ ἄλλως κως ταῦτα ἐγένετο, τὸν δὲ οἶδα αὐτὸς πρῶτον ὑπάρξαντα ἀδίκων ἔργων ἐς τοὺς Ἕλληνας, τοῦτον σημήνας προβήσομαι ἐς τὸ πρόσω τοῦ λόγου κτλ【这就是波斯人和腓尼基人讲述的故事，至于这两种说法中哪一种说法属实，我不会去评说。但我将指出的，是据我所知对希腊人采取非正义行为的那个肇始者，然后将继续我的叙述……】。

（接上页）去评说"形成对照），希罗多德是在批评他们尝试叙述 ἡ ἀνθρωπηίη λεγομένη γενεή【有记录的人类种族】以前的大人物（3.122.2对于谱系作者们的又一次批评），然而，雅科比的观点——希罗多德将切勿重复别处已有的信息作为一个总体原则——得到了《历史》6.55的证实。

  38　雅科比（上文第30页注27）第38页（=100）注65提出假说：希罗多德在此处引用波斯"散文记事家"（λόγιοι）的说法，是由于赫卡泰乌斯曾采用他们的说法作为理性主义叙述的材料，并拿此类叙述来对抗希腊人的 λόγοι πολλοί τε καὶ γελοῖοι【大量可笑的说法】(FGrH IF1)。

又是雷斯注意到了这一技巧与萨福残篇十六的相似性:"尽管与其诗歌原型相比,希罗多德的《历史》序言更为分散,《历史》开篇(第1—5节)以一种枚举衬托的形式展现,这种枚举衬托与《荷马颂诗》第一首第1—16行和萨福残篇十六存在着形式上的相似性: οἱ μὲν ... οἱ δὲ ... ἐγὼ δέ【一些人……另一些人……而我】。文本中展现的他人看法仅仅是供作者在提出新的路径时统统舍弃,希罗多德在《历史》开篇采用了萨福用以渲染她对阿娜克多丽娅喜爱之情的形式,即**他自己**了解的事实。"[39] 我不同意的地方仅在于将希罗多德著作开篇的结构描述为枚举衬托。枚举衬托的一个基本特点应该是我们能立刻识别出来那是枚举衬托,就像在萨福残篇十六以及《荷马颂诗》第一首第1—16行中一样[40]。心理或修辞的效果在此处发挥了一定作用,并且,若谁能从 περσέων μέν νυν κτλ.【现在的确……波斯人……】这一开头推测出随后的四节仅仅只是枚举衬托的第一个要素,那他可真是一位感觉异常敏锐的读者;这四节内容仅仅在作者于第5节第3段的文本中进行回顾时才表明属于枚举衬托。直到叙述在那里突然中断为止,希罗多德似乎期待他的受众相信这一叙述的字面意思;他或许甚至希望受众上当受骗并假定他自己的历史书写将遵循相同的总体方向。毕竟,系统且合理地将现今的人与事件追溯至神话源头,正是赫卡泰乌斯的《历史》也许已经教会他们从这样的研究中期待的内容——所有这类研究都在细枝末节上炫耀学识,希罗多德自己(或他的"波斯史料")亦在此处欣然满足了这一要求:"伊奥与其余妇女在第五**或第六**天来到了腓尼基人的船边。"[41] 更生动的是希罗多德以自己的口吻叙述的插话(1.2.1): μετὰ δὲ ταῦτα Ἑλλήνων τινάς (οὐ γὰρ ἔχουσι τοὔνομα ἀπηγήσασθαι) φασὶ τῆς Φοινίκης ἐς Τύρον προσσχόντας ἁρπάσαι τοῦ βασιλέος τὴν θυγατέρα Εὐρώπην, <u>εἴησαν δ'ἂν οὗτοι Κρῆτες</u>【后来,某些希腊人(这些人的名字不得而知)在腓尼基的推罗登陆,劫走了国王的女儿欧罗巴。他们

---

39 Race (1982), 111。
40 h. AP. 30—49中存在着一个隐蔽的、"令人惊讶"的枚举衬托形式,参见Race (1982), 49。
41 参见Jacoby在前文第32页注37中的引用。

大概是克里特人】。作者在此处真正地帮了他的信息提供者们一把，在他们的描述基础上补充了他从希腊神话中了解的信息（即欧罗巴最终来到了克里特），并且运用那一信息，通过推理的方式提供了绑架者的身份。这样的合作是某种形式的认可，因为这种合作重视信息提供者。由于希罗多德看上去在某种程度上对他的读者隐瞒了自己正在采用的手法，我并不倾向于像雷斯那样将他的序言视为一种枚举衬托，而是看作"对虚假开头的驳斥"。

希罗多德在此处运用这一策略的目的，并不像高尔吉亚的《海伦》那样难以发现。我们已提及某一种目的：这位历史学家希望表明，他自己的著作将舍弃赫卡泰乌斯的神话取向，并且，驳斥是实现这一结果的有效手段。然而，希罗多德看上去想要让自己远离的，不仅仅是神话式历史的不科学的方法。值得注意的是，萨福残篇十六包含了一个与罗马挽歌的驳斥相联系的要素：拒绝军事主题，而以个人和爱欲的主题取而代之。同样值得注意的是，正如雷斯已指出的那样，希罗多德采用了一个使人联想起萨福残篇十六的结构，恰好转变了这一倾向：他拒绝在东西方冲突的神话解释中曾经采用的，并且可能仍在采用的劫夺与通奸的传统故事，而更偏好基于可知事实的军事与政治史。特洛伊的海伦在两种主张中都是关键人物[42]。

无论如何，我们承认如下事实是适宜的：希罗多德的序言以及他的整部《历史》转变了萨福所表达的以爱欲主题取代军事主题的倾向，正如他舍弃了赫卡泰乌斯所使用的谱系与神话素材。考虑到从赫希俄德（尤其参见《神谱》第120行）到恩培多克勒（Empedocles）的准科学宇宙论（quasi-scientific cosmologies）以及英雄时代的史诗"历史"——其中象征性的（以及扮演催化剂的）人物是阿弗洛狄忒有时不情愿的受庇护者，特洛伊的海伦——赋予爱欲的重要性，舍弃萨福的看法当然恰好与舍弃赫卡泰乌斯的看法同样重要。希罗多德在将舰船视为 ἀρχὴ κακῶν【灾祸的开始】这一点上遵循了荷马的做

42　如下事实是一个令人愉快的巧合，即萨福舍弃的战车（τὰ Λύδων ἄρματα）（我们可在枚举衬托与高潮部分引入阿娜克多丽娅后看到）与希罗多德在其序言末尾（驳斥）后开始他的历史书写时提及的人物拥有相同国籍：Κροῖσος ἦν Λυδὸς μὲν γένος。

法，但作者利用他的 νέες ἀρχέκακοι【舰队灾祸的开始】来说明其政治信念而非放纵情欲的故事（5.97.3 与《伊利亚特》5.62 相对）。他将政治的因果关系置于权力中枢而非欲望的冲动之中，这一创新之处是希罗多德相当重要的成就。仍需强调的是，希罗多德的做法是降低而不是排除爱欲作为一种力量在人类事务中的地位，而这是利用"被舍弃的"陪衬物手法的标准步骤：波斯人的历史由关于爱欲不幸事件的传说构成，以居基斯（Gyges）与坎道列斯（Candaules）妻子的故事开头，以阿塔因特（Artaÿnte）与阿泰克特斯（Artaÿktes）的可怕故事结尾。这一点有某种重要性。然而，尽管这些荒淫传说的对称编排也许反映了这位历史理论者的真实信念，即公共事件通常受到伟人身上所发生的最为私密的奇闻逸事的影响，但也有可能相反，它们只不过是展示了这位聪慧的善于讲故事者的才能，他知晓其听众的需求。此外，在这些大肆利用被舍弃的陪衬物的技巧中，通常也存在着一个鱼与熊掌兼得的要素[43]。就"对虚假开头的驳斥"而言，作者只是误导受众，引发他们对某个事物的期待，紧接着突然宣称，此事是不好的或不想要的。希罗多德在其卷首语后以那种用神话故事理性解释起因的事例开始，而这种做法正是作者试图拒斥的。正如我在前文所述，作者展现这一事例之初，并无任何迹象表明他认为这一事例以及它所代表的计划是毫无意义的。它是枚举衬托的部分内容，甚至这一点也是在回顾过程中才开始明晰的。

希罗多德想让其受众暂时关注波斯人叙述的意图似乎很明显。他的动机也同样明显：当受众刚被（作者）诱导而回忆起旧的说法时，希罗多德即将展现的新路径将更为有效。总体而言，此类戏剧性的、经过回顾变得具有争辩性的引入便是"对虚假开头的驳斥"的方法和动机。它也许已拥有一个几乎与赫卡泰乌斯所声称的同样长久与知名的渊源；尽管证据还不足以证明这一点，但考虑到放弃对海伦的诽谤与对海伦的诽谤出现在同一首诗歌中，斯忒西科洛斯

43　参见 E. L. Bundy, "The 'Quarrel between Kallimachos and Apollonius'", *CSCA* 5(1972), p. 71. n. 79 中对品达 *Ol*. I 的评论："尽管品达在此处的目的需要他舍弃［关于坦塔罗斯宴席的传统叙述］，然而，象牙肩膀的细节**好到不容省略**……"（强调由我所加）。

（Stesichorus）的诗歌放弃了更早时期关于对海伦的诽谤的（且更为传统的）描述（PMG 192），就是一个早期的相关例证[44]。至少，柏拉图在《斐德若》（Phaedrus）中插入斯忒西科洛斯的材料的做法，证实了古典作家对于该策略的持续喜爱。完全推翻"吕西亚斯式"方法的目的在苏格拉底一个表演的两个阶段中完成了，第一阶段包含了苏格拉底在自己的游戏中胜过"吕西亚斯"的内容（正如希罗多德在其卷首语中模仿赫卡泰乌斯），第二阶段提出了一个更好的新方法[45]。

三

现在我转向高尔吉亚与希罗多德二者间联系的话题。目前所讨论的主题与结构的相似性都可以归结为传统的文学主题与技巧的偶合，或更具体地归结为萨福残篇十六的影响，这首诗歌当然是那些文学传统中的一个极其重要的存在。如下细节问题似乎暗示了这两部散文作品之间的某种横向联系。引用相关片段可以最好地考察这些联系点：

高尔吉亚，《海伦颂辞》第5节	希罗多德，序言——1.5.3
ὅστις μὲν οὖν καὶ δι' ὅ τι καὶ ὅπως ἀπέπλησε τὸν ἔρωτα τὴν Ἑλένην λαβών, **οὐ λέξω**	1.5.3: ταῦτα μέν νυν Πέρσαι καὶ Φοίνικες λέγουσι. ἐγὼ δὲ περὶ μὲν τούτων **οὐκ ἔρχομαι ἐρέων**
现在是谁通过获取海伦满足了他的爱欲，为何这么做以及怎样做到的，**我将不做论述**，	这就是波斯人和腓尼基人讲述的故事。至于这两种说法，**我不会去评说**

44　尤其参见L. Woodbury, "Helen and the Palinode", *Phoenix* 21 (1967), 157-176, 170f.

45　柏拉图对于诗歌"自相矛盾"现象的兴趣也在《普罗塔戈拉》（*Protagoras*）的相关段落（339aff.）中展现出来。

τὸν χρόνον δὲ ... ὑπερβὰς ἐπὶ **τὴν ἀρχὴν τοῦ μέλλοντος λόγου προθήσομαι**

……过往时刻的内容已略过，**我将转入自己想要阐述的内容的开头**

καὶ προθήσομαι **τὰς αἰτίας, δι' ἅς**

并将提出**理由，由于**

τὸν δὲ οἶδα ... τοῦτον σημήνας **προβήσομαι ἐς τὸ πρόσω τοῦ λόγου**

但我将指出的，是我已知晓…… **然后将继续我的叙述**

序言：... ὡς μήτε τὰ γενόμενα ... ἐξίτηλα γένηται, μήτε ἔργα μεγάλα ... ἀκλεᾶ γένηται, τά τε ἄλλα καὶ **δι' ἣν αἰτίην**

序言：……是为了使作为……不致被人们遗忘，使那些伟业不致失去它们的荣耀，特别是**为了……的原因**

这些文字细节本身是很微不足道的，因为它们多半玩的是修辞的陈词滥调[46]。尽管如此，这些陈词滥调的分布——它们在类似的过渡点出于类似的目的而使用——与已指出的另一些段落间显而易见的相似性一道，为我们提供了一些依据，可以怀疑二者之间存在这样或那样的直接影响[47]。本文前面几节所讨论的更大的相似性使两部作品建立了紧密联系，而细节上的相似性则表明了直接的影响。

两部作品同样相互补充。希罗多德在序言中摒弃了英雄时代的神话故事并且推进到更晚近且更可知的过去。他似乎排斥海伦以及

---

[46] 其中的一处细枝末节可以被放大，尽管这样做有些琐细：依据《希腊词库》(*TLG*)数据库中对伊比库斯词条的一则检索结果(*Pilot CD Rom · C*)，这两段文本（以及Athanasius, *De decretis Nicaenae synoedi* 40.6.1-2）是那一数据库记录的所有希腊文学作品中προθήσομαι形式出现的唯一证据。

[47] 第二与第三项因为相似的目的而出现在十分相似的位置；所列希罗多德的第一段安排在序言末尾介绍其著作的内容，他随后转至陪衬章节，随之而来的驳斥通过导向历史真正开头的方式，充当了一种第二序言的功能。相应的高尔吉亚作品段落（列出的第一项）出现在同样的最后一刻，即"第二序言"前。请注意，高尔吉亚提出要揭示其合理原因(τὰς αἰτίας, δι' ἃς εἰκὸς ἦν γενέσθαι τὸν τῆς Ἑλένης εἰς τὴν Τροίαν στόλον)的事件正是希罗多德在他的驳斥过程中将会拒绝视之为希波冲突的一个原因的事件(δι' ἣν αἰτίην ἐπολέμησαν ἀλλήλοισι)。

其余不值一提的故事,并认为,它们对于作者打算书写的这类历史而言并不相关且不合适。然而,希罗多德的确在后文中回归这一主题,并花费很长的篇幅讨论(2.112—20),作者对于海伦游荡的讨论也相当全面地考察了这位妇女可能的下落,对此我不再概述。然而,希罗多德关于该主题的最后一句话值得考察,尤其因为这句话至少在某种程度上揭示了促使作者像他在序言中所做的那样舍弃传统叙述的想法。在第二卷第120节中,希罗多德结束了其他人关于特洛伊战争的看法的叙述,并发表了他自己的观点,这一观点建立在一个从可能性出发的成功的智术师论证上:海伦不可能与帕里斯一道前往特洛伊,因为假如海伦去了特洛伊,那么特洛伊人一旦看清他们会因海伦的缘故而遭受损失,必定会将她交还给希腊人——即便不是马上交还。特洛伊人并无海伦可以交出,该城邦却被毁灭了,因此,海伦不在特洛伊。证明完毕(QED)。如上论证把希罗多德引向了某种类似斯忒西科洛斯式解决办法的版本,正如欧里庇得斯在悲剧《海伦》(*Helen*)中的做法一样。

希罗多德的观点被人们视为对海伦的一种辩护意见,并构成了海尔马戈拉斯(Hermagoras)[48]的术语中本来被称为"στάσις στοχαστική"(=*status coniecturalis*【**事实争点**】)的内容[49]。此类例证建立在一种怀疑事实(争论已发生的事实)而不是例如**定义争点**(στάσις ὁρική=*status definitivus*)的基础上,后一种修辞手法转向对双方均认可的事实的解释。现在,高尔吉亚在演说第5节中(τὸν χρόνον δὲ τῷ λόγῳ τὸν τότε νῦν ὑπερβὰς ... προθήσομαι τὰς αἰτίας, δι' ἃς εἰκὸς ἦν γενέσθαι τὸν τῆς Ἑλένης εἰς τὴν Τροίαν στόλον【现在在我的演说中,过往时刻的内容已略去……我将提出海伦远航至特洛伊这一事件可能会发生的各种理由】)拒绝的正是希罗多德采用的

---

[48] 海尔马戈拉斯,公元前2世纪的希腊修辞学家,他在自己的著作《修辞术》中系统提出并全面阐述了事实理论,参见Malcolm Heath, "The substructure of stasis-theory from Hermagoras to Hermogenes", *Classical Quarterly*, 44 (1994), 114. ——译者注

[49] 关于stasis的术语,参见R. Volkmann, *Die Rhetorik der Griechen und Römer*², Leipzig, 1885, 40ff.; G. Kennedy, *The Art of Persuasion in Greece*, Princeton: 1963, 307f. 以及L. Calboli Montefusco, *La dottrina degli "status" nella retorica greca e romana*, Hildesheim, 1986。

这种探究方法,亦即事实争点。作者公开拒绝讨论那时发生的事件——亦即这一事例的种种事实——而是承认传统叙述的真实性,试图使他的辩护建立在对这些事件的重新解释基础上:海伦曾前往特洛伊,但现在我将证明,她采取这一行动是合理的。高尔吉亚舍弃了"στάσις στοχαστική【事实争点】(海伦并未采取这一行动)的论述,而以另一种来自ποιότης【性质】词汇的στάσις【争点】(=status qualitativus【性质争点】)取而代之:"她的确这么做了,但这并不是海伦的过失。"

然而,很难判断两部作品之间的这种巧合的重要性,并且在这种语境下巧合很可能是一个恰当的词汇。首先,"争点理论"最早于何时发展起来存在争论。人们普遍认为,1世纪的海尔马戈拉斯将它发展为后来的希腊与罗马人的讨论中出现的形式。但关于该理论在海尔马戈拉斯之前的存在,福尔克曼(Volkmann)从吕西亚斯第13篇演说中准确地推测出如下事实:公元前5世纪末,一个有技巧的演说者无论是否借助于正式理论的帮助,都会知晓处理一个案子的多种可能的途径,既会关注他自己的演说结构,也会留意其对手的先发制人的行为[50]。正如吕西亚斯第13篇演说所展示的那样,这种实用知识包含了那些将由海尔马戈拉斯正式编入"争点理论"中的可能性。正如我在前文曾试图表明的那样,假如高尔吉亚在意识到希罗多德作品的重要性并对此产生兴趣的情况下进行写作,或者相反,那么很有可能后一位书写的作者应该已找出一种新的方法,这种方法在两位作者均采用的司法审判的虚构情境中将是一个不同的στάσις【争

---

[50] Volkmann(参见上文第39页注49)p. 48:"然而在仔细考察吕西亚斯第13篇演说辞《诉阿戈拉托斯》后,人们几乎不能怀疑的是,阿提卡演说家们在实践中留意了单独的争点,并且熟悉法律法规的全部分支。"A. Schweizer在他对吕西亚斯演说的研究成果(*Die 13. Rede des Lysias*, Leipzig, 1936, 57)中遵循Spengler的看法,否认"实际的争点理论"(eigentliche Statuslehre)在这一早期历史时段的存在:"因为,正如昆体良3.6.80所指出的,所谓的'争点理论'基于十分自然的基础。"当然,假如我们不施加限制,此处的想象力可能会脱缰,Ledl的做法已很好地说明了这一危险,他试图从德拉古法令对自发与被动杀人的区别中寻找争点理论这时已经存在的证据[A. Ledl, "Zum drakontischen Blutgesetz", *WS* 33(1911), 1–36]; O. Navarre已在其*Essai sur la rhétorique grecque avant Aristote*, Paris, 1900, p. 270中提出了这种可能性,作者同样相信,他能从安提丰(Antiphon)到亚里士多德以及《亚历山大修辞学》(*Rhetorica ad Alexandrum*)第261—271节中找出这一理论的清晰轨迹。

点】[51]。创新将成为展示的部分内容（或许正是展示的目的）。这种对前辈们的"超越"，作为贯穿整个希腊文学史的特征，在智术师时代尤为普遍，在那时，作者吸引学生的渴望增强了他们获取受众信任的需求[52]。该时期的作家们为埃阿斯（Ajax）与奥德修斯、奥德修斯与帕拉墨得斯（Palamedes）创作演说，并最终以为苏格拉底辩护与控诉苏格拉底为题创作作品[53]；这些竞争性尝试的全部目的在于，针对耳熟能详的主题发现某些绝妙而崭新的说辞，而这恰好揭示了高尔吉亚与希罗多德的文本段落所属的智识与文化语境[54]。从这一更广阔的视角思考，双方关于"对虚假开头的驳斥"策略的运用似乎并不是一种微不足道的文体风尚；该策略似乎很典型地提供了一种将革新与被革新的既有传统相联系的方式：虚假开头包含了既有传统，而驳斥彻底地或部分地舍弃了它[55]。

附注：在我提交这篇论文之后，唐纳德·拉泰纳（Donald Lateiner）出版的一部著作《希罗多德的历史方法》（*The Historical Method of Herodotus*, Toronto, 1989）提出了与在此介绍的内容相类似的对希罗多德序言的一种解读观点。斯蒂芬妮·韦斯特（Stephanie West）在一篇书评（*CR* 41 [1991] 24）中反驳说，对赫

---

[51] 我怀疑大多数接受我的全部主张者都会倾向于希望，这一影响的方向是从更知名的作者到更不知名的作者。我们应认真看待另一种可能，参见 A. Nieschke, *De figurarum, quae vocantur σχήματα Γοργίεια, apud Herodotum usu*, Münden, 1891. 作者在这部著作中收集了充分的证据，使如下主张具有合理性：高尔吉亚的确影响到了希罗多德（甚至无须支持那一完全不可信的观念："高尔吉亚风格"并不仅仅是"高尔吉亚的特点"，还意味着"起源于，也就是说在年代上晚于高尔吉亚"）。试比较譬如前文第20页注13中分析的段落，如下段落来自希罗多德文本 1.32.5–6 中梭伦对克诺伊索斯所说的一段极为精彩的智术师式对话（我以加粗的方式标明前缀ἀ-/ἀν-/εὐ-，下划线的方式标明重复的全部词汇，以斜体标明重复的复合词组成部分）：πολλοὶ μὲν γὰρ ζάπλουτοι ἀνθρώπων **ἄν**ολβοί εἰσι, πολλοὶ δὲ μετρίως ἔχοντες βίου **εὐ**τυχέες. ὁ μὲν δὴ μέγα πλούσιος, **ἄν**ολβος δε δυοῖσι προέχει τοῦ **εὐ**τυχέος μοῦνον, οὗτος δὲ τοῦ πλουσίου καὶ **ἀν**όλβου πολλοῖσι· ὁ μὲν ἐπιθυμίην ἐκτελέσαι καὶ ἄτην μεγάλην προσπεσοῦσαν ἐνεῖκαι δυνατώτερος, ὁ δὲ τοῖσίδε προέχει ἐκείνου· ἄτην μὲν καὶ ἐπιθυμίην οὐκ ὁμοίως δυνατὸς ἐκείνῳ ἐνεῖκαι. ταῦτα δὲ ἡ εὐτυχίη οἱ ἀπερύκει, ἄπηρος δέ ἐστι, ἄνουσος, ἀπαθὴς κακῶν, εὔπαις εὐειδής.

[52] 关于更早时期，参见上文（第17页注5）引用的 Mark Griffith 的论文。

[53] 见 G. E. L. Owen, "Philosophical Invective", *Oxford Studies in Ancient Philosophy* I (1983), 1–25.

[54] 参见伊索克拉底：《海伦》第12—13节。

[55] A. T. Cole、F. Dunn、A. Henrichs、A. M. Miller、G. Nagy 以及 W. H. Race 对本文提出了批评意见，特此鸣谢。

卡泰乌斯的模仿并不能解释希罗多德引用波斯人 λόγιοι【散文叙事者】的原因。我们必须依据对立考察这一问题,波斯人与希腊人的**对立**在希罗多德的首句就已明确,并且,从一个很明显的意义而言,该对立早在希罗多德之前便已确立;接着,我们应留意到,赫卡泰乌斯《历史》的开头据他自己说,是为了修正**希腊人**前后矛盾且荒谬的 λόγοι【叙事】而创作的。认为一位 λόγιος【散文叙事者】不是一个 λόγος【叙事】,仿佛发现这两个词汇间存在联系是可怜的幼稚表现,提出这一主张(一些学者正是这样主张的)是不妥当的;希罗多德也不是一个 λόγος【叙事】,他反驳 λόγιοι【散文叙事者】而不是他们的 λόγοι【叙事】,这一决定诉诸的是个人性的措辞,这位历史学家采用个人性措辞陈述了对立的观点:ἐγὼ δέ【而我】。

(译者单位:华中师范大学历史文化学院)

表演、竞争性展示与 *Apodeixis*[*]

罗莎琳德·托马斯

（李尚君 译）

我们已经看到，不同学术领域的分野在此时期尚不清晰，*historie* 一词可以泛指与自然哲学相关的各种探究，它们的对象是自然以及广义上的人之本性（见本书［指原书，下同——译者注］第5章）。有线索表明，希罗多德的探究使他成为一位 *sophos*【智慧之人】。我们也应该意识到，散文的各种体裁在公元前5世纪晚期开始出现分化，人们可能运用体裁的"修辞"来把自己的作品与其他人的区别开来，使之显得与众不同，甚至是——或者也可能尤其是——当他们所采取的方法差异并不悬殊的时候。本章试图对第7章的论述进一步加以引申。我们要阐释的还是说服活动的一系列特征及其类型，它们后来凝结为一种固定而具体的体裁，但在此时边界看起来仍然模糊。

关于公元前5世纪和前4世纪早期非政治语境中的说服和说服表演，我们能掌握的最明确证据出现在医学文献之中。面对公元前5世纪的民众集会，医生试图说服公民认可他的技艺，这种场景可能令人奇怪。然而，在公元前5世纪后期和前4世纪早期，口头表演和说服活动无处不在，即使医生亦不能免俗，后来则更是如此。医生试图

---

[*] Rosalind Thomas, "Performance, competitive display and *apodeixis*", *Herodotus in Context: Ethnography, Science and the Art of Persuasion*, Cambridge University Press, 2000, pp. 249–269.

说服民众接纳他们,此一现象确实提醒人们:该时期的希腊文化中,口头表演普遍存在,而且处处需要说服活动。在一段色诺芬记载的苏格拉底逸事中,苏格拉底曾戏仿医生在民众集会上的演说,力劝人们承认他是一位公共医师。演说一开始声称:"我还从来没有学过医学,但是请授予我医生的职业;因为我要在你们身上试验,以便进行学习。"[1] 苏格拉底旨在强调训练的必要性,却能够利用戏仿这种在我们看来显然不会奏效的请求方式来表达这一观点,引来哄堂大笑[2]。在这种体制中,医生很可能必须对外行的听众发表演讲。对此,劳埃德(Lloyd)和茹阿纳(Jouanna)已经做了有力的强调[3]。我们会想到柏拉图批评雅典人在城邦的许多事情上都太喜欢充当观众和裁判(《理想国》,492b5—c8),或者想到克里昂讥刺雅典人在公民大会中就是"演说的观众"(修昔底德,III,38.4)。在民众集会上发言,不同于说服个别患者接受治疗,而是需要另一套技巧。但是,修辞学意义上的"说服"也会用在个别患者身上,柏拉图笔下的高尔吉亚——其兄弟就是医生——曾经讥讽说,他比专业医生更能说服患者接受治疗:他坚称,就连医生也需要说服的技艺(《高尔吉亚》,456b)[4]。

既然如此,那么说服的形式是怎样的呢?上一章论及展示性表演和 *apodeixis*,现在则专注于 *epideixis*,该词更常用来指称某次具体的表演活动(display piece),但偶尔也会与 *apodeixis* 并用。在 *antilogiai*(半正式的辩论)这一口头表演领域中将会发现 *epideixis* 所具有的对

---

[1] 《回忆苏格拉底》,IV,2.5: Παρ' οὐδενὸς μὲν πώποτε, ... τὴν ἰατρικὴν τέχνην ἔμαθον ... ὅμως δέ μοι τὸ ἰατρικὸν ἔργον δότε· πειράσομαι γὰρ ἐν ὑμῖν ἀποκινδυνεύων μανθάνειν.

[2] 城邦公共医师的提法最早见于阿里斯托芬《阿卡奈人》第1030—1032行;更早时期中获得城邦认可的医生有希罗多德笔下的德摩克德斯(Democedes),Coln-Haft(1956)认为他们最早出现于古风时代。关于公共医师,另见《高尔吉亚》455b,514d—e;柏拉图:《政治家》259a。关于医生的教育,见《美诺》90c—d,《普罗塔哥拉》311b2—c2。

[3] Lloyd(1979)及(1987);另见 Jouanna(1992),109-159以及 Jouanna 编订的布袋(Budé)版《论技艺》与《论呼吸》(1988)。证据表明(见下文),Johnson 的文章(1994)虽然颇有助益,但是他认为表演局限于"智术师",并且(因此)在很大程度上只属于公开的自我炫耀,这一观点过于刻板。关于其他专家,见《普罗塔哥拉》319b—c。

[4] 他指出,说服的力量可能适用于气象学、集会和哲学(他所说的顺序如此)(《海伦》13)。理解修辞学的早期发展显然十分困难。见 Kennedy(1963)(1994);不同的观点见 Cole(1991)及 Schenkeveld(1992b)的书评。我这里聚焦于广义的 *epideixis* 和表演语境,而不是修辞学理论中的技术问题(有关 *epideixis* 的古代证据很少涉及口述或者书面的区分)。

抗模式。要认识 epideixis 的实际情形十分困难，因为正如德蒙特（Demont）所说，此时它似乎完全不限于后来特指修辞表演活动的意义[5]，而且，它仿佛总是介于正式的表演展示和卖弄辞藻的修辞表演之间。换言之，它时而指称广义的"表演"（display），时而又指特定体裁的具体表演活动（display piece），往往还指介于二者之间的某些情形（apodeixis 也有类似用法）。

　　epideixis（具体的表演活动）最常与"智术师"相关，特别是指戏仿辩护演说的精彩的修辞表演，诸如高尔吉亚的《海伦》（Helen）或《帕拉美德斯》（Palamedes）[6]。但是，这并不能真实反映公元前 5 世纪晚期及以后"表演活动"的广泛性和多样性，在此，就像其他情况下经常发生的那样，早期医学文献显然也打破了惯用的规整的分类法。如今，医学史家在描述作为一门科学知识的医学的早期发展进程时，已经日益接受了当时医学文献的表演性元素[7]。《论呼吸》（On Breaths）和《论技艺》（On the Art）都是颇具"智术师"特征的作品，十分符合我们所能想象的"智术师"的表演风格。以前的学者基于它们仅是"智术师"式的作品而想要忽略它们，但是现在已不再能够确定它们因此就是"智术师"所撰写的有关医学的作品，而非出自医生之手的表演性作品，并且和真正意义上的医学群体毫无关系。在这些早期论著中，有的修辞性元素更多，可能是由自认为掌握医学技艺的人所撰写的表演性作品。然而，无论如何，它们提供了有价值的证据，让我们了解到这种在传统意义上所谓的"智术师"那里未曾见过的表演和说服风格——甚至有人提出，它们应该更广泛地用于对当时修辞风格的认识[8]。我们当然已经发现了一些诸如此类的表演性

---

　　[5]　Demont (1993)；参见 Pernot (1993), vol.I, 25–28.
　　[6]　例如 Dodds 对《高尔吉亚》447a5 所作的注释——"ἐπίδειξις 一词似乎是由'智术师'引入（参见《大希庇亚斯》，282bc），用来指演说技巧的公开展示"；修昔底德似乎持有相同观点（III, 42.3），其中使用的 epideixis 具有贬义（相反观点见 Cole 1991, 89）。然而，Demont 有力地反驳了以 genos epideiktikon（展示型）这一后代修辞学类型来看待 epideixis 的做法（见下文），见 Demont (1993).
　　[7]　见 Jouanna (1984b)，特别是关于《古代医学》《论呼吸》和《论技艺》的部分；以及 Jouanna 对《论呼吸》和《论技艺》所作评注（1988）；参见《论疾病之一》，1—10；反驳"智术师"的著作，见 Wittern (1974)。Demont (1993)，见上文（注释5）。
　　[8]　Jouanna (1984b)。有必要补充说明，阿尔基达马斯（Alcidamas）的《论演说辞写作者》（On Those Who Write Written Speeches）具有许多同样的特征。

元素——极度重视对作者理论的证明、展示或说明,以第一人称进行表达,看似适于演说的风格元素,以及对听众的呼吁。我们也看到,有可能对表演划分等级,从面向普通听众的具有修辞性和高度展示性的演说表演,到针对专业人士的说教性演讲(见注释8)。《论技艺》和《论呼吸》属于该序列中的一极。

但是,我们不必单纯依赖风格方面的阐释。这些著作中有一部分不但彼此互称为epideixeis,也用该词来指称关于人性问题的竞争性或论战性"辩论"。比如,《论技艺》提到医学知识的epideixeis,即涉及医学"技艺"(techne)专业知识的展示性表演。作者似乎将他自己的著作称为apodeixis(3.1 J:"关于医学……我将对之做出演示"——περὶ δὲ ἰητρικῆς οὖν τὴν ἀπόδειξιν ποιήσομαι):这是一种有关特定理论的apodeixis,但是它就像英语中的display和古希腊语中的epideixis一样,将会逐渐变为"展示表演活动"(demonstration piece)。在开篇和末章,作者也都提及其他精通这门技艺之人的epideixeis,其中包括意见分歧者[9]。这些就是掌握医学技艺的专业人士进行"表演"的明确证据。希波克拉底学派的其他论著也提到"展示"[10]。

我们还曾见到竞争性辩论的精彩场景,论战双方各自展示出针锋相对的人性理论。在《论人性》一开始,作者便对"辩论"(antilogiai)大加批判(ἀντιλέγουσι ... ἀντιλέγοντες):在辩论中,所有发言者纷纷抛出五花八门的理论,有的人一时胜出,转眼又败给其他持相反意见的人。作者断言,这一切无非使得油嘴滑舌之人(ἡ

---

9 《论技艺》1,1 J: ἀλλ' ἱστορίης οἰκείης ἐπίδειξιν ποιεύμενοι,我们还要重新讨论这句话。该著作末章再次提及一个epideixis,但可能是指通常意义上的表演,意即通过行动而非言辞所做的epideixis:在讲完他本人的展示之后,作者补充道"那些了解这门技艺之人的epideixeis,他们更热衷于从行动而非言辞去加以阐释"(ἅς ἐκ τῶν ἔργων ἥδιον ἢ ἐκ τῶν λόγων ἐπιδεικνύουσιν)(13):可能旨在将他自己与仅靠言辞进行的epideixis区别开来?

10 希波克拉底学派著作中所出现的epideixis一词,见《论技艺》1.1 J,13.1,13.1中还出现该词的动词形式(见注9);《治病方略》I,6. 496.8 L;《箴言》9.266.14 L。epideiknumi一词出现了11次:《论技艺》(同上);《古代医学》2.2 J出现两次("我试图展示,说明并且阐释这门技艺是存在的"——ἐγὼ πειρήσομαι ἐπιδεῖξαι, λέγων καὶ ἐπιδεικνύων τὴν τέχνην ὅτι ἐστίν);20.1 J("我想我已经做了足够的展示");《论呼吸》5.2 J;15.1,2 J。在稍晚的著作中,则有:《治病方略》I 6. 468.5 L;《论关节》4. 158.13 L;《预后论》2. 134.1 L("展示")。

γλῶσσα ἐπιρρυεῖσα)占上风(1.3—4 J：本书第7章有部分引用，见第240页)。他们是令人反感的江湖骗子，显然并非医生(如作者所示，2.1 J)。然而，不同演说者都在讨论人是由什么构成的，这位义愤填膺的作者举出了一系列他们所宣扬的一元论学说。归根结底，他批评的焦点在于，这些人虽然能够通过说服而赢得竞赛，但是他们掌握的事实和证据并不可靠，他们的理论也基础不牢，因此不能再次说服人。这令人想起修昔底德笔下的克里昂对雅典民众的批评：他们热衷于聆听政治演说，似乎这只是"智术师"们的修辞竞赛，而不是在商议城邦要务(III 38.7；参见38.4[11])。此种口头竞赛(*antilogiai*和ἀγῶνες λογων，即言语竞赛)的类似场景，可见于《普罗塔哥拉》(*Protagoras*)中普罗塔哥拉与苏格拉底之间那场更加为人熟知的辩论，彼时苏格拉底试图打断普罗塔哥拉像演说一样滔滔不绝的回应，并且让他从一贯的一本正经又气势汹汹的辩论状态中放松下来，而转向简短的问答，后者是苏格拉底所偏爱的，当然也是他所擅长的[12]。据第欧根尼·拉尔修(Diogenes Laertius)所说(IX 52)，普罗塔哥拉正是此种竞赛的始作俑者。不管我们是否相信这一说法，这些口头竞赛(*antilogiai*)似乎都与那些被归于希波克拉底学派的论著属于同一风格和体裁。

  那些在学者们看来沾染着修辞习气的希波克拉底学派早期文献，对于我们的研究而言却具有特别的价值，因为它们在技术或"科学"(关于对自然世界的认识)与说服之间建立起联系，并为此提供了丰富的证据。这一系列论著中既有对医学和健康问题所做的详尽且颇具技术性的理论阐发(例如《论人性》)，也有《论技艺》这样天花乱坠的修辞炫技，它旨在证明医学本身就是一门"技艺"(*techne*)。修辞技巧似乎已经融入这样一个知识领域：它以现代标准来看缺乏科学性(比如忽视实验)，但在当时正试图将自己确立为一门"技艺"

---

  11 参见III 42.3，提及一次*epideixis*，同时参考Hornblower (1987), 100。
  12 《普罗塔哥拉》，334—335，特别是335a4以下："我曾经与很多人进行过言辞的竞赛(εἰς ἀγῶνα λόγων ἀφικόμην)，如果我做了你让我做的事，并且按照我对手的指教来讲话(ὡς ὁ ἀντιλέγων ἐκέλευέν με διαλέγεσθαι)，那么，我就无法超越任何人，普罗塔哥拉这个名字也就不会在希腊为人所知了。"亦可参见336b—d。Kerferd (1981a), 28-34讨论了"智术师"的表演。

（techne），并且利用既有的思想观念——无论是纯粹抽象的还是基于观察的——去努力阐释人体运作的方式，探讨追求健康的途径。一旦医生进行展示性表演，这种表演便具有了传达医学兼及哲学思想的功能，而不像高尔吉亚戏仿的辩护演说《海伦》那样，除了传达法庭辩论的套话以外，就只是修辞把戏。

于是，表演活动便显然可与医学世界联系起来。它也可能和更广泛的表演类型相关——也许未必像德蒙特（P. Demont）所说完全等同于修辞术的表演性分支，而是一种更宽的范畴[13]。公元前5世纪的 epideixis 在本质上意义更为宽泛，它涵盖了无论是通过言辞抑或行动对美好事物的展示，其中占据首要地位的就是呈现美好事物或某项"技艺"（techne）。它经常表现出更宽泛的视觉"表演"元素，用以强调其他种类表演所具有的重要性的要点。《论关节》（On Joints）尤其夸张，它描述了五花八门的绷带绑扎方法，其目的更在于哗众取宠，而非医疗救治[14]。而且，医学在此后数个世纪中仍是一种面向观众、带有戏剧性和展示性的表演。至于哪些人有资格在公众面前进行"表演"，盖伦给出了严格的限定[15]。对 epideixis 的贬低可能是后来才出现的，或者（部分）源于柏拉图和苏格拉底对至少某一些从事这类活动的"智术师"所表示的轻蔑[16]。

epideixis 还同时囊括书面文本和口头表演，因为同样的内容可能既有文字版本，也反复通过口传心授，就像希庇亚斯（Hippias）或普罗迪库斯（Prodicus）所做的那样[17]。例如，普罗迪库斯经常讲述赫

---

[13] Demont (1993)是近年来最完整的讨论，包括观众、专业化等问题，尽管他对"专家"和"普通人"的区分有时看起来过于严格。

[14] 参见35: 4.158-60 L; Demont (1993), 188；参见Lloyd (1979), 89-93，他讨论了相似的引人注意之处。

[15] 关于盖伦时代医学——特别是解剖学——中的 epideixis 和表演活动，参见 von Staden (1995)；注意2世纪在以弗所为期两天的那场 agon（竞赛），见该文第61页注37。

[16] 我无论在此处还是他处都使用"sophist"一词来指称传统上所说的"智术师"，如普罗塔哥拉等人，但并不意味着相信他们作为一个群体而具有某种共性，尽管他们可以算作一个群体（参见本书第5章）。柏拉图确曾对某些"智术师"表示尊敬，特别是对普罗塔哥拉和普罗迪库斯，见 Rowe (1984), 151-60，他纠正了人们的成见。

[17] 见 Demont (1993); Cole (1991)，特别是第89页[在他看来，epideixis 是对事先准备好的内容进行的口头呈现，因此，展示性演说可能本来是"色诺芬所叙述的普罗迪库斯的 epideixis：它并非某人才华的展现，而是对既有内容的表演或（口头）展示"，换言之，口头表演的内容是事先记住或者写出的]；第5章论述了涉及阐释性文本的 technai。Guthrie (1971), 41—44讨论"智术师"的表演，O'Sullivan (1996)论述了"智术师"的书面（转下页）

拉克勒斯之抉择的故事，大概正是因此，高尔吉亚将其作品贬低为"陈词滥调和老生常谈"。同时，普罗迪库斯的作品还以文字版本流传于世[18]，尽管这并不意味着他在听众面前真的是照本宣科[19]。显而易见，展示性表演可能既有口头表演，也需要书面文本，后者仅充当表演中的"备忘录"。我们显然无法确定，现在所见的文本就是表演现场的真实呈现，正如阿尔基达马斯（Alcidamas）在其论战性著作《论演说辞写作者》（*On Those Who Write Written Speeches*）中所说，表演者如能根据既定框架临场发挥，而不是背诵准备好的完整文本，其优势就在于可以对观众的兴趣（或不耐烦）做出回应。但是，我们也不应该仅仅因为它是表演出来的，就认为表演完全不需要书面文本的支撑。

那么，这些 *epideixeis* 应用于什么主题？它们有着怎样的范畴？对于 *epideixis* 以及由专业人士向专业或非专业的观众就专业知识所做的展示性表演而言，希波克拉底学派的文献可能是最清晰明了的证据。不过，柏拉图的对话录中也充满了各种各样的人以此种方式来"展示"知识的例子，其中大多数是著名的"智术师"，尽管我们当然不能把"智术师"视为一个无差别的群体[20]。据说，普罗塔哥拉通过向"各种人"提供 *epideixeis* 来赚取大量金钱——这也许是对他的批评（《大希庇亚斯》282c7—d5），而后来的高尔吉亚和普罗迪库斯也都如此。《欧叙德穆斯》（*Euthydemus*）开篇有一段文字包含了大量表演性用语，在这里，欧叙德穆斯和狄奥尼索多鲁斯（Dionysodorus）已经"展示"了智慧，苏格拉底希望他们过一会儿再继续此番 *epideixis* 的其余部分也不迟（《欧叙德穆斯》275a4ff，及前文）。苏格拉底对这种"表演"的讽刺批评，由此可见一斑。

在柏拉图看来，展示性表演（*epideixeis*）像书籍一样，呈现得精

（接上页）和口头用语，他认为（特别是第121—122页），普罗塔哥拉和普罗迪库斯特别钟爱著书，并且关注书面用词的准确性（他没有讨论 *epideixis* 本身）。*epideixis* 的特征与"书面"或"口头风格"之间的关系并不十分清楚。

18　DK 82 A 24 (Gorgias, in Philostr. *Vit. Soph.* I Proem)；关于书面文本的传播，见DK 84 B 1 (=Σ Ar. *Nub*. 361), B2. 关于其他"智术师"的 *epideixeis*，参见 Demont (1993), 186。

19　比如 O'Sullivan (1996), 115—127，特别是第119、122页；相反观点见 Cole (1991), 77。

20　例如，O'Sullivan最近提出了这一观点，见 O'Sullivan (1996)。

美,却连最简单的问题也解答不了(《普罗塔哥拉》329a2—7)。有几篇对话提及来访的"智术师"刚进行过 *epideixis*,其展示性表演看上去至少蕴含一些值得讨论的内容。换言之,虽然它们没有仅被当作华而不实的修辞,但是其形式让苏格拉底感到失望,因为他认为这只是为了赢得赞赏,却不能启发一场对话。我们往往会在对话的开头听到这些 *epideixeis*,之后,对话的讨论逐渐深入,或者实际上抛开了 *epideixis* 所关乎的问题,这一点也许具有重要意义。《克拉提鲁斯》(*Cratylus*)中提到普罗迪库斯"价值50德拉克马的 *epideixis*"(384b3—6),苏格拉底声明,他如果听到这番演讲,无疑会在"关于词语准确性的真理"方面受到启迪。不过,苏格拉底实际听到的只是价值1德拉克马的演讲,收获不大——当时便已出现"一分钱一分货"的观念了[21]。上文提到普罗迪库斯关于赫拉克勒斯的演讲,也是一种 *epideixis*[22]。希庇亚斯看起来几乎就是 *epideixis* 的生动化身,随时随地准备投入表演,即使在最不适宜的场合依然如此[23]。《小希庇亚斯》(*Hippias Minor*)开篇,希庇亚斯刚给一小群无趣之人做了 *epideixis*;他还夸口说自己曾经在奥林匹亚面向集会的希腊人进行过精心准备的 *epideixis*(363d2)。不过,苏格拉底表示出暗含讽刺的恭维,同时想问几个有关其 *epideixis* 内容的问题——他无法全部领会,并且因为害怕打断 *epideixis* 而三缄其口(《小希庇亚斯》,364b6)。苏格拉底对普罗迪库斯的自负与博学所做出的反应,证实了这些表演既要事先准备又不允许插嘴提问——此外,普罗迪库斯甚至未曾开始思考他所讨论的内容。这里,苏格拉底质疑的核心问题在于,它是缺乏互动与讨论的;相似的批评也针对其依赖书面文本的做法。这种观点出现在苏格拉底与普罗塔哥拉的对话中,他强调说,普罗塔哥拉不但能够回答问题(而其他人大多数不能),而且愿意将长篇大论

---

21 另见《大希庇亚斯》282c4—5:普罗迪库斯在从事外交活动的同时,还向年轻人进行过 *epideixis*。

22 Demont (1993), 195. 参见 O'Sullivan (1996),特别是第121—123页讨论普罗迪库斯的内容。色诺芬:《回忆苏格拉底》2.1.21将普罗迪库斯的《赫拉克勒斯的抉择》描述为一场 *epideixis* (πλείστοις ἐπιδείκνυται)。

23 例如《普罗塔哥拉》347a6—b2,希庇亚斯正要进行 *epideixis*,受到亚西比德的委婉批评。他们显然也是极其以自我为中心的:柏拉图笔下的模仿,DK 86, sect. C 大量使用第一人称。

（*makrologia*）和简短问答（*brachylogia*）结合在一起（《普罗塔哥拉》329b1—5, 334e4—335c）[24]。

然而，无论苏格拉底对 *epideixis* 的形式持有怎样的讽刺态度，其内容在大多数情况下还是值得讨论或辩驳的。仅就柏拉图的描绘来看，高尔吉亚的展示性表演似乎缺乏严肃内容，这成为他个人的特色——也许是为了凸显他作为修辞术士而非"智术师"的形象。《高尔吉亚》篇指出，高尔吉亚已经"展示了各种美好的事物"，但是，当凯瑞丰（Chairephon）提议他再做一次表演时（ὥστε ἐπιδείξεται ἡμῖν, 447b2），苏格拉底有些唐突地问他是否愿意回答我们的问题："像你所建议的那样，他也许可以把表演（*epideixis*）推迟到其他时候。"（447c3—4）他们仍在试图解决那个最初的问题：高尔吉亚的"技艺"（*techne*）究竟是什么？也即它究竟与知识和 *logos* 存在关联——这乃是技艺的本质，抑或仅供娱乐（参见500e—501b）？苏格拉底不耐烦地建议，高尔吉亚"现在应该做一次简短的表演（*epideixis*），长篇大论等到其他时间再说"（449c4: καί μοι ἐπίδειξιν αὐτοῦ τούτου ποίησαι, τῆς βραχυλογίας, μακρολογίας δὲ εἰς αὖθις）。在柏拉图看来[25]，这种体裁华而不实又拘泥于形式，就已够令人恼火的了，如果再连它所涉及的知识领域也无法界定，那么问题就更加严重了。

因此，在广义的"说服"范畴中，我们更确切地看到各种各样的行为、语境以及某些说服技巧的运用，它们流行于公元前5世纪晚期：从普罗迪库斯的 *epideixis*，到以专业技艺为主题（从医学到荷马史诗中的角色）的面向一般观众的 *epideixeis*，诸如医学专业人士的

24　参见 O'Sullivan (1996), 124；他认为（注释28），苏格拉底声称（334e—335a）普罗塔哥拉可以就任何主题发表长篇大论，普罗塔哥拉否认这种说法。普罗塔哥拉的 Περὶ τῆς ἐν ἀρχῇ καταστάσεως 可能是一次公开演讲，就如 Nestle 所说（Guthrie [1971], 63 n.3）。《普罗塔哥拉》320c—328d2 中普罗塔哥拉的演说被认为是 *epideixis*，因为它在开头（320c3—4：普罗塔哥拉问 μῦθον λέγων ἐπιδείξω ἢ λόγῳ διεξελθών——他选择了前者）和结尾（328d2—3）都使用了动词 *epideiknumi*。苏格拉底甚至用 *epideixis* 来指称自己的行为，"如你所愿进行展示（ἐπίδειξιν ποιήσωμαι），我以次优的方式探讨因果关系？"（《斐多》99d2）；参见欧伯里斯，残篇 395 K—A，柏拉图:《申辩》22a7,《泰阿泰德斯》158c3）此处 *epideixis* 转化为意义更宽泛的证明/展示。

25　参见色诺芬:《回忆苏格拉底》II 1.34: 苏格拉底不愿遵循 *epideixis* 的夸张风格。《智术师》217e2: 陌生人试图避免的正是"像 *epideixis* 一样的长篇独白或致辞"（οἷον ἐπίδειξιν ποιούμενον）。

表演、普罗塔哥拉的说教、戏仿的演说以及半正式的辩论（antilogiai），这一切都涉及口头表演、一定程度的修辞技巧，还有某些技术性或哲学性的知识。茹阿纳（1984）建议我们还要留意从展示性 epideixis 到说教性演讲之间更进一步的分类。在此序列中，epideixeis 处于修辞性和最具说服力的一极，表演者面对现场观众，慷慨陈词，坚持己见。有时候，"智术师"显然也会讲述"神话"或故事来支撑自己的论点（见第6章导言），因此，epideixis 还有可能包含叙事性的神话——不仅普罗迪库斯如此，普罗塔哥拉在柏拉图以他命名的对话录中也将"神话"融入自己的长篇演说，从用词来看，该演说是被当作一次 epideixis 而加以介绍和总结的（见注释24）。此外，值得注意的还有，即使在持反对意见的柏拉图所提供的证据中，这些展示性表演活动也不总是和金钱形影不离：其场景往往是，当"智术师"运用 epideixis 的语言，或者刚完成 epideixis，观众并无意支付报酬。让我们回到希罗多德。

希罗多德"讲演"自己的作品是众所周知的，但有时也受到怀疑。尽管关于他讲演活动的确切证据更多地出现于后世文献中，但也不能认为，希罗多德作为当时众多作家之一，不曾进行公开讲演或某种形式的口头表演[26]。意味深长的是，后世作家不假思索地认为他做过讲演；毕竟，就连显然从事书面创作的普罗迪库斯都做过许多次表演，而且在批评者看来简直太多了。但是，现代学者在想象这些表演时却表现得谨小慎微[27]。更宽泛（以及更早？）意义上的 epideixis

---

26　参见琉善：《希罗多德》I（他想象希罗多德有了这个主意，并被"智术师"们所模仿）；参见 Momigliano (1978) 关于历史学家及其听众的论述。亦可参见 Evans (1991), 89-90; Lattimore (1958), 9-21 关于其写作方法的一种理论。Johnson (1994) 低估了有关表演（以及严肃观念）的证据的广泛性；关于和某些书面文本的兼容性问题，参见下条注释。

27　我完全赞同 Johnson 的如下观点：学者们在没有仔细鉴别其确切含义的情况下，就轻易接受了希罗多德曾进行演讲的说法，见 Johnson (1994)。任何认为书面文本是表演的忠实再现的观点，都忽视了表演的易变性与即时性。Johnson 指出（注释44），表演与书面文本之间的关系必然是变化不定的：因此，他反对将二者等同，从而也反对认为希罗多德进行演讲这一当下流行的"正统"观点。然而，他在"历史学家"和其他人、"智术师"和其他人以及每种文体所适用的风格之间划出了过于严格的界限，并且认为，希罗多德使用"书写"（grapho）一词（姑举一例）意味着他并未采取表演形式。阿尔基达马斯的《论演说辞写作者》是与希罗多德在时代上接近的有关表演与书面文本（无论是否依靠背诵）之间关系的最有力且带有论战性的讨论；并见 Thomas (1992), Kullmann and Althoff (1993), Worthington (1996)。关于荷马，参见 Bakker (1997)。

范畴或可提供有关希罗多德表演情形的实质信息,并有助于理解其风格的某些要素。我们已经见识过希罗多德论战风格的部分特征,知道他喜欢批评别人,也了解了他这样做所采取的方式:他特别喜欢说明性的语言和列举证据,这种呈现方式在其他语境中尤其被视为展示性表演风格的典型特征。他还使用具有真实性——更准确地说是"精确性"——的语言,并以第一人称口吻来表达自己的独到见解,显得兴致勃勃,夺人耳目。值得注意的是,这些特征总是集中出现,同时言之凿凿,有理有据,就像我们在第6章所看到的那样。他在宣称能够证明自己的观点时,也使用了第一人称(见第6章)。此类现象主要表现在地理和民族志的描述或者针对其他问题的争论当中:出于某种原因,希罗多德似乎更喜欢把这种风格用于地理和民族志的探讨,而非叙事部分。这些特征看起来属于知识辩论的论战风格,即知识辩论中的演讲,这种辩论在公元前5世纪晚期往往采取真正意义上的公开辩论的形式。

我已经指出,希罗多德使用的举证和论战性语言中包含修辞元素,并且强调了其说服性特征。但是,我们还可以进一步做更细致的分析。认为希罗多德的论战风格带有 epideixis——或者后来所定义的 epideixis(形式化的表演活动)——的语言要素,并不一定是指他做过高尔吉亚那种"智术师"的 epideixis,因为他显然并非如此。若参照我们所见的表演活动的范畴——它涵盖了技术、科学,以及神话或哲学的主题,那么,发现希罗多德也曾使用这类作品中的语言表达和呈现方式,就不足为奇了,并且认为他采取和口头表演相同的演讲风格,亦无不可。此种方式的运用范围更为广阔,与后来相比涉及更加宽泛的专业领域;《论人性》的作者认为自己所呈现的正是 epideixis。epideixis 的范畴所包括的远不止那种带有华丽诗歌辞藻和对偶文体的高尔吉亚式修辞的极端特征。

从这方面来看,希罗多德可能与希波克拉底学派早期作者们的专业医学领域很接近——因为他的确在其他地方表现出某些专业知识。但是,他具有论战风格的说服方式之所以与《论人性》之类的著作十分相似,更像是它们都符合一种更广泛的知识模式,它是一种哲学和知识的演讲话语,在当时的知识生活中非常流行,特别是在爱琴海东部沿海的希腊城邦以及来自这些城邦的人们当中。据我们所知，麦利索斯（Melissos）和狄奥根尼斯（Diogenes）也使用过某些与此同类的语言，尽管可能不具备《古代医学》（Ancient Medicine）和《历史》中论战部分那样的华丽辞藻与修辞魅力（阿那克萨哥拉则采取更加赏心悦目的风格）。限于文献的残缺不全，我们也许无法就此得出更进一步的结论。但是不妨认为，希罗多德的论战的确带有更多的修辞色彩，适用于口头表演；在希罗多德这里我们得以一瞥表演性演讲（the performance lecture）的情形，一瞥那类一度流行的表演的风格与论战方式，它们被用来表现有关"本性"（physis）或语言精确性的哲学辩论、与哲学抽象原理密切相关的医学理论阐发，以及关乎科学、关乎知识和探索世界本原的论述。

我想指出，希罗多德使用第一人称的气势饱满的论战及其说明和论证的语言，并不仅仅类似于早期医学/科学和（更低程度上）某些东部希腊哲学的著作，而是属于公元前5世纪晚期现场表演活动的风格。在这种氛围中，现场表演采取举证式的话语，提供"证据"（tekmeria）和"证词"（marturia），同时也运用早期医学和自然哲学的语言，试图通过抽象论述来证明缺乏证据的理论。正如《论人性》的作者所营造的场景（第1章），其中彼此针锋相对的演说者就人的本质进行现场辩论[28]。这种语言也成为发展成熟的修辞术的风格——毕竟对修辞术而言首要的便是证明——但是在这一阶段，这种语言似乎一直被允许用来呈现关于自然和人的自称真理的论点，呈现带有大量展示性元素的口头表演。这有助于解释希罗多德身为作者所表现出的直接临场性，也能说明他以作者口吻声称自己所言是实的做法，为什么会与他本人以及同时代其他作者在许多观点上的复杂性共存。体现出如此的活力与直接性，正是口头表演的风格，也如茹阿纳所说，是 epideixis 的风格。修昔底德试图规避这种风格，只将其用于演说辞写作。在后来的修辞术中，它得到高度发展，赋予作者/表演者/演说者鲜明的在场感，也使演说者得以直接表明，他无论在过去、现在还是将来都要展示自己的观点是正确的。出于各种不同的

28　Demont (1993) 提出了一个有趣的观点，认为书面呈现的"技艺"（technai）所引发的问题在于任何人都可能更容易地成为滥竽充数的专家，因此有必要提供证明。

理由，我们可以确证，斐瑞库德斯（Pherecydes）、阿库西劳斯（Akousilaos）或赫卡泰乌斯（Hecataeus）语言平直的散文都并不具备这一风格。

然而，对于理解我们手中《历史》的书面文本而言，这究竟意味着什么呢？我指出希罗多德的展示性风格属于口头表演的特征，并不是说可以把他的文本分割成"口述"部分和"书面"部分，前者再现了他所进行的口头表演，后者却从未付诸演讲，只是出现在书写纸上，供人阅读。由于默读的情况十分罕见，所以他的书面文本可能是在极其私人的环境中通过高声朗读而为人欣赏的。主要问题在于，任何口头表演——至少对于散文形式而言——即使有意遵循书面文本的字句，也会在某种程度上与之发生偏离。我们不能简单地将《历史》划分成若干可以作为演讲的片段：我们也许可以假定，他的表演会选择某一个情节或章节并在每次表演时做出专门的调整，尽管各场演讲之间保持大体不变的内核。不过，《历史》中的有些章节比其他部分更适合表演；有些章节中的展示性和阐释性语言也更加显著（例如关于尼罗河或者埃及人习俗的部分）。我倾向于将这些书面文本视为表演元素的重现，就像在书面演说词中可以看到口头说服的风格，也像在《论技艺》和《论呼吸》中可以看到 epideixis 的风格。这意味着《历史》具有多种风格，而且，既然书面写作本身并不要求某种特定风格，那么书面文本便能够重现或者在一定程度上模拟口头表演的风格元素。

epideixis 这一类别也有助于理解希罗多德为何在首句中将自己的作品称为 ἱστορίης ἀπόδεξις。人们通常从该词在古风时代和荷马史诗中的使用先例来解释《历史》"序言"（proem）中出现的 apodexis——把它转译为"呈现"，或者像纳吉（Nagy）那样译作"公开表演"，采用荷马史诗意义上对"声名"（kleos）的展示与延续[29]。虽然"序言"中的确存在荷马史诗的遗响[30]，但是另外一点至少也值得

---

[29] Nagy (1987)：荷马史诗中所说的 logios（"讲故事者"）一类人的公开表演（参见本辑第3—13页——译者注）。

[30] 见 Erbse (1956) 对首句的讨论；Nagy (1987)，特别是其中关于 kleos 的论述（参见本辑第3—13页——译者注）。Erbse (1992); Pelliccia (1992)（参见本辑第14—42页——译者注）。

讨论，即希罗多德在开篇对自己作品的称谓是否还反映了公元前5世纪中晚期这个词的词义[31]，而且，不仅要探询 apodexis 的本义，更要追问它在当时观众心中有着怎样的隐含意义。拉特纳（Lateiner）所用的"论证"（demonstration）[32]或"展示"（exhibition，即表演）[33]等词汇能够表达更加贴近公元前5世纪该词当时的细微含义[34]。我们发现，希罗多德喜欢使用与 apodexis 同源的动词 apodeiknumi 指称"论证"，即"演示，证明"，带有表演意味，更类似早期科学和修辞术的展示性语言；而且他在书中其他地方所使用的 apodexis 也具有同样的含义。现代学者通过《历史》剩余部分的内容来理解其开篇的 apodexis 一词，没有太大帮助，还会导致时代错置[35]。希罗多德毕竟是最早使用该词的确证作家，而且该词出现在全书首句如此醒目的位置，说明是有意强调。

apodeixis 后来演变为指称"证明"或"论证"的哲学惯用语[36]。然而，当它可能尚未完全成为专有名词的时候，希罗多德便用它来表达"论证、证明"之义，在公元前5世纪晚期的同时代人或比他稍晚的人中至少有一部分是可以理解这一点的。因为高尔吉亚[37]、阿尔吉塔斯

---

[31] 学者们并不愿意将它与公元前5世纪中晚期的其他作者联系起来。Drexler (1972), 11-14 讨论了 apodeiknusthai 等词，却未曾涉及当时的用法，而是强调与荷马史诗的联系；同样的问题也存在于 Rosén (1993)。Pelliccia (1992)（参见本辑第14—42页——译者注）讨论了序言与高尔吉亚；有关其语境的更广含义，参见 Lateiner (1989), 38, 40-3。亦可参见本书第7章。

[32] 例如 Lateiner (1989), 10, 83-4; Lateiner (1986), 17 也有简要论述。

[33] Marincola (1987), 128："该卷（第2卷）是完全意义上的 apodexis，向当时的观众展示出，卓越的方法已经促成了显然更完整、更准确的记述。" Marincola 重新修订的企鹅版译本（1996年）译作"展示他的探索"（displays his enquiry）。

[34] 参见 Immerwahr (1966), 17，"他研究的呈现"（the setting forth of his research），以及 Erbse (1956) 关于首句的讨论；参见"他所公布的研究"（researches which he publishes）(Rawlinson)。

[35] 参见 Lateiner (1989), 18："序言中的名词 ἀπόδεξις 已然宣告了某种融会贯通的智慧。"以及第50—51页。参见 Lateiner (1986), 10："这位历史学家利用他的构合（ἀπόδεξις）挽救了言辞所能表达的任何事实碎片。"

[36] 参见亚里士多德：《修辞学》I, 1.11："既然 pistis 是 apodeixis 的一部分（当我们认为某事已然得到阐释之时，最容易相信）。"Kennedy 的版本将 apodeixis 译作"论证"（demonstration），他认为此处是指更普遍的理性推论，包括或然论证（注疏及译文，第33页）。关于其他形式的阐释，亦可参见《泰阿泰德斯》162e—163c。

[37] DK 82 B 11a (Palam.), ch. 29："起诉者没有为他的说辞提供任何 apodeixis（证据）。"

（Archytas）[38]，可能还有德谟克里特（Democritus）[39]的作品，都曾使用 *apodeixis* 一词，而《双重论证》（*Dissoi logoi*）也似是而非地使用过这个词[40]。它还在希波克拉底学派早期著作《论技艺》中出现过两次，似乎是指更加宽泛的"论证"——含义模糊的非正式"证明"[41]：

> 但是关于医学——这是本篇演说的主题——我将论证其存在[即这门技艺的存在]。(περὶ δὲ ἰητρικῆς — ἐς ταύτην γὰρ ὁ λόγος — ταύτης οὖν τὴν ἀπόδειξιν ποιήσομαι)（《论技艺》3.1 J）

之后又说：

> 在证明这门技艺的存在时（ἐν δὲ τῇ τῆς τέχνης ἀποδείξει），我也应就某些问题反驳其他人的说法，他们中的每个人都认为自己在这些问题上或已成功地抹黑了这门技艺。（《论技艺》3.3 J）

展示性语言遍布整个段落。

《论技艺》最能表明，进行 *apodeixis* 意味着可以在论证或证明（逻辑论证、辩论或推理等）和表演之间来回摇摆。我们不必将表演的含义追溯到荷马史诗为了追求声名而对事迹进行展示。表演和论证都属于公元前5世纪晚期重要的知识活动，而且从《论技艺》来看，它们显然也是"智术师"针对各种"技艺"（*technai*）问题所做的更为精彩的表演活动的一部分。这还尤其暗示，*apodeixis* 非常类似于 *epideixis*（例如在《论技艺》当中），正像我们已经知道（上一章）动词 *apodeiknumi* 和 *epideiknumi* 有时可以互换；此外，和 *epideixis* 一样，*apodeixis* 似乎比任何形式的证明（诸如 *tekmerion*、*ananke*）都更加特

---

[38] DK 47, B 4 (*Diatribai*) 关于几何学：ἀποδείξιας=证据。
[39] 德谟克里特，DK 68, B 10b（提及"利用 *apodeixis*"）；B 299（DK 中并非原文）。
[40] DK 90, ch. 6 讨论了"智慧"（*sophia*）和"美德"（*arete*）无法传授的论断，他指出"做出如此论断的人采用了这些证据/论证"（*apodeixis*）(ch. 6.1)；再次出现于 6.13（论证/展示）。
[41] 也出现于稍晚的著作《论肌肉》8. 596.9 L，《书信集》9. 392.10 L。

别,尽管它并非特别到自成一种单独的体裁的程度。论证、证明和表演在此处看上去融合在一起。

这尤其明显地体现在《论技艺》的开篇部分。作者一上来就直指其对手:

> 有些人创造了一种诋毁各类技艺的技艺(techne),但是他们认为,他们并不是为了实现我所说的这个目标,而是在展示他们自己的探究(ἀλλ' ἱστορίης οἰκείης ἐπίδειξιν ποιεύμενοι)。[42]

他的对手进行了一番 histories epideixis:"展示他们自己的探究",这对于希罗多德的读者而言非常熟悉,让人不禁联想到他开篇那著名的 histories apodexis。这最为生动地表明,希罗多德《历史》的首句有时代意涵,与当时人们的知识追求相吻合。它也意味着,证明和论证的观念可能很快就意味着表演,或者是慢慢成为表演,而后又转变为展示性演讲。希罗多德在他著作的首句中似乎使用了当时流行的语言,这种语言在那样一个越来越多地通过口头表演——即 epideixis——来展示博学与知识的时代有具体的意涵。此处我们可以进一步发挥富勒(Fowler)提出的可信而有趣的观点:这种语言的运用使希罗多德表现得好像一位"智慧之人",同时暗示他也把经验、学识和探索结合在一起,就像苏格拉底认为普罗塔哥拉所做的那样[43]。这的确是能够意指智慧和探索的表达方式,并且使用了显然具有知识意味的词汇——apodeixis 和 historie,后一词尤其与当时(第5章)对自然哲学的知识探究密切相关。进行过口头 epideixis 的人除了普罗塔哥以外,还有希庇亚斯——尽管他的表演并不十分吸引人——和高尔吉亚,后者尤其以此知名,而且给这一体裁整体上造成了不良声誉。《论技艺》的作者在开头处把 epideixis 用于其对手,把

---

[42]《论技艺》1.1 J: Εἰσίν τινες οἳ τέχνην πεποίηνται τὸ τὰς τέχνας αἰσχροεπεῖν, ὡς μὲν οἴονται οὐ τοῦτο διαπρησσόμενοι ὃ ἐγὼ λέγω, ἀλλ' ἱστορίης οἰκείης ἐπίδειξιν ποιεύμενοι. Jouanna 的评注,第243—244页。Jones 和 Jouanna 将此处的 histories 译作"知识"(knowledge/savoir)。

[43]《普罗塔哥拉》320b5—c1,比较公元前5世纪的特奥格尼斯残篇: Fowler (1996), 86-87。

apodeixis 用于他自己的事业，后来在末章又以赞许的语气使用 *epideixis*（参见本书第252页及注释9）。有可能 *apodeixis* 和 *epideixis* 在某些方面是互为影形的，但是随着修辞术的发展，它们逐渐变得彼此对立。公元前5世纪晚期的 *apodeixis* 不一定会排除口头表演[44]，尤其考虑到理论的"展示"和"证明"在当时可能都呈现为面向现场观众的口头演讲或表演活动。因此，希罗多德著作的开篇在这种时代背景下并不像我们可能认为的那样与众不同。

这里我要补充一些重要的后世证据，其中也出现了医学演讲和 *apodeixis* 的内容，它们至少说明，后来的医生们继续向普通听众发表演讲。有的碑铭包含希腊化时代医生们的演讲致谢词。然而，此处存在含义不清的问题：这些公开演讲似乎在整体上被称作进行 *apodeixis*，即展现和证明医生所具备的技艺；公开演讲本身是"证据"，却不是"表演活动"意义上的 *apodeixis*，因为此时很可能常用 *epideixis* 来指称"表演活动"。一篇大致属于公元前2世纪的铭文记录了潘菲利亚（Pamphylia）地区城邦的两项法令，内容是向一位佩尔格（Perge）的医生阿斯克勒庇阿德斯·弥罗诺斯（Asklepiades Muronos）表达敬意，因为他曾经多次在运动场中向观众对其技艺进行 *apodeixeis*[45]。这些 *apodeixeis* 既包括面向观众的演讲，它们有益于佩尔格居民的身体健康，故而在铭文中受到称颂，还有赢得塞琉西亚城公民青睐的类似活动，因为他也在此地行医。另外，他的勤勉精神（*epimeleia*）的"杰出 *apodeixeis*"得到赞扬（第26—27行），虽然这并不明显与公开演讲有关，但是威尔海尔姆（Wilhelm）认为它在一定

44　已有学者指出。参见 Asheri, *Commentary* on Book I, p. xviii n. 2 'ἀπόδεξις non implica oralità'【"ἀπόδεξις 并不意味着口述"】，希罗多德暗示是文字书写的作品；另见此处的评注。参见 Hartog (1988), 276：*apodexis* 是口述领域的组成部分——但它是史诗的口头表达；它意味着以口头形式发表作品——希罗多德是一位吟游诗人，尽管在传达自己的声音。

45　καὶ μεταχειριζόμενος τὴν ἰατρικὴν ἀ[πο-]
δείξεις μεγάλας πεποίηται τῆς ἑαυτοῦ ἐνπειρί-
ας, διά τε τῶν ἐν τῶι γυμνασίωι ἀκροάσεων πολλὰ χρή-
[σι]μα διατέθειται ἐν αὐταῖς πρὸς ὑγείαν τοῖς πολίται[ς]
ἀνήκοντα, ...

Wilhelm, *Neue Beiträge zur griechischen Inschriftenkunde*, IV (1915), 54–55, lines 5–9=*Mon. Ant.* 23 (1914), no.48.

程度上可以指涉下文所说的演讲[46],该名医生正是因为这些演讲而大获表彰[47]。这些证据表明,希腊化时代的医生们向非专业的普通听众发表演讲。在此类表演中,显然蕴含着展示性元素以及对技艺的证明;即使演讲本身不能称为 *apodeixeis*,它也提示我们,技术性主题的公开表演持续存在。甚至盖伦都进行他所谓的有关解剖的 *epideixeis*(参见注释15)。

还有线索显示,《论人性》的作者所激烈批评的口头辩论和演讲竞赛(1),对希罗多德而言也不陌生。他似乎了解 antilogia(辩论演说)的概念,尤其熟悉这个词汇本身。他提到忒拜人(投降于波斯)在普拉提亚战役之后希望与国王鲍桑尼阿斯进行一场 *antilogia*(IX 88),而且《历史》中也有多处涉及观点的对立和辩论(*antilegein*)。例如,希罗多德在宣称不能否认神谕的有效性时,措辞酷似普罗塔哥拉的 Ἀλήθεια ἢ καταβάλλοντες(《真理或反驳》):

> Χρησμοῖσι δὲ οὐκ ἔχω ἀντιλέγειν ὡς οὐκ εἰσὶ ἀληθέες, οὐ βουλόμενος ἐναργέως λέγοντας πειρᾶσθαι καταβάλλειν, ἐς τοιάδε πρήγματα ἐσβλεψας. (VIII 77.1)

> 我不能反对(*antilegein*)神谕,说它们不是真理,也不想推翻(*kataballein*)那些表述清楚的神谕,特别是当我看到如下事例的时候。

46　出处同上(前条注释),第34—35行。感谢Simon Hornblower让我注意到这些铭文。

47　见Coln-Haft (1956): no.48a+b,其附录中的记录表;第23页讨论公开演讲;简要论述,见von Staden (1995), 61。来自弗基斯(Phocis)的埃拉提亚(Elatea)的另一块铭文也提及类似的公开演讲:*IG* IX 104=*SEG* 3.2 (1929) 416 (=Wilhelm *Anz. Ak. Wien* 1924, 130ff., n. 7),但是主要依据Wilhelm的复原,包括指称"演讲"的词汇 ἀκροάσεις。有一篇2世纪的铭文,是科斯岛(Cos)上哈利萨尔纳(Halisarna)纪念医生俄纳桑德罗斯(Onasandros)的法令,在铭文中,这位医生因为数年间展示了(*apodeixis*)他在这门技艺上所拥有的知识而获得赞扬,但这显然不是指进行演讲[*SEG* XLI (1991), no.680 (*IG* XII 4)];Jouanna的译文和评注,见Jouanna (1992), 524-526。伊斯特罗斯(Istros)的公共演讲,参见 *Bull. épig.* (*REG* 71, 1958), no. 338, pp. 280-282。参见 *SEG* XXXIII 1184.10,来自克桑托斯(Xanthos)的纪念演说家特米斯托克利斯(Themistokles)的法令铭文(公元前196年)——"修辞演说的 *apodeixeis*"。Marrou (1956), 398-399 n.16,讨论了作为学校考试的 ἀπόδειξις διδασκάλων。

但是，我们也不应该只看到 antilogiai 中对普罗塔哥拉的影射，尽管他据说是对立式辩论的始作俑者[48]。毕竟，antilegein 的做法涉及范围更广，不只让人联想到普罗塔哥拉式的辩论；我们已经看到，《论人性》中也曾提及 antilegein（1）[49]，并且可以比较《论疾病之一》的开头部分：

> 一个人如果想要准确地提出问题和回答问题，并且正确地进行辩论（ἀντιλέγειν），就必须记住以下事项。(《论疾病之一》,1, VI, 140, 1 及以下 L)

——此处指涉的是，我们之前看到的柏拉图对话录所描绘的更具敌意的环境中的问答环节，它与普罗塔哥拉及其他人相关。

这里还涉及另一个问题，希罗多德喜欢使用对立性词汇，在某些语境下它们并不仅仅为了表现更加古朴的对偶平衡感[50]。他在描述多瑙河水的蒸发时指出，融雪带来的涨水和日照引起的蒸发维系着多瑙河水量的平衡，并且把这种平衡称作 ἀντισήκωσις（互补，平衡）（IV 50.4：直译为"通过这些彼此相反的活动，产生了一种平衡"——ἀντιτιθέμενα δὲ ταῦτα ἀντισήκωσις γίνεται）。我们从中看到，该词可以指不同力量之间的对抗或平衡，这一含义贯彻于生理学和医学的世界观之中。用对抗性的视角看待自然，不只是前苏格拉底哲学家们的做法。比如，《预后论》(Prognostic) 给疾病赋予了对抗性（使用带有前缀 anti- 的动词）[51]：医生"与每种疾病进行抗争"（πρὸς ἕκαστον νόσημα ἀνταγωνίσασθαι, ch. 1: 2.112. 3 L）。类似的许多例子都为我们提供了比较的可能。在《治病方略》(Regimen in Acute Diseases) 中也有专指这种抗衡关系的独特表达方式，讲到医生须知一种病变当以"另一种病变与之对抗"（μέγα τι κάρτα καὶ ἀντιμεταβάλλειν, ch. 26.2 Joly），此处的 antimetaballein 是一个绝无仅有的用词（hapax）。

---

48 Nestle 认为希罗多德的这两个例子都是影射普罗塔哥拉，见 Nestle (1908), 16。
49 见 Jouanna 的注释，评注本第 235 页。
50 关于平衡的重要性，见 Lateiner (1989), 194（及他处）；亦可参见 Gould (1989)。
51 关于医学中的这一观念，见 von Staden (1990), 97。

治疗和医学理论在其中呈现的对抗性语境，反映了疾病与救治的"对抗竞争"。我们还看到，《论关节》中的各种预测也处于彼此竞争的状态——ἀγωνιστικά[52]。可见，希罗多德那种更为旧式的对 tisis（平衡与补偿）的强调，也伴有生理学和科学所关注的自然界中抗衡关系的意义，此概念在当时（以及后来）有关世界本性的论述中依然流行。

希罗多德在《历史》第7卷中述及对立式辩论，阿尔塔巴努斯（Artabanus）在自己的演说开头言道："大王，如果没有针锋相对的辩论，就不可能选出最好的观点"（μὴ λεχθεισέων μὲν γνωμέων ἀντίεων ἀλλήλῃσι οὐκ ἔστι τὴν ἀμείνω αἱρεόμενον ἐλέσθαι）；"那样的话，一个人不得不听从提供给他的任何建议；但是，如果存在相反的观点，他就可以鉴别出更好的那个"（VII 10a 1）。这种兼听双方论点的主张，与公元前5世纪晚期热衷于对立式辩论的风尚及其相应的多种元素存在强烈共鸣。更意味深长的是，进行此番论述的阿尔塔巴努斯旨在完全利用显然来自"智术师"的解梦理论来否定薛西斯对自己梦境的解读。与薛西斯的恐惧形成对立，阿尔塔巴努斯的观点认为梦境只是白天行为和思想的重现，这种理论属于公元前5世纪晚期[53]。此外，辩论不只发生在两方之间："政体辩论"（III, 80以下）就是关于君主制、寡头制和民主制的三方辩论，该形式也见于公元前5世纪的其他辩论当中[54]。普罗塔哥拉宣称能使薄弱的论证变得有力，这一说法似乎在希罗多德描述地米斯托克利激励希腊人奋战的演说时得到了呼应："他的全部演说都是在把人类本性和处境当中更强的特征与更弱的特征加以对比。"（VIII 83.1: τὰ δὲ ἔπεα ἦν πάντα <τὰ> κρέσσω τοῖσι ἥσσοσι ἀντιτιθέμενα, ὅσα δὴ ἐν ἀνθρώπου φύσι καὶ καταστάσι ἐγγίνεται.）

修昔底德笔下的演说辞以充满对偶和对立式词汇著称[55]，而希罗

52　《论关节》58, 4. 252.15 L；有关 antimetaballen 的讨论，见 Jouanna (1980)，特别是第310页以下。
53　《论养生》(On Regimen) IV，特别是88，论述了这一观念。
54　关于对立论述，见 Demont (1994b)。
55　见 Finley (1967), 55–117，特别是第55—88页讨论了对偶形式。阿里斯托芬《云》包含许多带有前缀 anti- 的词汇，如 antilegein/-ia，出现在第321、888、901、938、1040、1173、1339行。

多德的《历史》也是如此(例如 IV 118.2; V 109.2, ἀνταγωνιευμένους, 此处公认为军事描写),就不免令人惊讶。更值得注意的是,我们甚至看到他偶尔创造出不同寻常的新词,比如 ἀντιγενεηλογεῖν,字面意思是"陈述相反的谱系",希罗多德在描写埃及祭司为了反驳赫卡泰乌斯所说的只包含16代的谱系而向他展示另一种谱系版本时(II, 143.4),使用了该词。希罗多德之所以钟爱对偶式措辞,可能与他创作 antilogiai 有关,或者至少是受偏好对偶的时代风气所熏染。他似乎对公元前5世纪下半叶的 antilogiai 领域还是有所了解的。

可能正是针对这种竞争性和表演性的思想交流与讨论形式,修昔底德才会极力宣称他的著作并非 agonisma,即不是为了满足听众一时兴趣的竞赛表演(I, 22.4)[56]。我们不应认为他所抨击的只是希罗多德一人,或者只是极端形式的智术师式的 epideixis——尽管如果希罗多德也运用了这种风格,他自然就会包括在批评对象之中。这一批评可能是在更广的范围中拒斥公元前5世纪晚期流行的竞争性、对抗性和修辞性的知识演讲与论证形式,就像柏拉图所做的那样。也许是这种风格在伯罗奔尼撒战争期间的发展引发了修昔底德更强烈的反对,因为它被认为造成了"修辞"与"真实"之间前所未有的严重分裂。

通过这种解读,《历史》的"序言"看起来大胆地混合了荷马史诗和希罗多德时代知识活动中流行用语的双重元素。希罗多德声称要保存"声名"(kleos),这显然来自荷马史诗的古老传统,并指出了口述社会中易逝的记忆和口述传统。他主张探讨人们彼此发动战争的原因(δι' ἣν αἰτίην)无疑是对《伊利亚特》开篇的呼应[57],尽管追寻原因也是自然哲学的目标。他还强调自己的主题包括希腊人和蛮族人壮伟瑰奇的事迹[58];而且,他那表明自己 histories apodexis 的首句使

56　Thomas (1993); Hornblower, Commentary (1991), 61–62 也曾尝试提出这种观点; Boedeker (1995) 认为修昔底德是指西蒙尼德之类的诗人; Guthrie (1971), 43 认为修昔底德将自己与"智术师"对立起来 [Johnson (1994) 试图将 agonisma 从竞赛概念中分离出来,是不足取的]。关于修昔底德进行表演的可能性,见 Hornblower (1991), 60–61, 75; (1987), 29; 以及普鲁塔克《论雅典人的声名》(De gloria Atheniensium) 3。当然,这并不是说修昔底德不具有论战性——只是他的论战性表现有所不同。

57　关于荷马史诗的影响,见 Erbse (1992), (1956)。

58　参见希罗多德(V 97.3),关于迫在眉睫的不幸,以及对希腊人与蛮族人的强调。

用了当时哲学和科学用语的词汇。这种混合风格延续到随后几章，往往显得让人迷惑(I, 1—5)，他在其中讲述了有关劫掠妇女的神话传说，看似是用以解释敌意的开端，却只为将它们彻底否定，同时也在很大程度上抛弃了具有神话色彩的荷马世界。这些章节似乎最适合被看作对赫卡泰乌斯等早期散文作家的历史著述的戏仿，他们就曾聚焦于希腊神话中的谱系和英雄主题，并且认为神话传说可以为后代的历史事件提供充分的解释[59]。《历史》"序言"部分以及转向探讨严肃问题时所采用的风格也进一步表明，这些故事是"错误的开端"。他接下去以强调的口吻来表达自己的观点："我无法说清这些事情是否如此这般地发生，但我确乎知道谁是第一个对希腊人施行不义的人"(I 5.3: ἐγὼ δὲ ...)，而且克洛伊索斯(Croesus)或者让一些希腊人向其纳贡，或者与另一些希腊人结为盟友，在如此行事方面他乃是"我们所知的首位蛮族人"(I 6.2: οὗτος ὁ Κροῖσος βαρβάρων πρῶτος τῶν ἡμεῖς ἴδμεν ...)。我们之前看到，某位年代稍晚的医学作者采取同样的方式讲述阿玛宗女人族的故事，只是为了用更可信的科学知识来取代它们[60]。在《论技艺》开篇，作者也表示出自己与他人之间存在类似的观点差异，指出(大致意思是)有些人创造了一种用以污蔑这门技艺的技艺，但是他本人(ἐγὼ δὲ ...)认为知识活动的目标就是发现前人未知的事物。这似乎并不意味着他仅仅自说自话地试图触及历史时期，而是反映了那种在其他作者笔下也常见的写作技巧，毫无疑问，他们把说服手段和对确切知识的追求结合在一起。

可见，《历史》"序言"和开篇几章对荷马史诗范式和神话背景的呈现是别有用心的，旨在抛弃它们，而代之以科学研究和知识探索的崭新话语形式——*historie*、*apodeixis* 以及知识用语[61]。希罗多德的探

---

[59] Lateiner (1989), 38, 40—43; Fowler (1996), 83; 参见 Pelliccia (1992)(参见本辑第14—42页——译者注)，与高尔吉亚的《海伦》进行了条理清晰的比较，但也认为希罗多德由此否定了有关强奸和爱情的神话故事。Raubitschek (1993)指出《历史》第1卷第1—5章来源于弗瑞尼库斯(Phrynichus)的《腓尼基妇女》(*Phoinissai*)。

[60] "我不知道这是否正确。但我确实知道，如果你造成孩子关节脱臼，就会发生以下情况"，见《论关节》53 (4. 232. 7—13 L)。关于和斯基泰人的比较，见本书第2章第61—62页；关于第一人称的距离感，见第7章第245页。

[61] 然而，这并非否认明显存在的荷马史诗的影响，就连荷马史诗的结构形式也得到效仿，比如《历史》中对各方军队的罗列。

索正是以这种方式彰显出自己的本质特征，并且暗含对立性。将荷马范式与新型话语相结合是"智术师"的特点，他们似乎自视为荷马的直接继承者，和吟游诗人一样在节日庆典上进行表演，甚至也身披紫袍。[62] 由此观之，《历史》兼具荷马史诗范式的影响以及希罗多德当代"探究"活动的新式话语，这种融合并未削弱二者中任何一方的重要性，而是正好反映了当时的时代特征：身为首席教师的诗人们正在让位于一代新人，后者是真正或伪装的专家，是说服者，也在给散文形式的口头表演让路。

参考文献[63]

Asheri, D., ed. (1988) *Erodoto, Le Storie, Libro I*, testo e commento (Milan).

Bakker, E. J. (1997) *Poetry in Speech: Orality and Homeric Discourse* (Ithaca).

Boedeker, D. (1995) "Simonides on Plataea: narrative elegy, mythodic history", *ZPE* 107: 217–229.

Cole, T. (1991) *The Origins of Rhetoric in Ancient Greece* (Baltimore).

Coln-Haft, L. (1956) *The Public Physicians of Ancient Greece* (Northampton, Mass.).

Demont, P. (1993) "Die *Epideixis* über die *Techne* im V. und IV. Jh.", in W. Kullmann and J. Althoff, *Vermittlung und Tradierung von Wissen in der griechischen Kultur* (Tübingen), 181–209.

—.(1994b) "Notes sur l'antilogie au cinquième siècle", in J.-M. Galy and A. Thivel (eds.), *La Rhétorique grecque. Actes du colloque 'Octave Navarre'; troisième colloque international sur la pensée antique organisé par le CRHI* (1992) (Nice), 77–88.

Drexler, H. (1972) *Heordot-Studien* (Hildesheim).

Erbse, H. (1956) "Der erste Satz im Werke Herodots", *Festschrift Bruno Snell* (Munich), 209–222.

—.(1992) *Studien zum Verständnis Herodots* (Berlin, New York).

---

62 O'Sullivan (1996), 117, 以及 (1992), 66–67。Richardson (1975) 论述了讲授荷马史诗的专业人士。O'Sullivan (1996) 也曾引用《普罗塔哥拉》316d，普罗塔哥拉将荷马与赫西俄德都视为隐瞒事实的"智术师"。Pelliccia (1992)（参见本辑第 14—42 页——译者注）发现了与高尔吉亚的类比：我倾向于认为这种相似性说明了更广泛的知识论证模式。

63 以下书目根据作者在本章脚注里所征引的文献，从全书"参考文献"中摘取，以便读者检阅。——译者注

Evans, J. A. S. (1991) *Herodotus, Explorer of the Past. Three Essays* (Princeton).
Finley, J. (1967) *Three Essays on Thucydides* (Cambridge, Mass.).
Fowler, R. L. (1996) "Herodotus and his contemporaries", *JHS* 116: 62–87.
Gould, J. (1989) *Herodotus* (London).
Guthrie, W. K. C. (1971) *The Sophists* (Cambridge) (1st publ. as Part I, of *A History of Greek Philosophy, Vol. III*, Cambridge 1969).
Hartog, F. (1988) *The Mirror of Herodotus. The Representation of the Other in the Writing of History* (Princeton) (transl. by Janet Lloyd of *Le Miroir d'Hérodote: Essai sur la représentation de l'autre*, Paris 1980).
Hornblower, S. (1987) *Thucydides* (London).
—.(1991) *A Commentary on Thucydides, Volume 1: Books I-III* (Oxford).
Immerwahr, H. R. (1966) *Form and Thought in Herodotus* (Cleveland, Ohio).
Johnson, W. A. (1994) "Oral performance and the composition of Herodotus' *Histories*", *GRBS* 35: 229–254.
Joly, R. (1984) *Du Régime*. Edit, traduit et comment, avec la collaboration de S. Byl, CMG I 2,4 (Berlin).
Jones, W. H. S. (1923–1931) *Hippocrates*, Loeb edition, 4 vols. (London and Cambridge, Mass.).
Jouanna, J. (1980) "Politique et médecine. La problématique du changement dans le *Régime des maladies aiguës*, et chez Thucydides (Livre VI)", in M. D. Grmek (ed.), *Hippocratica. Actes du colloque hippocratique de Paris 1978* (Paris), 299–318.
—.(1984b) "Rhétorique et médecine dans la Collection Hippocratique", *REG* 97: 26–44.
—.(1988) *Hipporcate. Des Vents — De l'Art*. (Tome v, 1re partie.) Texte et traduction (Paris).
—.(1992) *Hippocrate* (Paris).
Kennedy, G. A. (1963) *The Art of Persuasion in Greece* (London).
—.(1994) *A New History of Classical Rhetoric* (Princeton).
Kerferd, G. B. (1981a) *The Sophistic Movement* (Cambridge).
Kullmann, W. and ALTHOFF, J. (1993) *Vermittlung und Tradierung von Wissen in der griechischen Kultur* (Tübingen).
Lateiner, D. (1986) "The empirical element in the methods of early Greek medical writers and Herodotus: a shared epistemological response", *Antichthon* 20: 1–20.
—.(1989) *The Historical Method of Herodotus* (Toronto).
Lattimore, R. (1958) "The composition of the *History* of Herodotus", *CP* 53: 9–21.
Lloyd, G. E. R. (1979) *Magic, Reason and Experience. Studies in the Origin and*

Development of Greek Science (Cambridge).

—.(1987) *Revolutions of Wisdom. Studies in the Claims and Practice of Ancient Greek Science* (California).

Marincola, J. (1987) "Herodotean narrative and the narrator's presence", *Arethusa* 20: 121–37.

Marrou, H. I. (1956) *A History of Education in Antiquity* (London) (6th French edn, Paris 1965).

Momigliano, A. (1978) "The historians of the classical world and their audiences; some suggestions", *Ann. d. scuola norm. de Pisa* 8: 59–75.

Nagy, G. (1987) "Herodotus the *logios*", in *Arethusa* 20, *Herodotus and the Invention of History*, 175–184.

Nestle, W. (1908) *Herodots Verständnis zur philosophie und Sophistik* (Schöntal).

O'Sullivan, N. (1992) *Alcidamas, Aristophanes and the Beginnings of Greek Stylistic Theory. Hermes* Einzelschriften, vol.60.

—.(1996) "Written and Spoken in the First Sophistic", in I. Worthington (ed.), *Voice into Text* (Leiden), 115–127.

Pelliccia, H. (1992) "Sappho 16, Gorgias' *Helen*, and the preface to Herodotus' *Histories*', *YCS* 29: 63–84.

Pernot, L. (1993) *La Rhétorique de l'éloge dans le monde gréco-romain*. 2 vols. (vol I: Histoire et technique) (Paris).

Raubitschek, A. E. (1993) "The *Phoinissai* of Phrynichos", *Tyche* 8: 143–144.

Richardson, N. J. (1975) "Homeric professors in the age of the Sophists", *PCPhS* 21: 65–81.

Rosén, VON HAIIM B. (1993) "Ἱστορίης ἀπόδεξις. Ein Problem der herodotischen Textkritik", *Glotta* 71: 146–153.

Rowe, C. (1984) *Plato* (Brighton).

Schenkeveld, D. M. (1992b) Review of Cole (1991), *Mnemosyne* 45: 387–392.

Staden, H. von (1990) "Incurability and hopelessness: the Hippocratic Corpus", in P. Potter et al. (eds.), *La maladie et les maladies dans la collection hippocratique. Actes du Vie colloque international hippocratique* (Quebec), 75–112.

—.(1995) "Anatomy as rhetoric: Galen on dissection and persuasion", *Journal Hist. of Medicine and Allied Science* 50: 47–66.

Thomas, R. (1992) *Literacy and Orality in Ancient Greece* (Cambridge).

—.(1993) "Performance and written publication in Herodotus and the Sophistic generation", in W. Kullmann and J. Althoff, *Vermittlung und Tradierung von Wissen in der griechischen Kultur* (Tübingen), 225–244.

Wittern, R. (1974) *Die hippokratische Schrift De Morbis I, Ausgabe, Übersetzung und Erlaüterungen* (Hildesheim, New York).

Worthington, I. (ed.) (1996) *Voice into Text. Orality and Literacy in Ancient Greece* (Leiden).

(译者单位：上海师范大学人文学院世界史系)

创制历史：希罗多德的 Historiēs Apodexis[*]

埃格伯特·J.巴克

（刘保云 译）

> 行动，就它致力于政治体的创建和维护而言，为记忆，即为历史创造了条件。
>
> ——汉娜·阿伦特《人的境况》

希罗多德绝大多数的读者都把他的作品称为《历史》(History)，或者复数的 Histories。这样称呼它有两方面的原因：一是能遵效希罗多德自己的做法，毕竟他提到自己的文学和思想成就之时用的便是这个词；二是能把希罗多德放置在"历史"的传统之中来考察，因为他早已被我们尊为"历史之父"。从公元前5世纪起，historia（或者按照希罗多德的读法 historiē）穿越古代希腊一步步走向我们，离我们越来越近，也越来越紧密地跟写作结合在一起，因其与 graph【书写】这个动词组合形成诸如 historiographos【历史书写者】、historiographia【历史书写】之类的合成概念。如此这般的"历史书写"跟希罗多德所理解的 historiē 可谓风马牛不相及。对希罗多德来说，"历史"(history)不是一种研究对象，不是某种写作产物，更不是某类写作材料，而是一个思考工具，一种交流活动。于他而言关键不

---

[*] Egbert J. Bakker, "The Making of History: Herodotus' historiēs apodexis", in E. J. Bakker, I. J. F. de Jong & H. van Wees, eds. *Brill's Companion to Herodotus*, Leiden: Brill, 2002, pp. 3-32.

在graph，而在另一个动作——apodexis【展现】。《历史》的序言（proem）里，apodexis出现在历史上谈及historiē最有名的那句话里[1]：

> Ἡροδότου Ἁλικαρνησσέος ἱστορίης ἀπόδεξις ἥδε, ὡς μήτε τὰ γενόμενα ἐξ ἀνθρώπων τῷ χρόνῳ ἐξίτηλα γένηται, μήτε ἔργα μεγάλα τε καὶ θωμαστά, τὰ μὲν Ἕλλησι, τὰ δὲ βαρβάροισι ἀποδεχθέντα, ἀκλεᾶ γένηται, τά τε ἄλλα καὶ δι' ἣν αἰτίην ἐπολέμησαν ἀλλήλοισι.

> 这是哈利卡尔纳索斯人希罗多德的historiē之apodexis，推出它是为了不让人类所成就的一切随着时间而变得湮灭无闻，不让伟大又奇绝的事迹——有些是希腊人的成就，有些是蛮族人的成就——变得失去荣耀，尤其还有他们由于何种aitiē而互相开战。

此处的译文有几处未作处理。这是因为在把希罗多德的historiē当作我们理解的"历史"的前身时，本文不想把太多东西视为理所当然。因此我们不仅要让historiē的涵义，也要让apodexis的涵义成为考察对象。apodexis是apo-deik【展现】这个动作的行为名词，我们对这个动作会予以特别关注。希罗多德的《历史》自身所提供的证据是我们的主要资料来源。跨越千百年的光阴，《历史》传到我们手上，序言是它摆在我们面前的第一个证据。我们要把序言当作historiēs apodexis的首要语境来解读。

首先，希罗多德的第一句话看起来缺乏精确性，不足以界定这部作品的主题。不同于修昔底德明确告诉我们伯罗奔尼撒战争是他的主题，并且他从这场战争的起点开始他的工作，希罗多德没有说他的作品主题是希波战争。他所提到的内容既比希波战争要宽泛得多——比如erga megala【伟大的事迹】，理解起来可以囊括"古

---

[1] 巴克对希罗多德的引用均自行提供了英译文并突出了部分词汇。为便于读者跟随巴克的论证思路，中译文依据巴克的英译文翻译，在必要的时候，以不影响巴克的论证为前提，贴合古希腊原文略作调整。——译者按

迹""建筑成就";又比希波战争要狭窄得多——根据序言的措辞,希罗多德的 historiē 对这场战争的 aitiē 要比对这场战争本身更为关注。aitiē 这个词通常会被翻译为"起因"(cause),如何解释它是个关键。

精确性的问题也不能通过希罗多德的叙事本身得到补救。《历史》中冗长的"离题"(digressions)以及多变的主题早已招来各种各样对作品统一性与公布情况的猜测,而每一个猜测都以各自的方式暴露了各自对那个时代的预想。人们一直把《历史》不能清晰聚焦到一个明确界定的主题上归咎于"演变因素"(genetic factors)来进行解释。有人曾指出,我们现有的这部作品展示了某种思想发展的迹象。在这个过程中希罗多德历经了多个阶段,从一位四处旅行而写作了《历史》第二卷"埃及叙述(logos)"的地理学者和民族志书写者,变成给我们留下《历史》第七至九卷的历史学者。人们还认为他朝着修昔底德式的理想的客观历史学家做了很大推进[2]。这种历史学和地理学之间、现在与过去之间的张力,在作品本身的历史中被化解了。

与荷马问题一样,采用"分析"(analytic)立场研究希罗多德会激起"统一派"(Unitarian)学者的回应。"统一派"把希罗多德的作品当作历史学的**零点**(ab ovo):对他们而言,地理学和民族志是《历史》整体的史学书写构想的一部分[3]。不过随之而产生的"统一性"问

---

[2] 最权威的是 F. Jacoby, "Herodotos", *Paulys Real-Encyclopädie der classischen Altertumswissenschaft*, ed. W. Kroll, Supplement-Band II. Stuttgart, 1913, pp. 275ff.。参 G. De Sanctis, "La composizione della storia di Erodoto", *RFIC*, N.S. 4, 54 (1926), 289−309。J. E. Powell, *The History of Herodotus*. Cambridge, 1939; Reprint. Amsterdam, 1967. K. Latte, "Die Anfange der griechischen Geschichtsschreibung", *Histoire et historiens dans l'antiquité*. Entretiens Hardt 4, ed. K. Latte, Geneva, 1958, p. 7,指出:"他并非一开始就是历史学家,而是变成了历史学家。" C. W. Fornara, *Herodotus: An Interpretative Essay*. Oxford, 1971; H. Hommel, "Herodots Einleitungssatz: ein Schlüssel zur Analyse des Gesamtswerks?" *Gnomosyne. Menschliches Denken und Handeln in der frühgriechischen Literatur: Festschrift für Walter Marg zum 70. Geburtstag*, ed. G. Kurz, D. Müller, and W. Nicolai, Munich, 1981, pp. 272-287。他对希罗多德的第一句话作了分析派的解读。

[3] 例如 O. Regenbogen, "Herodot und sein Werk. Ein Versuch", *Die Antike* 6 (1930), 202-248; M. Pohlenz, *Herodot, der erste Geschichtsschreiber des Abendlandes*. Leipzig, 1937; H. R. Immerwahr, *Form and Thought in Herodotus*. APA Philological Monographs 23, Cleveland, 1966; J. Cobet, *Herodots Exkurse und die Frage der Einheit seines Werkes*, Historia Einzelschriften 17. Wiesbaden, 1971; H. Drexler, *Herodot-Studien*. Hildescheim, 1972。关于《历史》的统一性问题,见 I. J. F. de Jong, "Narrative Unity and Units"。(转下页)

题也不是没有遭到质疑。为此，人们常常要把希罗多德刻画成一个在我们所理解的历史书写应有的区分与抉择上，有点力有不逮或者"尚未"得心应手的史家，或者是他无法给自己设定我们与目的性写作联系起来的限制。这种看法还有一个变种，即上述技艺都在希罗多德的能力范围之内，但他被"古风的"、并举的（paratactic）表述方式束缚住了，他受到了妨碍[4]。最近一段时间，"古风风格"（archaic style）和与之相关的那些观念都被"口述"（orality）一词取代[5]。希罗多德在选择主题方面所谓的缺乏焦点一事也被归因于思想环境：他是在"学科分化以前"的思想环境中写作，对现代地理学、人类学和历史学的分野并不熟悉[6]。

所有这些讨论似乎都暗含同样的问题：希罗多德是第一位历史学家，一个好历史学家或坏历史学家，一个"历史学家"概念出现之前的历史学家，还是根本就不是历史学家？当希罗多德被置放于某个现代的"历史"概念之中，他对于这个概念的规范要么只是在思想发展的进程中有所吻合，要么就（尚且）不太符合。某种程度上讲，对希罗多德的现代接受一直在寻找"从轻处罚的情形"。只有在最近的研究里，"历史学家"和"历史"这两个术语才被认为过于受到文化影响。希罗多德从中浮现出来的形象看起来完全废除了任何现代"历史"概念，当然这也会带来新的争议，我们很快就会看到。

解读《历史》的"序言"

想要理解希罗多德对"历史"的认识，每个人都要从他在序言里

（接上页）*Brill's Companion to Herodotus*, pp. 245–266。

[4] H. R. Immerwahr, *Form and Thought in Herodotus*, p. 7.

[5] 例如 M. L. Lang, *Herodotean Narrative and Discourse*, Cambridge, MA., 1984。关于希罗多德的"口述策略"，另见 S. R. Slings, "Oral Strategies in the Language of Herodotus", *Brill's Companion to Herodotus*, pp. 53–78。

[6] J. A. S. Evans, *Herodotus, Explorer of the Past: Three Essays*. Princeton, 1991, p. 3; R. Thomas, *Herodotus in Context: Ethnography, Science and the Art of Persuasion*. Cambridge, 2000, pp. 161ff.。另见 Cartledge 和 Greenwood 对希罗多德的"可靠性"的讨论，Paul Cartledge and Emily Greenwood, "Herodotus as a Critic: Truth, Fiction, Polarity", *Brill's Companion to Herodotus*, pp. 351–372。

创制历史：希罗多德的 Historiēs Apodexis | 073

对 historiē 的用法着手，现在我们就回到这里。个中的关键不单单在于这个术语的词意，还在于这个术语在序言中担当的句法功能。这句话内涵丰富，我们最好把它的结构分成三部分。开头它用一个短语给这部作品整体定性，并且题写了作者的名字（1），接着它并列使用了两个否定目的从句详述这部作品意在实现的目标（2a 和 2b），最后它用了一个乍看之下跟前文关系不明的间接疑问句来收尾（3）。仿照克里舍尔（Tilman Krischer）的分析，我们把这个句子的构造呈现如下：[7]

1. Ἡροδότου Ἁλικαρνησσέος ἱστορίης ἀπόδεξις ἥδε,
2. ὡς a) μήτε   (α) τὰ γενόμενα
                 (β) ἐξ ἀνθρώπων
                 (γ) τῷ χρόνῳ ἐξίτηλα γένηται,
       b) μήτε   (α) ἔργα μεγάλα τε καὶ θωμαστά,
                 (β) τὰ μὲν Ἕλλησι, τὰ δὲ βαρβάροισι
                     ἀποδεχθέντα,
                 (γ) ἀκλεᾶ γένηται,
3. τά τε ἄλλα καὶ δι' ἣν <u>αἰτίην</u> ἐπολέμησαν ἀλλήλοισι.

克里舍尔指出，对于最后一行（colon）(3) 的问题，我们最好解释为希罗多德的序言仿照了典型的史诗序诗的句法结构。结尾这一句，也就是上面呈现的句 3，回应了开头第一句，因此它能够补足第一

---

[7] T. Krischer, "Herodots Prooimion", *Hermes* 93 (1965), 159–160；参 G. Nagy. *Pindar's Homer: The Lyric Possession of an Epic Past*. Baltimore and London, 1990, p. 217, 第三行被分析为一个间接疑问句。参 H. Erbse, "Der erste Satz im Werke Herodots", *Festschrift Bruno Snell*. Munich, 1956, p. 215, 第三行被分析为一个关系从句；另见 M. L. Lang, "Commentary on Nagy and Boedeker", *Herodotus and the Invention of History, Arethusa* 20, ed. D. Boedeker and J. Peradotto, 203–207. Buffalo, 1987, p. 204；严格的语法分析见 H. Drexler. *Herodot-Studien*. pp. 3–11. 对这句话的不同解析见 H. Hommel, "Herodots Einleitungssatz: ein Schlüssel zur Analyse des Gesamtswerks?" pp. 277 ff.；H. Erbse, *Studien zum Verständnis Herodots*. Berlin and New York, 1992, pp. 123–125. Erbse 回顾了序言的研究史，还妥帖地指出，任何一个试图把序言看作宣告《历史》**内容**的做法都很可能带来误解。

句并确保"序言"的连贯性[8]。进一步说,跟史诗里一样,序言的最后一句衔接着这部作品真正叙事的开头:这句话里有aitiēn【起因】一词,这个词以aitious"有罪责""有责任"的形式出现在紧接着序言的第一句话里[9]:

> Περσέων μέν νυν οἱ λόγιοι Φοίνικας αἰτίους φασὶ γενέσθαι τῆς διαφορῆς.(1.1.1)

> 现在波斯的叙述人说腓尼基人对这场冲突(字面义:分歧)负有责任。

姑且不论句法和风格,我们从语义和概念层面看克里舍尔的分析带来的重要影响是,第一句话和最后一句话的语义核心——historiēs apodexis与aitiēn——互有关联:希罗多德要做的是一个aitiē的historiē,无论我们分析到最后赋予这些术语什么含义[10]。句2b的行(α)和行(γ)还有一个地方让我们想到荷马史诗:伟大的业绩及其与kleos【荣耀】的关联。这个重要的细节我们稍后再看。

不过,要是我们把序言联想到荷马身上确定无疑的话,那序言

---

[8] 比照《伊利亚特》的序诗第六行 ἐξ οὗ δὴ τὰ πρῶτα διαστήτην ἐρίσαντε(1.6)"从(他们)最初在争吵中分离的时刻"呼应了第一行的 μῆνιν ἄειδε, θεά"歌唱愤怒吧,女神"(1.1)。见T. Krischer, "Herodots Prooimion", p. 162; G. Nagy, *Pindar's Homer: The Lyric Possession of an Epic Past*. pp. 220–221 n.34。关于荷马,具体见E. J. Bakker, "The study of Homeric Discourse", in *A New Companion to Homer*, ed. I. Morris and B. Powell, Leiden, 1997, p. 293。Krischer注意到"序言"点明希罗多德的名字和他的作品的性质时,占用了传统的史诗序诗呼告缪斯女神的位置(关于ἱστορίη【历史】与缪斯的关系,见下文第96—98页)。对希罗多德的句法含有史诗意味的质疑见H. Hommel, "Herodots Einleitungssatz: ein Schlüssel zur Analyse des Gesamtswerks?" p. 281n. 44。Hommel在第284—287页把最后一行分析为后补的,认为希罗多德特别把它添加到序言里来以反映这部作品逐渐发展出来的新历史转向。

[9] T. Krischer, "Herodots Prooimion", p. 160; G. Nagy, "Herodotus the Logios", *Herodotus and the Invention of History*, Arethusa 20, ed. D. Boedeker and J. Peradotto, Buffalo, 1987, p. 180【参见本辑第7页——译者按】;参D. Lateiner. *The Historical Method of Herodotus*. Toronto, 1989, p. 15。史诗中的第一个类似例子就是《伊利亚特》的序诗,第六行里 διαστήτην ἐρίσαντε【(他们)在争吵中分离】呼应第八行叙事开头的 ἔριδι【争吵】。

[10] 对序言的不同解读,尤其是 αἰτίη 一词,见H. van Wees, "Herodotus and the Past". *Brill's Companion to Herodotus*, p. 321。

跟同时代的风格之间的相似之处也同样如此。序言中间（2a—b）的两个目的从句不但内部的句式对称（isocolon），而且还用了同样的字音来收尾（homoioteleuton）。这跟同时期智术师——主要是西西里的演说家高尔吉亚——在演说中已然推行的风格恰相吻合[11]。

如此一来，希罗多德的序言就展现出一种新旧杂糅的样貌。我们或许要问一问，史诗元素和智术元素共存是仅限于风格，还是也延展到了思想和**精神**（mentalité）？克里舍尔否定了后一种可能性[12]，他认为序言跟史诗的相似之处证明了希罗多德把史诗奉为一种风格和文学的典范，而不是他要继承荷马的传统，把kleos赋予过去的英雄。然而在过去的诗歌传统和现在的思想发展之间，希罗多德的定位并不是清楚明了的。尤其是historiēs apodexis这个关键用语的意思，最近已经成为争议的中心，这样的争议坐实了希罗多德谜一样的地位。

通常historiēs apodexis会被翻译处理为公布研究（publication of research）或者是公开展示探究（public exposition of an inquiry）[13]。不过，这样的翻译究竟带来多大帮助还有待考察。"公布"这个概念被文化限定的程度并不比"历史"或者"研究"低。我们要问一问，希罗多德的作品被"公布"在原本的思想语境里到底意味着什么。事实上，近来的研究中公布的观念越来越重要，这提醒我们分析派和统一派之间的老矛盾从来都没有被真正解决。依这个短语所言，究竟**什么**被"公布"了？是作为内核的民族志还是我们现有的完整作品？"公布"又是什么意思？apodexis究竟是用于整部作品，还是用于各部分的口头表演？近来，后一种可能性得到了一些学者的赞同，他们辩称"公布"是一个时代误植的概念，并不能抓住希罗多德的**"探究"**被它原本的公众接受的实际情况。他们还进一步指出，我们

---

[11] G. Kennedy. *The Art of Persuasion in Greece*. Princeton, 1963, pp. 64-65；关于智术师的演说术对希罗多德风格的影响见F. Jacoby, "Herodotos", p. 333; W. Aly, *Volksmärchen, Sage und Novelle bei Herodot und seinen Zeitgenossen. Eine Untersuchung über die volkstümlichen Elemente der altgriechischen Prosaerzählung*. Göttingen, 1921, pp. 286-296; D. Lateiner, *The Historical Method of Herodotus*, p. 19, 其中有概括性的评论。

[12] T. Krischer, "Herodots Prooimion", p. 165.

[13] 例如"展示探究"（J. Gould, *Herodotus*. London, 1989, p. 17），"说明他的研究"（D. Lateiner, *The Historical Method of Herodotus*, p. 7），"公开呈现"（G. Nagy, *Pindar's Homer: The Lyric Possession of an Epic Past*, p. 217），"展示探究"（exposer son enquête）（P. Payen, *Les îles nomades. Conquérir et résister dans l'Enquête d'Hérodote*. Paris, 1997, p. 82）。

应该把它当成以讲座形式"预发布""正在进行的工作"[14]。

有些古代轶闻可以为这个认为希罗多德口头展示他的作品的观点提供些许证据[15]，这使得托马斯（Rosalind Thomas）特别喜欢这个观点。她想方设法把希罗多德的作品定位到早期科学的话语世界里，用希波克拉底文集里多篇专论的表现模式为这个世界提供佐证。她认为希罗多德的作品——尤其是"埃及叙述"——所展现出的论争口吻和好辩程度与劳埃德（G. E. R. Lloyd）在早期希波克拉底学派的作品里发现的一个样，而且这种口吻必须要上溯到知识被口头传播和辩论的时代[16]。

托马斯所理解的希罗多德historiē的公布方式，不但设想了用口述形式表现和接受思想，同时也毫不避讳书面文本的存在。这样把口头和书面融合在一起就进入演说性的epideixis的领域了。根据最近的说法，epideixis这个术语指的是"表现或者（以口头的形式）展示早已存在的东西"——也就是被书写的话语[17]。在托马斯看来，这样去理解的"表现"（display）很接近希罗多德的apode(i)xis。于她而言，apode(i)xis是公元前5世纪末的智术和演说氛围特有的一种证据：大张旗鼓地宣告和论证各自的historiē"探究"并互相竞争。在希波克拉底文集中，有一篇专论的开头事实上就特别提醒我们从希罗多德序言的角度来考察[18]：

14　J. A. S. Evans, *Herodotus, Explorer of the Past: Three Essays.* pp. 90, 99–100; R. Thomas, *Literacy and Orality in Ancient Greece.* Cambridge, 1992, pp. 125–126; "Performance and Written Publication in Herodotus and the Sophistic Generation". *Vermittlung und Tradierung von Wissen in der griechschen Kultur*, Script-Oralia 61, ed. W. Kullmann and J. Althoff, Tübingen, 1993, pp. 225–244; *Herodotus in Context: Ethnography, Science and the Art of Persuasion.* pp. 257–260.【参见本辑第52—55页——译者按】（详见下文）。

15　例如Lucian, *Herodotus* 1（希罗多德在奥林匹亚赛会上的表演）。参M. Pohlenz. *Herodot, der erste Geschichtsschreiber des Abendlandes*, p. 208; J. E. Powell, *The History of Herodotus*, pp. 32 ff.; 批判性的讨论见W. A. Johnson, "Oral performance and the Composition of Herodotus' *Histories*", *GRBS* 35 (1994), 229–254。

16　R. Thomas, "Performance and Written Publication in Herodotus and the Sophistic Generation"; R. Thomas, *Herodotus in Context: Ethnography, Science and the Art of Persuasion*, pp. 249 ff.【参见本辑第43页及以下——译者按】; G. E. R. Lloyd, *Magic, Reason and Experience: Studies in the Origin and Development of Greek Science.* Cambridge, 1979, pp. 86-98; 另见S. Hornblower, *Thucydides.* London, 1987, p. 20。

17　T. Cole, *The Origins of Rhetoric in Ancient Greece.* Baltimore. 1991, p. 89.

18　英译文出自W. H. S. Jones, *Hippocrates*, vol.II. Loeb Classical Library. Cambridge and London, 1923, p. 191。

Εἰσί τινες οἳ τέχνην πεποίηνται τὸ τὰς τέχνας αἰσχροεπεῖν, ὡς μὲν οἴονται οἱ τοῦτο διαπρησσόμενοι, οὐχ ὃ ἐγὼ λέγω, ἀλλ' <u>ἱστορίης οἰκείης ἐπίδειξιν</u> ποιεύμενοι. (Hipp. *De arte* 1)

有些<u>人</u>已经把丑化技艺这件事干成了一门技艺，不过他们想要干成的似乎还不是我说的那个，而是要<u>表现他们自己的知识</u>。

对托马斯来说，此处的 historiēs ... epideixin 和希罗多德的 historiēs apodexis 之间的相似之处，"极为鲜明地揭示出希罗多德《历史》的首句具有同时代的意蕴，内在于当时对知识的探索。它也意味着，证明和论证之类的想法很快就意味着表现，或者是慢慢变为表现（display），进而成为讲演（the display lecture）。于是在开头第一句话里，希罗多德似乎就在使用那个时代流行的语言，这种语言在一定时期内具有确切的涵义，在那个时期展示任何一种学问和知识都可以逐渐采用口述呈现的形式，也就是 epideixis" [19]。

不过我们要看一看前缀 apo- 和 epi- 是否能这样简单互换；但讨论这个问题之前，我们要谈一谈另一种被托马斯否定的现代研究路径。这种研究没有把希罗多德的研究置放在当时的科学思想中，而是力图从古希腊人普遍执着于过去的视角来定位他。这种路径具体由纳吉（Gregory Nagy）提出，从这个角度看希罗多德，他不是科学家，而是 logios，是一位精通散文叙述的大师，能和 aoidos，即史诗诗人一样授人以 kleos。纳吉把希罗多德的作品定性为"散文口述传统的惯例的产物" [20]。这样说来，apodexis 就不是"证明"或者"表现"，也

---

[19] R. Thomas, *Herodotus in Context: Ethnography, Science and the Art of Persuasion*, pp. 262-263【参见本辑第 58 页 —— 译者按】；参 R. Thomas, "Performance and Written Publication in Herodotus and the Sophistic Generation", pp. 242-243。

[20] G. Nagy, "Herodotus the Logios", p. 175【参见本辑第 4 页——译者按】；*Pindar's Homer: The Lyric Possession of an Epic Past*, p. 224. 他的论证依据是 λόγιος（被解释为"说话的大师"，见 *The Lyric Possession of an Epic Past*, p. 223）与 ἀοιδός 相似。另见 F. Hartog, *Le Miroir d'Hérodote. Essai sur la représentation de l'autre*², Paris, 1991, p. 285（英 译 *The Mirror of Herodotus: The Representation of the Other in the Writing of History*. Tr. J. Lloyd. Berkeley, p. 276），他参考了 E. A. Havelock, *Preface to Plato*. Cambridge, MA., 1963, pp. 53-54 n.8。

不是一次性的活动，不是一场讲演或者epideixis，而是一场"公开呈现"(public presentation)，一场表演，一条传播链的一环，这条传播链的起点是过去的事件，终点是希罗多德historiē的公开展示。

事实上，序言让我们把注意力更多地集中在希罗多德对过去的兴趣上，这远远超出了托马斯的估量。两个并列的否定目的从句表达了对kleos的关注，无论我们是不是把这种关注的精神视同史诗。进一步说，表示动作apo-deik的词在这两个从句的第二句(2b, β)中第二次出现了。"希腊人和蛮族人的伟大又奇绝的事迹"不至于失去它们的kleos关键就在于apodekhthenta，纳吉把这个词翻译为"实施"(performed)。[21] 对纳吉来说，过去的成就跟希罗多德现在的apodexis有联系："实施一个业绩就等于公开表现一个业绩，因为这个业绩最终要被希罗多德的《历史》公开表现。"[22] 于是按照纳吉的说法，apodexis就是在口述传统中不断地宣告kleos。这就和托马斯的讲法唱起了反调，她坚称apodexis固有的含义是证明、展示和个人的成就。

两方各执一词撕扯着希罗多德，分歧之大可谓无以复加。托马斯的希罗多德是现代的、科学的，牢牢地扎根在同时代的思想论争里，纳吉则把希罗多德理解为一个用散文讲故事的人，吸纳了此前的史诗传统。对任何一方来说，apodexis这个词都是关键，但不论是"证明/表现"还是"公开表演"都没有穷尽它的语义，这一点我们很快就会看到。事实上，两方对这个术语的探讨都留有尚未涉足的层面，这让我们有可能给出一种更加综合的解读，让希罗多德在当下的"证明"与对过去的表现不再水火不相容。

不过即便托马斯和纳吉的立场明显不同，他们仍有一个共通之处，那就是两方都认为apodexis指的是口头发表希罗多德的作品，并且现代研究者中也不是唯独他们指出这一点[23]。 随着我们开始更多

21　G. Nagy, "Herodotus the Logios", p. 178.【参见本辑第6页——译者按】

22　同上；另见H. Erbse, "Der erste Satz im Werke Herodots", p. 211, 他强调ἱστορίης ἀπόδεξις与ἔργων ἀπόδεξις之间的相似，进一步讨论见下文第94—98页。

23　例如J. Gould, *Herodotus*, p. 17; J. A. S. Evans, *Herodotus, Explorer of the Past: Three Essays*. Princeton, 1991, p. 3; F. Hartog, *Le Miroir d'Hérodote. Essai sur la répresentation de l'autre*², p. 285;对"口述"(orality)这个术语的评价见J. Moles, "Anathema kai Ktema: The Inscriptional Inheritance of Ancient Historiography", *Histos* 3 (1999) (http://www.dur.ac.uk/classics/histos/1999/moles.html), section 8。值得指出的是，这场讨（转下页）

地理解在不同于我们的时代里话语被创作、发布、接受和流传的情况，说公元前5世纪到前4世纪的散文作品有"口述"成分几乎是老生常谈。的确如此，尤其是对于希罗多德的作品，我们有更具体的例子，相较于修昔底德或者色诺芬，希罗多德至少被口头接受（oral reception）的证据更容易找到[24]。正如托马斯本人也注意到的，希罗多德自己的声音以第一人称的语法形式大量出现。这在民族志的篇章中最常见，但在叙事的章节中也不罕见[25]。一直以来，章节开头和结尾的划分都为人所关注。在许多场合，希罗多德回溯之前的事情都用表示"实时"（real time）的时间副词proteron（"早先"）和husteron（"以后"）。同样的副词在叙事里也用来表示他讲述的事件之间的时间关系[26]。显然这是希罗多德在努力管控信息流，从中我们无疑能够推断，他这样苦心经营很明显是为了方便听众聆听他的作品[27]。

（接上页）论（包括Nagy和Thomas的论战）对"口述"这个术语的使用从根本上看一直都很模糊，它既被用来指话语的"思考方式"或者说"构想"（"口头"对"字面"），也被用来指话语的呈现方式（"口述"对"书写"）。相关讨论见E. J. Bakker, "How Oral is Oral Composition?" *Signs of Orality*, ed. A. Mackay, Leiden, 1999, pp. 29–37。

24　见例如M. Pohlenz, *Herodot, der erste Geschichtsschreiber des Abendlandes*, pp. 208–10; M. L. Lang, *Herodotean Narrative and Discourse*. Cambridge, MA., 1984; R. V. Munson, "Herodotus' Use of Prospective Sentences and the Story of Rhampsinitus and the Thief in the *Histories*". *AJPh* 114 (1993), 27–44。

25　R. Thomas, "Performance and Written Publication in Herodotus and the Sophistic Generation", pp. 240–241; C. Dewald, "Narrative Surface and Authorial Voice in Herodotus' *Histories*", *Herodotus and the Invention of History*, Arethusa 20, ed. D. Boedeker and J. Peradotto, Buffalo, 1987, p. 150; C. Dewald. "'I didn't give my own genealogy': Herodotus and the authorial personal", *Brill's Companion to Herodotus*, pp. 267–290. Thomas用第一人称动词作为论据来反驳"口头讲故事的人"这一想法，她认为这种"口头讲故事的人"在文本中并不常见。不过，荷马史诗中说话的标志虽然没有那么直接，但是一旦发现就是确凿无疑的，见E. J. Bakker, *Poetry in Speech: Orality and Homeric Discourse*. Ithaca and London, 1997。针对Thomas和Dewald就《历史》中第一人称所持的立场，Svenbro把希罗多德和其他历史学家作品中的第一人称当成必要的"虚构"来处理，见J. Svenbro, *Phrasikleia: An Anthropology of Reading in Ancient Greece*, tr. J. Lloyd. Ithaka and London, 1993, p. 150。

26　关于章节的开头和结尾，见H. R. Immerwahr, *Form and Thought in Herodotus*. pp. 52–58; C. Dewald. "Narrative Surface and Authorial Voice in Herodotus' *Histories*", pp. 164–165。小品词μὲν δή ... δέ在这个过程里的重要性已有证明，见E. J. Bakker, "Topics, Boundaries, and the Structure of Discourse: An Investigation of the Particle *Dé*", *Studies in Language* 17 (1993), 275–311。关于前指和后指，另见I. J. F. de Jong, "Narrative Unity and Units", pp. 259–263。

27　文本内的前指（forward cross-reference）有三次都落空了。要注意的是，希罗多德在这种情况下没有使用ὕστερον（2.101.2, 指向2.149.1），而是直接点出λόγοι（1.106.2 ἐν ἑτέροισι λόγοισι, 说的是尼尼微的陷落；1.184 ἐν τοῖσι Ἀσσυρίοισι λόγοισι, 说的是（转下页）

但这一切还不是我们要说的重点。问题是口头发表logoi这个概念是不是**原原本本地**由名词apodexis表达出来。在开头语中,表面上看,希罗多德必须要公布的是他的作品的书面版本,那么他用这个词指的是书面版本的口头发布(oral delivery)吗?或者,如果这部作品作为统一的整体本来就要以口述的形式发布,那么他指出表现方式是口述岂非多此一举?如果apodexis指的不过是呈现的途径,这个词为什么要出现?而希罗多德难道不曾径直把自己的作品称作historiē? apodeik-这个动作第二次出现在序言里让我们意识到apodexis这个词远比第一眼看上去丰富,并且构成historiēs apodexis这个短语的两个词均为希罗多德的思想和观念语汇里至关重要的术语。同时它也让我们详细研究希罗多德自身对此类术语的使用,并且把文本内部的证据运用到对序言的解读上来。全面梳理希罗多德对名词historiē和apodexis以及动词historeein和apodexasthai的使用会发现,historiēs apodexis远非一个标题,也不止是对这部作品传播途径的定性,而是一种大胆的甚至于说是挑衅的表述。它一语道尽了希罗多德这部作品在交流层面的目的和野心。它所说的一切显然是新的,也并不一目了然,但却突出到足以让后来的历史著述传统去有意规避的程度[28]。 接下来的部分我们先处理historiē,再处理apodexis,最后会发现这两个术语不单单是一个著名组合结构的成分,而且是两个互相关联的概念,它们的语义和语用融合成一个统一的整体。

Historiē:询问与甄别

抽象名词historiē以及动词historeō在词源上都与动词词根wid-/

(接上页)巴比伦国王;7.213 ἐν τοῖσι ὄπισθε λόγοισι,说的是叛徒埃菲亚尔特[Ephialtes]之死)。这几处指的是从来没有写出来的部分,还是最后编辑的时候没有合并进来的讲稿?参G. Nagy, *Pindar's Homer: The Lyric Possession of an Epic Past*, p. 235 n.91。 另 见 W. Rösler, "The *Histories* and Writing", *Brill's Companion to Herodotus*, n.17以及Justus Cobet, "The Organization of Time in the *Histories*", *Brill's Companion to Herodotus*, n.40。

[28] S. Hornblower, *Thucydides*, pp. 8—11.另见本文结尾第101—102页。

weid-/woid-【"看""见"】有关。这可能会让人把historiē的核心意义推测为通过实际感知——即亲眼所见——来收集知识[29]。这个含义与我们看到的托马斯最近提出的观点——希罗多德是一个批判的研究者——看起来很符合。她对historiē的理解给我们呈现的希罗多德不是在筛查传统、探究过去,而是在考察当下的自然现象,比如说神秘的尼罗河的本质[30]。我们现在再次对比一下托马斯的观点与纳吉的观点。纳吉从historiē这个词中看到的是本质上属于法律领域的概念:调查希腊人和蛮族人之间战争爆发的起因[31]。这个看法凸显了historiē和aitiē的关系,这正如我们看到的,也是序言的句法结构要求我们去做的事情。

事实上,historiē和aitiē的关系比通常认为的要重要得多,因为希罗多德不是当时唯一一个用这种方式来呈现他的historiē的作者。在早期的医学和科学作品中,我们可以频频观察到historia和aitia的互相呼应。比如希波克拉底学派《论古代医学》这部作品的作者就说,要是没有关于人的知识,就不可能有关于"自然"(phusis)的知识。因为关于人的知识会涉及"知道(eidenai)什么是人以及因为什么原因(di' hoias aitias)人变成人的样子的historiē"(章20)。类似地,苏格拉底在《菲多》(96a)中讲到,年轻的时候他曾一度热衷于"自然科学"(peri phuseōs historian),并把"自然科学"具体解释为"知道(eidenai)每一个事物的起因(aitias)"。在亚里士多德的科学论著中,尤其是在那些处理"自然史"的篇章里,也有很多historia和aitia之间关联的佐证[32]。显然,historiē不单单对希罗多德一个人意味

---

[29] B. Snell, *Die Ausdrücke für den Begriff des Wissens in der vorplatonischen Philosophie*. Philologische Untersuchungen 29. Berlin, 1924, pp. 59–71; G. Nagy, *Pindar's Homer: The Lyric Possession of an Epic Past*, p. 250; C. Dewald, "Narrative Surface and Authorial Voice in Herodotus' *Histories*", p. 153 n. 8; C. Darbo-Peschanski, *Le discours du Particulier: essai sur l'enquête hédodotéenne*. Paris, 1987, p. 184 ("田野调查"); R. Thomas, *Herodotus in Context: Ethnography, Science and the Art of Persuasion*, p. 164.

[30] R. Thomas, *Herodotus in Context: Ethnography, Science and the Art of Persuasion*, pp. 161–167.

[31] G. Nagy, *Pindar's Homer: The Lyric Possession of an Epic Past*, pp. 259–262.

[32] 例如 *De Caelo* 298b2; *Hist. an.* 491a11–12; *Incessu. an.* 704b7–11; *Part. an.* 646a8–12; 696b14–17.

着探寻研究主题的"原因"[33]。

自然史家跟历史学家希罗多德的差别在于，aitiē 对希罗多德来说关涉的不是自然或者人体而是人的行为（想一想序言里的 ta genomena ex anthrōpōn）。如此一来，研究者对某个对象进行研究的"原因"就带上了"罪责""责任"的意味。historiē 的词形源自施事名词 histōr（或 istor），而 histōr（或 istor）这个词事实上就是用在那个语义范围里。希罗多德的作品中没有出现 histōr（或 istor），但是古风时期的诗歌和铭文里有这个词存在的证据，意思是"判官""裁判""证见"（誓词）[34]。尽管希罗多德从来没有用过它，不过像康纳（W. R. Connor）注意到的那样，他的作品所展示的却"明显类似 histores 在早期希腊社会发挥的功能"[35]。

就像 apodexis 一样，historiē 也会并已经把希罗多德推往两个几乎互不相容的方向：一边是寻找希腊人和野蛮人之间爆发冲突的"犯罪"主体、"责任"主体，就像纳吉认为的那样；另一边则是托马斯主张的严谨的地理学和民族志研究，尤其体现于"埃及叙述"中。想衡量这样两个立场之间的差异，一定要顾及一点：托马斯的说法忽视了一个事实，那就是希罗多德对埃及的 historiē 不论在语法上还是在观念上，都没有把那里的土地或者神秘的河流当作直接对象，而是把他询问的人——信息员（informants）——当作直接对象。也就是说，是埃及人自己向希罗多德讲述了这片土地的奇事[36]。这么说不

---

[33] 关于 αἰτίη 在希波克拉底文集以及其他同时期文本中的情况，另见 André Sauge. *De l'épopée à l'histoire. Fondement de la notion d'historiē*. Frankfurt, 1992. pp. 257 ff.。他强调即便在科学文献中，这个词也与 αἰτεῖν（δίκην）"要求（被诉方）赔偿"有联系。进一步讨论见下文第 86—87 页。

[34] ἵστωρ/ἴστωρ 有据可查的用法见：*Il.* 18.501, 23. 486; Hes. *W&D* 792; Soph. *E.* 850; Plat. *Crat.* 406b3; Hipp. *Oath* 2（这个词竟会以法律意义用在希波克拉底誓词中，真是讽刺）。另见 G. Nagy. *Pindar's Homer: The Lyric Possession of an Epic Past*, pp. 250–259。在 C. Dewald, "Narrative Surface and Authorial Voice in Herodotus' *Histories*". pp. 153 ff.，她用 histōr 来喻指一种叙事学功能——《历史》的作者面具（authorial persona）。她的最新观点参 C. Dewald, "'I didn't give my own genealogy': Herodotus and the authorial persona", pp. 271–272。另见 Paul Cartledge and Emily Greenwood, "Herodotus as a Critic: Truth, Fiction, Polarity", n.21。

[35] W. R. Connor, "The *Histor* in History", p. 9.

[36] 例如对尼罗河的调查：ἱστορέων αὐτοὺς ἥντινα δύναμιν ἔχει ὁ Νεῖλος, 2.19.3; ἔλεγον ... μοι ... ἱστορέοντι, 2.113.1. 参 M. Pohlenz. *Herodot, der erste Geschichtsschreiber des Abendlandes*, p. 44："真正的 ἱστορίη，（是）询问证人，（是）询问通过道听途说流（转下页）

是要否认当时医学著作的historiē与研究者须亲眼所见才具有权威性有关，而是说这里不能像托马斯说的那样推导出希罗多德的研究与他同时代的自然科学和医学是相同的。相反，我们要考虑这样一种可能，即希罗多德借用同时代的术语来确立自身事业的权威。这是一项完全属于他自己的事业：调查传统里的过去并检验传统，而不是原封不动地采纳和接受传统。

希罗多德常常强调他"看见了"，这在他讲起对埃及人和斯基泰人所做的研究时最常见到，也最惹眼。但是他的用语中表示目睹（autopsy）和观察（observation）的术语却并不是historiē或者historiē的同根词。实际上，他使用的概念与目睹可堪一比，是一个靠"听"来获取信息的方式[37]：

> Ἄλλου δὲ οὐδενὸς οὐδὲν ἐδυνάμην πυθέσθαι, ἀλλὰ τοσόνδε μὲν ἄλλο ἐπὶ μακρότατον ἐπυθόμην, μέχρι μὲν Ἐλεφαντίνης πόλιος αὐτόπτης ἐλθών, τὸ δ'ἀπὸ τούτου ἀκοῇ ἤδη ἱστορέων. (2.29.1)

> 任何事情我都不能从其他任何人那里了解，但我还是极力收集了这么多，我一直走到埃莱方提奈城去亲眼看了，并且不止于此还靠耳闻开展了研究。

不过historiē也不单单只跟"听"有关。在另一个著名段落里，希罗多德把historiē（"批判地听"）与opsis（"亲眼所见"）和gnōmē（"观点"）放在一起，来跟那种更为被动的听到什么话（logoi）就接受什么形成对比：

> Μέχρι μὲν τούτου ὄψις τε ἐμὴ καὶ γνώμη καὶ ἱστορίη ταῦτα λέγουσά ἐστι, τὸ δὲ ἀπὸ τοῦδε Αἰγυπτίους ἔρχομαι λόγους ἐρέων

（接上页）传下来的东西究竟是什么。"

37　关于这一段另见André Sauge, *De l'épopée à l'histoire. Fondement de la notion d'historiē*, p. 252；关于下一段（2.99.1）见Paul Cartledge and Emily Greenwood, "Herodotus as a Critic: Truth, Fiction, Polarity", p. 355。

κατὰ τὰ ἤκουον. Προσέσται δέ τι αὐτοῖσι καὶ τῆς ἐμῆς ὄψιος.
(2.99.1)

直到此处所讲述的都是我的亲眼所见、我的观点和我的探究，不过从这里开始我要根据我听到的来讲一讲埃及人的说法，但里面多少也会有些我自己的亲眼所见。

于是historiē看起来就是用信息员的眼睛去看，并且用判断力和鉴别力来弥补他们视野的不足。更不用说，historiē询问的是特别挑选出来的信息员，为的是验证或者推翻他们眼中的事实。因此，这个概念显然跟"知道"有关，但它并不是一定要以亲眼所见作为知识的来源。为了这个缘故，最近弗洛伊德（Edwin Floyd）又给它提出了一个词源学的说法：historiē不是出自词根wid-而是出自动词hizein"坐"[38]，意思是说把两方或者多方集中起来，听听他们都说了什么。这无疑符合histōr最早在《伊利亚特》（18.501）里出现的情况。在"阿基琉斯的盾牌"描述的审判场面里，这个词很清楚地用来指司法层面的"审判员""仲裁人"。

像这样一种词源学的说法，我们不用从语言学上判定它是否正确就可以发现，它背后隐藏的语义看起来能很合理地为希罗多德自身对historiē的认识提供一种解读。这个概念的核心并不是亲眼所见，而是靠询问其他亲历者获取知识。因为其他人已经亲眼见过，因此他们就知道情况，或者就可以声称知道情况。这一点不但适用于叙述者，还适用于希罗多德叙述的人物：他们也会对超出他们认知能力——不论是时间上还是空间上超出——的事情感兴趣。比如吕底亚国王克洛伊索斯"询问"（historeōn）哪一个古希腊城邦最富有。通过这样询问（historeōn），他发现拉凯戴蒙人和雅典人当时最威风（1.56.1—2）。而埃及的祭司们则声称他们凭借自己的"调查"

---

[38] E. D. Floyd, "The Sources of Greek Ἵστωρ 'Judge, Witness'", *Glotta* 68 (1990), 161. Floyd反对传统词源说法的主要根据是ἵστωρ和ἱστορία都送气（这与动词词根ϝιδ-不好协调）。不过把后缀-τωρ组配到现在时叠音词根ἵζ-ειν（<*si-sd）上也不是没有问题，见H. B. Rosén, "Ἱστορίης ἀπόδεξις. Ein Problem der herodotischen Textkritik", *Glotta* 71(1993), 146 n.1。

(historiēisi, 2.119.3) 对墨涅拉奥斯在埃及的逗留有很确切的了解。

克洛伊索斯和埃及祭司们调查的结果不言自明也无可争辩,希罗多德自己的某些研究也是如此。比如涉及赫拉克勒斯真正的属性这个问题时,希罗多德这样汇报:"调查(ta historēmena)的结果清楚地表明(dēloi sapheōs),赫拉克勒斯是一位古老的神灵。"(2.44.5)不过,有待说明的是,historiē 不是建立在知觉基础上的一级绝对知识,而是相对知识,它近似事物的真实情况,根据的是对其他人自诩的一手知识的评判与估量。有时候希罗多德会坦言他的探究带来的结果有偏颇、有局限:"我调查到我力所能及的程度。"[39] 并且调查得来的 logoi【说法】还会彼此冲突[40]。他们之间会存在"不同",这一点在他讨论到斯基泰人的数量时跟我们讲过:

> Πλῆθος δὲ τὸ Σκυθέων οὐκ οἷός τε ἐγενόμην <u>ἀτρεκέως</u> πυθέσθαι, ἀλλὰ <u>διαφόρους λόγους</u> περὶ τοῦ ἀριθμοῦ ἤκουον. (4.81.1)

> 斯基泰人的数量有多少,我无法知道得<u>一清二楚</u>,但是我听说这个数字有<u>不同的说法</u>。

抛开别的不谈,希罗多德的 historiē 或许瞄准的是科学主题的有关知识,诸如尼罗河的源头或者是斯基泰的人口,但是它的构成基础是语言,即 logoi;并且开展 historiē 靠的是判断和辨别,正如研究者和他的信息员们毫无保留地交谈、互相交换意见一样。

希罗多德在《历史》中话里话外地暗示我们,historiē 永远都是一种询问,征求到的信息就是对它的回答。因此,不论被询问的信息员们有什么要说的,其语境永远是 historiē。想证明这一点,我们要回到叙事的开头。我们已经看到 ait- 的含义(aitiēn, aitious,"[有]罪责",

---

[39] 2.34.1 ἐπ' ὅσον μακρότατον ἱστορέοντα ἦν ἐξικέσθαι; 4.192.3 ὅσον ἡμεῖς ἱστορέοντες ἐπὶ μακρότατον οἷοί τε ἐγενόμεθα ἐξικέσθαι.

[40] 例如 C. Dewald, "Narrative Surface and Authorial Voice in Herodotus' *Histories*"; W. R. Connor, "The *Histor* in History", *Nomodeiktes: Greek Studies in Honor of Martin Ostwald*, ed. R. M. Rosen and J. S. Farrell. Ann Arbor, 1993, 3–15。

"[有]责任")起到了衔接作用,它一方面把序言和叙事连到一起,另一方面又为叙事扣下了"扳机"。由于序言明确地把 historiē 跟战争的 aitiē 关联到一起,我们可以确定 historiē 从叙事开始起就在发挥作用。尽管从神话角度调查这场冲突的"起因"对希罗多德来说是死路一条,很快他就要把它弃置不理,去做更有意义的研究,但是这却让我们对 historiē 的语义和语用有了最基本的了解。我们再看一遍希罗多德紧接着序言讲出的第一句话:

> Περσέων μέν νυν οἱ λόγιοι Φοίνικας αἰτίους φασὶ γενέσθαι τῆς διαφορῆς.(1.1.1)

> 现在波斯的叙述人说腓尼基人对这场冲突(字面义:分歧)负有责任。

希腊人和波斯人之间的冲突被重新表达为一个 diaphorē,字面意思是"分歧""差异"。我们可以想象一下波斯 logioi 会"说"(phasin)什么来回答 histōr 的问题:"按照你们国家的传统,谁是希腊人和波斯人'冲突'的 aitioi?"或者更进一步想象是在一个法庭里:"希腊人认为这场 diaphorē 的责任在你们,你们要说什么来辩护?"事实上,aitios 的状态就意味着有义务"回应"(respond),这个关系就跟英文里 respond 与 responsible 一样。

aitios 的词根与动词 aiteō 有关。aiteō 用于向"责任方"要求赔偿,这在希罗多德的间接表述中被多次使用于波斯人的叙述里:科尔喀斯国王派遣使者去希腊"就美狄亚被抢之事要求赔偿(aiteein dikas)并且提出要讨回(ap-aiteein)他的女儿(1.2.3)"。稍晚一些,不论是神话时间线上的希腊人还是希罗多德自己故事线上的希腊人都就海伦在特洛伊之事提出了一模一样的诉求[41]。希腊人和蛮族人

---

[41] 1.3.2 ἀπαιτέειν τε Ἑλένην καὶ δίκας τῆς ἁρπαγῆς αἰτέειν. 参 2.118.3, 4.164.1, 8.114.1. 关于这个视角下 αἴτιος 与 αἰτέω 的联系,另见 André Sauge, *De l'épopée à l'histoire. Fondement de la notion d' historiē*. pp. 257ff., 他甚至径直把 αἰτίη 解释为"索赔"(demande de réparation)而不是"起因"(cause)。

之间像这样互相要求赔偿的事并没有停留在早期的往来中,它还继续出现在希罗多德的historiē,并且希罗多德在这里给出了结果:波斯logioi说的话显然是在辩护,他们声称由于希腊人发动了对特洛伊的全面进攻,他们才真正是"这场冲突的起因"(aitioi tēs diaphorēs)。这场想象中的"审判"如何收尾我们都很清楚。希罗多德搁置了这桩不会有结果的案子,转而把焦点集中在那个他"知道"(oida)给希腊人招致了敌意的人身上。不过他同时**已经**给出了有关这个主题的logoi,并且也**已经**展示了它们之间的差异。

努力寻找希腊人和蛮族人之间"冲突"的最早aitiē恰好树立了一个实例,表明希罗多德的作品能够像它在序言中声称的那样防止"人类所成就的一切"(genomena ex anthrōpōn)"随着时间而变得湮灭无闻"(tōi khronōi exitēla)[42]。然而,要把这样遥远的事情一一复原是完全不可能的,这就揭示出希罗多德的historiē最为本质的一面:内在的对话性。寻找人类行为的aitiē会生成新的以语言为形式的人类行为:有各种各样的观点回答histor的问题,它们互相呼应,互相冲突,要么被进行甄别的调查者拒绝,要么被接受。换句话来说,historiē把历史进程中的diaphorē【分歧,冲突】带到了一个新的语义层面,因为它为两种或多种logoi之间的diaphorē创造了一个空间,里面永远都有histor自己的位置。

希罗多德叙事的开头只不过是把他的方法最为本质的一面付诸实践。后来他在不同的地方对此予以解释。"像这样的事情谁要是认为可信的话,"他说道,"就让他们想怎么处置埃及人说的话就怎么处置好了;我自己会坚守我所有叙述背后的原则:把我听到的每一方说的话都写下来。"(2.123.1)讨论到阿尔戈斯在与薛西斯的这场战争里所扮演的角色这个充满争议的话题时,他甚至还更全面地披露道:"薛西斯是不是派遣了使者去阿尔戈斯送信?阿尔戈斯的信使是不是去过苏萨询问阿尔塔薛西斯他们之间的友谊?我都不能说得一清二楚(ouk ... atrekeōs),关于这些事情,我除了阿尔戈斯人自己展现的观点之外,也没有一个观点可以展现(gnōmēn ...

---

[42] 另见 C. Dewald, "Narrative Surface and Authorial Voice in Herodotus' *Histories*", p. 169。

apophainomai)。"[43] 过了几行,他又补充做出下述声明[44]:

> Ἐγὼ δὲ ὀφείλω λέγειν τὰ λεγόμενα, πείθεσθαί γε μὲν οὐ παντάπασιν ὀφείλω (καί μοι τοῦτο τὸ ἔπος ἐχέτω ἐς πάντα τὸν λόγον). (7.152.3)
>
> 我必须要把(别人)说的话记录[字面义"说"]下来,但我并不需要完完全全相信别人说的话——这一句(epos)适用于我的全部叙述。

依照这些对方法的说明,序言里"人类所成就的一切"(genomena ex anthrōpōn)这个短语就获得了一个全新的不可或缺的含义:"人类所成就的一切"不单单限于"做出来"的事,也包括说出来的事。希罗多德所开展的historiē不但会讨论过去的事业(works),**还会讨论过去的言语(words)**。希罗多德historiē的对象本质上就有冲突、有分歧,historiē自身也表现为寻找某个分歧的aitiē。同时冲突与分歧也是希罗多德historiē的产物,因为historiē为互相矛盾的logoi提供了语境。探查冲突的起因时,histōr要为他在研究中标榜调查的内容负起责任:于是他就变成aitios diaphores("为分歧负责")。接下来的部分我们会通过研究apodexis,补足这种研究者与他所讲故事中的人物之间的深层联系。

Apodexis:上下文的证据

论及埃及的幅员时,希罗多德批评了伊奥尼亚人的错误看法。为了论证,他三次使用动词apodeiknumi:

---

[43] 参照程式化用语 γνώμην ἀποδέξασθαι(而不是 ἀποφαίνεσθαι)来看这个否定式短语,会别有深意。见下文注55。

[44] 关于这一段,见F. Jacoby, "Herodotos", pp. 408-409。另见3.3.1; 3.9.2。另见Paul Cartledge and Emily Greenwood, "Herodotus as a Critic: Truth, Fiction, Polarity", p. 356。

> 如果我们要接受伊奥尼亚人对埃及的看法——他们坚称埃及只是那个三角洲——那么我们不曾在证明(ἀποδεικνύοιμεν ἄν)，某个时候的埃及人根本就没有国家。(2.15.1)

> 因此，如果我对这些事情的推理是准确的，那么伊奥尼亚人对埃及的想法就是有误的。但是假若伊奥尼亚人的观点是正确的，那么我就在证明(ἀποδείκνυμι)，希腊人和伊奥尼亚人不知道怎么数数。(2.16.1)

> 我断言埃及的幅员如同我在当前论述里证明(ἀποδείκνυμι τῷ λόγῳ)的那样，也能被阿蒙的神谕所验证，我是在形成了自己对埃及的观点(τῆς ἐμεωυτοῦ γνώμης)之后才了解到这条神谕的。(2.18.1)

这无疑就是托马斯所强调的那个由论证和证明构成的世界[45]。不过，重要的是要留意到 apodeiknumi 不仅仅关乎"证明"，也是证明某事这一**动作**，是对特定情境的回应。前两个例句通过条件句给出了这种情境，把伊奥尼亚人的观点作为假设表达了出来。第一个例子里，埃及只是一个三角洲这种观点被证明不成立，因为这种说法就等于是显而易见的胡说八道。apodeiknumi 这个动作并不是为其本身而发生，而是被援引为一个错误信念必会带来的结果。同样的，在第二个例子里，希罗多德的"证明"——希腊人不会数数——也被限定在一个特定的上下文里。没有那个上下文，证明这个动作就不可能被施行。类似地，在最后一段话里，希罗多德对埃及幅员的证明是被希腊人的无知挑起的。在另一段地理描写中，可能是由于缺乏 historiē 或者 historiē 不充分，某个既定说法得不到证明：

> τὸν δὲ Ὠκεανὸν λόγῳ μὲν λέγουσι ἀπὸ ἡλίου ἀνατολέων

---

[45] R. Thomas, *Herodotus in Context: Ethnography, Science and the Art of Persuasion*, p. 176, 讨论了这里的引文。另见 C. Darbo-Peschanski, *Le discours du Particulier: essai sur l'enquête hédodotéenne*, p. 161。

ἀρξάμενον γῆν περὶ πᾶσαν ῥέειν, ἔργῳ δὲ οὐκ ἀποδεικνύουσι. (4.8.2)

他们（希腊人）用他们的说法说道，俄科阿诺斯从太阳升起的地方开始环绕着整个大地流动，不过他们没有可靠的事实来证明。

证明和上下文的互相呼应在这里成了logōi和ergōi两极对立的问题，小品词组合men ... de的使用突出了这一点：按照预期，证明是必须的，但是却没有出现。

当我们从证明和对立的说法互相角力的场域跳出来时，上下文的观念仍然重要：《历史》中每一个表达apo-deik这个动作的用语都是一种用来回应某一个特定情境的行为。在居鲁士的诞生这个故事里，牧羊人说他准备好了"展示"（apodeiknunai, 1.113.2）婴儿的身体并真的应某个特定的请求这么做了：他必须向哈尔帕戈斯（Harpagos）证明这个新生的王储是个死婴，以避免严酷的惩罚。那些"展示"（apodeiknunti, 1.136.1）自己孩子的波斯人这么做也有特定的目的：国王承诺给子嗣最多的那个人以特别的奖赏。那些把自己父亲的身体"展示"出来的埃及人（2.136.2）之所以这么做是为了履行一项交易：作为借款人，法律要求他们向出资人提供一个担保。那一支按要求把德尔菲的宝藏"送"（apodexaien）到薛西斯跟前的部队则是按照特定的军令行事。

之所以要从上下文理解deixis这个行为，是由于它的动词前缀apo-。apo-的意思是"再，又"（LSJ D.4），它能用上下文给动词的基本含义补充一个重新的维度[46]。比如那些表示言谈的动词增加了前缀apo-之后，上下文就马上有了即时对话的感觉：apo-logeomai【回应称（说道）、辩称（说道）】，apo-krinomai【又解释道、回答道】。最近鲁索（Joseph Russo）在研究apo-phthegma时巧妙地指出，作为一种"智慧的表演"（a performance of wisdom），这个词"有一种说话者身

---

[46] 例如ἀπο-δίδωμι【还回预料之中的东西】，ἀπο-καθίστημι【归还应该归还的东西、交还】，ἀπολαμβάνω【接受应得的东西】，ἀπ-αιτέω【追讨】（上文第86—87页）。

上的社会语境促使他说出回应的意味"[47]。

研究至此,或许我们把动词前缀换一下,去看看epi-deik会更有益处。希罗多德的用法清楚地表明这两个动词远不止是同义词:它们各自的含义都很确切而且并不相同。当坎道雷斯(Candaules)的妻子跟古吉斯(Gyges)说她的丈夫"展示了赤裸裸的她"(eme epedexato gymnēn 1.11.5),她的意思是说这样去展示她的身体是无缘无故的,他不需要这么做,而且他这么做也不是为了回应任何一个早前的请求。当克洛伊索斯的仆从向梭伦"展示"(epedeiknusan, 1.30.1)这位国王数不尽的宝藏时,国王的客人并没有为其所动,这场可有可无的展示也就失去了意义。表示动作的名词epidexis出现过一次,表达的意思是"惊人的奇观",使用的场景是众目睽睽之下有一只公山羊爬到了一个妇女的身上(2.46.4)。有鉴于前缀epi-的含义是"此外,另外",epi-deiknumai这个动作就在展示(display)和目睹展示的人之间营造出一种距离感:要么精彩的表演是给定语境的一种补充,要么目睹者是外在于这场展示的观众。

epi-deik和apo-deik的这些例子还进一步揭示了一个差异,这个差异对我们理解序言里的apodeixis有重大意义。epidexis的宾语/对象始终是一成不变的,它在被展现或者展示之前就存在,也不会被展现或者展示所改变或者改善。不论是宙斯向赫拉克勒斯展现他的面容(2.42.2),还是阿托萨(Atossa)向德莫凯德(Democedes)展示她的乳房(3.135.2),像这样的epideixis行为都没有对它的对象产生什么影响。相反,那种被称为apo-deik的动作所"展示"的东西总是会被这个动作所改变,并且在这个动作发生之前它可能根本还不存在。apodeiknunai这个动作指向的人或者事物会根据语境的要求而拥有一种新的功能。apodeiknunai会"证明"那个它所指向的人或事物现在和它此前的状态已经不再相同,因此这个动词常常表示"分配某个特别的功能","委派"[48]。希罗多德表达德莫凯德医治大流士的脚

---

47 J. Russo, "Prose Genres for the Performance of Traditional Wisdom in Ancient Greece: Proverb, Maxim, Apothegm", *Poet, Public, and Performance in Ancient Greece*, ed. L. Edmunds and R. W. Wallace, Baltimore, 1997, p. 59.
48 1.124.3; 1.125.2; 1.127.2; 1.162.2; 3.63.2; 4.167.1; 5.25.1; 5.25.2; 5.32; 5.32; 5.64.1; 5.83.1; 5.97.3; 5.99.2; 6.57.2; 6.94.2; 6.95.1; 7.2.1; 7.3.4; 7.4.1; 7.81。

疾之时就这么说:"他证明了他是健康的。"(hugiea min eonta apedexe, 3.130.3;参3.134.1)

截至目前我们举证的apo-deik的例子都是用作主动态,它们展现的语义特征与我们的研究目的有关联。不过要是我们把注意力转移到把apo-deik用作中动态的例子上,我们就离序言里apodeixis的含义更近一步了[49]。我们会发现,根据中动态的基本含义,这个时态强调的是主语在动作中的参与,这马上就让我们想到apodexis的词义有一个重要部分,那就是个人的成就。

记录功绩

动词前缀apo-意味着像对话一样地对一个语境做出"回应"(giving back),这一点我们已经看到了。这个意味在希罗多德的重要短语apodexasthai tēn gnōmēn中占据核心地位。我会把这个短语翻译成"把某个人的观点付诸表演/实践"。在希罗多德的叙事中,他常常在演讲和做决定的场景中使用这个短语。动作apodexasthai不单单是表达或者呈现一个观点或观念,而且是建设性地参与到不断发展的实际交流之中。gnōmē【观点】被指出来不是为了仅仅展示它自身,而是在回应其他的gnōmai,或者是为了给后续的gnōmai施加影响。事实上,它可能会跟在特定语境里呈现出来的其他观点水火不容。比如当居鲁士所有的谋士都建议波斯人要等着托米里斯(Tomyris)女王的军队先出手时,独独克洛伊索斯"质疑"(memphomenos)这个计策,提出的看法跟这个观点截然不同(apedeiknuto enantiēn tēi prokeimenēi gnōmēi, 1.207.1)。类似地,当马尔多纽斯(Mardonios)说出倾向入侵希腊的话时,在场的波斯人没有一个敢"对这个观点提出异议"(gnōmēn apodeiknusthai antiēn tēi prokeimenēi, 7.10.1)[50]。

---

49 参H. Erbse, "Der erste Satz im Werke Herodots", pp. 209–211。
50 其他例子为:1.170.1; 1.171.1; 1.207.1 (μεμφόμενος); 3.74.4; 3.81.3; 3.160.1; 4.97.2; 4.98.2; 4.137.3; 6.41.3; 6.43.3; 7.3.1; 7.6.5; 7.10.1 (ἀντίην τῷ προκειμένη); 7.46.1;(转下页)

当希罗多德自己的 gnōmē 是动词 apodexasthai 的宾语时，它带来的冲突与差异之感同样也很强烈，论及雅典人在与薛西斯的战争中所做的贡献有多重要这个主题时，希罗多德说他不得不**提出一个观点**（gnōmēn apodexasthai），这个观点不见得能让每个人都开心：

Ἐνθαῦτα ἀναγκαίη ἐξέργομαι γνώμην ἀποδέξασθαι ἐπίφθονον μὲν πρὸς τῶν πλεόνων ἀνθρώπων, ὅμως δέ, τῇ γέ μοι φαίνεται εἶναι ἀληθές, οὐκ ἐπισχήσω.(7.139.1)

在这里我必须提出一个让大多数人都厌恶的观点，即便如此，只要在我看来这个观点是真实的，我就不会按下不表。

即便有斯巴达人 megala erga【伟大的业绩】的 apodexis【展现】，没有雅典人，希腊肯定会落入波斯人之手。

尼罗河神秘的活动带来了另一个典型时刻：

Εἰ δὲ δεῖ μεμψάμενον γνώμας τὰς προκειμένας αὐτὸν περὶ τῶν ἀφανέων γνώμην ἀποδέξασθαι, φράσω δι' ὅ τι μοι δοκέει πληθύεσθαι ὁ Νεῖλος τοῦ θέρεος. (2.24.1)

如果我必须在批判前述观点之后展示我自己对那些看不见的东西的观点，那我就要说出我所认为的尼罗河在夏天泛滥的原因。

在这里，希罗多德个人的"观点"（gnōmē）显然是他对一个争议话题的"探究"（historiē）的一部分，涉及的是科学证明和论证，但我们又一次看到希罗多德自身的做法跟他那些出离科学语境的故事里的角

（接上页）7.99.3; 8.68 α1; 8.108.2（ἐναντίην）; 9.58.3（反对：δειλοτάτην）。注意那个被认为跟它是同义语的词组 ἀποφαίνομαι τὴν γνώμην（例如 1.40; 1.207.2; 2.120.5; 3.71.1; 7.8δ2; 7.52.1; 7.143.3; 7.152.1; 8.49.1; 9.5.2）其实看起来更为中立，并没有同样传达出争论和冲突的意思（有下划线的例子代表的是希罗多德自己的观点。另见上文注48）。

色所做的差不多[51]。historiē 的 apodexis 显然与 gnōmē 的 apodexis 有共通之处，与咨询和深思有共同之处[52]。二者处理的都是分歧。

historiē 的 apodexis 与历史研究过程中另一个同样重要的活动也有共通之处。最早从序言开始，动词 apodeiknusthai 就常常跟 erga megala 这个标准词组合用，为表达希罗多德的思想和作品中的一个关键概念提供了固定表述[53]。《历史》第二卷回顾记忆中埃及人及其国王的成就时，apodeiknusthai erga megala 的使用尤为频繁，这个固定表述自始至终在《历史》中很普遍[54]。比如埃吉纳人在萨拉米斯海战上据说"展现了值得称道的业绩"（erga apedexanto logou axia, 8.91）。在普拉提亚之战中，希腊一方"显然最优秀"（aristos makrōi）的是阿里斯托德摩斯。作为在温泉关死战的三百名斯巴达勇士中唯一的幸存者，他想为自己洗刷这个屈辱。因为渴望死得惊天动地，他于是就"在战斗的激情之下离开了他的队伍并且干出了伟大的业绩"（lussōnta te kai ekleiponta tēn taxin erga apodexasthai megala, 9.71.3）。

Erga megala apodeiknusthai 所表达的"成就"这个概念对 apo-deik 的含义具有非常重要的影响，以至于即便是这个动词没有任何宾语，它也依然能够继续传达个体的成就这种意思。比如在普拉提亚之战中，波斯联军的部队"没有任何成就地逃了"（oute ti apodexamenos epheugon, 9.67）。这种成就的性质也可以用一个更确切的词取代 erga megala 来表达：亚述女王瑟米拉米斯（Semiramis）时期的水利工程非同一般，我们听说她"成就了漫山遍野的水坝，非常值得一看"（apedexato khōmata ana to pedion eonta axiotheēta, 1.184）。

apo-deik 的这层意思直接关系着序言里 historiēs apodexis 的解读，特别是由于行为名词 apodexis 在《历史》中另外四次出现的时候

---

[51] 现有两个例证 2.146.1 和 8.8.3 的语境还是不同说法之间的冲突。
[52] 关于 ἱστορίη 和 γνώμη 的联系，另见 André Sauge, *De l'épopée à l'histoire. Fondement de la notion d'historiē*, p. 11。
[53] 另见 H. Erbse, "Der erste Satz im Werke Herodots", p. 211。
[54] 关于ἔργα μεγάλα (τε καὶ θωμαστά)，见 A. E. Raubitschek. "Ἔργα μαγάλα τε καὶ θωμαστά", *REA* 41(1939): 217–222。

都用以表示"成就"或者"功绩"。克洛伊索斯建议居鲁士穿越马萨盖塔人（Massagetae）的土地，举办一场奢华的宴会引诱托米里斯女王的军队，借此让居鲁士的军队"留下伟大的业绩"（leipetai apodexis ergōn megalēn, 1.207.7）。埃及祭司向希罗多德担保，名单上剩下的那些国王们"没有一条业绩的记载"（oudemian ergōn apodexin, 2.101.1）保存下来。用来共同纪念12位埃及国王的地方，也就是坐落在墨埃里斯（Moeris）湖畔的迷宫，花费和用工超过了希腊人所有的"城墙和公共设施"（teikhea te kai ergōn apodexin, 2.148.2）。最后，马尔多纽斯在波斯海军败北于萨拉米斯之后对军事形势的评估是：他的波斯部队对此没有责任，而且他们"渴盼取得功绩"（boulomenoisi sphi genoit' an apodexis, 8.101.2）。

在所有这些案例中，很明显的是，没有任何功绩或者成就**先于**apodexis而存在。伟大功业的apodeixis就**是**它们的实现，它们的发生（enactment），而非它们的展示或者表现。米底人和波斯人在普拉提亚之战中证明了他们的卓绝（apedeiknunto aretas, 9.40），他们不是仅仅展示了他们的伟大功绩，而是在具体的情境里证明了自身的价值[55]。这对于希罗多德自身的historiē的apodexis意味着什么？提出这个问题之前，还有另一个问题需要我们去关注。如果apodexis这个动作的核心就像我们上面说的那样，是要放入语境和情境之中，那么我们在整部《历史》见到的对伟大功绩的apodexis，它的语境是什么？现在我们朝着给这个问题找到答案的方向，考察希罗多德另一个典型词组。

纵观《历史》，希罗多德给历史进程的参与者都赋予了一种渴望，那就是让自己在后人的眼中超群绝伦，让自己在世上的存在留下被人记住的痕迹。对此的典型表达是mnēmosunon (mnēmosuna) lipesthai，"留下（某人自己）值得纪念的东西"。mnēmosunon通常是一个器物或者是建筑，但也并不一定都是如此。mnēmosuna的例子

---

[55] 参1.176.1, 7.23.3, 7.223.4。(Ξέρξης ἐθέλων τε δύναμιν ἀποδείκνυσθαι καὶ μνημόσυνα λιπέσθαι (7.24)与ἐπιδείξαντας...τὴν δύναμιν τῆς ἀθηναίων πόλεως (Thuc. 6.47.1, 参Thuc. 6.31.4)之间有个差异很具启发性：薛西斯想通过给后世留下一个伟大的成就来**证明**他的权势（见下文），而雅典人只是想**展示**他们的军事力量。

有巴比伦女王尼托克里斯（Nitocris）的水利设施（1.185.1，186.1）、塞索思特里斯（Sesostris）在赫淮斯托斯的神庙前兴建的巨型雕像（2.110.1）、阿希基斯（Asychis）的砖土金字塔（2.136.3），以及拉凯戴蒙人蒂埃奈塞斯（Dieneces）的妙语（bon mot），这属于衍生自温泉关之战的口传传统（7.226.2）。所有这些例子都可以归入 apodexis ergōn megalōn 的范畴。对女王尼托克里斯的 mnēmosuna 的描写紧紧跟着对瑟米拉米斯女王的成就的描写，我们看到动词 apedexato 被用于对瑟米拉米斯女王的成就的描写中。对阿希基斯的砖土金字塔的描写只占对这位国王一系列成就的描写的一部分，这一系列成就的描写收尾用了这个短语：touton tosauta apodexasthai（"这位［国王］据说成就了如此这般的事情"）。事实上，apodexasthai（erga megala）和 mnēmosunon（lipesthai）这两个词组的语义范围互相重叠。后者可以作为前者的直接宾语使用（apodexasthai mnēmosuna，成就了会被人记住的事情，2.101.2，说的是墨埃里斯国王的城门）。此外这两个词组还可以在同一个复合表述中互相补充（比如，ethelōn te dunamin apodeiknusthai kai mnēmosuna lipesthai，"希望施行他的权力并留下被人记住的成就"，说的是薛西斯和贯穿阿托斯半岛的运河）[56]。

现在我们回头去看 apodexis ergōn megalōn 的语境这个问题，会注意到投身于创造历史的希腊人和蛮族人的用意与致力于创制其 historiē 的希罗多德的用意是相辅相成的。他们要留下 mnēmosuna 的那种渴望，通过希罗多德得到了反映和回应，因为他希望把 mnēmosuna 当作 erga megala apodekhthenta 记录下来。换句话说，被记录下来的**企盼**着被记录，施行和完成一个事迹的语境正是后世，更确切地说，是希罗多德的《历史》。

到这里我们不禁会想起《伊利亚特》所呈现的英雄处境，尤其是赫克托尔的处境。他在多个不同的场合谈论到将来[57]：

---

[56] 关于μνημόσυνα λιπέσθαι 以及它与 ἀποδέξασθαι 的关联，另见 H. Drexler, *Herodot-Studien*, pp. 23–25。

[57] 另有 *Il.* 7.89–91，他在那里把一个手下败将的坟墓当作指向过去——赫克托尔光辉的现在——的标志。另见 Justus Cobet, "The Organization of Time in the *Histories*". p. 389; D. Boedeker. "Epic Heritage and Mythical Patterns in Herodotus", *Brill's Companion to Herodotus*, p. 99; E. J. Bakker. *Poetry in Speech: Orality and Homeric Discourse*, （转下页）

μὴ μὰν ἀσπουδί γε καὶ <u>ἀκλειῶς</u> ἀπολοίμην,
ἀλλὰ <u>μέγα ῥέξας</u> τι καὶ ἐσσομένοισι πυθέσθαι. (Il. 22.304–5)

<u>没有伟大的奋斗和伟大的声誉我不会逝去</u>；不会，我要<u>等到干成了伟大的业绩</u>，让未来的人们知晓。

赫克托尔使用词根 kle(w)- 的否定合成词 akleiōs 描述一种不希望将来出现的状态。他还把词根 (w)reg——这是 ergon 的词根 (w)erg 的一种变形——与 mega 组合形成 mega rhexas：这种表达方式预言了将来的希罗多德的序言，以及其中不让 megala erga 变得 akleā 的意图[58]。

随着讨论不断深入，希罗多德似乎变得越来越倚重荷马对英雄成就的理解。不过即便他们有相似之处，也依然存在本质差异。对于赫克托尔以及裹挟着他的史诗传统来说，伟大的业绩会传达自身的 kleos，在缪斯的权威之下，kleos 通过史诗传之久远，畅行无阻。如果 kleos 在未来有所欠缺，那是因为这个英雄现在没有做出伟大的业绩[59]。针对这种史诗设想，希罗多德提出不同看法，即时间的破坏力，那种让人类的成就失去光彩的物质（序言里说的 tōi khronōi exitēla）[60]。如果记录不妥当，任何伟大的业绩，不管多么雄壮，都将失去 kleos。记录不是接受来自过去的报告就够了，它需要去筛选、甄别以及研究。按照希罗多德的理解，historiē 会产生有益的成果，**也会**

（接上页）Ithaca and London, 1997, pp. 165–166; E. J. Bakker. "Storytelling in the Future: Truth, Time and Tense in Homeric Epic", *Written Voices, Spoken Signs: Tradition, Performance, and the Epic Text*, ed. E. J. Bakker and A. Kahane, Cambridge, MA., 1997, p. 33。关于希罗多德和史诗的意图，另见 H. Erbse. *Studien zum Verständnis Herodots*. p. 122。希罗多德叙事中的示例参 6.109.3, 7.220.2。

[58] 另见 H. Pelliccia. "Sappho 16, Gorgias' Helen, and the Preface to Herodotus' *Histories*", YCIS 29 (1992): 63–84. p. 74 n.23（参见本辑第 14—42 页，第 30 页注 26——译者按）。

[59] 这发生在《历史》9.72.2，此处的卡里克拉特斯（Callicrates），从真正的荷马意义上来说"希腊军营里最美的那个人"，还没能完成（ἀποδέξασθαι）一桩伟大的业绩就死了。讽刺的是，他在希罗多德的 apodexis 的框架里，其实得到了属于他的 kleos。关于这一段另见 G. Nagy. "Herodotus the Logios", p. 178（参见本辑第 6 页——译者按）。

[60] 关于 ἐξίτηλα 见 J. Moles. "Anathema kai Ktema: The Inscriptional Inheritance of Ancient Historiography", Sec. 8，他认为该术语营造出一种"铭文般"的氛围，无论它的含义是谱系意义上的"绝种"（参 5.39.2），指向墓葬纪念物，还是"凋零"，把希罗多德的作品与物质制成品对比起来，前者持久，后者易逝。关于把序言读作铭文，见后文第 99—102 页。

留下或者带来问题,它已取代了诗性记忆和缪斯女神的权威[61]。

现在我们可以重新品味那几个互相掳掠新娘的故事。它们都出现在间接引语中,看起来都没有讲的必要,可是波斯 logioi 却把它们当作希腊人和蛮族人冲突的 aitiē。像这样编造神话的做法要归于神话、诗性记忆和缪斯女神的范畴,它无法回答 historiē 提出的问题。但是 historiē 却跟缪斯女神保持着关联,后者是信息的来源和守护神。当荷马面对特洛伊战争中希腊领袖的数目这个问题战战兢兢时(Il. 2.488),他借此机会坦白了他作为一个人的不足并呼唤缪斯女神帮助他。当希罗多德发现自己面临相似的问题时(也就是斯基泰人的数目[plēthos],4.81.1,见上文第85页),他留给我们的那句话读起来就像是有意再现荷马那段名言的风格。不过他同时也给我们留下了一个对 historiē 最典型的描述:historiē 关于"有分歧的话语"。人类的短处与神灵的眼光之间的差异让位给了人类各种眼光之间的分歧。要在它们之间做出甄别需要的智识劳动非同一般,相应地,apodexis 也不仅仅是**成就**伟大功业,也是**记录**伟大功业。在这个过程中,对伟大功业的记录自身也必将成为伟大的成就,成为一个 mega ergon[62]。

希罗多德、修昔底德和历史的创制

从上文对 historiē 和 apodexis 的讨论中浮现出来的希罗多德,既不是一个口头讲故事的人,也不是一个有成就的现代科学家。不过他或许两个都是,因为他用后者的语汇革新了前者的实践。historiē,这个专门用来表达当时基于亲眼所见(autopsy)的批判性研究的术语,到希罗多德手中成了"换位观察"(displaced viewing),也就是批判地考察那些亲眼见过的人们的观点。与史诗诗人一样,希罗多德

---

[61] 另见 C. Darbo-Peschanski. *Le discours du Particulier: essai sur l'enquête hédodotéenne*. p. 162 以及 D. Boedeker. 'Epic Heritage and Mythical Patterns in Herodotus.' p. 100。

[62] 我们或许会好奇,希罗多德是不是清楚他跟特勒马库斯(Telemachus)相似。特勒马库斯开启一趟旅程是为了探访他父亲的 kleos(*Od.* 3.82),也是为了在这个过程中赢得自己的 kleos(*Od.* 1.95)。

不在现场，也没有亲眼看见，但是他通过采用当时的思想立场找到了补救之道，甚至借用了未曾赋予史诗诗人的权威。

于是historiē就不单单是"研究"，apodexis也不单单是historiē的"公布"或者"呈现"。我们看到apodeixis在《历史》中不断发展，它似乎更像是一个成就的发生（the enactment of an accomplishment）。在《历史》的大框架内，在《历史》所唤起的历史现实中，正是historiē让apodexis成为可能，不管这apodexis是历史人物表达的观点，还是历史进程的主体所实现的成就：过去的伟大在希罗多德《历史》的语境里变成一种apodexis。值得注意的还有，观点和成就都会产生"分歧"，形式要么是论辩中的矛盾，要么是历史中的冲突。希腊人和蛮族人之间的diaphorē就是这种"分歧"最具代表性的例子。

但是"分歧"并不限于希罗多德对过去的记录之中。正如我们已经看到的，historiē的过程本质上涉及的就是分歧，因为它能把一个有争议的主题的各种互相冲突的说法揭示出来，更不用说那些希罗多德自己的观点也矛盾的例子了。要是希罗多德的historiē把问题悬置不答或者是提出疑问，那么最终决定权就在《历史》的受众手里，古往今来皆是如此。每一个阅读希罗多德的作品的人都被邀请借助希罗多德的成就去评估过去的成就，他的写作让过去的成就不至于"随着时间而变得湮灭无闻"[63]。当希罗多德未来的受众应邀开展他们自己的historiē时，他们也让希罗多德自己的apodexis成为可能。

从这点认识出发，我们来考察序言的最后一个元素，此前它几乎没有得到什么关注：修饰historiēs apodexis的指示代词hēde。这个代词在叙事中的使用没有什么公开讨论，它通常被当作一个后指词，指向文本接下来要叙述的事情[64]。这提示我们，希罗多德本人，那个正在进行写作的人，是序言所指示的中心："下面（也就是在我面前

63　关于"写作"，另见 W. Rösler. "The *Histories* and Writing"。
64　就像在引导直接引语的常见程式化用语中那样：ἔλεγε τάδε，"如下所述"，例如1.11.2；1.36.2；或者是像把δδε用作表语来指后面的内容那样，比如一个γνώμη，例如1.132.1, 2.17.4, 2.17 等。参 R. Kühner & B. Gerth. *Ausführliche Grammatik der griechschen Sprache.2. Teil: Satzlehre*. Hannover, 1898–1904, p. 646。另见 I. J. F. de Jong, "Narrative Unity and Units", p. 259。

的）是哈利卡尔纳索斯的希罗多德的 historiēs apodexis"，或者说"哈利卡尔纳索斯的希罗多德的 historiēs apodexis 如下"。不过 hēde 在话语内部的这种功能还不足以耗尽这个指示词所有的可能性。事实上，hode 的后指用法甚至不是它的首要功能。互动的话语语境才是这个用于近指的词语的真正定位。当这样使用时，hode 通常都在话语外部，要么用来表示离说的人和听的人都很近的东西，要么指向话语自身，甚至是正在把话语表达出来的说话人自己[65]。

对于序言来说，这意味着 historiēs apodexis hēde 的指示中心（deictic center）是由**读者**构成的。读者被想象成站在希罗多德伟大的成就跟前[66]。序言的指示定位于是就变成与碑铭一样[67]。众所周知，祭祀或者丧葬的铭文可以把它们自身称为 tode sēma 或者是 tode mnēma "此墓／纪念碑"，把自己定位到与行经之人——也就是纪念碑的读者——亲近又礼貌的位置[68]。行经之人被纪念碑上的铭文分配了说话者的角色，成为一个指示行为的**原点**（origo），只要这个纪念碑还立着，还被阅读，这个指示行为就会一直被执行。希罗多德的开场白于是就成了特奥格尼斯挽体诗集里 sphragis【印章】的含蓄版。事实上，特奥格尼斯的确提到过他的读者或是听众（两者并无实质性差异）在承认他们面前这本集子的真实性时说的话："于是每一个人都会说：'这是麦加拉的特奥格尼斯的诗（epē），他的名字人人

---

[65] 因此希罗多德能把事物呈现为距离他自己和他的受众很近，比如 1.1.1 τήνδε τὴν θάλασσαν "这片海"对比刚刚提到的红海，2.106.4, 4.118.1 τήνδε τὴν ἤπειρον 对比τῇ ἠπείρῳ τῇ ἑτέρῃ（没必要把指示词的这种用法当作是口述该作品留下的痕迹，把它看成古希腊人不受具体时间约束以自己为中心发出的指示会更好）。关于 ὅδε 和语法第一人称的联系，请见示例 ὅδε τοι πάρειμι，由少年居鲁士在阿斯提阿格斯（Astyages）面前说出（Hdt. 1.115.3）；参 J. Svenbro. *Phrasikleia: An Anthropology of Reading in Ancient Greece*. pp. 33 ff.（见注63）和 E. J. Bakker, "Homeric ΟΥΤΟΣ and the Poetics of Deixis", *CPh* 94 (1999): 1-19，第10页有对赫西奥德《神谱》第24行自我呈现的讨论。

[66] 关于《历史》面向未来，另见 W. Rösler. "The *Histories* and Writing".

[67] 有关这个看法，现请见 J. Moles, "Anathema kai Ktema: The Inscriptional Inheritance of Ancient Historiography"，他对修昔底德1.21-22与此有关的内容也有详尽的讨论；更早的请见 J. Svenbro. *Phrasikleia: An Anthropology of Reading in Ancient Greece*. pp. 149-50，他关注的是作者用第三人称来指自己，这是"纪念碑"的说话方式。

[68] 换句话说，纪念碑正在用第三人称"说"它自己。见 J. Svenbro. *Phrasikleia: An Anthropology of Reading in Ancient Greece*. pp. 26-34，他提出这种指示定位出现之前有一个"自我中心"（ego-centric）的阶段，那时候纪念物会使用第一人称来"说"它自己，这种转变大约发生在公元前6世纪中期。一个简单的例子是修昔底德引用的祭祀铭文（6.54）：μνῆμα τόδ' ἧς ἀρχῆς Πεισίστρατος Ἱππίου υἱός|θῆκεν Ἀπόλλωνος Πυθίου ἐν τεμένει.

称道。'"[69]

如果照此方法来理解希罗多德的序言，那么它的指示定位就会把我们通过研究《历史》中的 apo-deik 所揭示的东西凸显出来：对"伟大的丰碑"（建筑类的或者其他均可）的记录自身就成了一个伟大的丰碑，成了一个足以与 megala erga apodekhthenta 比肩的业绩，megala erga apodekhthenta 的 kleos 因为它而得以保存[70]。至于说 apodexis hēde，希罗多德把他的作品定位到将来的程度看起来不比修昔底德低：人所共知，修昔底德把他的作品定性为 ktēma es aei（"永世之宝"）[71]。

我在前面所提出的对 apodexis 的理解或许会让我们进一步理解修昔底德对希罗多德可能的提及。我们要关注的焦点是修昔底德用来描述转瞬即逝的公开表达的词组，他自诩他传之久远的作品与其截然相反：agōnisma es to parakhrēma akoúein, "一场要当场聆听的竞演"（1.22.4）。这个词组大体上传达出一种有意取悦当下的、同时代的受众的意味。agōnisma 通常被理解为"雄辩性的演说"或者是"竞争性的演讲"，不过最近对这个术语在公元前5世纪文本中最早出现的研究却指向一个略微不同的方向。约翰逊（William Johnson）指出，agōnisma 的意思是"完成一个显眼的行动"，并且侧重"它所带来的公众的喜爱而不单单是成就本身的价值"[72]。按照这样的理解，

---

[69] Theogn. 22-23（参行20：τοῖσδ'ἔπεσιν）。

[70] 关于希罗多德面向未来的立场，另见 W. R. Connor, "Commentary on the Conference", *Herodotus and the Invention of History*, Arethusa 20, ed. D. Boedeker and J. Peradotto, 255-262. Buffalo, 1987, p. 258; D. Lateiner. *The Historical Method of Herodotus*. p. 5 n.8 以及 K. A. Raaflaub, "Philosophy, Science, Politics: Herodotus and the Intellectual Trends of his Time", *Brill's Companion to Herodotus*, pp. 149-186。反对的观点——希罗多德无意争取不在当下的受众（修昔底德在1.22.4可能有此暗示，请见下文），可见 C. W. Fornara. *Herodotus: An Interpretative Essay*, p. 60。

[71] J. Moles. "Anathema kai Ktema: The Inscriptional Inheritance of Ancient Historiography"：第四部分讨论了用作"纪念碑"的 κτῆμα。修昔底德的事业面向将来也体现在简单过去时动词（Θουκυδίδης）ξυνέγραψεν，这个词既出现在序言里，也出现在表达年尾的程式化用语里（Th. 2.103.2等）。这个动词的意思是"（修昔底德）写了"，暗示读者所处的时间在将来，见 E. J. Bakker. "Verbal Aspect and Mimesis Description in Thucydides", *Grammar as Interpretation: Greek Literature in its Linguistic Contexts*, ed. E. J. Bakker, 7-54. Leiden, 1997, p. 30。

[72] W. A. Johnson, "Oral Performance and the Composition of Herodotus' *Histories*", *GRBS* 35 (1994): 232-238。引文出自页233。约翰逊注意到修昔底德通常使用 ἀγώνισμα 来表示广为人知的成就带来的荣耀。这个词被用来表示叙拉古人自己对他们战胜雅典人一事的定性（7.56.2）。

这个术语就和希罗多德的 apodexis 一唱一和了，它甚至还可能被有意用来取代 apodexis：选用 agōnisma 会巧妙地把希罗多德的作品呈现为一个仅仅存在于当下的成就，而不是像修昔底德自己的作品那样，对将来也一直具有重要意义。

不论情况如何，也不论修昔底德的选词是否透露出他在拐弯抹角地挑战希罗多德作品提出的伟大抱负，与希罗多德争夺未来受众的偏好，他们之间始终存在本质差异。在修昔底德眼中，他的作品考究又可信，是分析未来事件的标准，永远可资比照，因为人性是恒定的（kata to anthrōpinon, 1.22.4）。可是希罗多德却更多地沉浸于 historiē 的实际进程里，意在**展现实践中的** historiē，并且要求他未来的受众也跟他一样沉浸其中。希罗多德的 apodexis 远不止是即时取悦当下的大众，像我们已经看到的，它并不回避矛盾，还考虑到未来的听众。读着他在丰碑上留下的铭文，我们不单单会暗暗地变成说话人，肯定希罗多德的成就，我们同时也出演希罗多德自己的角色。我们不是站在"探究"的公布或者发表面前，而是站在"探究"自身面前，站在探究的发生面前。我们被要求做的就是希罗多德自己做过的事情：去批判地听，去问，去做出判断。我们被要求做的还有希罗多德对他遇到的纪念碑和"伟大的业绩"做过的事情：去记录。目前这本《希罗多德研究指南》[73] 就是希罗多德实现了他的抱负的众多证据之一。

（译者单位：上海师范大学人文学院世界史系）

---

[73] 指本文出处 *Brill's Companion to Herodotus*。——译者按

刺猬与狐狸：希罗多德序言的形式与意义[*]

马列克·韦科夫斯基

（郭　涛　译）

献给贝内代托·布拉沃

一、导论

在他关于托尔斯泰历史观念的大作之开篇，伯林爵士（Sir Isaiah Berlin）将作家和思想家划分为两个截然对立的群体。一类人将所有事物归纳为一个普遍性的、统摄一切的原则；另一类人的目标是多元的，不一定受制于任何道德的或美学的规则。根据阿尔基洛科斯

---

[*] Marek Węcowski, "The Hedgehog and the Fox: Form and Meaning in the Prologue of Herodotus", *Journal of Hellenic Studies* 124 (2004), 143-164. 感谢 Deborah Boedeker, Benedetto Bravo, François Hartog, Victor Johnson, Christopher Pelling, Kurt Raaflaub, Guido Schepens, Stephanie West, Aleksander Wolicki, 以及 *JHS* 匿名评审专家对本文的多个版本提出宝贵建议。本文的早期版本曾在华沙大学和牛津大学基督圣体学院宣读（John Ma博士邀请我到以赛亚·伯林（Isaiah Berlin）待过的牛津学院之一，再次感谢他）。这些讨论给我诸多有益的建议，但文章仍由我完全负责。我还要感谢 Adam Lipszyc博士帮助我查证伯林的著作，否则我在撰写本文时将无法获取伯林的原文。［本译文是国家社科基金项目"新历史主义视角下的希罗多德《历史》研究"（项目编号：18CSS004）阶段性成果之一。希罗多德《历史》的"起头句"（*incipit*），亦即开篇第一句话，又被称为"prologue"或"proem"，中文学界通常将这两个等意的称呼翻译成"序言"；但是，韦科夫斯基对这种通常的观念进行了纠正，强调对《历史》"prologue"的理解不应局限于"起头句"，而是应该扩展到《历史》1.5（参见本文注28）。因此，译者将"prologue"译为"序言"，将特指《历史》"起头句"的"proem"译为"卷首语"。——译者按］

（Archilochus）的著名残篇（fr. 201 West[*IEG*²]: πόλλ' οἶδ'ἀλώπηξ, ἀλλ'ἐχῖνος ἓν μέγα【狐狸通万物,刺猬知太一】）[1],他将这两个群体分别称为"刺猬"和"狐狸"。在伯林的分类中,柏拉图、普鲁斯特、陀思妥耶夫斯基是"刺猬",而亚里士多德、巴尔扎克和普希金是"狐狸"。毫不意外,希罗多德被划归为"狐狸"。

之所以提及伯林的分类,不仅是因为这一对比生动体现了对希罗多德文本的普遍性认识。耐人寻味的是,类似的对比在前苏格拉底哲学中业已存在。赫拉克利特的一份残篇（22 B 40 DK）将某些前辈和同时代作家（赫西俄德、塞诺芬尼、毕达哥拉斯和赫卡泰乌斯）的πολυμαθίη【博学】,或是 *Vielwisserei*【知识渊博】[2],与（他自己的）智慧或思想（νοῦς）对比[3]。这不禁令人联想到在残篇 B 1 DK 中,赫拉克利特将自己有关 Logos【逻各斯】的知识和学说与其他人的无知对比[4]。πολυμαθίη 与 νοῦς（或 πολυνοΐη）这组相同的对比在德谟克利特的残篇中（68 B 64, 65 DK）出现了两次[5]。

笔者认为,这组对比源于两种不同性质的思维方式的竞争[6]。虽然赫拉克利特和德谟克利特对 πολυμαθίη 的描述有党同伐异的意味,但 πολυμαθίη 与 νοῦς 思维方式的对立也不是无稽之谈。正如布拉沃

---

[1] 这则残篇可能的含义,参见 Ion of Chios, *TrGF* I, *fr*. 38, Plin. *HN* 8.133 *ad fin.*（或者是 8.134 *init.*？）,对照 C. M. Bowra, *CQ* 34 (1940), 26–29。

[2] 关于古希腊思想中知识的"多元性"维度,尤见 Snell (1924), 65–68; Snell, *JHS* 93 (1973), 180。因此,本文将 polymathiē 定义为一种思想的总体倾向,或是一种特定的思维方式,对比 Guthrie (1962-1969), 1.417（"那些能从诗人那里学到的知识,在希腊,诗人在神学、道德和包括艺术及技艺的其他方面都被尊奉为老师"）。

[3] 另见 *fr*. B 41 DK,伪作残篇 B 129 DK 同样批评毕达哥拉斯,指责他在"人类当中对ἱστορίη 最为投入",并融入自己对 σοφίη, πολυμαθίη 和 κακοτεχνίη 的理解（另见 *fr*. B 81）。恩培多克勒（Empedocles, *fr*. 31 B 129.3-5 DK）虽然对毕达哥拉斯知识的多样化充满敬仰,但提到他可能也是意指 πολυμαθίη（参见 Ion of Chios, *fr*. 36 B 4.3-4 DK）。

[4] 参见 *fr*. B 2 DK 和 *fr*. B 50,后者更为重要,指出了"逻各斯"本身体现"万物是〈一〉"（ἓν πάντα [εἶναι];参见 *frrs*. B. 10, 51, 54）。可进一步参见 *fr*. B 57 赫拉克利特对赫西俄德的批评,后者被错误地认为拥有最广博的知识,但事实上他没有抓住万物（这里是指黑夜和白天;参见 *fr*. B 106）的整体性;参见 *fr*. B 56（评荷马）。在更为流行的层面上,可另参见 Aesch, *TrGF* III, fr. 390; Pind, *Ol*. 2.86-8,以及一条托名泰勒斯（Thales）(公元前5世纪或希腊化时期？）的古代注释（*Supp. Hel.* 521）。

[5] 参见可能是伪作的残篇 299 DK（参见后文第 133 页,以及注释 100）。

[6] 在几代人之后,阿那克萨库斯（Anaxarchus）强调 πολυμαθίη 的多义性（72 B DK）,它既可以是有用的,也可以是有害的,"智慧"也可以是"愚蠢"的标志,区别在于将自己的思想展示给公众的 καιρός 或是说"合适的时机"。关于该词的多义性,可另参见 Arist. *fr*. 62 Rose³: ...τὴν πολυμάθειαν πολλὰς ταραχὰς (ἀρχὰς codd.) ποιεῖν.

(Bravo 2001,尤见第84—89页)最近指出的那样,即使是在文本的形式层面,史诗诗系(Cyclic epics)中的某些诗歌与公元前6世纪和前5世纪早期以散体文写作的叙述性、描述性文本(谱系、历史和游记,诸如赫卡泰乌斯[Hecataeus]、阿库西劳斯[Acusilaus]和斐莱库德斯[Pherecydes])的风格存在很多共同之处。据布拉沃所言,他们的共同之处是一种根本的"实用主义"思维方式,这与早期希腊诗歌的思维方式截然对立。与荷马和赫西俄德不同,这种思维方式的倡导者们的旨趣不在于世界的道德-宗教性(因此也是象征性的)维度。他们无论是对日常经验,还是对诗歌和口头传统材料的理解,完全是从(真实或虚构意义上的)实在性的视角出发,将其看作一系列同质的事或物,没有更深的意义,但却很有意思,能勾起人的好奇之心[7]。赫拉克利特和德谟克利特对πολυμαθίη的批评,最恰当的解读方式是将其看作相反的思维模式的代表者们对"实用主义"思想潮流的敌视(参见后文,第132—134页)。

在赫拉克利特和德谟克利特的观念中,πολυμαθίη与真正的知识或智慧之间最为重要的区别在于:后者倾向认为整个世界("所有事物")是"一"(ἓν πάντα [εἶναι]【万物(是)一】,赫拉克利特残篇B 50 DK;参见B 41);相反,前者聚焦于世界的多元性与复杂性。不仅如此,必须指出,至少在赫拉克利特那里(德谟克利特很可能也是如此),这场竞争不仅是围绕智者学说的内容(诸如赫拉克利特的Logos)展开的,而且也涉及汲取智慧的过程或技艺,比如ἱστορίη,或是说"探究",一份赫拉克利特(伪)残篇(B 129 DK)把这个方法归于毕达哥拉斯[8]。

近年来,希罗多德研究出现一种趋势,研究者努力将这位作家放回公元前5世纪希腊的思想语境中考察[9]。但是,这种努力是非常困难的,特别是"因为希罗多德书写的这种体裁没有被明确界定,并且

---

[7] Bravo (2001),尤见第85页。这种准韦伯式的"祛魅"(disenchantment)并不妨碍史诗诗系中奇迹事物的频繁出现(参见 J. Griffin, *JHS* 97 [1977], 39–53)。

[8] 另参见他"极为讽刺"的口吻(因此可参见 Guthrie [1962-1969], 27-31) *fr*. B 35 DK: χρὴ γὰρ εὖ μάλα πολλῶν ἵστορας φιλοσόφους ἄνδρας εἶναι【爱智之人必须是多个领域的卓越探究者】。另见 Gladigow (1965), 27–31。

[9] 比如 Fowler (1996); Thomas (2000); Raaflaub (2002); Luraghi (ed.) (2001)。参见较早发表的 Hunter (1982), Corcella (1984),尤见239–266。

希罗多德的文本内容包罗万象"[10]。笔者认为，νοῦς（或 σοφίη【智慧】）和 πολυμαθίη 的竞争可能是希罗多德所属思想语境的最为关键的内核之一，如果可以接受这一认识（或假设），那么这组对立将为我们阐释希罗多德文本，以及/或者将其归属于某种确定的思想传统提供重要工具。但是，在这里另外一个困难接踵而至。我们对希罗多德的体裁和传统的评判取决于我们对他的作品及其起源的整体性看法。如果只关注希罗多德声称的口头表演这一思想语境，我们会认为，希罗多德《历史》的 ἀπόδεξις【公开展示】是各种游历的 σοφοί【智者】（智术师、哲学家、医生、地理学家、民族志学家等）竞争性展示知识传统的结果[11]。鉴于希罗多德的历史书写为人熟知的"多样性"，或者说"ποικιλία"（Dion. Hal. Pomp. 3.11 Aujac），又或是《历史》经常出现的（所谓的）插叙风格，这种认识也许是对的[12]。笔者推测，所有这些观点都认为，希罗多德可以与他的前辈赫卡泰乌斯相提并论，是 πολυμαθίη 的倡导者。

但是，如果审视《历史》的整体结构，审视一个有意义整体的宏大构成，我们会不可避免地得出如下结论：希罗多德的文本创作是基于公开表演这一假设与我们读到的文本之间存在本质性断裂[13]，这或许将激发我们从新的视角重新解读希罗多德的文本。

下文的论证无意直接讨论《历史》的整体结构这一问题[14]，而是集中考察文本作者的自我认知。概言之，作者将自己呈现为"狐狸"还是"刺猬"？

10　引自 C. Dewald and J. Marincola (in Boedeker and Peradotto [1987] 13)（相似的表述参见 Thomas [2000] 7）。参见近期发表的 Boedeker (2000)，以及 Fowler (2001), 95-98。

11　由此观之，它是如下思想方式的产物："这个竞争性的、以展示为导向的交流思想的方式，修昔底德在他的作品中极力予以反驳，宣称自己的作品不只是 *agonisma*，不是为了让当时的观众愉悦而创作的讨好作品 (1 22.4)。"Thomas (2000), 267（参见本辑第63页，译文有所不同——译者按）。参见 Lloyd (1987), 85-102; Raaflaub (2002), 163-164; Dorati (2000), 17-52。

12　但是，Bravo 的观点与此不同，参见 Bravo (2000)；对这一问题的经典阐释，参见 Cobet (1971) 各处。

13　近期发表的研究尤见 Rösler (2002); Fowler (2001)。与之相反的观点例如 Dorati (2000) 各处，尤见 177-178。较为中和的观点，参见 Thomas (2000)，尤见 257-269（参见本辑第52—65页——译者按）。

14　笔者将在以博士论文为基础的待出版书稿中另外论述（*Hérodote, Thucydide et un aspect de l'idéologie athénienne du Vème siècle* [École des Hautes Etudes en Sciences Sociales, Paris 2000]）。

*

希罗多德做了很少几次纲领性的作者声明[15]。但是,按理说,我们期待希罗多德最先宣示他的目的,并将自己展示给公众之处,会是他的序言(prologue)。值得玩味的是,上述研究的大多数在重构希罗多德的思想语境时回避对这一关键文本做出系统性阐释[16]。本文认为,这是由于两种相互交织,却鲜被明示的原因:第一,多数学者受制于序言文本形式上诸多难以解决的问题(包括首句所谓的松散句法)[17];而这又导致第二个原因,首句(所谓)句法上的混乱——因而也是思想上的混乱——导致不可能从中寻找《历史》前后一致的叙述结构。某些学者批评道,这个文本展现的逻辑链条一无是处,只能体现作者竭力将《历史》纷繁复杂的素材塞进一个被压缩了的句子的企图[18]。一些不那么激进的学者则认为,序言仅仅是模糊地介绍了《历史》文本的一些主要组织原则,抑或是文本的重要母题[19]。

必须承认,所有这些观点都难以令人信服。除非另有证据,我们必须接受如下假设:(1)希罗多德在完成整部《历史》的写作之后,为了向公众展示它的主题和原则撰写了序言;(2)他完全有能力展示自己对他的作品的性质,以及自己作为作者角色的理解。因此,我们能够期望希罗多德在序言中告诉我们(1)他的《历史》将会是一

---

[15] 我这里说的"纲领性的作者声明"指的是Fowler (1996), 69–80,尤见70–71所分析的"历史学家声音的'标记'"里的某一些。有关希罗多德的作者声音和作者插话的总体论述,进一步参见Darbo-Peschanski (1987); C. Dewald in Boedeker and Peradotto (eds) (1987), 147–170; J. Marincola in Boedeker and Peradotto (1987), 121–137; Shrimpton (1997),尤见229–265; Boedeker (2000); Thomas (2000),尤见235–248;这场争论的引发者是Fehling (1989) (1971初版)。关于对其观点的回应,尤见Fowler (1996), 81–86 (及n.126);另见Luraghi (2001); Luraghi, QS 40 (1994), 181–190。

[16] 但也有例外,参见Fowler (1996), 83–87; Thomas (2000), 221–228, 267–269。

[17] 尤见Erbse (1956); Krischer (1965); Drexler (1972), 4–11; Hommel (1981),尤见277–282。参见Pagel对W. Jaeger的引用: Pagel (1927), 5 (及n.10)。

[18] 这种观点或多或少的激进版本,尤见Hommel (1981);另参此前发表的Krischer (1965),该文得到许多学者的赞同。另参见Fehling (1989), 55–56。

[19] 不同视角的研究有Jacoby (1913), 335(序言是整部《历史》的"便利的过渡",同时介绍了这部著作的基本母题和叙事主线)。其他视角的研究可参见O. Regenbogen, Die Antike 6 (1930),尤见218–219, 227–228; Pohlenz (1937), 9–21; Immerwahr (1966), 18–19; Corcella (1984), 107–108,110; Lateiner (1989), 15–16; Fehling (1989), 55, 58–59。

部怎样的文本,以及(2)他将如何叙述它。无须赘言,这些问题涉及希罗多德的文学传统问题。此外,他伟大的后继者修昔底德的序言在很多层面上是以希罗多德为模范的[20],修昔底德认为所有上述问题都有必要得到澄清,这体现了他对希罗多德序言的理解。

二、序言的宏观句法结构

这里公开展示的是图里伊的希罗多德的探究[21](Ἡροδότου Θουρίου ἱστορίης ἀπόδεξις ἥδε),目的是使人类的所作所为(τὰ γενόμενα ἐξ ἀνθρώπων)不会因光阴流逝而悄然失色(τῷ χρόνῳ ἐξίτηλα γένηται),使一部分由希腊人、另一部分由异族人展示的(ἀποδεχθέντα)伟大而又令人惊叹的业绩不至于失去荣耀(ἀκλεᾶ γένηται),特别是[22]探究双方发生冲突的原因(τά τε ἄλλα καὶ δι' ἥν αἰτίην ἐπολέμησαν ἀλλήλοισι)[卷一,"卷首语"]。波斯人中的博学者说腓尼基人是发生冲突的原因……(Περσέων μέν νυν οἱ λόγιοι Φοίνικας αἰτίους φασὶ γενέσθαι τῆς διαφορῆς)……[1.1.1]。

乍看之下,希罗多德《历史》首句的逻辑应该回答了《历史》的主旨问题。但问题在于,这句话存在两种不同的解读方式。希罗多德首先声明他的写作旨趣是"人类的所作所为",接着具体化为"伟

20　尤见 Moles (1993),尤见 98-100,以及 Bowie (1993),尤见 146-147(笔者对他的论点并不完全赞同)。

21　参见,例如 Jacoby (1913), 205-213。

22　... *cum reliqua opera tum ea quae mutui belli causam praebuerunt* (J. C. F. Baehr 的拉丁译本, 2nd edn, Leipzig 1856),以及更早的 ... *cum alia, tum vero etiam* etc. (Lorenzo Valla [Venice 1474])。本文赞同这种解释,特别是因为柏拉图也如此理解他的希罗多德文本。在 *Tim.* 20e-21a,柏拉图仿写了《历史》的开篇,并如是解读:"πάντων δὲ (sc.ἔργων) ἕν μέγιστον κτλ.【所有业绩中最伟大的一个……】[参见 Nagy (1990), 226]。这段令人费解的文字和"伟大而又令人惊叹的业绩"之间的密切联系能够被以下事实证实:ἔργα μεγάλα τε καὶ θωυμαστά 前"消失的冠词"(参见 τὰ γενόμενα ἐξ ἀνθρώπων)在 τά τε ἄλλα καί 一句中出现。参见 Drexler (1972), 3-11。与之相反的观点参见 Jacoby (1913), 334-335 和 Erbse (1956), 217。一般性研究参见 Porciani (1997),尤见 162-164。

大而又令人惊叹的业绩"(此处缺少冠词,值得我们关注),最终聚焦于"双方发生争端的原因",这是否意味着希罗多德在逐步缩小"公开展示的探究"的范围?一个显而易见的事实是,《历史》在叙述希波战争时达到高潮,这经常促使学者们相信,首句的高潮就是著名的探究αἰτίη【原因】之问[23],尽管在此之前出现的τά τε ἄλλα καί【特别是】的解读存在诸多争议[24]。因此,学者们经常忽视 τὰ γενόμενα ἐξ ἀνθρώπων【人类的所作所为】的意涵[25],认为它对《历史》主旨的表达过于间接或含糊。如此这般无所不包的主旨其实等于没有主旨[26]。与此相反,笔者将论证,要想准确理解 γενόμενα ἐξ ἀνθρώπων 分句的真正意涵,我们需要跳出《历史》首句的范畴,从《历史》开篇这个更为宏观的文本单元加以考察。

如果细读《历史》引言性质的前5章,很难不得出这样一个印象:这段文本是一个巨大的"环状结构",由一系列精密的呼应和对照编织在一起[27]。本文正是将这个更大的文本单元(直到1.5.4)看作《历史》的序言[28]。笔者尝试将这部分简化为如下图式,它可以帮助我们更清晰地理解整段文本的结构。

A. Ἡροδότου Θουρίου ἱστορίης ἀπόδεξις ἥδε,

---

[23] 比如 Immerwahr (1966), 18。这些学者认为,希罗多德的"卷首语"与其说是对《历史》内容的界定,不如说是对作者目的的辩护"(前揭,第17页)。虽然切入的视角不同,但相似的观点还有 Drexler (1972), 5; Corcella (1984), 107; Lateiner (1989), 14; Nagy (1990), 218, 226。

[24] 译为"特别是"还是"其中"?对不同译法的选择显然开启了希罗多德研究真正的潘多拉魔盒,亦即"卷首语"中(所谓的)声明与《历史》内容之间的关系问题。总体性讨论可参见本文的"结论"部分。

[25] Drexler (1972), 5在对首句的逐词分析中只是一笔带过(比对第183页); Bakker (2001), 4也是如此。对此有所论述的少数例外参见 Drews (1973), 85, 87; Van Wees (2002), 321。进一步参见 Fehling (1989), 55。

[26] 参见 Moles (1993), 92。

[27] 关于希罗多德文本里的这一形式手法,参见 Immerwahr (1966), 54–58, Myres (1953), 81–88。

[28] 很多关于《历史》序言的研究都犯下了将"序言"(prologue)或"卷首语"(proem)局限于《历史》具有引言性质的首句的"原罪"。有时候,基于"起头句"的过度推测会得出相当古怪的解释。相反,Jacoby (1913), 283–285, 233–235 早已准确地强调,希罗多德的序言应延伸至1.5,这一观点被许多后来的学者接受(比如 P. A. Stadter, ICS 6.1 [1981], 58–59)。习惯上,第三到第一人称动词形式的转换标志着希腊文学作品"序言"的结束,总体性研究参见 M. Pohlenz, NGG (1920), 59; Fehling (1975), 66。

【这里公开展示的是图里伊的希罗多德的探究，】
  B. ὡς μήτε τὰ γενόμενα ἐξ ἀνθρώπων
  【目的是使人类的所作所为】
        B1. τῷ χρόνῳ ἐξίτηλα γένηται,
      【不会因光阴流逝而悄然失色，】
   C. μήτε ἔργα μεγάλα τε καὶ θωυμαστά, τὰ μὲν Ἕλλησι, τὰ δὲ βαρβάροισι ἀποδεχθέντα,
  【使一部分由希腊人、另一部分由异族人展示的伟大而又令人惊叹的业绩，】
      C1. ἀκλέα γένηται
     【不至于失去荣耀，】
   D. τά τε ἄλλα καὶ δι' ἣν αἰτίην ἐπολέμησαν ἀλλήλοισι (prooimion).
  【特别是探究双方发生冲突的原因。】("卷首语")
   E. Περσέων μέν νυν οἱ λόγιοι Φοίνικας αἰτίους φασὶ γενέσθαι τῆς διαφορῆς κτλ. (1.1.1)
  【波斯人中的博学者说腓尼基人是发生冲突的原因……】
    E1. Μέχρι μὲν ὦν τούτου ἁρπαγὰς μούνας εἶναι παρ' ἀλλήλων, τὸ δὲ ἀπὸ τούτου Ἕλληνας δὴ μεγάλως αἰτίους γενέσθαι κτλ. (1.4.1)
   【直到这里为止，只是相互之间劫持而已；但在此之后，希腊人要负主要责任……】
  F. ... στόλον μέγαν συναγεῖραι καὶ ἔπειτα ἐλθόντας ἐς τὴν Ἀσίην τὴν Πριάμου δύναμιν κατελεῖν. (1.4.3)
  【……纠集了一支大军，然后来到亚洲，摧毁了普里阿莫斯的王权】
     E1. οὕτω μὲν Πέρσαι λέγουσι

γενέσθαι, καὶ διὰ τὴν Ἰλίου ἅλωσιν εὑρίσκουσι σφίσι ἐοῦσαν τὴν ἀρχὴν τῆς ἔχθρης τῆς ἐς τοὺς Ἕλληνας. (1.5.1)

【这就是波斯人说的事情经过，他们认为特洛伊的陷落是他们敌视希腊人的开始。】

E. [...] ταῦτα μέν νυν Πέρσαι τε καὶ Φοίνικες λέγουσι. ἐγὼ δὲ περὶ μὲν τούτων οὐκ ἔρχομαι ἐρέων ὡς οὕτως ἢ ἄλλως κως ταῦτα ἐγένετο,

【……这就是波斯人和腓尼基人的说法，我不会说这些事情是否确有其事，抑或这些事情以另外的方式发生，】

D. τὸν δὲ οἶδα αὐτὸς πρῶτον ὑπάρξαντα ἀδίκων ἔργων ἐς τοὺς Ἕλληνας, τοῦτον σημήνας προβήσομαι ἐς τὸ πρόσω τοῦ λόγου

【但是我本人知道第一个开始对希腊人行不义之举的人，在讲述这个人之后，我将会继续推进我的故事，】

C. ὁμοίως σμικρὰ καὶ μεγάλα ἄστεα ἀνθρώπων ἐπεξιών. (1.5.3)

【以同样的方式详细讲述人间大大小小的城邦。】

C1.-B1. τὰ γὰρ τὸ πάλαι μεγάλα ἦν, τὰ παλλὰ αὐτῶν σμικρὰ γέγονε, τὰ δὲ ἐπ' ἐμεῦ ἦν μεγάλα, πρότερον ἦν σμικρά.

【因为在往昔强大的城邦，他们中的许多如今变得弱小，而在我的时代是强大的城邦，在过去是弱小的。】

B.-A. τὴν ἀνθρωπηίην ὦν ἐπιστάμενος εὐδαιμονίην

οὐδαμὰ ἐν τὠυτῷ μένουσαν, ἐπιμνήσομαι ἀμφοτέρων ὁμοίως. (1.5.4)

【因为我知道,人间的幸福绝不会在一处停留,我将会同等地叙述二者。】

值得注意的是,据笔者所知,还没有学者尝试将《历史》的这段引言看作一个结构严密的文本加以分析。当然,部分学者注意到一些语词上的呼应,证明《历史》的序言所涵盖的要比首句更多[29],因此,比如1.5.3"人间的城邦"明显是呼应首句中的"人类的所作所为"[30];"我本人知道第一个开始对希腊人行不义之举的人"可与前文"发生冲突的αἰτίη"对照(比对前文图示里的D)[31]。与此同时,在中间诸章节,其实也存在许多彼此呼应的明显例证。

文本的前后呼应除了上述例子外,还有 τὰ γενόμενα ἐξ ἀνθρώπων【人类的所作所为】和 ἔργα μεγάλα τε καὶ θωυμαστά【伟大而又令人惊叹的业绩】(起头句)被1.5.3—4的 σμικρὰ καὶ μεγάλα ἄστεα ἀνθρώπων【人间大大小小的城邦】呼应,二者都呈现或至少暗示了"时光流逝侵蚀一切伟大事物"这一母题(前文图示里的B和C)。此外,1.1.1的第一个分句("波斯人中的博学者说腓尼基人是发生冲突的原因")和1.5.1("这就是波斯人和腓尼基人的说法",等等)(前文图示里的E)也存在显而易见的关联。更为重要的是,在《历史》序言的最后一句,叙事者声明自己叙事内容的范畴(ἐπιμνήσομαι ἀμφοτέρων ὁμοίως【我将会同等地叙述二者】),并且宣示他对自己的知识很有把握(τὴν ἀνθρωπηίην ὦν ἐπιστάμενος εὐδαιμονίην κτλ.【因为我知道,人间的幸福……】),而这呼应了前文作者的自我呈现 Ἡροδότου Θουρίου ἱστορίης ἀπόδεξις ἥδε【这里公开展示的是图里伊的希罗多德的探究】,"人类的所作所为"的观念则与之紧密相连(前文图示里的A和B)。

---

[29] 参见上一个注释,也可参见 Moles (1993), 98 的简要介绍。
[30] 参见 H. Stein, comm. *ad loc.*; Jacoby (1913), 334。
[31] Immerwahr (1966), 80 对"起头句"以及1.5.3-4 文本之间的呼应做了更为细致的研究。

在后文的论证中，我将集中剖析文本形式上彼此呼应的其他例证，并阐释这些文本呼应对理解希罗多德的历史书写可能造成的影响。但在此之前，有必要指出，上述对文本结构的重构令人注意到一个重要现象。《历史》组织严密的开篇（笔者将其称为《历史》序言的"宏观句法结构"）与首句在"微观句法结构"层面上相对松散的语法形式形成鲜明对比。由此，必然得出两个结论：第一，所有这些再次提醒我们一个事实，希罗多德是在所谓的希腊散体文"伊索克拉底定律"出现很久之前写作的，遵循的是其他的明确规则；第二，对于希罗多德来说，起到关键作用的是整个"扩展的卷首语"或"序言"，而不仅仅是《历史》的第 句话或"起头句"。所以，我们正是应该在这个层面上尝试解读《历史》序言中的思想与要旨。

沿着这一宏大而又精巧的"山墙式结构"（借用迈尔斯［John L. Myres］引入的绝妙术语）的逻辑，本文将从中间部分展开阐释，亦即双方相互劫持妇女的故事（1.1.1—1.5.2）[32]。

三、波斯故事，或希罗多德的首支"嬉游曲"

对于希罗多德借"波斯人中的博学者"之口叙述的这些故事，目前学界的解读存在一些根本性误解。虽然出自某些"东方人"之口（波斯人和腓尼基人），但是这些故事经常被认为完全是对希腊神话的理性化改编。另一个有争议的观点是，这些"东方人"甚至在对这些地道的希腊神话进行戏谑式仿写[33]。此外，希罗多德没有与这些说法争辩，而是忽然岔开，转而用他的话说，引出"我自己知道的第一个人"[34]。那么，这些故事有何功用？这段具有一定篇幅的文本处于《历史》序言的中间位置，显而易见，它一定具有某种意义。问题如

---

[32] 为使本文的论证更为简洁，笔者接下来将交替使用"环状结构"和"山墙式结构"两个术语（参见 Myres [1953], 81-88; Immerwahr [1966], 71-72），但二者存在细微差别。

[33] Drew (1973)曾言："英雄时代最为荣耀的人物被塑造为衣衫褴褛的斗殴者，他们的故事更容易令人联想起《十日谈》而不是《伊利亚特》。"

[34] Pelliccia (1992)将其解读为"否定式开头"（false-start recusatio），一种精心设计的叙述上的截断，"引出的开头部分只是为了此后予以反驳，借否定强调后文"（64）（参见本辑第15—16页——译者按）。但 Thomas (2000), 245-246（及 n. 95）对此有不同认识。

何具有了意义。

在希罗多德研究的学术史中,对这段文本存在两种截然相反的解读。第一,通过讨论"史料来源问题"捍卫希罗多德的美名:如果他宣称波斯人中的博学者如是说,那么事实就是如此。虽然对"史料来源问题"的讨论不乏有洞察力的见解,但在笔者看来并没有解决这一问题[35]。与此同时,一些学者准确地指出,希罗多德叙述的波斯人是否是真实的东方人并不重要,重要的是他相信他们是[36]。这种观点某种程度上牵涉另一个由来已久的假设,即《历史》整个文本依据的是二手的希腊史料(比如赫卡泰乌斯、其他早期散体文作家,或弗吕尼库斯[Phrynichus]),而非东方史料[37]。

第二种观点将全部文本看作纯粹的伪造。如费林(Detlev Fehling)所言,在希腊神话传说和所谓"波斯故事"之间不存在"任何中间传播阶段"的痕迹。在"事实"的层面,不同的神话单元都是以我们熟知的史诗、悲剧版本的形式呈现的,这不仅排除了存在真实的东方史料来源的假设,也排除了源自二手的希腊史料的可能。总体而言,费林引导我们不得不得出这样的结论:"根据故事的叙述逻辑,希罗多德对波斯人应该或不应该知道什么深思熟虑,然后将文本设计成现在的样子。"(第54页)这样的论证思路促使费林认为,"波斯故事"极佳地证实了他的论点:希罗多德发明了他的史料来源。对此笔者并不同意(前文注释15),但在这里我无意对费林的整个论点进行反驳,而只是强调,费林和他的大多数前辈学者在此忽略了关键一点,即这段文本对于整个《历史》

---

35 在此我只举几例:K. Reinhardt, in Marg (ed.) (1962), 342-344; von Fritz (1967), 1.166-167, 208-209; Bornitz (1968), 167-169。近年来,很多研究成功地证明,通过直接或间接的途径,希罗多德熟悉波斯传统。尤见 Lewis (1985),整体讨论见 Murray (2001), 36-44。

36 参见 Fowler (1996), 84-86。

37 参见 Jacoby (1912), 2740 (Jacoby 继承了 H. Diels 的解读思路,对赫卡泰乌斯持谨慎态度);Pagel (1927), 12-13(赫卡泰乌斯)。新近的研究,至少在某种程度上可参见 Pelliccia (1992), 74-80(赫卡泰乌斯)(参见本辑第30—37页——译者按),不同的观点可参见 A. E. Raubitschek, *Tyche* 8 (1993), 143-144(弗吕尼库斯的《腓尼基妇女》)。简要的论述参见 Fowler (1996), 85 (Dionysius of Miletus?) 以及 Thomas (2000), 267-268(对"赫卡泰乌斯和其他早期散体文作家"的戏仿)。很久以前,von Fritz (1967), 2.117-121 n.1 强调赫卡泰乌斯是这段文本的可能来源(参见第343—347页)。可另见后文注55。

而言绝非典型。

让我们首先考察希罗多德的信息提供者的身份。当然，与《历史》中许多其他"外族智慧"的代表者一样，他们是"博学的"，或是说 λόγιοι (ἄνδρες)【博学的（人）】[38]。然而，他们在此构成了一个非常特殊的、不同寻常的模糊群体。最为重要的是，他们不是 ἐπιχώριοι【本地人】[39]，没有任何地方性传统或者他们知识的其他来源被提及；因此，他们提供的信息不具有任何优先性。相反，他们展示的"劫持妇女"的故事是最具偏见的；不仅如此，他们内部对于实际发生了什么也充斥着矛盾的说法。概言之，希罗多德经常使用的、典型性的"使人信以为真"（make-believe）的叙述技艺在整段文本中没有得到任何体现[40]。因此，正如希罗多德随后告诉我们的那样，这些"波斯人中的博学者"讲述的故事是特例，他们的身份被有意地与遍及《历史》的可靠的信息提供者区分开来。希罗多德对1.5.3那些故事夸饰的（和显然反讽的）不予置评进一步印证了这一认识[41]。

在这里，费林对希罗多德的批评最为重要的缺陷是忽视了作者的幽默语气。首先，劫持妇女的系列故事中有两个例子（欧罗巴和伊俄）是非常突兀的，因为她们是宙斯艳事的首要例子，是在希腊文学中经常用来营造喜剧效果的主题。"聪明的波斯人"竟然不知道是谁劫持了这两个妇女（1.1.4—1.2.1），这对当时的希腊公众来说，难道不

38　参见2.3.1, 77.1；或4.46.1。正如Luraghi (2001) 156-159令人信服地指出的（另参见"Introduction", in Luraghi [ed.][(2001), 6–7），对于希罗多德来说，λόγιος仅指"博学的""有教养的"或"聪慧的"；λόγιοι ἄνδρες 并不是长期被认为的某种特定的蛮族制度，也不代表任何类型的职业性的记忆者。不同的观点参见Jacoby (1949), 215-225, 386 n.5, 以及von Fritz (1967), 2.343-347[参见Jacoby (1913), 392-419; Nagy (1987)（参见本辑第3—13页——译者按）]。

39　关于希罗多德《历史》的ἐπιχώριοι和"地方性知识"，尤见H. Verdin, *AncSoc* 1 (1970), 尤见第183—191页，以及近期发表的Luraghi (2001)。整体性研究参见Marincola (1997), 尤见第86—95页。

40　希罗多德在此处没有使用他"丰富的语汇去讨论自己与史料来源的关系"（这一点可参见Fowler [1996], 77），他也没有试图去界定对这一神话时期知识的可能限度（比如"就我的探究所能推进到的地步而言"，等等），这似乎值得我们深思。

41　对于此处希罗多德的不可知论，叙述学角度的研究参见Dewald (1999), 228-233。但这一解释同样未注意到"波斯故事"相较于《历史》其他地方的特殊性。还可参见Vanicelli (2001), 213-214, 对比了序言与2.2-4在文本中的功能的相似性，后者也采取了"否定式开头"，只不过开头的历史叙事对象是埃及（参见前文注释34）。Thomas (2000), 268比较了医学家的"否定式开头"，颇有启发性（参见本辑第64页——译者按）。

显得滑稽吗？其他明显的信息缺漏同样引人关注，诸如那条驶向科尔基斯（Colchis）的无名战船，实际上就是举世闻名的**阿尔戈号**（Argo），又或者（或许还是更加好笑的）"他们为了其他原因来到这里"（καὶ τἆλλα τῶν εἵνεκεν ἀπίκατο）（1.2.2），其实就是为了金羊毛——这难道不是对希腊神话进行"波斯解释"（interpretatio Persica）的有趣例证吗？但是，最能体现希罗多德幽默语气的例子还在后边。在讲述完亚历山大劫持海伦的故事之后，希罗多德随即让波斯人粉墨登场，对特洛伊战争的κακά【灾祸】这个希腊文学中的常见母题予以点评（亦即：呈现的不只是波斯人的叙述）。"他们说他们自己对于从亚洲被劫持的妇女是不在乎的，但是……希腊人却因为一个拉凯戴梦女人纠集了一支大军，然后来到亚洲，摧毁了普里阿莫斯的王权。"（1.4.3）[42]如果我们联想到古代世界广为流传的斯巴达妇女守贞观念，那么Λακεδαιμονίης εἵνεκεν γυναικός【因为一个拉凯戴梦女人】这种措辞绝非没有恶意[43]。于是毫不意外，波斯人当然有权力说："劫持妇女是不义之人干的事儿……但是一旦[这些妇女]被劫持，迫不及待地进行报复是蠢人之举，而审慎之人的方式是对被劫持的妇女不以为意。因为显而易见，如果她们自己不愿意，是不会被劫走的。"（1.4.2）。

"如果她们自己不愿意被劫走"——这个想法在腓尼基人叙述的伊俄故事的版本里得到进一步说明（1.5.2）。这恰恰是希腊文学传统中海伦的诽谤者反复强调的，也是在高尔吉亚《海伦颂》——一篇可能受到希罗多德这段文本启发的作品——中被精彩驳斥的母题[44]。由此，整个文本看上去是极其诙谐的，幽默效果的实现是基于巧妙的

---

[42] 比如欧里庇得斯有类似的表述（Tro. 368-369）："他们只为了一个女人，只因为爱神，为了追回海伦，牺牲了无数生命。"（张竹明译文，译林出版社2015年版——译者按）值得注意的是，这句话出自冲突原因的另一个"蛮族解释者"——卡珊德拉。另参见 Tro. 983-997; Andr. 605-606。

[43] 比如 Hdt. 6.68.3; Eur. Andr. 590-604（尤见595-596）; Pl. Leg. 637c。整体性研究参见 Millender (1999), 尤见 356-363; 还可参见 L. Thommen, MH 56 (1999) 129-149; Cartledge (2001) 106-126。另参笔者还未读到的 S. Pomeroy, Spartan Women (Oxford, 2002)。

[44] 关于《历史》序言和《海伦颂》之间一些显而易见的相同点，参见 Pelliccia (1992), 37-41（参见本辑第000—000页——译者按），他对二者谁借鉴了谁仍持非常谨慎的态度［尤见83 n.45（参见本辑第41页注51——译者按）］。

叙述手法：透过"他者"视角来叙述我们自己的日常行为或思维方式（这里指基本的文学传统，如果称不上信念的话）[45]，这对后来的欧洲文学来说并不陌生。从这个角度出发，笔者将这段文本整体看作一支嬉游曲（*divertimento*），一个俏皮之作，被置放在《历史》文本的开头以展示作者成熟的写作技艺，同时是对读者的某种循循善诱，或许甚至可以看作是对智术师（神话式）展示性作品——或是说 *epideixis*【带论证意味的展示】的戏仿。[46] 但同时，笔者认为我们不能止步于此，这段文本位于《历史》序言的中间位置，因此也是整部文本的纲领性部分，所以我们需要剖析这段文本更为深刻和严肃的意义。

如果不考虑诙谐的"蛮族外衣"，我们必须注意，这段文本是彻头彻尾的希腊叙事。整段文本无疑具有戏仿的口吻[47]，但问题在于戏仿的对象是什么。在笔者看来，为"波斯故事"追溯（单一）的具体希腊来源（或叙述模式）令研究者误入歧途。德瓦尔德（Carolyn Dewald）指出，在此处讨论的这些故事里，"对于希罗多德的希腊受众来说，他们的神话传说像一个无言的幽灵游荡在文本叙事的舞台上"。文本的叙述逻辑本身就可证明"缺失的希腊神话编纂家和诗人们""如幽灵般在场"[48]。

接下来，如果将其他早期希腊散体文作家的序言作为背景加以对照[49]，那么这一解读并不令人惊讶。赫卡泰乌斯和修昔底德都给出了他们各自作品的开头，对他们的前辈进行暗指，目的是贬低传

---

[45] 参见 Hdt. 1.153.1（居鲁士对希腊公民大会的评论）和 7.9β 1-2（另一个波斯人玛尔多纽斯 [Mardonius] 对希腊人作战方式的评论）。值得注意的是，在希罗多德对希腊与蛮族冲突起源说法的戏仿中，他呈现这些传统的方式与通常截然相反：第一，是希腊人，而非东方人挑起了冲突；第二，因此是东方人，而非希腊人发起了控诉。

[46] 参见 Thomas (2000)，尤见 257，认为智术师在他们的 *epideixis* 中使用"神话"来支持他们的观点。希罗多德与当时"智术师运动"可能的关系，尤见 Corcella (1984), 239-243; Thomas (2000) 各处（尤见第 18—19 页重要的整体性评论）; Raaflaub (2002), 160-161。较为传统的研究路径，参见 Nestle (1940), 509-513; A. Dihle, *Philologus* 106 (1962), 207-220。

[47] Drews (1973), 89; 参见 Lateiner (1989), 38（及 n.74），40-43; Thomas (2000), 268 及 274。关于这段文本的"反讽"或"讽刺"风格，参见 Howald (1944), 34-37; 另见 Hartog (1991), vii。

[48] 分别引自 Dewald (1999), 226, 227。

[49] 参见前文注 28 所引论著，以及总体性研究 Porciani (1997)，尤见 44-77。

统[50]，以及凭借他们新的方法论标准来强调各自作品的独特价值[51]。在赫卡泰乌斯、阿尔克迈翁（Alcmaeon）、赫拉克利特，以及（某种程度上包括）修昔底德那里，他们自我展示时的竞争对象正是"希腊人"或总体的希腊传统[52]。笔者认为，希罗多德的"波斯故事"亦是如此。于是我们要追问，希罗多德戏仿的更为宽泛的希腊传统是什么？在诸多答案中，德鲁兹（R. Drews［1973］89）认为是希罗多德的前辈们对神话的"主观理性化"方法。笔者认为，希罗多德虽然将原本是神和英雄的事迹"翻译"成完全"非英雄"的凡人之举，但是"理性化"本身——亦即通过"很有可能的"解释来摒弃故事中令人惊异的成分——并不是希罗多德的兴趣所在。相反，希罗多德在叙述这些神话故事时保持沉默，不予置评[53]，不仅如此，他的这一态度给这些故事带来诙谐的效果。

在笔者看来，"波斯故事"最为突出的特征和最为滑稽的方面是双方相互（成对地）劫持妇女的荒唐的长链条这个总范式，它被用来解释希腊人和蛮族人敌对的古老缘起，并因而被看作是引发一场大战的原因。类似的范式在希腊文学传统中并不鲜见，《伊利亚特》的开篇提供了一个公认的例子。在那里，荷马没有拷问特洛伊战争本

---

[50] *FGrHist* 1 F 1 (οἱ γὰρ Ἑλλήνων λόγοι πολλοί τε καὶ γελοῖοι, ὡς ἐμοὶ φαίνονται, εἰσίν【因为希腊人的说法是纷繁而又可笑的，如同他们展示给我的那样】)~Thuc. 1.20–1。另参见 Alcmaeon of Croton, 24 [14] B 1 DK; Heraclit. 22B 1 DK。

[51] *FGrHist* 1 F 1(τὰ γράφω, ὥς μοι δοκεῖ ἀληθέα εἶναι【我写下这些说法，因为在我自己看来是真实的】)~Thuc. 1.20.3 *ad fin*–1.22.3. 笔者认为，这体现了修昔底德对希罗多德"波斯故事"的理解（修昔底德序言对希罗多德的效仿，参见前文注20）。另外，关于希罗多德借鉴了赫卡泰乌斯"Ἑλλήνων λόγοι πολλοί τε καὶ γελοῖοι【希腊人的说法纷繁而又可笑】"的戏仿做法，笔者持谨慎态度。另参见 Antiochus of Syracuse, *FGrHist* 555 F 2; Ctes. *FGrHist* 688 T 11h, F 45 (51); Fowler (1996), 69–72。

[52] 尽管修昔底德在此处（含蓄地）特别批评了荷马和希罗多德（参见 Hornblower [1996]，尤见 19–20, 123–137；但参见前几个注释中提及的修昔底德对赫卡泰乌斯的可能暗指），他的目标是质疑希腊人普遍的历史看法（参见 1.20.1, 3 *init.*）。这与他对赫拉提尼库斯（Hellanicus）的简短批评不同（1.97.2），修昔底德对其直呼其名（这一做法可能是意味深长的）。

[53] 需要注意，相关的希腊传说中最重要的"惊异"是宙斯的变形，伊俄、神秘的阿尔戈号和金羊毛（包括它之前的主人：会说话的船头撞角），我们能够说的是，早期散体文作家总是对这些情节进行理性化加工（比如参见 Acus. *FGrHist* 2 FF 26, 27, 29, 37）。另外参见 Hecat. *FGrHist* 1 F 17。关于"理性主义、理性化和唯理性"，参见 Hunter (1982), 107–115。较为晚近的研究尤见 Bertelli (2001), 84–89, 论及赫卡泰乌斯的"理性主义"（前引书第84页注49，对这一问题的学术讨论给出了更进一步的参考文献）。关于希罗多德的"去神话色彩"，参见 West (2002)。

身的起源和原因这一根本问题,但是以海伦的例子为潜在模板(某种"缺席的开头"),介绍了克律塞伊丝(Chryseis)和布里塞伊斯(Briseis)的故事。在冲突升级的每个阶段,荷马都认为劫持妇女是罪责之源。

认真阅读荷马的读者——希罗多德无疑是这样一位读者——不会忽略这样一个事实:荷马的因果链是多维度的,"追索妇女"(*cherchez la femme*)的母题只是其中一个非常表面的原因。从根本上说,荷马倾向于对降临人间的κακά【灾祸】做出更为复杂的解释。但不可否认的是,后来的一些诗人和散体文作家对荷马因果链的理解更流于表面[54]。为了论证的方便,笔者暂且将这种解释重大事件原因的方式称为"伪史诗因果律"(pseudo-epic causality)。笔者认为,通过将整段文本的主题集中于"劫持妇女"这一主题,希罗多德试图以诙谐的方式批评对这场人间大战起源的一般性解释[55]。因此,希罗多德将希腊人仅仅因为海伦而"摧毁普里阿莫斯的王权"这一观念(1.4.3)置放于《历史》序言的中间位置(前文图示里的"F"),不是出于偶然,而是为了让读者意识到个中谬误。

"波斯故事"之所以荒诞无稽,不仅是由于将劫持妇女作为历史解释的基本范式这一事实,而且还因为这一范式将没有任何实际因

---

54 对《伊利亚特》的类似解读,参见 Ath. 13.560b, 更为粗俗的解读有 *Priapea* 68.9-18(感谢 A. Wolicki 提供这些文献)。总体性研究参见 Bowie (1993), 143-146(提及修昔底德文本的开篇可能有多处回应《伊利亚特》)。

55 这类解释根植于早期希腊文学传统,在伯罗奔尼撒战争的最初几年里可能非常流行,正如另一个戏仿(Ar. *Ach.* 524-540)表明的那样(与许多学者不同,笔者赞同 Drews [1973] 90 的观点,认为阿里斯托芬完全领会到希罗多德的戏仿,他"和希罗多德一起嘲笑,而非嘲笑希罗多德")。在某种程度上,可参见 Myres (1953), 15-16, 135-136。总体性研究可参见 Asheri (1991) lxiii 及其引用的二手文献;近期发表的研究参见 Pelling, (2000), 151-155。不仅如此,在公元前430或前429(?)年,克拉提诺斯(Cratinus)在其《扮演亚历山大的狄奥尼索斯》(*Dionysalexandros*)(参见*P.Oxy* 663[=*PCG* test. i]里这部戏剧的梗概,尤见第44—48行)对伯罗奔尼撒战争原因的解释,也是通过对特洛伊战争原因的戏仿来展现的(阿斯帕西娅相当于海伦,伯里克利相当于狄奥尼索斯幻化的帕里斯;可参见同一位剧作家[公元前431年?]的戏剧《涅墨西斯》(*Nemesis*)重构的情节(*PCG* frr. 114-127):海伦/阿斯帕西娅[?]是战争的根本原因)(感谢 A. Wolicki 提示我这一文献)。近期的研究,参见 M. Revermann, *JHS* 117 (1997), 197-200(在此文注1中列出了关于这个主题的早期文献)。

果关系的几个故事糅合在一起[56]。希罗多德谨慎地强调:他显而易见只是提供一个单纯的时间纽带——"在此之后"(1.2.1 和 1.2.1 文末:μετὰ δὲ ταῦτα【在这些之后】)或"此后的下一代人"(1.3.1)——将连续几则劫持妇女的故事联系起来,这实际上给人造成了这些故事"碎片化"的印象[57]。笔者推测,这其实又是一个戏仿,而这一次批评的对象是某些所谓"史诗诗系"的诗人以及后荷马时代史诗诗人普遍采用的衍生和编辑故事的技巧和方式。笔者认为,希罗多德应该会热切赞同《帕拉丁诗选》(Palatine Anthology)中一位诗人的著名宣示(11.130.1-2=Cyclus epicus T 21 Bernabé):"我厌恶史诗诗系诗人,他们反复地说'在这之后'(αὐτὰρ ἔπειτα),这是些剽窃其他诗人篇章的偷衣贼。"("其他诗人篇章"主要指的是荷马的诗篇)毫无疑问,这种"在这之后"的叙事风格对于许多散体文地理学家和神话编纂家的作品来说同样典型。

用本文的术语来说,希罗多德对"伪史诗因果律"的批判针对的是用肤浅的范式解释重大事件(包括规模宏大的战争和庞大帝国的毁灭)的特定习惯,将一些二手故事根据非常平庸的(如果不是粗俗的)观念联系起来。当然,这种思维习惯实际上不局限于后荷马时代的诗歌,而可能是广为流行的,几乎可以确定曾出现在当时一些散体文作家的文本中[58]。它与前文提及的古风后期和古典早期诗歌、散体文的"实用主义倾向"紧密相关,不关注抽象逻辑层面的世界(参见前文第 105 页)。这种思维倾向必定在因果链领域产生深刻影响,在贝尔纳贝(Bernabé)编校的《库普里亚》(Cypria)残篇 1 中,神秘的"宙斯的计划"——在《伊利亚特》中某种程度上与人类的 κακά【灾

---

[56] 参见 Pelliccia (1992), 74-80(参见本辑第 29—37 页——译者按),但是,该文认为希罗多德主要的批评对象是赫卡泰乌斯的谱系式研究方法。

[57] 需要注意,在希罗多德自己的叙事中,为了在不同世代的人之间构建因果链条(经常是基于复仇原则),我们需要受害者-复仇者和/或作恶者之间的相同性(无论仅仅种族的或别的诸如此类的相同性)。例如,参见 Hdt. 3.48.1(另见 6.126.1,只按时间顺序架构同一家族的故事)。在此处,前后一连串的受害者和施暴者没有共同之处(种族上的、地理上的,等等),他们的相同性是强烈的偏见,以及"聪明的波斯人"事后给出的无疑是随意的解释(1.4.4 ad fin.)。另参见 Pelling (2000), 155,该文论及希罗多德序言和 Ar. Ach. 中使用"在此之后"解释战争的原因。

[58] 我们可以在此引用 Acus. FGrHist 2 F 39 (=39a Fowler),它采用了《伊利亚特》的说法(阿芙洛狄忒纯粹因为袒护而导致特洛伊的毁灭),但更多的证据非常少。

祸】，以及人类的生存境况相关——就像这样被平庸地解释成是为了解决大地的人口过剩[59]。

幸运的是，我们无须臆测希罗多德对"波斯故事"体现的因果链类型的态度。在《历史》第2卷的名篇里，希罗多德明确给出了他对特洛伊战争原因的认识（2.120.5）：海伦根本没有去特洛伊，但希腊人却不相信，"……原因在于，倘若我可以表明我的意见，神的意志是注定的（τοῦ δαιμονίου παρασκευάζοντος），通过特洛伊人的彻底毁灭，他们将此清楚地展示给世人，针对严重的不义之举，来自众神的惩罚是严厉的，这是我所认为的，也是我现在所表明的"[60]。这个严肃的声明与海伦在《历史》序言中扮演的角色根本无法调和。事实上，对于希罗多德来说，将劫持妇女看作重大历史（或神话）灾难的原因完全是荒谬的[61]。他没有对劫持海伦引起战争的说法提出质疑，但是，这却不足以解释冲突的真正原因。对于希罗多德来说（很可能对荷马就是如此），海伦的故事是一个范例，将读者引向经常超出人类理解能力之外，但却更为深刻的事实（在这两位作者那里，"神的计划"理所当然地暗示着人类处境的κακά【灾祸】）。历史的因果链固然与人类以牙还牙式的行为不同，但不可避免地带有神性色彩[62]。因此，希罗多德不是将几则缺乏深层意义的、微不足道的故事随意糅合起来，相反，他寻求的乃是统摄人类行为的整体性规律，最终将其归

---

[59] 另参见[Hes.] *Cat. Women, fr.* 204 Merkelbach-West，Bravo (2001), 93-95近期进行了解读。但是，参见K. Mayer, *AJPh* 117 (1996), 1-15，该文对将人口过剩母题作为解释人类战争原因的神话传统（某些东方传统中存在类似现象）中的Διὸς βουλή【宙斯的计划】（以及据说是《库普利亚》残篇的内容）作了引人入胜的解读（将海伦作为战争的αἴτιον：尤见9-14）。尽管存在这些潜在的神话主题和传统，但荷马将特洛伊战争看作人类处境范式的思想并未受到影响。

[60] 另参见4.205, 9.16.4-5（某位匿名波斯人所说的话也很好地适用于特洛伊人的悲剧处境，他们无法说服希腊人相信海伦不在他们手里，2.120.5 *init.*）。Hdt. 2.120.5 可能受到Aesch. *Ag.* 532-537的启发（πανώλεθρον ... δόμον【彻底的毁灭……家族】[Aesch.] ~ πανωλεθρίηι ἀπολόμενοι【彻底的毁灭】[Hdt.]；διπλᾶ δ' ἔτεισαν ... θἀμάρτια【为了罪行付出双份的惩罚】[Aesch.] ~ ὡς τῶν μεγάλων ἀδικημάτων μεγάλαι εἰσὶ καὶ τιμωρίαι【对严重的不义之举来自众神的惩罚是严厉的】[Hdt.]）。参见E. Fraenkel对*Ag.* 535-536的论述。

[61] 如果笔者所言不谬，"追索妇女"的主题被用来解释战争的深层原因在希罗多德文本里只出现过一次，但是，这种解释在叙述波斯人侵埃及的原因中被叙述者公开摒弃（3.3.1：καὶ ὅδε λόγος ἐμοὶ μὲν οὐ πιθανός【这个故事在我看来是不可信的】）。希罗多德其他令人印象深刻的"闺阁故事"都是关于贪婪、欲望和权力的，因而体现出作者对人类最深刻的认识。

[62] 总体性研究参见Harrison (2000)。另见West (2002), 38-39。

因于"神的安排"。在《历史》的劫持妇女故事中,希罗多德对他的某些前辈和同时代作家剥除世界道德-宗教性维度的取向是不屑的。

其实,希罗多德本人对如何理解这段文本给出了一个便于理解的提示:"一旦[这些妇女]被劫持,迫不及待地进行报复是蠢人之举,而审慎之人的方式是对被劫持的妇女不以为意。"作为审慎之人,波斯人对这些自然是"不以为意"的(λόγον οὐδένα ποιήσασθαι)(1.4.3)。这恰恰是希罗多德想让我们也采取的态度,作为读者的我们,对相互劫持妇女的系列故事应该不以为意。在1.5.3中,希罗多德自己也持此种态度,他突然打断叙述,宣称:"这就是波斯人和腓尼基人的说法,我不会说这些事情是否确如其是,抑或这些事情以另外的方式发生(... ὡς οὕτως ἢ ἄλλως κως ταῦτα ἐγένετο),但是我本人知道第一个开始对希腊人行不义之举的人,等等。"

希罗多德对"波斯人中的博学者"及其对手腓尼基人的说法采取了完全拒斥的态度,这通常被认为与《历史》开篇第一句对英雄化历史的摒弃(τὰ γενόμενα ἐξ ἀνθρώπων)相互印证[63]。简言之,希罗多德的拒斥态度被解读为他构建自己叙述权威的企图,他是一个拥有诸多思维方法、知晓探究过程的研究者,指出了神话空间(spatium mythicum)和历史空间(spatium historicum)的界限。但是,对于希罗多德自己来说,这两个空间之间的差异未必那么鲜明[64]。无论怎样,如果仅仅强调问题的这个方面,那么我们无疑遗漏了一个要点。在序言的"山墙式结构"中,引入克洛伊索斯(Croesus)的段落(尽管此刻没有直呼其名)与《历史》开篇提出的αἰτίη问题是彼此呼应的(前文图示中里的D)。中间部分的叙述要旨同样是关于αἰτίη问题,亦即罪责与你来我往的纠纷问题[65]。显然,希罗多德将自己的解释与之前

---

63 另见 Hdt. 3.133.2, 2.3.2–4.1 (对照 Vannicelli [2001],尤见 213-15); {2.143-4}; 6.53。

64 从 Jacoby (1913), 335 以来,这个"鲜明的界限"成为研究者们的共识。另见 Pohlenz (1937), 7; von Fritz (1967), 1.208–9; 以及晚近的研究, Darbo-Peschanski (1987), 25–38; Asheri (1991) 对 1.5.3 的评注; Corcella (1984), 109; 参见 Lateiner (1989), 63–67; Hartog(1991), iii-viii; Fowler (1996), 83; Raaflaub (2002), 159 (及 n.33)。可对比:W.M. von Leyden, *DUJ* 11 (1949–1950), 92–97; Murray (2001), 20; West (2002), 38 n.60; 尤其是 Harrison (2000), 197–207; Cobet (2002), 405–411。

65 正如 Krischer (1956), 160–162 准确地指出,即使是形式层面,*aitiê*【原因】(转下页)

的故事对比,他关注的不是这些故事的内容,也不是其认识论性质(例如是神话还是历史),而是这些故事解释重大事件原因的方式。因此,从克洛伊索斯开始,希罗多德个人的探究,或是说ἱστορίη,将是准确性的终极保障,因而有助于对最终引发希波战争(以及之后)的因果链做出独到的解释[66]。整部希罗多德《历史》呈现出一个庞大的以解释原因为主旨的叙述框架。[67] 所以,对"波斯故事"的叙述及其与οἶδα αὐτός【我知道】段落的对比想要说明的乃是:我们不应如是解释这场伟大冲突的原因。[68] 由此观之,希罗多德想要做的是用他自己的发现—— 对原因细致而又持续的探究——取代希腊人的传统思维方式。

*

根据以上论证,我们可以对希罗多德的文学传统和体裁问题得出如下几个结论。希罗多德的首支"嬉游曲"显然属于以"竞争性的、展示为导向的思想碰撞和争论"为特征的思想语境(参见注11)。序言里作者的自我呈现既是幽默的,也是严肃的。在《历史》刚开始处,希罗多德通过突出差异(per differentiam)来阐明自己的观点,将他预设的观众和文学传统中某些流行的惯性思维作为批评的靶子。这不仅让希罗多德界定了自己探究冲突原因的方法,而且暗含着对某种特定的世界观更为深刻的批评。毫无疑问,所有这些都是为了构建作者的权威,亦即他的知识的特质、限度与内容。希罗多德通过"否定性定义"(negative definition)界定自己的知识,给人以他作为作者深思熟虑和勇于创新的印象,然而序言里某些明显的、带有传统

(接上页)也是整个段落的关键词,它标志着《历史》第一句话向此后文本的过渡(δι' ἥν αἰτίην【因为原因】~Φοίνικας αἰτίους φασὶ γενέσθαι【腓尼基人说原因是】),正如《伊利亚特》1.6-8中的ἔρις【冲突】一词,或是《奥德赛》1.9-13中的νόστος【归乡】一词,二者都预示了此后诗歌的主题。

[66] 希罗多德向当时观众传递的政治信息,尤见 H. Strasburger, *Historia* 4 (1955), 1-25; Fornara (1971), 46-58, 79-91; Corcella (1984), 186-219; Raaflaub (1987) 及(2002),尤见164-183; P. A. Stadter, *ASNP* 22/3 (1992), 781-809; Moles (1996) 及(2002); Fowler (2003)。笔者曾试图在博士论文中解决这一系列问题(参见前文注14,另见*AncSoc* 27 [1996])。

[67] 众所周知的是,《历史》"起头句"宣称的对原因的解释,甚至可以延伸至5.97.3,雅典人"引发罪恶"的船只终于驶向了伊奥尼亚,对"起头句"语词的重复(αὗται δὲ αἱ νέες ἀρχὴ κακῶν ἐγένοντο Ἕλλησί τε καὶ βαρβάροισι【这些船只是希腊人和蛮族人交恶的开始】)显然经过希罗多德的深思熟虑。

[68] 参见Lateiner (1989), 38 (n.74)及41-42;近期的研究参见Pelling (2000), 155。

意味的弦外之音(见后文)却指向相反的方向。下一节里我将澄清希罗多德的知识及其文学角色(*persona*)的确切性质。

四、"人间大大小小的城邦"

学者们在讨论《历史》"起头句"所做的宣言时,经常强调它对史诗或更为具体地说是对荷马史诗的承继[69],因此他们集中阐释希罗多德保存过去伟大事迹之荣耀的构思。在这种观点看来,希罗多德是荷马和史诗传统的坚定继承者。尽管希罗多德在《历史》一开始就引入了一个宽泛的,而且是非诗歌性的观念——记载人类整体的所作所为(τὰ γενόμενα ἐξ ἀνθρώπων),但在此之后,希罗多德好像紧接着缩小了探究的范围,将自己限定到一个更加适宜于史诗的主题——ἔργα μεγάλα καὶ θωυμαστά【伟大而又令人惊叹的业绩】。作家保存 ἔργα【业绩】免于被时光湮没,赋予"伟大"以无限的荣耀,这种观念与诗歌的场域是相当接近的。但是,如果我们审视"扩展的卷首语"末尾的一个相关段落,会得出与此完全不同的认识。

首句中的两个否定性目的从句在与前文列出的"环状结构"图示中的对应成分(B 和 C)相比照之时,便会获得各自的补充维度。"时间因素"是"人类的所作所为"的大敌,将会使"伟大而又令人惊叹的业绩"被湮没,这一观念在 1.5.4 中被进一步明确:"……在讲述这个人之后[亦即希腊人的"第一个冒犯者"],我将会继续推进我的故事,以同样的方式详细讲述人间大大小小的城邦。因为在往昔强大的城邦,他们中的许多如今变得弱小,而在我的时代是强大的城邦,在过去是弱小的。"(1.5.3 末尾—4)。有学者准确地指出,这些段落是希罗多德模仿荷马史诗的另一个例证,暗指《奥德赛》开篇的诗行(*Od*.1.1—4)。因此,希罗多德文本中的叙事者是在追随奥德修斯

---

[69] 尤见 Pohlenz (1937), 3, 9; Huber (1956), 46; Nagy (1987); Corcella (1984),尤见 110; Erbse (1992), 122-132;另见 Pagel (1927), 99-101 征引的 W. Jaeger 的评论。总体性研究参见 Jacoby (1913), 502-504; Strasburger (1972)。近期研究参见 Boedeker (2002)。

的足迹[70]。这些学者的解读固然重要,但是对史诗的暗指不能变成我们研究《历史》序言的全部结论[71]。事实上,没有什么能比希罗多德这里的言辞更加与史诗的精神相去甚远。这是因为在读完"起头句"之后,我们会出乎意料地发现,此处"伟大"(因而也包括"荣耀")的观念是受限定的,其具体内涵值得商榷[72]。不仅是"伟大和令人惊叹"的业绩值得关注,弱小者亦应如是,只要后者随着时光的推移已经变得伟大。这是一个真正意义上值得注意的声明,因为就我们现在所知,它是不合潮流的,与希罗多德所处时代流行的文学(诸)传统和"思维习惯"截然对立。一方面,希腊人通常并未察觉到他们自己所处的"黑铁时代"和史诗英雄时代的时间或历史关系[73]。另一方面,正如托马斯(Rosaind Thomas [2001], 206)所说,"希腊文化传统关注的焦点,'记忆'或口头传统,是极力将家庭或城邦与荷马笔下的英雄、荷马诗歌中的世界联系起来"。这两种态度指向这样一个事实:在希腊人的普遍观念中,"伟大"是一个静止的概念,尤其是在指跨越"人类"和"神话"时间的伟大事物或业绩的时候。所以,贵族试图将自己的族源追溯至神或英雄,或者某个繁盛城邦的公民因"美妙的古老诗歌"没有提到他们过去的伟大(或英勇的名祖英雄)而失落,这都不是单纯的政治宣传或夸大之谈。[74]不言而喻的是,当下伟大的必然向来伟大。这是"谱系思维"众所周知的特征,在这种思维里,易变的传统受到变化的现实权力关系的压力而不断地做出改变和调适[75]。与之相反,希罗多德的"伟大"将那些对于他的当代读者来说与伟大毫不相关的事物纳入其中,所以《历史》作者的"探究"必然会成为我们唯一的知识来源,只有在这里才能发现因为时光流逝

---

[70] 参见 Huber (1965), 46; Strasburger (1972), 40–41。总体性的论述,进一步参见 Marincola (1997), 63–86。

[71] 对比 Nagy (1990), 235–237。另参见 Thomas (2000) 218 的重要评论。

[72] 相似的观点,参见 Corcella (1984),尤见 109–110。

[73] 总体性论述参见 Murray (2001), 22; Cobet (2002), 388–389; 另见 Thomas (2001), 199; Fowler (2001), 113。

[74] 因此,一方面有 [Hes.] *Cat. Women* 中(假定的)"雅典编订者"的惊人之举,另一方面有雅典的斐莱库德斯(Pherecydes of Athens)的总体态度(*FGrHist* 3 *passim*.)。另见 Hecat. *FGrHist* 1 F 300。

[75] 总体性论述参见 R. Fowler, *PCPS* 44 (1998), 3–5, 16–18,尤见 19(关于希罗多德对谱系的运用的有用短评)。从不同视角的研究,参见 Bertelli (2001),尤见 74–76。

而变得弱小的曾经的"伟大"[76]。

据此,《历史》序言的逻辑结构在结尾处才最终得以清晰地展现。与首句的逻辑是在不断缩小范围(从"人类的所作所为"到"伟大而又令人惊叹的业绩",再到冲突的 αἰτίη【原因】)不同,希罗多德这里的思维是向相反方向发展的:从"我知道的第一个人"到"以同样的方式详细讲述人间大大小小的城邦",再到其他,亦即从个别性拓展到普遍性。我们还应注意的是最后一句话的独特结构:"我将会继续推进我的故事,<u>以同样的方式</u>(ὁμοίως)详细讲述人间大大小小的城邦……我将会<u>同等地</u>(ὁμοίως)叙述二者。"这句话的结构是在强调 ὁμοίως【同样的,同等的】一词,正如沙德瓦尔特(Wolfgang Schadewaldt [1962], 187—189)准确指出的那样,它鲜明地体现了希罗多德宣示的客观主义和他的人文主义观念。只有认识到这些,我们才能理解"起头句"与之呼应的表述 τὰ γενόμενα ἐξ ἀνθρώπων 的完整内涵。希罗多德宣示,他的首要任务是记载所有类型的人类的所作所为[77]。

整个"山墙式结构"真正的高潮是在结尾处。如果我们沿着文本结构的逻辑,首句的第一个分句在整个序言的结尾处迎来它的对应成分(前文图示里的 A 和 B):"因为我知道,人间的幸福绝不会在一处停留,我将会同等地叙述二者。"(τὴν ἀνθρωπηίην ὦν ἐπιστάμενος εὐδαιμονίην οὐδαμὰ ἐν τὠυτῷ μένουσαν, ἐπιμνήσομαι ἀμφοτέρων ὁμοίως, 1.5.4)如此可以清晰地看到,"人类的所作所为"与不稳定的"人间的 εὐδαιμονίη【幸福】"彼此呼应,这两种概念是相互补充的,同时引入了"人事循环"的观念[78]。不仅如此,最开始的 ἱστορίης ἀπόδεξις ἥδε【这里公开的展示】这一"标签化"表达与结尾处作者自我指涉的 ἐπιστάμενος【我相信】—ἐπιμνήσομαι【我要叙述】这一

---

[76] 正如 W. Rösler, *Philologus* 135 (1991), 215-220 指出的,在提到作者的时代"是强大的城邦"(τὰ δὲ ἐπ᾽ ἐμεῦ ἦν μεγάλα)时使用了过去未完成时,这体现了作者自我历史化(*Selbsthistorisierung des Autors*)的尝试(现可参见 Rösler [2002],尤见 91-93);参见 Corcella (1984), 192-194。另见 Fowler (2001), 113-114,他指出早期历史学家意识到过去和现代的时间隔阂,因而需要在二者之间架起桥梁。

[77] 另见 Van Wees (2002), 321。

[78] 参见希罗多德的著名段落: Hdt. 1.207.2; 1.32.1,以及 Soph. *Aj.* 646-647, 669-677。参见 Schadewaldt (1962), 188;总体性研究参见 de Romilly (1975)。

对表述呼应[79]。也许有简化之嫌,但我们可以说希罗多德的"展示"被呈现为通过他的"探究"获得的独特知识(ἐπιστήμη)的结果。这种独特知识的真正内容无疑是人类命运的变幻莫测[80],这一点业已隐含于人类的伟大业绩有可能被遗忘侵蚀的观念之中("起头句")。

福勒(Robert Fowler)在他的论文《希罗多德及其同时代作家》中引用了两段与希罗多德相关而且体现σοφίη【智慧】观念的文本,强调"智者"应该追求智慧,不吝向其他人展示或证明他的智慧[81]。笔者认为,虽然这两段文本([Thgn.]769—772和Pl. *Protag.* 320b)不能完全与希罗多德相类比,但仍然表明勾勒当时的思想背景是颇有成效的路径,而我们——从本文先前的论证看——大可将希罗多德看作一位σοφός【智者】[82]。然而,问题是希罗多德是哪类σοφός。为了回答这个问题,文本形式上的分析会再次有所助益。戴希格雷贝尔(Karl Deichgräber)在一篇讨论"前苏格拉底散体文哲学文本中的颂诗因素"的论文中对阿那克萨戈拉(Anaxagoras,比希罗多德年长的同时代人)残篇59 B 12 DK做出了非常有趣的分析。戴希格雷贝尔辨认出阿那克萨戈拉的散体文与语调庄严的宗教诗歌具有几个共同特征,即他所谓的"整体观念"(*Allbegriff*: 在这里表现为多种形式的πᾶν【整体】)的反复出现,以及将这一"整体观念"划分为诸多传统性的对比(antitheses)(例如καὶ μείζω καὶ ἐλάσσω【大的和小的】)[83]。我们还可以再补充一个例子,即特别庄重的和总括性的时间表达,诸如ἔστι καὶ ἦν(存在的和曾经存在的),或καὶ ὁποῖα ἦν καὶ ὅσα νῦν ἔστι καὶ ὁποῖα ἔσται(那些曾经存在、那些现在存在和那些将会存在

---

[79] 关于这一对表述,还可参见1.51.4,叙述者拒绝展示自己(同样也是经"探究"获得)的知识。但是,B. Bravo提醒我,这段文字可能是后世窜入的。可另参见5.22 (... [τυγχάνω] ἐπιστάμενος ... ἀποδείξω κτλ.)和1.32.l(后文注111)。

[80] 这一观念对希罗多德历史叙事所蕴含的意义,值得专门进行研究(参见前文注释14),已有的研究参见Corcella (1984),尤见109-149, 186-219; R. Oswald, *GB* 21 (1995), 47-59; Harrison (2000),尤见31-63。

[81] Fowler (1996), 86-87. Fowler通过信件告诉我,[Hp.] *de Arte* 1 (=Littre 6.2.1-2)也应加入其中。参见Thomas (2000) 262-263, 249-269。

[82] 另见Thomas (2000), 153-161, 283-285及该书各处。总体性研究参见Lloyd (1987),尤见83-102。

[83] K. Deichgräber, *Philologus* 88 (1933),尤见250-253。

的事物)。有趣的是,希罗多德《历史》序言的最后一句使用了相同的形式上的手法:ὁμοίως一词重复出现(这里体现了 *Allbegriff*【整体观念】),对比式表述([ἄστεα] σμικρὰ καὶ μεγάλα【大大小小的 [城邦]】),或是时间性对比再三出现(τὰ γὰρ τὸ πάλαι μεγάλα ἦν, τὰ πολλὰ αὐτῶν σμικρὰ γέγονε, τὰ δὲ ἐπ' ἐμεῦ ἦν μεγάλα, πρότερον ἦν σμικρά【因为在往昔强大的城邦,他们中的许多如今变得弱小,而在我的时代是强大的城邦,在过去是弱小的】)。

可见,这两位作家都借用了某些"颂诗"或宗教诗歌形式上的手法,来形成这一σεμνότης,或说风格上的"庄严",这对智慧文学(wisdom literature)来说特别恰当。举例来说,我们同样能在现存的大量赫拉克利特残篇中发现这一风格。诚然,对于阿那克萨戈拉来说,这些形式上的手法被用来把握无限的、纯粹的和自足的"努斯"的本质及其无可匹敌的力量,正是"努斯"的力量规范着宇宙万物的轮回。但是,这些形式上的手法在希罗多德那里却被用来叩问人事多变和不定这一观念。相较于"学说"层面上的差异,二者形式上的共同点更为重要,指向一个共同的潜在传统。这两位作家通过吸收宗教语言的诸多特征,都采取了半宗教性的立场;他们都试图为宇宙万物归纳出一幅唯一的普遍图景,强调世界和/或人事在本质上是一个整体[84]。有鉴于此,二者都可以划入赫拉克利特的惯用语:ἓν πάντα (εἶναι)【万物(是)一】(残篇 B 50 DK)[85]。

所以,《历史》一开始宣示要记录"人类的所作所为",这绝不是一个包罗万象却没有意义的套话,用来轻易地涵盖《历史》的"普罗透斯外形"(Protean shape)。《历史》精心陈述的主旨由此可以被理

---

[84] 关于希罗多德与阿那克萨戈拉可能的关系,可简要参见 Nestle (1940), 507。总体性研究参见 R. Seaford, "Aeschylus and the unity of opposites", *JHS* 123 (2003),尤见 156-162。

[85] 可进一步参见 Heraclit. *fr*. B 41 DK。关于希罗多德笔下"*physis*【自然】"的统一性"问题,参见 Corcella (1984),尤见 74-84;参见前引书第 154—156 页论希罗多德的总体视野与赫拉克利特的ἁρμονίη ἀφανής【潜在和谐】(*fr*. B 54 DK)的关联。关于希罗多德文本"起头句"与赫拉克利特文本"起头句"的关系,参见 L. Koenen, *ZPE* 97 (1993), 95-96。

解,因为它源自对多变人事表象之下的统一性的觉察[86]。这种觉察是希罗多德获得智者声名最重要的资格,因而出现在《历史》的第一句话中[87]。由此观之,他对希腊和波斯冲突的原因(因此还有冲突的性质)的ίστορίη,只是更为宏大的目标,亦即探究人类的整体境况的一部分。

从这个角度看,笔者尝试做出如下结论。希罗多德的计划很可能与修昔底德非常相近:他摒弃了典型的神话式战争,转而介绍自己关于(相对)晚近历史的权威意见,他或已表明,"人类的真相"[88],因而还有智慧文学(可以是诗歌、哲学、医学、历史,等等)的"典范"价值,必须基于坚实的、可以通过多种手段予以"探究"的历史时间才能获得,在他所叙述的晚近的伟大战争及之前的相关战争中皆是如此。如果是这样,那么修昔底德在他的序言中所做的只是强化了希罗多德发现的标准——这不仅体现在修昔底德的探究方法上,也体现在其历史书写的时间跨度上。

五、结论

在本文的结尾,笔者将诉诸希罗多德热衷的"环状结构"原则,回到前苏格拉底哲学家和伯林笔下的托尔斯泰。

---

[86] 当代读者或许会错愕于希罗多德这一洞见表面上的乏味,所以往往低估了它的重要性,认为是希罗多德叙述惯常使用的"装饰",而忽略其深层的哲学(或宗教)含义(相关精辟评论参见Harrison [2000], 8-11)。事实上,人事多变的观点既不是平庸无奇的,也不是简单的。一方面,其他自诩智者的希腊作家(尤其是诗人)的类似观点不胜枚举,因此毫无疑问,他们对于目标观众来说的确是智慧的。另一方面,这个观念涵盖了一系列政治的、心理的、生理的,甚至是宇宙论的原则,希罗多德从他"探究"过程中收集并予以分析的"人事"中浓缩和提炼出这一观念。

[87] 此处笔者或许可以补充说,希罗多德的序言(通过滑稽的戏仿劫持妇女的故事,引出作者最为重要的叙述原则)表明他是一个和气而又具人情的思想者,这有别于他的绝大多数严厉的(甚至是以厌世而出名的,参见下文注98)智者同行。关于早期希腊思想中的"自我中心主义"与"教条主义",参见Lloyd (1987),尤见50–171。

[88] Hdt. 1.5.4 (τὴν ἀνθρωπηίην ὦν ἐπιστάμενος εὐδαιμονίην κτλ.【因为我知道,人间的幸福……】) ~ Thuc. 1.22.4 (... καὶ τῶν μελλόντων ποτὲ αὖθις κατὰ τὸ ἀνθρώπινον τοιούτων καὶ παραπλησίων ἔσεσθαι κτλ.【……由于人总是人,过去的事件在将来某个时候会再次发生,或者发生类似的事件……】[何元国译文,中国社会科学出版社2017年。——译者按])。需要注意,修昔底德的类似表述位于其序言的相同位置(有力的结尾位置),这再次强烈表明,修昔底德是在模仿希罗多德的序言。参见上文注20,另见第137页(以及注114)。

从根本上来说，希罗多德《历史》序言的"一元论"视野，与他对"波斯故事"及其背后思维习惯的驳斥，以及公元前6世纪至前5世纪希腊人世界观（*Weltanschauung*）中的"事实化"倾向是密切相关的。从这个角度看，出人意料的是，希罗多德似乎是伯林的分类中一只完美的"刺猬"，并且是一只十分清楚自己特质的"刺猬"。然而，毋庸赘言的是，这种整体论、一元论的外观在《历史》当中常常会很容易地消失不见。我们必须承认，希罗多德经常集中于只是值得叙述的事物，集中于"毫无深层寓意，但却是有趣的、能勾起人好奇心的事情或对象"[89]。"惊异"，或是说θωυμαστόν，这个概念对希罗多德是如此重要，被很多评论者准确地指出是希罗多德思想的一个根本性特征[90]。由于这个原因，连同其他原因，希罗多德总是被看作伯林分类中"狐狸"的范例。

对于《历史》内部的这一冲突，我们当然可以将其解释为理论与实践的矛盾，抑或是通过文本的"演变史"（*Entwicklungsgeschichte*）予以说明。如果沿着这样的思路来解释文本内部的断裂，我们将会得出类似文学批评领域对托尔斯泰的典型结论："对我们来说幸运的是，这位作者与其说是一位思想家，不如说是一位艺术家。"[91] 笔者倾向于另外一种解释，事实上也更应如此，因为——笔者希望在前文已经阐释清楚——希罗多德能够以非常连贯的逻辑表达他的想法。为了解释自相矛盾的张力，接下来我们有必要最后一次检视希罗多德的思想成就所处的更为广阔的背景。

本文开头曾强调，在前苏格拉底哲学家中存在两种截然对立的思维方式之间的竞争。这场——简言之，σοφίη【智慧】与πολυμαθίη【博学】之间的激烈竞争，一直持续到柏拉图思想的形成年代，但根据亚里士多德讨论πολυμάθεια一词的用法，在那之后不久便结束

---

[89] 引自 Bravo (2001), 85，前文第104—105页进行了概述。
[90] 参见 Drexler (1972), 28-57; Hartog (1991)，尤见243-249。另参见 H. Immerwahr, *AJP* 61 (1960), 261-290; H. Barth, *Klio* 50 (1968), 93-110; Ch. Hunzinger, *Ktéma* 20 (1995), 47-70; Thomas (2000)，尤见134-167（将希罗多德的"惊异"置放于同时代的思想语境中）。对希罗多德笔下"惊异"的重新评价，参见 Munson (2001)，尤见第4章。
[91] 伯林引自苏联评论家 Nikolai Akhsharumov，参见 Berlin (1966), 7。

了[92]。在柏拉图和色诺芬笔下，苏格拉底是φιλοσοφία【哲学】的坚定支持者，反对形形色色的πολυμαθίη的代表。苏格拉底和希庇亚斯之间的一段对话(Xen. *Mem.* 4.4.6)生动地体现了这一点：

"苏格拉底，你还是在讲我老早之前就听过的那老一套吗？"苏格拉底回答道："是的，希皮阿斯，我讲的不仅是老一套，比这更奇怪的是，我还是讲的同一个题目哩(οὐ μόνον ἀεὶ τὰ αὐτὰ λέγω, ἀλλὰ καὶ περὶ τῶν αὐτῶν)！但也许由于你是见多识广的人，你是不会对同一题目作同样讲述的(σὺ δ᾽ ἴσως διὰ τὸ πολυμαθὴς εἶναι περὶ τῶν αὐτῶν οὐδέποτε τὰ αὐτὰ λέγεις)。""的确，"希皮阿斯回答，"我总是企图讲点新鲜的东西"(πειρῶμαι καινόν τι λέγειν ἀεί)。(吴永泉译文，商务印书馆1984年版——译者按)

在这个例子中，希庇亚斯是一个博学的范例[93]，他多样的兴趣、广博的知识以及猎奇的旨趣与苏格拉底"一元论"的思想和方法是对立的。在柏拉图的《小亚西比得篇》(*Alcibiades II*, 147a)中，πολυμαθία和πολυτεχνία或是说"多才多艺"，被有意识地与ἐπιστήμη或说真正的知识，区别开来。伪作柏拉图《情人篇》(*Lovers*, 133c, 137b, 139a)中多次论及φιλοσοφία和πολυμαθία的关系问题。最后，柏拉图的晚期作品《法律篇》(*Laws*)批评了诗人对年轻人心智的影响。对任何类型诗人的了解都会导致πολυμαθία(811a—b)和πολυπειρία或说"丰富的经历"，如果被导向一个坏的目的(819a)，那么将比无知更加危险。因此，马格尼西亚人的城邦需要精心组织其教育系统[94]。

---

92 在亚里士多德这位"超级博学者"(arch-polymath)(参见例如 Ath. 9.398e)的著作里，这个单词只出现过一次(*fr.* 62 Rose³，见上文注5)，含义是中性意义的"渊博"，已经没有了早期的贬义色彩(参见前文，注2至注6)。这是后来希腊文学中πολυμαθίη(或πολυμάθεια)一词最流行的含义。
93 另参见*fr.* 86 B 6 DK。参见《苏达辞书》(s.v. Ἱππίας)刻画希庇亚斯特点时著名的αὐτάρκεια【自主】观念。
94 总体上讲，柏拉图在这几处所用的语言与《斐德若篇》(275a—b)的著名篇章非常相似。

我们掌握的证据可以表明，作为贬义词的πολυμαθία可以归因于熟知不同类型的诗歌[95]或智术师学说的结果，以及不良教育的影响，抑或是丰富的个人阅历[96]。笔者认为，我们可以部分解释这个围绕πολυμαθία的异常热烈的讨论。前文以及本文开篇征引的赫拉克利特和德谟克利特残篇似乎表明，在公元前6世纪至前5世纪希腊风云激荡的思想世界里，新型的智慧开始兴起，与前辈思想世界的背景展开了竞争。这时，一些希腊人开始意识到不同类型的智慧和知识之间的深刻差异。自赫拉克利特以降，逐渐萌生的（前柏拉图意义上的）哲学一方面强调自己相对于诗歌智慧传统的独特价值[97]，另一方面通过对比智术师时代新出现的"表演导向的"竞争性文化，捍卫自己的独特地位。这两个与哲学对立的阵营都可以用πολυμαθία的标签予以标记[98]。相反，πολυμαθία的支持者则对这一名号感到自豪[99]，像希庇亚斯所做的那样，炫耀他们在知识和学说方面卓越的多样性。

有一个非传统的、"表演导向的"πολυμαθία的特殊例子对我们理解希罗多德很有启发。在柏拉图记载的希庇亚斯和苏格拉底的另外一场争论中［*Hp. Mai.* 285d-e（=*FGrHist* 6 T 3）］，希庇亚斯说拉凯戴梦人"喜爱聆听和赞赏（ἐπαινοῦσιν）"他"关于英雄和凡人的谱系"和"古代建城传说"的篇章。概言之，"他们热衷于聆听古代的一切"（πάσης τῆς ἀρχαιολογίας）。因此，即使是古板的拉凯戴梦人对

---

95 在 Ar. *Vesp.* 1175–1176，πολυμαθία尤其是酒会上最出色的（文学）技巧。
96 为了描绘这一点，柏拉图引用了玛尔基特斯（*Margites*）：与真正的哲学家不同，这位πολυμαθία的支持者"所知甚多，但知道得却很糟糕"（*Alcib. II* 147b）。
97 P. Friedländer, *Hermes* 48 (1913), 558–616已经论及这一传统。参见Raaflaub (2002), 180–181。
98 参见Heraclit. 22 B 40 DK，随机地抨击赫西俄德、塞诺芬尼、毕达哥拉斯和赫卡泰乌斯。当然，鉴于众所周知的古代论战的水准，攻击一个主要观点与自己差距不大的思想家并非难事。著名的厌世者赫拉克利特即是一个典型例子（参见*frr*. B 35, 40, 129 DK），对于他来说，物理与伦理隔得并不远。顺便提及，很容易将赫拉克利特的"一元论"世界观及其对πολυμαθία的批评与*fr*. B 29（αἱρεῦνται γὰρ ἓν ἀντὶ ἁπάντων οἱ ἄριστοι κτλ.【最卓越的人选择一样而非万有……】）和*fr*. B 104 DK（τίς γὰρ αὐτῶν νόος ἢ φρήν κτλ.【他们有什么智慧或洞见……】）联系起来，这两份残篇提及"受欢迎的游吟诗人"和"作为教师的暴民"（参见Lloyd [1987] 86），另参见Pl. *Rep.* 479a。
99 关于πολυμαθία的褒义，参见上文注2、4、5中的证据。可以肯定的是，πολυμαθία在当时具有赞美之意，因为如果不是这样，就很难解释亚里士多德之后公认的褒义是如何产生的（注92），这一含义与柏拉图、色诺芬的（否定性）含义是根本冲突的。我们可以姑且认为，πολυμαθία的褒义是这个词最早的含义，产生于哲学家的"一元论"主张之前。可另见Gladigow (1965), 22 n.4。

这些以各种古代历史事件为题材的公开表演也是非常感兴趣的。

此外，一则极可能是伪作的德谟克利特残篇[100]，即B 299DK（= FGrHist 263 F 1）亦能管窥当时大众感兴趣的另一个特殊领域。亚历山大里亚的克莱芒（Clement）的《杂记》（Stromata）第一卷（69.4）征引了德谟克利特一部佚作序言里的一个段落（参见 τάδε λέγει Δημόκριτος【德谟克利特说道】），并补充说这段文字证明了德谟克利特为自己的 πολυμαθία 而感到骄傲："我比同时代的其他任何人都游历了地球上更大的部分（γῆν πλείστην ἐπλανησάμην），做了最广泛的探究（ἱστορέων τὰ μήκιστα），见识了更多的地区和土地（ἀέρας τε καὶ γέας πλείστας εἶδον），聆听过更多的博学者（λογίων ἀνθρώπων πλείστων ἐσήκουσα），等等。"引人注目的是，这恰恰是希罗多德可能对自己作品所做的宣示。

克莱芒将他所引用的"德谟克利特"的态度定义为 πολυμαθία 绝非偶然。这则残篇虽然被普遍认为是年代较晚的伪作，但是被征引的整个声明却是人种志、地理志文学根深蒂固的常见内容。正如赫卡泰乌斯（FGrHist 1 T 12a），他既被称作"游历四方之人"（ἀνὴρ πολυπλανής）[101]，也可以被赫拉克利特归入 πολυμαθία 的支持者（22 B 40 DK=FGrHist 1 T 12a）。福提乌斯（Photius）在对狄奥多鲁斯（Diodorus）一段佚文的改述中提到（Photius, Bibl. cod. 70, 35 a 22），狄奥多鲁斯声称"为了 πολυμαθία 艰辛求索三十年，游历了许多地区。笔者认为，我们可以说狄奥多鲁斯在这一点上紧紧追随游记体裁的早期传统主题（topoi）。

总而言之，在公元前5世纪的希腊，ἀρχαιολογία【古代历史】（包括神话编纂、谱系等）和 περιήγησις【地理志】都是"希罗多德的同时代作家"热衷从事的思想活动，都被广泛认为是 πολυμαθία[102] 的典范，

---

[100] 尤见 H. Diels（"unechte Fragmente", 299 DK）和 F. Jacoby（FGrHist 263 F 1）对此处的评论。Guthrie（1962-1969）2.387（及 n.1）倾向于承认这份残篇的真实性，但没有说明他这么做的具体原因。Jøgen Mejer 与笔者简短讨论了这份残篇的真实性问题，谨此致谢。

[101] 笔者不赞同 S. West, JHS 111 (1991)，尤见 152（及 n. 46）对赫卡泰乌斯游历的怀疑态度（对立的观点见 Jacoby [1912], 2688-2690）；这一点姑且不论，声称赫卡泰乌斯广泛游历的希腊传统起源于公元前5世纪，这一假定对于笔者此处的论证已经足够。

[102] 关于这些体裁的"博学维度"可在 Dion. Hal. Thuc. 5.1-3 Aujac. 对它们的总体评价中找到确证。总体性研究参见 Fowler (1996), 62-69。

而这可与其他思想家、作家的 σοφία 或 φιλοσοφία 形成竞争。

*

伯林关于托尔斯泰的著作是启发笔者撰写这篇论文的 ἀφορμαί【楔子】，他指出，用"狐狸"和"刺猬"这组向来奏效的分类来定义这位作家是多么困难。他解释道，"托尔斯泰本质上是一只狐狸，但相信自己是一只刺猬"（3—4）。对于这个特殊的矛盾，伯林如是描述：托尔斯泰"从多元性的角度看待现实，认为它是各个实体的集合，对此他以前所未有的清晰度和洞察力加以考察"，但是，"他真正相信的却与此背道而驰。他倡导单一的包罗万象的视野"（39—40），并且"追求一个普遍性的解释原则"（37）。最终，伯林试图将托尔斯泰这个特例置放于"古老纷争"的语境中阐释，这一"古老纷争"源自两种"相互竞争的知识类型——一种是按部就班的探究带来的，而另一种更晦涩的知识存在于'对现实的感知'和'智慧'"（77）。

笔者认为，伯林对托尔斯泰的界定有助于理解希罗多德。这两位思想家有各个时代的"机警的狐狸"都具备的一个重要特征，那就是都反感追求形而上的一般性原则[103]，不相信无法验证的理论，"敌视没有证据或不加检验的理论化概括，诉诸惊异的事物进行解释，以及不基于审慎观察的说法"。事实上，这句引自拉特内尔（Donald Lateiner [1986], 3)的话论述的是希罗多德及其同时代的医学家（尤其是写作《古代医学》《论人性》和《论养生（一）》的那些作家 [pp. 4-6]）针对活跃于公元前6世纪伊奥尼亚、公元前5世纪雅典的教师、哲学家们提出的某些理论的"共同的认识论上的回应"[104]。无论是医学家还是希罗多德，都极度依赖"古老的、不那么专门化的科学意识：通过经验获得的知识"[105]，这正是希罗多德如此深切地关注认识

---

[103] 关于希罗多德缺乏形而上考察的兴趣，总体性研究参见 Nestle (1940), 505，以及近期发表的 Raaflaub (2002), 156 n. 505。需要强调的是，希罗多德拒斥对神的考察，但不意味着否认神干预人类事物的可能性，或否认神是历史事件的原因（参见 Harrison [2000] 各处）。不难理解，正是相信这两点让希罗多德避免对此着墨过多。

[104] 此处可比较希罗多德是如何彻底地放弃了对世界形状的"对称式"描绘（参见众所周知的 4.36.1-2；注意，Hdt. 2.33.2-34.1 与他自己的观点明显矛盾，近期有学者证明这段文本是后世篡改的，参见 Bravo [2000], 57-59, 112）。

[105] Lateiner (1986), 2.相反的态度（基于先验的、演绎的、体系化的和图示化的推断的知识）是前苏格拉底哲学的特征，参见 Müller (1981)，尤见 299-302。但是，关于希罗多德自称的"经验主义"，参见 Thomas (2000), 171-173, Corcella (1984), 63-102。

论问题和获取知识的可靠方法的原因[106]。

但是，这只是希罗多德思想的一个方面。通过经验获取 ἐπιστήμη【知识】的观念把希罗多德引向与他的同时代医学作家截然相反的方向。后者主张"从特殊入手"，而希罗多德做的却是相反的事情。由此，希罗多德成为《古代医学》(20.1—3)的作者批评理论化倾向的"医生和哲学家"(ἰητροὶ καὶ σοφισταί)——他们鼓吹"不知道人是什么的人(ὅσιτς μὴ οἶδεν ὅ τί ἐστιν ἄνθρωπος)不可能懂得医术"[107]——的"合理靶子"。正如前文所述，希罗多德在《历史》开篇宣称自己是一个σοφός【智者】，能够鸟瞰所有范畴的"人事"，知道"人间的εὐδαιμονίη【幸福】"的真正本质。[108]因此，正如他的同时代某些作家、前苏格拉底哲学家中的某些前辈一样，希罗多德旨在探求唯一性的、里程碑式的解释，或ἕν μέγα【太一】，虽然他使用的是不同的方法。不仅如此，"这里公开展示的是我的探究"的豪迈语气让我相信，希罗多德把他的知识——基于可靠而全面的研究，而不是先验的推测——展示为远远优于他的对手。

"作为σοφός的希罗多德"这一文学角色存在自身内部的分裂，我们可将其与希罗多德笔下的梭伦相比较。梭伦是《历史》中唯一一个无可置疑的智者[109]，他的思想总是代表正确。事实上，梭伦扮演的角色是希罗多德的另一个自我(alter ego)，他是一位广泛游历的σοφός，遍览四方(1.29.1—30.2)的目的是"为了去看"(或说"访

---

[106] 参见 Müller (1981); Lateiner (1986); (1989), 57-108; Thomas (2000), 168-212; Raaflaub (2002), 尤见 158-159。

[107] 关于医学作家对"一元论思想者"的其他批评(尤见[Hippoc.] VM I. I (=Littré 1.570.1-6), Nat. Hom. l.2(=CMG 1.1.3.164.9-14))，参见 Thomas (2000), 155-156。但也参见 Lloyd (1987), 118-120 (及 n.43)。关于希罗多德与同时代医学著作的关系，参见 Thomas (2000)各处。

[108] 笔者不同意 Lateiner(尤见 Lateiner [1986], 14-18)的观点之处只在于，他认为希罗多德之所以不时地背离经验主义原则，是因为他无法始终如一地贯彻这些原则(关于古希腊科学中未能贯彻自己理论原则的例子，包括那些由竞争对手转述的例子，参见 G. E. R. Lloyd 的一系列作品，例如 G. E. R. Lloyd [1987]各处)。本文认为，希罗多德思想中存在更深层次的内部张力或断裂(参见后文)。

[109] "智慧的建议者"的劝告往往不算成功，这说明了人类算计的局限，但梭伦摆脱了这个令人懊恼的范式(参见 Pelling [1991]各处)。同样值得注意的是，与《历史》中其他"智慧的建议者"不同，梭伦智慧的展示从来不是只围绕一个具体的例子或问题，而是关于总体性的"人类本性"。

问":θεωρίης εἵνεκεν),最终是"为了智慧"(σοφίης εἵνεκεν)[110]。梭伦的ἐπιστήμη【知识】正是伯林意义上的"对现实的感知"和"智慧";他显然是知道 ἓν μέγα 的,而他有关人事多变的教诲成为希罗多德文本的关键主题[111]。与其他游历的σοφισταί【智术师】不同[112],梭伦的游历并没让他变成"博学者",而是变成一只超级"刺猬",是希罗多德自身成就的隐含典范。

为了阐释希罗多德这个极为特殊的例子,让我们最后一次征引伯林爵士对托尔斯泰的评论。希罗多德作品的"情感成因"同样是"身为狐狸,却坚定地以刺猬的方式,对生活做出一元化解释的热切渴望"[113]。正如伯林笔下托尔斯泰的例子,希罗多德思想内部的冲突,甚至是断裂,必须置放于他的年代里存在的"刺猬"和"狐狸"——亦即σοφοί【智者】和πολυμαθεῖς【博学者】——之间被清晰表述的争论这个背景中加以审视。为了同时超越两个阵营的同时代作家,希罗多德的抱负或许是,将前者主张的"一元论"应用于传统上与后者"多元论"主张相关的主题之上,这(至少部分)导致了我们面对的悖论。在此之后,成功解决这一紧张关系的当属修昔底德,一个真正的"刺猬"。尽管如此,最后需要强调的是,第一,希罗多德是修昔

---

[110] 尤见克洛伊索斯对梭伦说的话:παρ' ἡμέας γὰρ περὶ σέο λόγος ἀπῖκται πολλὸς καὶ σοφίης εἵνεκεν τῆς σῆς καὶ πλάνης, ὡς φιλοσοφέων γῆν πολλὴν θεωρίης εἵνεκεν ἐπελήλυθας【因为你的智慧和游历,关于你的许多故事甚至已经传到我们这里,(这些故事说)你为了追求智慧和观览广阔的地域而来】(1.30.2),以及叙述者对阿那卡尔西司(Anacharsis)的评论(4.76.2;参见 4.76.6)。参见 Drexler (1972), 25–27; J. Redfield, *CPh* 80 (1985),尤见98–99 及各处;可另参见 Cobet (1971), 182–183 以及 Corella (1984), 154–156 对梭伦的"智慧"的重要评论。

[111] 尤见 1.86.5-7 以及 1.32.1 和 4 *ad fin.*,在这些文本中可以发现对 1.54 有趣的语词呼应(ἐπιστάμενόν με τὸ θεῖον πᾶν ἐὸν φθονερόν τε καὶ ταραχῶδες ἐπειρωτᾷς ἀνθρωπηίων πρηγμάτων πέρι【你问的是关于人事,而我知道神总是嫉妒的和引起纷争的】…πᾶν ἐστι ἄνθρωπος συμφορή【所有的人都是难以预料的】;参见 3.40.2 [智者阿玛西斯]以及 7.18.2-3 [Artabanus];另参见前文注78,79)。

[112] 关于"其他智术师(亦即智者)"去往萨第斯游历,参见 Hdt. 1.29.1。毫无疑问没有人可以与梭伦及其智慧比肩。关于希罗多德笔下的萨第斯在某种程度上是伯利克里雅典的前身,参见 Moles (1996),尤见 267–269; Raaflaub (1987), 236 n.40; T. F. Scanlon, *Historia* 43 (1994), 145–156, 159–166。

[113] 参见 Munson (2001) 结尾的评论("[希罗多德]对碎片化的、多样化的世界是非常习惯的",272),以及她的论述:"相对主义的人类学家与绝对主义的历史学家的结合,前者很少做出解释,评判极为审慎,而后者从道德维度解释历史事件。"(18) 一个不同的视角,见 Cobet (2002), 412。

底德的铺路人,他证明人类本性里的种种规律可以通过浩繁的历史例证(诸如伟大的战争,参见前文第 129 页)加以说明;第二,修昔底德的成功是相对的,他的后继者显然未能把握他对"智慧"和历史独一无二的综合[114]。但这是另一个故事了。

参考文献

Asheri, D. (1991) *Erodoto. Le Storie* 1, ed. D. Asheri and V. Antelami (3rd edn, Milan).

Bakker, E. J. (2002) "The making of history: Herodotus' *historiēs apodexis*", in Bakker et al. (eds) (2002), 3–32.

—, de Jong, I. J. F. and Van Wees, H. (eds) (2002) *Brill's Companion to Herodotus* (Leiden, Boston and Cologne).

Berlin, I. (1966) *The Hedgehog and the Fox. An Essay on Tolstoy's View of History* (2nd edn, New York).

Bertelli, L. (2001) "Hecataeus: from genealogy to historiography", in Luraghi (ed.) (2001), 67–94.

Boedeker, D. (2000) "Herodotus's genre(s)", in M. Depew and D. Obbink (eds), *Matrices of Genre. Authors, Canons, and Society* (Cambridge, MA and London), 97–114.

—and Peradotto, J. (eds) (1987) *Herodotus and the Invention of History* (*Arethusa* 20.1–2).

Bornitz, H.-F. (1968) *Herodot-Studien. Beiträge zur Verständnis der Einheit des Geschichtswerks* (Berlin).

Bowie, A. M. (1993) "Homer, Herodotus and the 'beginnings' of Thucydides' History", in H. D. Jocelyn and H. Hurt (eds), *Tria Lustra. Essays and Notes Presented to John Pinsent ...* (Liverpool), 141–147.

Bravo, B. (2000) "Pseudo-Herodotus and Pseudo-Thucydides on Scythia, Thrace and the regions 'beyond'", *ASNP* 5.1/4, 21–112.

—(2001) "Un frammento della *Piccola Iliade* (*P. Oxy.* 2510), lo stile narrativo tardo-arcaico, i racconti su Achille immortale", *QUCC* 67, 49–114.

Cartledge, P. (2001) *Spartan Reflexions* (London).

Cobet, J. (1971) *Herodots Exkurse und die Frage der Einheit seines Werkes*

---

[114] 参见众所周知的 Arist. *Poet.* 1451 b 11,笔者认为(参见前文注 14),这体现了读者对色诺芬以后的希腊历史书写的典型反应。

(*Historia* Einzelschrift 17, Wiesbaden).

—(2002) "The organization of time in the *Histories*", in Bakker et al. (eds) (2002), 387–412.

Corcella, A. (1984) *Erodoto e l'analogia* (Palermo).

Darbo-Peschanski, C. (1987) *Le discours du particulier. Essai sur l'enquête hérodotéenne* (Paris).

Dewald, C. (1999) "The figured stage: focalizing the initial narratives of Herodotus and Thucydides", in T. M. Falkner, N. Felson, D. Konstan (eds), *Contextualizing Classics. Essays in Honor of John J Peradotto* (Lanham), 221–252.

Dorati, M. (2000) *Le Storie di Erodoto: Etnografia e racconto* (Pisa and Rome).

Drews, R. (1973) *The Greek Accounts of Eastern History* (Washington, DC and Cambridge, MA).

Drexler, H. (1972) *Herodot-Studien* (Hildesheim and New York).

Erbse, H. (1956) "Der erste Satz im Werke Herodots", in *Festschrift Bruno Snell* ... (Munich), 209–222.

—(1992) *Studien zum Versändnis Herodots* (Berlin and New York).

Fehling, D. (1975) "Zur Funktion und Fonnengeschichte des Proömiums in der älteren griechischen Prosa", in *ΔΩΠΗΜΑ. Hans Diller zum 70. Geburtstag* ... (Athens), 61–75.

—(1989) *Herodotus and His "Sources". Citation, Invention and Narrative Art* (trans. J. G. Howie) (Leeds).

Fornara, C. W. (1971) *Herodotus. An Interpretative Essay* (Oxford).

Fowler, R. L. (1996) "Herodotos and his contemporaries", *JHS* 116, 62–87.

—(2001) "Early *Historiē* and literacy", in Luraghi (ed.) (2001), 95–115.

—(2003) "Herodotos and Athens", in P. Derow and R. Parker (eds), *Herodotus and His World. Essays from a Conference in Memory of George Forrest* (Oxford), 305–318.

Fritz, K. von (1967) *Die griechische Geschichtsschreibung 1.1-2: Von den Anfängen bis Thukydides* (Berlin).

Gladigow, B. (1965) *Sophia und Kosmos. Untersuchungen zur Früihgeschichte von σοφός und σοφίη* (Hildesheim).

Guthrie, W. K. C. (1962–1969) *A History of Greek Philosophy* (6 vols, Cambridge).

Harrison, T. (2000) *Divinity and History. The Religion of Herodotus* (Oxford).

Hartog, F. (1991) *Le miroir d'Hérodote. Essai sur la représentation de l'autre* (2nd edn, Paris).

Hommel, H. (1981) "Herodots Einleitungssatz: ein Schlussel zur Analyse des Gesamtwerks?", in Kurz et al. (eds) (1981), 271–287.

Hornblower, S. (1996) *A Commentary on Thucydides* 2: *Books IV–V24* (Oxford).
Howald, E. (1944) *Vom Geist antiker Geschichtsschreibung* (Munich and Berlin).
Huber, L. (1965) "Herodots Homerverständnis", in H. Flashar and K. Gaiser (eds), *Synusia. Festgabe für Wolfgang Schadewaldt* (Pfullingen), 29–52.
Hunter, V. (1982) *Past and Process in Herodotus and Thucydides* (Princeton).
Immerwahr, H. R. (1966) *Form and Thought in Herodotus* (Cleveland, OH).
Jacoby, F. (1912) "Hekataios", *RE* 7.2666–2769.
—(1913) "Herodotos", *RE Suppl.* 2. 205–520.
—(1949) *Atthis. The Local Chronicles of Ancient Athens* (Oxford).
Krischer, T. (1965) "Herodots Prooimion", *Hermes* 93, 159–167.
Kurz, G., Müller, D. and Nicolai, W. (eds) (1981) *Gnomosyne ... Festschrift für Walter Marg zum 70. Geburtstag* (Munich).
Lateiner, D. (1986) "The empirical element in the methods of early Greek medical writers and Herodotus: a shared epistemological response", *Antichthon* 20, 1–20.
—(1989) *The Historical Method of Herodotus* (Toronto).
Lewis, D. M. (1985) "Persians in Herodotus", in *The Greek Historians: Literature and History. Papers Presented to A. E. Raubitschek* (Saratoga, CA), 101–117.
Lloyd, G. E. R. (1987) *The Revolutions of Wisdom. Studies in Claims and Practice of Ancient Greek Science* (Berkeley).
Luraghi, N. (2001), "Local knowledge in Herodotus' *Histories*", in Luraghi (ed.) (2001), 138–160.
—(ed.) (2001) *The Historian's Craft in the Age of Herodotus* (Oxford).
Marg, W. (ed.) (1962) *Herodot. Eine Auswahl aus der neueren Forschung* (Darmstadt).
Marincola, J. (1997) *Authority and Tradition in Ancient Historiography* (Cambridge).
Millender, E. (1999) "Athenian ideology and the empowered Spartan woman", in S. Hodkinson and A. Powell (eds), *Sparta. New Perspectives* (London), 355–391.
Moles, J. L. (1993) "Truth and untruth in Herodotus and Thucydides", in C. Gill and T. P. Wiseman (eds), *Lies and Fiction in the Ancient World* (Exeter), 88–121.
—(1996) "Herodotus warns the Athenians", in F. Cairns and M. Heath (eds), *Roman Poetry and Prose, Greek Poetry, Etymology, Historiography* (Leeds), 259–284.
—(2002) "Herodotus and Athens", in Bakker *et al.* (eds) (2002), 33–52.
Muller, D. (1981) "Herodot — Vater des Empirismus? Mensch und Erkenntnis im Denken Herodots", in Kurz *et al.* (eds) (1981), 299–318.
Munson, R. V. (2001) *Telling Wonders. Ethnographic and Political Discourse in the Work of Herodotus* (Ann Arbor).

Murray, O. (2001) "Herodotus and oral history", in Luraghi (ed.) (2001), 16–44.

Myres, J. L. (1953) *Herodotus. Father of History* (Oxford).

Nagy, G. (1987) "Herodotus the *logios*", in Boedeker and Peradotto (eds) (1987), 175–184.

—(1990) *Pindar's Homer. The Lyric Possession of an Epic Past* (Baltimore and London).

Nestle, W. (1940) *Vom Mythos zum Logos* (Stuttgart).

Pagel, K.-A. (1927) *Die Bedeutung des aitiologischen Momentes für Herodots Geschichtsschreibung* (Borna and Leipzig).

Pelliccia, H. (1992) "Sappho 16, Gorgias' *Helen*, and the preface to Herodotus' *Histories*", *YCS* 29, 63–84.

Pelling, C. B. R. (1991) "Thucydides' Archidamus and Herodotus' Artabanus", in M. A. Flower and M. Toher (eds), *Georgica. Greek Studies in Honour of George Cawkwell* (London), 120–142.

—(2000) *Literary Texts and the Greek Historian* (London and New York).

Pohlenz, M. (1937) *Herodot. Der erste Geschichtschreiber des Abendlandes* (Leipzig and Berlin).

Porciani, L. (1997) *La forma proemiale. Storiografia e pubblico nel mondo antico* (Pisa).

Raaflaub, K. A. (1987) "Herodotus, political thought, and the meaning of history", in Boedeker and Peradotto (eds) (1987), 221–248.

—(2002) "Philosophy, science, politics: Herodotus and the intellectual trends of his time", in Bakker *et al.* (eds) (2002), 149–186.

Rösler, W. (2002) "The Histories and Writing", in Bakker *et al.* (eds) (2002), 79–94.

Romilly, J. de (1975) "Cycles et cercles chez les auteurs grecs de l' époque Classique", in J. Bingen, G. Cambier and G. Nachtergael (eds), *Le monde grec ... Hommages à Claire Préaux* (Brussels), 140–152.

Schadewaldt, W. (1962) "Das Religiös-humane als Grundlage der geschichtlichen Obiektivität bei Herodot", in Marg (ed.) (1962), 185–201.

Shrimpton, G. S. (1997) *History and Memory in Ancient Greece* (Montreal and Kingston).

Snell, B. (1924) *Die Ausdrücke für den Begriff des Wissens in der vorplatonischen Philosophie* (σοφία, γνώμη, σύνεσις, ἱστορία, μάθημα, ἐπιστήμη) (Berlin).

Strasburger, H. (1972) *Homer und die Geschichtsschreibung* (Heidelberg).

Thomas, R. (2000) *Herodotus in Context. Ethnography, Science and the Art of Persuasion* (Cambridge).

—(2001) "Herodotus' *Histories* and the floating gap", in Luraghi (ed.) (2001), 198–210.

Vannicelli, P. (2001) "Herodotus' Egypt and the foundation of universal history", in Luraghi (ed.) (2001) 211-240.
Van Wees, H. (2002) "Herodotus and the past", in Bakker *et al.* (eds) (2002), 321-349.
West, S. R. (2002) *Demythologisation in Herodotus* (Xenia Toruniensia 6, Toruń).

(译者单位：西南大学历史文化学院及希腊研究中心)

哲学新探

Ancient Philosophy: New Approaches

Mixture and Mean in Plato's Second Constitution: a Problematization[*]

André Laks

A major political work

Plato's *Laws* (*Nomoi*), his last and longest work, may also be considered as his most important political dialogue. Ranking the *Laws* over the *Republic* or, for that matter, the *Statesman*, may sound strange. Is not the *Republic* — whose title (*Politeia*) would be more correctly, if still not perfectly, rendered by the *Constitution* — as foundational for political thought, with its theory of justice, as it is for ontology and epistemology? Certainly, in a sense. Not only is the *Republic* foundational in all three respects, but the *Laws* itself declares its subordination by proclaiming that the constitution it advocates is "second" to a "first" , "best" , paradigmatic city that owes a great deal, albeit not everything, to the *Republic* (*Laws* 5.739a7). And yet, there are strong reasons to grant to the *Laws* a first place — all of them linked,

---

[*] I am drawing in this paper on some sections (Introduction and Chapters 5 and 6) of my forthcoming book *Beyond the* Republic. *An Essay on his* Laws. Many thanks to Princeton University Press, where it will come out in 2022, for letting me use this material on the present occasion. Unless otherwise indicated, translations from the Greek are mine.

paradoxically at first blush, to its subsidiary status. These reasons have to do, on the one hand, with the specificity of the project, and on the other hand, with the history of its reception.

Looking backwards, the *Laws* appears to be the first political work of its kind. To be sure, it builds on an already rich and complex tradition of mythical and historical lawgivers and legislations (Lycurgus, Solon), relevant poetic and dramatic creations (Homer, Hesiod, Pindar, Aeschylus's *Eumenides*, the *Prometheus bound*), historical and philosophical reflection of various kinds and scopes: Herodotus, Thucydides, Protagoras (possibly the author of a *Peri politeias/On Constitution*), Xenophon's *Education of Cyrus*, as well as, possibly, the anti-democratic pamphlet *The Constitution of the Athenians* and utopian projects such as those of Phaleas and Hippodamus of Miletus which Aristotle criticizes alongside Plato's *Republic* and *Laws* in the second book of his *Politics* — all works that Plato has or may have had in mind in the *Laws* and which he sometimes clearly presupposes or alludes to (explicitly in the case of Hesiod and Pindar). But as far as we can judge, the *Laws*' combination of a systematic investigation into the foundations of legislation with the concrete elaboration of detailed laws is without precedent — the *Republic* is no exception here, rather a privileged member of the series.

But the preeminence of the *Laws* can also and above all be measured by its posterity. The influence that the work has exercised over the centuries and in a sense down to the present day not only on political theory but also on constitutional practices is enormous, and much more profound from a political point of view than that of the *Republic*, which, for all its philosophical depth and literary brilliance, played more often the role of a utopian foil than of a conceptual resource for shaping political life. To be sure, much of the *Laws*' influence has been channeled through other, more directly influential works: Aristotle *Politics* in the first place, which, for all the criticisms it addresses to the

Laws in Book 2.6 (after having dealt with the *Republic*), owes much to it (especially, but not exclusively, in Books 7 and 8); Polybius, who, reading Rome's fate in the light of Plato's *Laws*, thought that it is the mixed character of the Roman constitution that ultimately explains Rome's rise and eventual domination of the ancient world, of which he was a privileged witness; Cicero, who took the pair *Republic/Laws* as a model for his diptych *De re publica/De legibus*; and, perhaps less appreciated, the Church fathers, who had a soft spot not only for the deeply theological agenda of the work but also for its homiletic quality. But it is in the *Laws* themselves that we find, for the first time, four basic concepts and principles systematically articulated in a cluster that proved to be of lasting political value: that all unaccountable power corrupts the one who detains it, that law should rule, that laws require a preamble, and that the best constitution human beings can achieve is the one that has come to be called a "mixed constitution". This does not mean that there were no antecedents for some at least of these items — this is notably the case for the "rule of law", which had been the byword of the democratic regime. But the philosophical elaboration of these principles and their embeddedness in a global, powerful anthropology is unique, and this is what gave the work its specific momentum. No less important is the fact that Plato considers in the *Laws* that in order to promote the virtue (*aretê*), which also means the happiness of the human citizens of his second city (this is the motif of Books 1 and 2), the lawgiver must "look at" or "consider" (*blepein pros*) four targets, three of which are officially listed in Book 3 (the lawgiver must make the city "free and wise and friendly within itself", 693b3–5, taken up with slight variation in the conclusion of the book at 701d7–9), and a fourth one that comes to the fore in a celebrated passage of Book 6 (the book properly devoted to Plato's second constitution) namely "equality". The objective of the essay mentioned above (p. 145, note) is to explore the meaning, the force, and the implications of the conceptual model that is at work behind a dialogue that has for a long time neglected by specialists of ancient philosophy (as opposed to historians, for whom the *Laws* is a rich source of information) but which has recently attracted increasing scholarly attention from these quarters[1].

From "mixed" to "middle" constitution

In what follows, I want to shed some light — and at the same time problematize — the notion of a "mixed constitution", which traditionally serves to characterize Plato's political project in the *Laws*. The phrase, which is not found in Plato's work in this precise form, is easily read off a sentence in Aristotle's *Politics* 2.1265b33–35, on which the traditional denomination arguably relies. Aristotle, in a context which shows beyond doubt that he is alluding to Plato's *Laws*, talks there about "some people" (*enioi*) who say that "the best constitution must be mixed out of all the constitutions" (*dei tên aristên politeian ex hapasôn einai tôn politeiôn memeigmenên*)[2]. As a matter of fact, there is no harm adopting the phrase to refer to Plato's *Laws* when appropriate, since it conveniently captures what surely is an important aspect of Plato's analytical scheme. This is undoubtedly the case for Book 3, where Plato reflects on what a good constitution should look like by drawing lessons from past history[3]. In a way that Polybius would later adapt for his own project, Plato argues that the reason why the Spartans lent support to Athens in its defense of Greece's freedom against Xerxes invasion during the Persian wars is that they were themselves free, to the extent that their constitution did not allow that a single individual

---

[1] For a representative sample in English, see Bobonich (ed.) (2010). Morrow (1993) remains indispensable. The best commentary of the *Laws* is in German (Schöpsdau [1994], [2003] and [2011]). Books and articles have been numerous in the last ten years.
[2] Cf. *hoi pleious meignuntes*, "those who mix many [sc. constitutions]", 2.6 1266a4.
[3] See in this sense Schöpsdau, vol.1, p. 432f.

exercises an absolute, undivided power. Lycurgus, the legendary lawgiver whose human nature was itself "mixed" (*memeigmenê*, 3.691e2) since he had something divine about him, is supposed to have devised a constitutional scheme according to which kingship, which was from the start split due to the fortunate birth of twins within the royal family (691d8–e1), became "mixed with" (*summeiktos*, 692a7, cf. *meignusi*, 691e3) two other powers — a council of 28 elderly members (a gerontocratic power which Aristotle considered as the representative of oligarchy at *Politics* 2.1266a38 but which may also be taken as an aristocracy of wisdom) and five representatives of the common people (the "ephors"[4]). As a result, kingship was preserved from turning despotic and acquired "measure" (*metron*) (692a7–8). But whereas the notion of a "mixed constitution" fits well Plato's views on Sparta's constitution, it lacks precision if we apply it without further ado to the official constitution of the second city as described in Book 6 of the *Laws*. It is true that this constitution displays a series of features that are in some sense similar to a mixed constitution in the Spartan sense of the term, although its specific political bodies — Assembly, Council, judicial courts and different boards of officeholders — owe much more to Athens than to Sparta[5]. But the language that Plato uses in the crucial passage where he points to the highest formal principle of his own constitution, at 6.756e9–10, is not that of mixture, but of a certain

---

[4] The ephors, five in number, were chosen yearly by acclamation (cf. Plutarch, *Lycurgus* 26), a procedure that is qualified as "childish" by Aristotle, *Politics* 2.9 1270b28. Plato's presentation of the Spartan constitution matches what Herodotus 1.65 says about it.

[5] The all-important Watch (often known as the 'Nocturnal Council') represents an exception. This Platonic creation is the closest equivalent to a body of philosophers-kings in a constitution that does not allow that human beings rule. For a description of the general structure of Plato's constitution, see Schöpsdau's chart, vol.2, p. 353. For a detailed reconstruction and commentary, see Morrow 1993 in his chapters 5 ("Government" , pp. 157–240), 6 ("The Administration of Justice" , pp. 241–296) and 9 ("The Nocturnal Council" , pp. 500–514). The Assembly and Council are treated by Morrow in the first section of his chapter 5, pp. 157–178; see also Schöpsdau, vol.2, pp. 383–394. A useful description of the offices in Magnesia is provided by Reid (2020b).

"middle point" or "mean" (*to meson*):

> A selection (*hairesis*) occurring in this way would hold the middle (*meson ekhoi*) between a monarchic and a democratic constitution, which the constitution should always maintain.

In this sentence, which takes up a recommendation voiced, among others, by the chorus in Aeschylus' *Eumenides*[6], the term "middle" / *meson* applies in the first place to a specific aspect of Plato's constitution, namely the procedure by which the selection/*hairesis* of the members of the Council by the Assembly is conducted[7]; but it also applies, as the last clause of the sentence just quoted indicates, to the constitution taken as a whole — not only this or that selection, but the overall structure and functioning of the different political bodies. The two levels need to be considered separately.

It is often assumed, tacitly more than explicitly, that the "middle" (or "mean") aimed at in the formulation of the principle is equivalent to a "mixture" — this is the consequence of using too mechanically the entrenched formula "mixed constitution". Given Plato's views on and practice of terminological flexibility, of which there are important examples in the *Laws* as well as in the rest of his work, such an

---

[6] "Do not praise/either a life without rule/or a life under despotism:/in everything god has given pre/eminence to the mean (*meson*), /though he governs different spheres in /different ways" (Aeschylus, *Eumenides*, 526–531, trans. Sommerstein slightly modified). For the traditional character of the appeal to a political "middle", see Morrow (1993), p. 521f.

[7] The scope of the phrase "a selection occurring in this way ..." is not entirely clear. Three selections have been described so far (1) the 37 Guardians of the laws (*nomophulakes*) (752b3–755b2), (2) different military officers (755b3–756b6), among whom the most important are the 3 Generals (*stratêgoi*), (3) the 360 members of the Council (756b7–e4). At first blush, the selection of the members of the Council, being the one which receives the greatest attention, seems to be the better candidate for illustrating a general principle than the other two. But Plato could be willing to draw special attention to the relationship that each of the three selections considered entertains with the other, or to the triad as such, given that all the officials that they deal with are of utmost importance.

equivalence between "middle" and "mixture" cannot be excluded[8]. But there are also good reasons to think that the two terms convey two different, although in some way related notions. Whereas "mixture" primarily applies to a mix in which the constituents stay, paratactically so to speak, next to one another — which is the case not only of Sparta's constitution as described in Book 3 but also of some features of the constitutional laws set up in Book 6 — the notion of a "middle" /*meson* suggests something stronger, like a blend in which the constituents lose their distinctive identity to the benefit of a third, synthetic item[9].

The thought, which has arguably something to do with Aristotle's construal of virtue as a mean between two extremes (see especially *Nicomachean Ethics* 2.5–6), is illuminated by a crucial passage in the *Statesman*, 283c3–285c2, which divides the "art of measurement" (*metrêtikê*) into two "very different" kinds (284e9–10). The first one measures items that are relative to one another (*pros allêla*) and allows for a more and a less and so can be excessive or deficient, as for example "long" and "short" (283a11); it concerns, put generally, "number [i.e. quantities], lengths, depths, breadths and speeds of things in relation to what is opposed to them" (284e4–5). The second one deals with

---

[8] I develop the point of Plato's terminological flexibility at various points of my forthcoming book. It concerns in particular the notions of "temperance", "freedom" and "willingness".

[9] Note that in *Politics* 4.9 1294a35–b13, Aristotle, talking about democracy and oligarchy, distinguishes three ways of mixing constitutions: (a) combining laws that belong to each of the two regimes (*amphotera*, 94a36), (b) taking a middle way (*to meson*, 94b2) between their respective political arrangement, and (c) combining features representative of the principle of the regimes in question. Senses (b) and (c) go beyond the model of physical mixture, in which components keep their own identity (*De generation et corruptione* 1.10 328a6–17 and chapter 2.7). They are closer to the third type of mixture identified by the Stoics: not juxtaposition (to which they restrict the word *mixis*), nor fusion accompanied with destruction of the qualities of the components (*sugkusis*), but a blending (*krasis*) in which "certain substances and their qualities are mutually co-extended through and through, with their qualities being preserved in such a mixture" (Alexander of Aphrodisias, *De mixtione*, 3, 6.14–7.1 Groisard=*SVF* 2.473; trans. Long-Sedley, vol.1, p. 290). Groisard 2016 includes a detailed history of the notion of (physical) mixture in Antiquity but does not discuss political mixtures.

due measure (*to metrion*), what is fitting (*to prepon*), the right moment (*ton kairon*), what ought to be (*to deon*) — everything that removes itself from the extremes (*panta hoposa* [...] *apôikisthê tôn eskhatôn*) to the middle (*eis to meson*). (284e6–8) (trans. Rowe modified).

Political measure and, by way of consequence legislation, evidently fall under the second category[10].

The way in which the constitutional middle point is implemented in Plato's second constitution, however, is not obvious, first because there is no systematic treatment of the matter, and secondly because the borders between "mixture" and "middle-point" are suggested rather than clearly drawn. Whether this fuzziness is contingent or not is a question that would require separate examination. But an all-things-considered characterization of the constitution presented in Book 6 of the *Laws* suggests thinking about it in terms of a mix (*sit venia verbo*) between a "mixed" and a "middle" constitution[11].

The question of freedom: the case of ancient Athens and ancient Persia

The determination of the political middle, and its relationship to mixture, is indissociable from the question of freedom, which, according

---

[10] For the application of the notion of "middle" or "mean" to politics, legislation, and the doctrine of virtue, Krämer's chapter "Mass und Mitte in der spätere Dialogen" in his 1959 book (pp. 146–243; pp. 159–162 on the *Statesman* specifically) is fundamental (cf. also Lisi [1985], pp. 106–150). The doctrine is the positive counterpart of Plato's rejection of Protagoras' sentence "man is the measure of all things." As a matter of fact, the *Laws* as a whole can be considered as Plato's greatest anti-Protagorean treatise.

[11] The difference between "mixture" and "middle" has been noted before, see in particular Von Fritz (1954), pp. 78–80 and Morrow (1993), p. 521. Pradeau (2004) is right to insist on the primacy of "measure" over mixture (pp. 111–119), but to speak of "an alleged mixed constitution in the *Laws*" is somewhat of an exaggeration.

to Book 3 of the *Laws*, is one of the three targets that the lawgiver must aim at, next to "wisdom" (*nous* or *phronêsis*) and "(civic) friendship" (*philia*) (3.693b3–5, taken up in the conclusion of the argument at 701d7–9).

In the *Laws*, the distinction between a "mix" and a "middle" is prepared, if not fully actualized, after the passage devoted to Sparta's engagement for Greece's freedom, in the section of Book 3 that discusses the balance between (democratic) freedom and (monarchical) servitude that according to Plato characterized the political regimes of ancient Persia under Cyrus and of ancient Athens under its old constitution (693d2–e3 and the following discussion). Plato does not talk at this juncture of "mixture", but of constitutions "having a share" (*metalabein*, 3.693d8) in the two "mother-constitutions", namely monarchy and democracy. To be sure, to say that a constitution "has a share" in another constitution is compatible with saying that it is a "mixed constitution" (a mixture of different items, as a whole, may be said to have a share in all the items that are part of it); nevertheless, the notion of "sharing" is more appropriate when the leading thought is not the division of political power over different political bodies, as in Sparta, but the way in which citizens (in ancient Athens) and subjects (in ancient Persia) relate to political power and political power to them — this is again the question of their freedom, but treated from another angle than in the case of Sparta. Ancient Persia and ancient Athens provide two remarkable, symmetrical instances of constitutions that give a suitable share to freedom without endangering authority.

Here is, first, the main passage concerning ancient Persia:

> The Persians, at a time when, under Cyrus, they still better maintained a due measure (*to metrion*) between slavery and freedom, first

became free and then masters (*despotai*) of many others[12]. For, because the rulers gave a share of freedom to the ruled and guided them toward equality, the soldiers were more friends [694b] with their generals and were handling themselves over with eagerness in the dangers. On the other hand, if someone among them was wise and capable of deliberating, he would share publicly his capacity for wisdom to make it common, since the king was not envious but allowed freedom of speech (*parrhêsia*) and honored those capable of giving counsel; as a consequence, everything improved for them at that time because of freedom and friendship and the sharing of reason (*nou koinônia*) (3.694a3–b6).

Freedom appears here under two aspects, one that concerns the relationship between the rulers, especially in their military capacity, with the ruled, here represented by the soldiers, the second one that concerns the relationship between the king and his advisers. As far as the military is concerned, we are not told how freedom materializes — no more than we know exactly what is implied by the formula "orientation towards equality" (nor, for that matter, do we learn anything about the freedom of the many, the *dêmos*). We can see, however, by contrast with the description of how the regime later declined, that this freedom essentially amounted, negatively, to an absence of oppression and exploitation, and, positively, in receiving a treatment respectful of their interests (primarily of economic nature, one might think):

We say that the cause [sc. of Persia's decadence] is that by excessively depriving the people (*dêmos*) of freedom, and by introducing more despotism than is appropriate, they destroyed the friendship and what is common (*to koinon*) in the city. Once this is corrupted, the plans

---

[12] This is a remarkable anticipation of Polybius' main thesis, according to which an appropriate, mixed constitution leads to external domination.

(*boulê*) of the rulers are no longer made for the sake of the ruled and the people, but rather for the sake of their own rule [...]. (3.697c7−d3)

The second aspect ("on the other hand" at 694b2) is slightly more precise. Freedom takes the form of a certain "freedom of speech" (*parrhêsia*), which is a distinctive feature of the (Athenian) democratic regime transposed and adapted to Persia's situation, where it becomes a bearer of commendable measure rather than a marker of potential excess, given that the freedom in question is conditioned and hence limited by the capacity of giving good advice. The implication is that it is restricted to a small group of "counselors" , rather than being the business of the many.

As for ancient Athens, there are no specific indications about the way freedom, which is simply presupposed, is implemented. The emphasis falls, rather, on the general idea of a submission of the *dêmos* to the law, except that the submission in question is described, with an extraordinary oxymoron, as a "voluntary servitude" (where a definite kind of freedom may well hide):

> Under the ancient laws, my friends, the people in our city did not have the power to decide (*kurios*) on certain matters but they were rather voluntarily enslaved, in a certain sense, to the laws. (3.700a3−5)[13]

What the Athenian insists on in his depiction of ancient Athens, then, is the limiting effect of an authoritative element, namely the laws. It stands in sharp contrast with the famous description in the following pages of "the excessive increase of the free way of life (*tên tou eleutherou lian epidosin tou biou*)" in the course of Athens' subsequent

---

[13] Cf. 3.698b2−6: "For at that time [...], there was an ancient constitution and officeholders coming from four classes, and a certain despotic mistress — shame (*aidôs*) — because of whom we were willing to live as slaves of the laws of that time."

evolution, beginning with the neglect of musical rules, followed by unchecked democracy, and ending in the apocalyptic regress to man's "ancient Titanic nature" (701c2) in the form of a democratic "theatrocracy" that lies at the extreme opposite of Plato's wished for rule of the law, which is the way in which divine reason (*nous*) should rule human beings[14].

The antithetic construction shows that Plato is implicitly distinguishing current (denomination of) regimes, which are based on the quantity of rulers (one for monarchy, many for democracy) from the principles on which they respectively rely, but which can be considered independently of them: whereas democracy stands for the principle of freedom, monarchy stands for a principle that I shall call, for lack of a better term, of domination[15]. Although Plato, in the lines of Book 6 quoted above, speaks of "holding the middle (*meson ekhoi*) between a monarchic and a democratic constitution", and not between their principles, I assume that this is what is meant, as in the case of the two "mother-constitutions" of Book 3.

Clearly, this kind of balance between the principle of freedom and the principle of domination is something different from, and more accomplished than the paratactical mixture of political powers representing various regimes — monarchic, gerontocratic, democratic — that is at work in Sparta; but it is not yet a blend or a mean. It is so to speak on its way to it, like a potentiality is on the way to (and in the present case in search of) its actualization. What if ancient Persia and ancient Athens, instead of evolving towards the two symmetrical excesses in the application of the principle they respectively represent,

---

14 In my book, I use the expression "theo-noo-nomocracy" in order to capture what Plato says in a circumlocutory way in Book 4.714a2 about the appropriate name to give to the constitution he advocates.

15 A broader term, covering all kinds of political power that require or trigger obedience, including despotism, would be needed. Whereas "authority" is too restricted, since authority tends to be legitimate, "power" is too vague.

as they did in the course of the history, could converge towards a still deeper synthesis than those that occurred in the past — in other terms, if past history led to an open, hopefully better future rather than to an actual, distressing present, culminating in despotism in Persia and democratic license in Athens? This would be, I submit, the "middle" point that the best human constitution should aim at.

The selection of the Council as an example of a constitutional middle way and the problem of equality

The notion of a political middle point is not illustrated, in the constitution of Book 6, in relation to the distribution of power between different political bodies (as in Book 3 in the case of Sparta), but by reference to the procedure by which one of these bodies, the Assembly, which includes all the citizens, selects the 360 members of the Council — four groups of 90 issued from each property class (6.756b7–e8)[16]. The procedure, which is complicated, is summarized by J. Reid in the following way:

> Over four days, councilors are nominated from each of the four property classes; on the first two days, everybody must vote on penalty of fine; on the third day, the lowest class is not subject to fine if they don't vote; on the fourth day, the third and fourth classes are not subject to fine if they don't vote, but those from the second class receive three times the fine and those from the first class receive four times the fine if they don't vote; on the fifth day, the names of the nominees are published and the top 180 candidates from each class are selected, then, of these 720, half are

---

[16] Although possessions are limited in Plato's city, there are wealthier and poorer citizens (four classes, as in Ancient Athens), see 5.744a8–745b2.

selected by lottery to be councilors.[17]

How does this procedure, then, satisfy the demand to hold a middle point or mean (*meson/meseuein*) between a monarchic and democratic constitution (that is, as suggested above, between their respective principles)? The answer to this question is not immediate, because the explanation that follows (introduced by "for" /*gar* at 757a1) does not seem at first sight to bear on this point, but to provide a general explanation about why a middle/mean should always be aimed at in the first place, followed by an explanation of why the standard cannot be entirely met. Here is the passage, which needs to be quoted in full despite of its length:

> A selection occurring in this way would hold the middle (*meson*) between a monarchic and a democratic constitution, middle which the constitution should always maintain. For slaves and masters would [757a] never become friends, nor would unworthy and honest persons, if both were declared equal when it comes to honors [i.e. offices] — equal shares would become unequal if they were distributed to individuals who are unequal, unless the distribution happens to strike the due measure (*tungkanoi tou metrou*). For these are the two reasons why constitutions are filled with internal dissension (*stasis*). The ancient saying according to which "equality produces friendship", which is true, is absolutely correct and in tune. But because it is not very clear what exactly is the equality that has the power we are talking about, it throws us very much into confusion. For there are two equalities, which bear the same name (*homonuma*), but are in effect (*ergôi*) [757b] opposed in many respects, one would say (*skhedon*); every city and every lawgiver is able to bring forward one of the two when it comes to honors [*i.e.* offices] — namely,

---

[17] Reid (2020b), p. 576f. (cf. Morrow [1993], p. 159f. and Stalley [1983], p. 186).

the equality that consists in measure and weight and number — regulating distribution by means of the lot. But to perceive the truest and best equality is no longer easy for everyone. For it is the judgment of Zeus and is always of little assistance for human beings, but every bit of assistance that it gives to cities or even to private individuals produces all the good things. For it distributes (*nemei*) [757c] more to the greater, less to the smaller and distributes duly measured shares (*metria*) to each according to their nature; and in particular when it comes to honors, it distributes in each case (*aei*) greater ones to those who are greater as regards virtue, and to those in the contrary state regarding virtue and education, it distributes what is fitting (*prepon*) according to proportion (*kata logon*). For the political principle (*to politikon*), too, is in fact always for us precisely this, that which is just (*to dikaion*); and it is also for this that we should now strive, and to this equality that we should now look too, Clinias, as we found the city [757d] that is now growing. And if someone founds another one sometime, he should legislate with the very same aim in view, and not by reference to a few tyrants, or to a single individual, or else to the sort of decisional power that belongs by the many (*kratos dêmou ti*), but always to what is just (*to dikaion*). And the latter is what has just been said — the equality conform to nature, which is in each case given to unequal individuals.

Nonetheless, it is necessary for every city sometimes to use these two as similar expressions (*parônumia*), if it is going to avoid [757e] partaking of internal dissension (*stasis*) in some part of itself; for adjustment (*to epieikes* ...) and indulgence (... *kai suggnomon*), when they occur, are always infringements of right justice, that is of its perfection and exactness. This is why necessity compels us to make use of the equality of the lot, because of the discontent of the many (*hoi polloi*), and to pray both to the god and to good fortune in this case too that they direct the lot toward what is most just. Thus, we must of necessity [758a] use both equalities, but the one that depends on fortune should be used as rarely as possible. (6.756e9–758a2)

The explanation makes clear that the middle point that the constitution aims at would in principle be the best way for securing friendship within the city (*i.e.* political peace), which is one of the three legislative targets mentioned in Book 3, namely wisdom, friendship and freedom[18]. For this friendship cannot come about, so runs the argument, under either of the two "mother-constitutions" (nor, by way of consequence, in any constitution where a certain balance between the respective constitutional principles is not respected): not in a despotic monarchy, because "slaves and masters would never become friends" (6.757a1), and not in an Athenian-like democracy, because it is equally impossible that friendship occurs between individuals that are given the same amount of political authority independently of their merits (the best would feel wronged):

> equal shares would become unequal if they were distributed to individuals who are unequal, unless the distribution happens to strike the due measure (*to metron*). (6.757a2–3)

The master/slave relationship, which is usually taken as a specific, extreme instance of inequality[19], can also be taken as a reminder that freedom, of which the slave is by definition deprived but which the master statutorily enjoys, is also a necessary condition of friendship, as was shown in Book 3. In any case, it now appears that equality is a legislative target that the lawgiver has to "look to, too" (*kai pros tautên tên isotêta apoblepontas* at 6.757c7–8) besides the three that feature in the official triad of Book 3. This fourth target raises a difficulty which is

---

[18] On the centrality of "friendship" for Plato's political thought, see Schofield (2013), pp. 284–285; see further Sheffield (2020).

[19] This is the way Schöpsdau, vol.2, p. 389 (*ad* 757a4) reads the sentence.

not proper to it (it affects, obviously for other reasons, "freedom" as well) but which Plato explicitly thematizes in its case alone. It stems from the fact that two related but deeply different notions that bear the same name (they are "homonymous" /*homonumoin*, 757b2), which is a source of "unclarity" (*mê sphodra saphês*, 757a7–b1). In a mathematical terminology that goes back to Archytas of Tarentum and which was to become traditional, but which Plato does not use in the *Laws*, there is an equality which is "arithmetic" and one which is "geometric" [20]. The first kind of equality, "the equality that consists in measure [sc. counting units] and weight and number", attributes indiscriminately the same amount to every individual, on the ground that each individual is no less an unit than any other individual unit. Election by lot is the political expression of this equality, to the point that Plato can speak at 753e3 of "the lot-related equal" — as one could render the dense expression *to tou klêrou ison*. The second kind of equality, which relies on proportionality, defines the only true political principle (6.757c7) as one that

> distributes more to the greater, less to the smaller and attributes duly measured shares to each according to their nature; and in particular when it comes to offices [here called *timai*] it distributes in each case greater ones to those who are greater as regards virtue, and what is fitting in

---

[20] In Frag. B2 DK, Archytas, whom Huffman 2005 aptly characterizes as "Pythagorean, Philosopher and Mathematician King", distinguishes between three kinds of mathematical and musical proportions or "means" (*mesê* in the original; later citators use *mesotês*) which he calls "arithmetic", "geometric" and "sub-contrary" or "harmonic" (see Huffman [2005], pp. 172–173 and 177–178). It is possible, but by no means certain, that Archytas himself gave a direct political application to his mathematical/musical distinction. Harvey 1965, pp. 105–106, argues that he did on the basis of B3DK, which praises *logismos* for guaranteeing peace between the rich and the poor. But as Huffman (2005), p. 214 points out, *logismos* must not specifically refer to geometrical proportion. On the other hand, Socrates' exhortation to Callicles to study geometry, at *Gorgias* 507a6–508a8, in a context where "community" (*koinônia*) and "friendship" (*philia*) are said to regulate the order of the world, with the implication that they should also regulate the order of the city, is likely to allude specifically to "geometric equality", although Huffman disagrees ([2013], pp. 259–261; [2005], p. 210).

proportion for those who are in the contrary state regarding virtue and education. (6.757c1–6)[21]

This equality is the truest and the better one (757b6) — the truest, because it is in conformity with nature, and the best, because it would in principle provide the greatest goods (in particular friendship and peace) to a city that would adopt it. But what people spontaneously understand by "equality" is not the better, proportional kind of equality, but numerical equality, which is the worse one (in many respects, it brings about "the opposite" of true equality, 757b2–3, that is discord and bad government). Apparently, even the mathematical education imparted to children in Plato's educational program, which is described at 7.817e5–822d3, will not be sufficient for every citizen to assimilate the point and thus override the drive for arithmetical equality, which ultimately relies on an erroneous egoistic conception of the interests of the private self. To cope with the situation, the lawgiver will have to concede to this kind of equality a certain place in the constitution, which amounts to introduce selection by lot in certain circumstances. In the case under consideration, the "equality of the lot" (*to tou klêrou ison*, 6.753e3, cf. *to klêron*, e7, *apoklêrôsantas*, 756e7) constitutes the last step in the selection of the members of the Council, once the 180 citizens that have been elected (*eklexantas*, 756e7) in each property class have been reduced to 90. This appeal to the lot is described as a "infringement" or "chipping" of strict justice (*paratethrausmenon*, 757e2), an

---

[21] There are antecedents to this distinction. In his discussion of Phaleas' proposal to equalize citizens' possessions (*Politics* 2.7 1266a39f.), Aristotle refers to Achilles' complaint to Ulysses, in the *Iliad*, about unjust distribution of the booty and at 1267a1f., quoting *Iliad* 9.319: "We are all held in a single honor, the brave with the weaklings" (trans. Lattimore). By the 5th century, it had become an anti-democratic leitmotif, which Plato takes up in the *Republic* when he characterizes the democratic regime at 8.558c5f. as "distributing a sort of equality to both equals and unequals alike". Cf. also Aristotle, *Politics* 3.9 1280a7–31 and, for further references, Harvey (1965), p. 102 and Huffman (2005), pp. 211–214.

"indulgence" (*to suggnômon*) and a kind of "adjustment" (*to epieikes*)[22]. There are a few other instances of selection by lot in Plato's constitutional scheme, all of them rather marginal, as has been often observed[23].

The question now becomes: is the limited admission of the democratic principle understood as an expression of arithmetical equality an appropriate and even credible instantiation of the "middle point" which Plato's constitution aims at establishing? And if not, where is this middle-point to be located?

In order to answer the question, it is important to keep in mind that whereas Plato's drastic limitation of the democratic lot amounts to a rejection of Athenian democracy, which Plato shares with other aristocratic thinkers (and Socrates), it does not amount to a rejection of the "democratic" principle of freedom as such. By the same token, it would be a mistake to assume that the "middle" selection is said to hold results from the *in extremis* integration of the selection by lot in the procedure of selection under consideration (as well as from a few relatively unimportant instances in the constitution at large)[24]. These are, rather, part of the mixture that even the best human constitution is bound to display, if it has to take into account an ambiguity inherent to the

---

[22] The word is used by Plato in a negative sense, a kind of tweaking, that will not survive Aristotle's construal of it as "equity" in *Nicomachean Ethics* 5.10. On the semantic evolution of *epieikes, epieikeia*, see Agostino (1973) and Saunders (2001). For *suggnômon* in Plato, cf. Griswold (2007), p. 279 ("Plato never sees it as a virtue or commendable quality — certainly not one of any significance"); more generally, Christian 'forgiveness' is not yet on the map (see Konstan [2010], pp. 42–48). *Paratethraumenon* (lit. "chipped") is said of a small damage inflicted on an object that basically remains the same.

[23] Lot is used either marginally (as in the selection of *euthunoi*/auditors at 12.946b1–3, which follows a pattern similar to that of the Councilors) or accompanied with limiting conditions (i.e. final vote or examination/*dokimasia*) for priests (6.759b7–c6) and market-regulators/*agoranomoi* (6.763d6–e3). Judges at the level of tribes seem to be closest to a "democratic" selection as conceived in Athens (6.768b1–c2), and gives rise to an interesting comment ["For someone who does not share in the power of collective judging (*sundikazein*) thinks that he is not at all a participant in the city"]; it is also put to work in the attribution of one of the twelve parts of the city (a tribe) to one of the twelve divinities (5.745d8–e2).

[24] This is clearly seen by Schöpsdau, vol.2, p. 387f.

word "equality". It is one of the concessions to human nature that Plato's second city is endorsing.

If so, it remains to identify what is the aspect of the selection procedure that Plato considers to represent a middle-point[25].

Speculating about metamorphosis

A remarkable fact that has not been taken into consideration, I think, is that numerical equality is institutionally at work in the sheer existence of the Assembly, in which all the citizens can participate[26]. Although Plato does not say it in so many words, various indications featured in the context of Book 6 and elsewhere in the work show that the selection of most offices in the city, including and perhaps most surprisingly, the all-important Guardians of the laws[27], are selected by

---

[25] Schöpsdau, who asks the right question ("inwiefern hält diese Wahl die Mitte zwischen Monarchie und Demokratie") and rightly rejects one kind of answer (see preceding note) comes very close to what I think is the correct answer, but he does not go far enough when he simply identifies the middle point with the "domination of the best people" that results from proportional equality (vol.2, p. 388). For the whole problem is to understand how the selection procedure secures, if not an absolute proportional equality (since something is conceded to the lot), at least the closest possible situation. Morrow (1993), pp. 171–172, who locates it in the equilibrium between wealth and poverty among the members of Plato's Council ("for Plato it would embody the supremacy of the mean, the 'middle way' characteristic of the mixed constitution") is much less illuminating, which does not mean that the equilibrium between wealth and poverty is not part of the picture.

[26] The Assembly is called *sullogos* (6.755e4 and 765a6), *koinos sullogos* (764a3, cf. 9.871a4 and 11.935b7), but also *ekklêsia* like its Athenian contemporary counter-model (764a3) and even *dêmos* at 6.768a5 (as noted by Morrow (1993), p. 157, n.6; cf. pp. 206–208).

[27] The extended power of the Guardians of the laws, which are much more than the "moral authority" depicted by Morrow (1993), p. 198, is emphasized by Reid (2020b), who notes that they have "by far the most extensive responsibilities in Magnesia" (p. 572). "Moral authority" is more appropriate for the Watch, which in a sense exceeds the constitutional scheme and whose function is primarily cognitive (its members must "know the aim" of legislation, 12.962b5–6). The prominence of the Guardians of the law is indicated by the fact that the review of offices and office holders starts with them and is emphasized by Plato: "It is but a lesser task for the other officeholders, whereas for the Guardians of the laws, it is absolutely necessary to choose them first with utmost seriousness." (6.752e1–2)

this Assembly. To be sure, specific regulations suggest that the (relatively) wealthier citizens will eventually be more represented than the (relatively) poorer ones: whereas participation is compulsory for the two higher property classes, this is not the case for the two lowest ones; still, the principled all-inclusiveness of the Assembly is beyond doubt[28]. It is also true that Plato's Assembly does not have a say on a range of questions that were in its hands in (contemporary) Athens — far from it; but it has the power to empower, and this indirect power is decisive, since it determines to different degrees who will be the officeholders in the city. The scheme according to which some officeholders will be selected and thus empowered, in a two-tied procedure, by some already existing, and thus more restricted boards (among whom the minister of education will be selected by the Guardians of the law themselves) is fully legitimate (the criterion taken in consideration in this case being competence) and should not obfuscate the fact that the Assembly is, at the end of the day, at the origin of the chain of selections. Although this was not the way democracy functioned in Athens, it certainly represents one of the most visible embodiment of Plato's "democratic" principle in the *Laws*, in a sense of the term "democracy" which is not foreign to modern democracies[29].

Even more important, there is no point, once constitutions are considered as embodying principles such as freedom, equality, and

---

[28] The significance of the regulations regarding participation is open to two different interpretations, depending on whether one thinks that Plato is intentionally pursuing an anti-democratic program (in the usual sense of everyday Athenian politics), or that he takes into account the constraints of all those that do not have time to participate in the procedure (see Morrow [1993], p. 171f.).

[29] Reid (2020a) lists six such "democratic" traits (pp. 12-15): (1) Persuasion, (2) Accessibility to most offices to all the citizen, provided that they fill the conditions, (3) Relative equality of possessions, (4) Extensive use of popular courts, (5) The procedure of scrutiny for offices-holders, (6) The filling by public election of many of the offices. Persuasion is a complex issue which I treat in Chap. 8 and 9 of my book; but the properly institutional characteristics are surely relevant. On the well-known difference between lot-driven Athenian democracy and representative democracies, see for example Stalley (1983), p. 119.

authority, in keeping the two sides apart from one another as typically occurs in a constitutional mix. The mediating synthesis permeates each and all constitutional bodies and procedures. The citizens of Plato's second city can be considered as being free and equal in the arithmetical sense to the extent that their function as members of the Assembly ensures the participation and representation of every citizen in political life through selections of a large range of boards and of the office (starting with the Council); but they are also implementing a monarchic principle in the sense that the members of the Council and further officeholders will exercise their charge with competence and authority. In such a scheme, the active principles of the middle constitution are not simply juxtaposed, but fully blended in nature and, in the wake of this, in denomination. The "monarchic" (*i.e.* authoritative) element is democratic insofar as it is constituted by the citizens themselves, who thus take care of their own, true interests; conversely, there is a "monarchic" dimension to the democratic institution of the Assembly, since it is in charge of electing competent office holders. Insofar as the middle constitution manages to bring about concord and "friendship" at the cost of a few additional concessions, it can claim to be the only regime that is truly constitutional[30].

The middle that should always be aimed at by the lawgiver is, seen from this angle, a privileged middle point where two extremes, monarchical despotism at one end and democratic freedom at the other end, are such that both *disappear* as such in virtue of a reciprocal compensation of their respective characteristics. If this middle point could be implemented, it would be a perfect blend rather than a simple mix, amounting to a political and conceptual transformation, or metamorphosis, of the two extremes in a third,

---

[30] As a matter of fact, Plato declares at 8.832b10–c3 that all the so-called constitutions listed at 4.710e3–5 (tyranny, monarchy, democracy, oligarchy, cf. 712c2–5, 714a2–4) are in reality "non-constitutions".

independent term.

The reading proposed certainly goes beyond what Plato is literally saying — the metamorphosis is never thematized as such (nor is of course "metamorphosis" Plato's term). In this sense, it is a speculative reading. But this does not mean that it lacks any textual basis. For one is led to it by reflecting about the text as a whole, which is something different from the presence of explicit statements[31]. It can be to a certain extent supported, moreover, by a famous passage in the *Menexenus* 238c5–239a4 that is often quoted by commentators on the *Laws* as summarizing the general spirit (if not the letter) of Plato's constitution in the *Laws*. The passage in question praises an idealized Athenian constitution as a regime under which "the multitude (*plêthos*) grants offices and power (*kratos*) to those who are thought best by them in each case" (238d4–5), and as "an aristocracy (*aristokratia*) with popular approval (*eudoxia plêthous*)" (238d1–2, trans. Ryan modified)[32].

On this scheme, selection in the *Laws* supposes the exercise of an educated, informed and in this sense "aristocratic" judgment in the choice of the Councilors and officeholders, while all citizens have in principle the possibility to be empowered and serve someday as an aristocratic member of the Council or an official. No wonder, then, that the official responsible of education is said to be "by far the greatest of the highest offices in the city" (6.765e2).

---

[31] By this I only mean putting together relevant elements that appear in different contexts and looking at implications, an approach that is especially appropriate in the case of Plato's dialogues, rather than concentrating exclusively on isolated explicit statements. In the present case, the question at stake is the relationship between what we learn about freedom as a legislative goal in Book 3 and the implementation that we get in Book 6.

[32] For the relevance of this passage to the *laws*, see morrow (1993), p. 229. It must be added, however, that the *Menexenus*, which is arguably a parodical praise of the Periclean regime, certainly goes further than the *Laws* by presenting the multitude as "having power on most affairs of the city" (*enkrates de tês poleôs ta polla to plêthos*).

Hinting to Jean-Jacques Rousseau

Jean-Jacques Rousseau's statement about the *Republic* in the first pages of his *Emile or On Education* (published in 1762) is famous:

> It is not at all a political work, as think those who judge books by their titles; it is the most beautiful educational treatise ever written. (trans. A. Bloom)

This appreciation applies even more to the *Laws*, with the difference that Plato, far from separating the two domains of "education" and "politics", makes the first the foundation of the other. To this extent, Plato's constitution is circular in its actual functioning: without an appropriate education, an appropriate government is impossible; without an appropriate government, there won't be any appropriate education. This circularity raises, of course, the question of beginnings, when it comes to introducing new laws or to select those officeholders who will be in charge for the first time, a difficulty that is paradigmatically illustrated in the case of the all-important selection of the Guardians of the laws[33]. This is

---

[33] Plato gives two different versions of the selection in question. The procedure is summarized by Reid 2020b, p. 572–573, in the following way. The Guardians of the laws, who must be over 50, are "originally chosen by 100 people of Knossos and 100 of the new colonists (752e6–7, 754c6–7). Once the city is established, those who are serving or have served in the cavalry or infantry 'in their prime' place tablets with their name and the candidate's name in the temple; for at least 30 days, anyone can remove a candidate's tablet; after this, up to 300 of the leading candidates' tablets are displayed; then, anybody can nominate a candidate; from this, the 100 leading candidates are displayed; the final 37 is elected from this group (753b4–d6)". Morrow's 1993 explanation, pp. 204–209, is still dependent (with some modifications) on Wilamowitz (1910), pp. 398–402, who considered that the two procedures described represent two alternative versions, between which Plato would have chosen, if he had completed the work. But Saunders (1970) has convincingly shown that the two selections of the 37 Guardians correspond to two different situations, before and after the constitution is in place (correcting Morrow, who considered that the second selection concerned only piecemeal

not the only circle that needs to be faced in the *Laws* (and in the *Republic*), although this one is perhaps not as intractable as the demand to have law rule rather than human beings — a requirement that Rousseau compared to the "squaring of the circle"[34]. For whereas human despotism must yield to political legitimate authority, human authority itself must stay under the higher despotism of a law that, according to Plato, is ultimately grounded in (divine) reason. How Plato's *Laws* deals with this issue is another matter.

Bibliography

Abbreviations
DK=*Die Fragmente der Vorsokratiker*, ed. H. Diels revised by W. Kranz, Berlin, 1951–1952⁶.
SVF=*Stoicorum veterum fragmenta*, ed. H. von Arnim, Leipzig, 1905–1924.
Long-Sedley=A. Long & D. Sedley, *The Hellenistic Philosophers*, 2 vol.Cambridge: Cambridge University Press, 2012.

Translations of ancient and modern authors
Aeschylus, *Eumenides*, ed. and trans. A.H. Sommerstein, in Aeschylus, *Works*, vol.2, Loeb Classical Library, 2008.
Homer, *The Iliad*, trans. R. Lattimore, Chicago: University of Chicago Press, 1961.
Plato, *Menexenus*, trans. P. Ryan in Plato, *Complete Works*, ed. by J. Cooper, Indianapolis/Cambridge: Hackett, 1997.
Plato, *Statesman*, edited with an Introduction, translation and commentary by C. J.

---

replacements of the body originally selected, see p. 232).

[34] "Granted that it is easy to make better laws. It is impossible to make laws which men's passions do not abuse, as they have abused the earlier ones. To anticipate and to weigh all these future abuses is something which perhaps even the most consummate Statesman may find it impossible to do. Putting the law over man is a problem in politics that I liken to that of squaring the circle in geometry. Solve this problem satisfactorily, and the government based on this solution will be good and free from abuses. But until then, you may be sure that wherever you believe you have made the law rule, it will be men who will be ruling." (Rousseau, *Considerations on the Government of Poland and its projected reformation*, Chap.1, trans. Gourevitch).

Rowe, Warminster, England: Aris & Phillips, 1995.

Rousseau, J.-J., *Emile: or, On education*, introduction, translation, and notes by A. Bloom, Harmondsworth: Penguin Books, 1991.

Rousseau, J.-J. *The Social Contract and other later political writings*, ed. and trans. V. Gourevitch, Cambridge: Cambridge UP, 2019².

Secondary literature

Agostino, F., *Epieikeia. Il tema dell'equità nell Antiquità Greca*, Milano: Giuffrè Editore, 1973.

Bobonich, Ch. (ed.), *A Critical Guide to Plato's Laws*, Cambridge: Cambridge University Press, 2010.

Griswold, Ch., "Plato and Forgiveness", *Ancient Philosophy*, 27, 2007, pp. 269–287.

Groisard, J., *Mixis. Le Problème du mélange dans la philosophie grecque d'Aristote à Simplicius*, Paris: Les Belles-Lettres, 2016.

von Fritz, K., *The Theory of the Mixed Constitution in Antiquity. A Critical Analysis of Polybius' Political Theory*, New York: Columbia University Press, 1954.

Harvey, F. D., "Two Kinds of Equality", *Classica et Mediaevalia*, 16, 1965, pp. 101–146.

Huffman, C. A., *Archytas of Tarentum, Pythagorean, Philosopher and Mathematician king*, Cambridge: Cambridge University Press, 2005.

Huffman, C., "Plato and the Pythagoreans" in Cornelli, G., McKirahan, R. and Macris, C. (eds.), *On Pythagoreanism*, Berlin: De Gruyter, 2013, pp. 237–270.

Konstan, D., *Before Forgiveness. The Origins of a Moral idea*, Cambridge: Cambridge University Press, 2010.

Krämer, H. J., *Areté bei Platon und Aristoteles. Zum Wesen und zur Geschichte der platonischen Ontologie*, Heidelberg 1959 (=Abhandlungen d. Heidelberger Akad.d. Wiss., phil.-hist. Klasse (Amsterdam 1967²).

Lisi, F. L., *Einheit und Vielheit des platonischen Nomosbegriffes. Eine Untersuchung zur Beziehung von Philosophie und Politik bei Platon*, Königstein/Ts. 1985.

Morrow, G. R., *Plato's Cretan City. A Historical Study of the Laws*, Princeton: Princeton University Press 1993 (1960¹).

Pradeau, J.-F., "L'ébriété démocratique: la critique platonicienne de la démocratie dans les *Lois*", *The Journal of Hellenic Studies*, 124, 2004, pp. 108–124.

Reid, J., "The Mixed Constitution in Plato's *Laws*", *Australasian Journal of Philosophy*, 98, 2020, pp. 1–18 (=2020a)

Reid, J., "The Offices of Magnesia", *Polis*, 37, 2020, pp. 567–589 (=2020b)

Saunders, T. J., "The Alleged Double Version in the Sixth Book of Plato's *Laws*", *Classical Quarterly*, 20, 1970, pp. 230–236.

Saunders, T. J., "*Epieikeia*: Plato and the controversial virtue of the Greeks", in Lisi (ed.) *Plato's* Laws *and Its Historical Significance*, Sankt Augustin: Academia Verlag, 2001, pp. 65–93.

Schofield, M., "Friendship and Justice in the *Laws*", in G. Boys-Stone & D. El Murr (eds), *The Platonic Art of Philo*sophy, Cambridge University Press, 2013, pp. 283–297.

Schöpsdau, K., *Platon. Nomoi (Gesetze)*, 3 vol., (vol.1: Buch I–III; vol.2: Buch IV–VII; vol.3: Buch VIII–XII) Göttingen: Vandernhoeck & Ruprecht, 1994/2003/2011.

Sheffield, F., "Love in the City: Eros and Philia in Plato's *Laws*", in L. Candiotto & O. Renaut (eds), *Emotions in Plato*, ed., Leiden: Brill, 2020, pp. 330–371.

Stalley, R. F., *An Introduction to Plato's Laws*, Oxford: Blackwell, 1983.

Wilamowitz-Moellendorf, U. v., "Lesefrüchte", *Hermes* 45, 1910, pp. 387–417.

(André Laks, Professor Emeritus, University of Paris-Sorbonne/ Universidad Panamericana, Mexico City)

研究综述
Research Survey

西方学术界关于共和时代罗马人民政治作用的讨论*

晏绍祥

在罗马共和国政治中,罗马人民(populus romanus)扮演着怎样的角色,直接决定了共和国政体性质的界定。从共和国时代的波利比乌斯(Polybius)和西塞罗(Cicero),到当今的西方学者,都一直对罗马人民的政治角色有不同的看法,而这些看法,又大多与研究者本人的政治立场以及个人经历有密切的联系。本文意在简要回顾西方学术界对共和时代罗马人民政治作用的讨论[1],因涉及相当长的时段,难免挂一漏万。又因对罗马人民作用的判断,不可避免地与对罗马政制性质的界定联系在一起,因此有时会涉及共和国政制特点的讨论。不当之处,请学者们批评指正。

波利比乌斯与西塞罗:混合政体中人民的角色

作为阿凯亚同盟重要的政治家,波利比乌斯显然是用希腊城邦

---

* 本文为国家社科基金项目古代罗马共和政治研究(21ASS007)的前期成果。
1 刘津瑜《罗马史研究入门》(北京大学出版社,2014年,第160—167页)简要介绍了罗马共和国政治研究状况,主要是20世纪的研究情况,笔者的《显贵还是人民:20世纪初以来有关罗马共和国政治生活性质的争论》(《历史研究》2008年第5期)对此也有介绍。两者的重点都放在20世纪,且着眼于罗马共和国政治整体而非人民的角色。

制度的框架来概括罗马共和国的基本制度和权力分配的：共和国的主要权力掌握在高级官员、元老院和公民大会手中。在详尽列举了执政官、元老院的权力后，波利比乌斯转向了人民的权力，首先，"只有人民有权授予荣誉和施加惩罚，在所有王国和国家中，总之，在所有人类社会中，这是把它们联合起来的唯一纽带。因为在那些奖惩不明，或虽然规定明确却应用不佳的地区，任何事务都不可能得到恰当管理"[2]。其次，"正是人民有权将官职授予那些合格之人，在一个国家中，官职是对德性最高的奖赏。人民有权赞同或拒绝（批准）法律，最为重要的，是他们就战争与和平问题进行讨论。此外，在结盟、和约与条约条款问题上，是人民或者批准，或者拒绝它们。所以人们有理由宣布，人民在政制中拥有的份额是最大的，所以政制是民主的"[3]。

在随后的部分里，波利比乌斯谈到人民对执政官和元老院的制衡。执政官在处理国务时，必须考虑人民的意愿，否则人民有权拒绝批准；执政官卸任时，需要向人民就任内的行为做出说明，因此，"对执政官而言，安全的做法是一定要争取元老院和人民的支持"[4]。元老院同样必须尊重人民的利益和心愿，因为只有人民有权批准或拒绝那些触及元老院自身权威和构成的法律，保民官因总是照顾人民的利益，可以在上述办法都失灵时，利用否决权阻止元老院就任何问题做出决议，甚至使元老院无法集会。"出于所有这些理由，元老院也害怕人民，必须适当注意人民的意愿。"[5]

如果事实真如波利比乌斯所说，则罗马人民无疑是国家主权的象征和拥有者。用今天的话说，他们掌握着罗马国家的立法权，还可以通过批准执政官的决议、问责执政官、左右元老院决议，直接干预共和国的许多重大和具体的事务。但是，一个关键问题是，哪些人是罗马人民？他们如何实现自己的权力？对于前者，波利比乌斯提供了一个现成的答案：罗马人民是那些能够参与共和国公共工程的

---

[2] Polybius, *Histories*, vi, 14, 4-5, translated by W. R. Paton, Cambridge, MA.: Harvard University Press, 1923.（中译文据英译文自译，下同——译者按）

[3] Polybius, *Histories*, vi, 14, 9-12.

[4] Polybius, *Histories*, vi, 15, 11.

[5] Polybius, *Histories*, vi, 16, 5.

人。"人们可以说,几乎所有人都对这类合同以及工程感兴趣。"[6] 而现代学者公认,这些人仅是拥有骑士等级的罗马人和他们在共和国早中期的前辈,是地位仅次于元老的富人。绝大多数的罗马公民则是拥有小块土地的自由农民。易言之,波利比乌斯心目中的人民,只是罗马全体公民中很小的一部分,最初限于罗马18个骑士百人团,后来范围稍有扩大,但必然也是富豪,最多包含城市中那些卷入金融业务的中产阶级[7]。如果奥古斯都的财产等级可以作为类比,作为骑士,他的家产必须在40万塞斯退斯以上。无论如何,他们都不可能代表全体罗马人民,只是罗马的上层阶级。

关于人民如何实现自己的权力,波利比乌斯语焉不详,但人民行使权力时所受的限制,肯定不只是他所说的因公共工程的承包和延期对元老院的恐惧。他没有提到罗马公民大会受到的多种限制,如公民大会出席者的规模、会议的召开和表决、精英阶级的意识形态优势等。事实上,在讨论第二次布匿战争中罗马和迦太基胜败的原因时,波利比乌斯无意中提及,在他的心目中,那时的迦太基是民主政治,而元老院仍是罗马具有决定性权力的机关,"这样,在一边,是民众在议事,在另一边,是最杰出的人在议事,罗马有关公共事务的决定更优越,所以,虽然他们遭遇过全面的灾难,但由于他们决策的智慧,他们在战争中最终击败了迦太基人"[8]。罗马人民范围的狭小,以及"最杰出的人在议事",几乎否定了波利比乌斯所谓人民拥有最高权力的基本论断,暴露了共和国政权的贵族政治本质。波利比乌斯的论断,并不能充分反映罗马权力的实际分布,最多是一个统治阶级精英在其中运作的框架,与真正的人民几乎无关[9]。第6卷第53—54章关于罗马贵族葬礼的描绘,进一步凸显了罗马共和国贵族政治的特性。

---

[6] Polybius, *Histories*, vi, 17, 2-4.
[7] Frank W. Walbank, *A Historical Commentary on Polybius*, vol., 1, Oxford: The Clarendon Press, 1957, p. 692.
[8] Polybius, *Histories*, vi, 51, 7-8.
[9] 也有学者认为,这里波利比乌斯无意暗示罗马共和国是贵族政治,只是强调贵族成分在混合政制中起着制衡作用,因此罗马共和国政制仍处于混合政制的鼎盛时期。见 Frank W. Walbank, *A Historical Commentary on Polybius*, vol., 1, p. 736; John A. North, "The Constitution of the Roman Republic", in Nathan Rosenstein and Robert Morstein — Marx, eds., *A Companion to the Roman Republic*, Oxford: Wiley-Blackwell, 2010, pp. 273-274。

西塞罗对共和国政制的看法，坐实了人民在罗马政治中的次要或边缘角色。西塞罗同样认为罗马共和国是最优良的混合政体，包含着王政的、贵族的和人民的三种因素。虽然他将这种政体的创建归于传说中的国王塞尔维乌斯（Servius），但学者们公认，他叙述的是公元前241年之后的某次改革确立的古典共和国政制。据西塞罗描述，在塞尔维乌斯政制中，最重要的森都利亚大会（Comitia Centuriata）基本被富人控制，因为18个骑士百人团和第一等级的70个步兵百人团，再联合一个木工百人团，就拥有了总数193票中的89票，"只要从一百零四个百人团中——因为还剩这么多——能再过来八个百人团，那么人民总的实力便确定了。余下的由人数多很多的民众组成的九十六个百人团，既没有被排除在表决之外，以免显得傲慢，也不会过分强大，从而构成危险"。西塞罗的理由是"这九十六个百人团中每一个百人团登记在册的人数差不多超过第一等级的总和"[10]。也就是说，第二等级以下的罗马公民数量是第一等级公民的104倍。在罗马的表决体制下，如果第一等级和骑士百人团意见一致，则第二等级以下的罗马公民名义上虽然有104票，但只要有8票赞同第一等级，则其余96票——他们代表了数量上96倍于第一等级的罗马公民——将归于无用。西塞罗特别得意地宣称，在罗马制度下，"一方面谁也没有失去表决权，另一方面又只有那些特别关心国家处于良好状态的人才在表决中起最大的作用"，从而使得"各个等级享有的权利不一样，使得表决的结果不依赖于普通人，而是依赖于富人"。对他而言，"一个国家应该永远坚持的，是不能让大多数人获得大部分权力"[11]。如果将西塞罗这里论及的对人民权利的压制与他在《法律篇》中对执行权的强调，和《论共和国》中对王政的某种程度的肯定联系起来，则我们会发现，在西塞罗的心目中，罗马共和国的和谐与稳定依赖于官员享有的权威，而人民拥有的只有抽象的自由和表决权。因而罗马共和国政体更符合亚里士多德心目中的贵族政制[12]。

10　西塞罗：《论共和国》，王焕生译，上海人民出版社，2006年，第167页。

11　同上书，第165页。

12　安德鲁·林托特：《罗马共和国政制》，晏绍祥译，商务印书馆，2016年，第262—263页。

撒鲁斯提乌斯(Sallustius)关于朱古达(Jugurtha)战争的记录，似乎用具体事实证明了贵族对共和国的统治和人民的无能。尽管早年"罗马人民和元老院一道和平而稳健地治理着共和国"，但到他那个时代，情况发生了改变：

> 贵族有他们更加强大的组织，而另一方面，民众的力量却不那么容易发挥出来，因为这种力量不是结合在一起的而是分散在许多人中间的。国内和战场上的事务是按照少数人的意旨加以处理的，国库、行省、官职、光荣和凯旋式都把持在这少数人手里。压在人民身上的是兵役和贫困。统帅们和他们的一些友人分享战利品。
>
> 虽然民众能够授予其他高级官吏的职位，但执政官的职位却只在贵族等级中间传来传去。没有一位"新人"由于其勋业而出名或显赫到人们认为他够得上担任这一职位的程度，就好像他担任这一职务会把它玷污了似的。[13]

只是由于美米乌斯等少数保民官的坚持，贵族颟顸无能的彻底暴露，以及马略个人的坚持，罗马人民才能够选举马略为执政官，成功结束朱古达战争。易言之，如果人民能够团结一致，并且足够坚决，他们有可能在共和国政治中发挥作用。但一般来说，执政官等高级官职，是由显贵阶层垄断的。

总体上看，在古典作家的记录中，罗马人民固然是主权的体现者，但无论是在波利比乌斯和西塞罗等理论家那里，还是在撒鲁斯提乌斯等的记载中，罗马共和国政制都更接近或者就是贵族政制，人民，至少是普通的民众，处在相当边缘的地位。

尼布尔与蒙森论罗马人民的地位和权利

罗马帝国灭亡后，中世纪虽没有完全遗忘罗马共和国，但对其缺

---

[13] 撒鲁斯提乌斯：《喀提林阴谋 朱古达战争》，王以铸译，商务印书馆，1996年，第258、280页。

乏真正的研究。从文艺复兴到启蒙运动时期，马基雅维利（Machiavelli）和孟德斯鸠（Montesquieu）等人在阐述政治思想时，对罗马共和国政治多有论述，固然不乏深刻见解，但他们的作品"并非严格意义上的历史研究著作，而更多的是以历史个案为载体探索治国之道和历史兴衰更替的原因"[14]。那时专业的历史研究尚处幼年，学者们很大程度上满足于转述古代作家的记载，无论这些记载多么荒诞。个别怀疑者也只是从本能出发，缺乏系统的史料批评[15]。因此，真正的古代罗马史研究，要从19世纪初年的尼布尔（Barthold Georg Niebuhr）开始，集大成者是19世纪中后期的蒙森（Theodor Mommsen）。

尼布尔先后在柏林和波恩大学讲授罗马史，他的授课，连同《罗马史》《罗马史讲稿》和《古代史讲稿》，被萨维尼（Friedrich Carl von Savigny）视为罗马史研究新时代的引领者[16]。他最大的贡献，是对早期罗马历史资料的处理以及在此基础上对早期罗马史的重建[17]。就本文的兴趣而言，他对早期罗马史上平民与贵族斗争的处理，具有重要的意义。在他的笔下，平民内部虽然可能有某些区别，但最初是与贵族根本不同的一个群体。国王安库斯（Ancus）率领一批人定居阿芬丁（Aventine），是平民开始形成的标志。他用整整一章描绘了他们在早期共和国时代的处境：平民构成了罗马重装步兵的主体，承担了战争的重负，但由于他们最初并非罗马公民，既无权担任公职，又无资格分享公有地，甚至没有机会获得虏获品，还由于严厉的债务法和高利贷，朝不保夕，经常可能与家人一道陷入债务，被债主羁押、虐待和出卖[18]。所以，平民有理由反对贵族国家。对于平民争取土地的要求，尼布尔也不认为那是对所谓私有财产的侵犯，因为公有地是罗

---

14 刘津瑜：《罗马史研究入门》，第116—117页。

15 Georg Barthold Niebuhr, *Lectures on Roman History*, vol., 1, translated by H. M. Chepmell and F. Demmler, London: Chatto and Windus, 1875, pp. 2-4.

16 转引自 Karl Christ, *Römische Geschichte und deutsche Geschichtswissenschaft*, Munich: C. H. Beck, 1982, pp. 35-36。

17 他批评李维的记录充满矛盾，但强调在高卢人入侵罗马之前，罗马已经使用文字，有多种历史记录，且贵族家族也有各种传统流传，因此他期望在此基础上重建早期罗马史。见 Georg Barthold Niebuhr, *Lectures on Roman History*, vol.1, pp. 5-11。

18 Georg Barthold Niebuhr, *History of Rome*, vol., 1, translated by Julius Charles Hare and Connop Thirlwall, Cambridge: John Taylor, 1828, pp. 504-527.

马国家的土地,国家当然有权通过法律手段,将土地分给那些在战争中做出重要贡献的平民。

尼布尔显然接受了马基雅维利的看法,认为保民官的设置对共和国极其必要:

> 他们最根本的特点,在于他们是罗马平民的代表,因此是对抗最高权力、保护他们等级自由的人;也是因此,他们无权进行处罚,只能向平民提出处罚的建议。他们也不是执政官和那个他打算处以肉刑的平民之间的判决者,只是一个调解人,从而使平民法庭可以不受限制地开庭,因此上诉权并无害处。他们是平民等级的理性,将他们认为合适的(建议)提交给平民考虑和决定。[19]

他竭力为保民官辩护,强调共和国末期保民官的行动是长期历史发展并且偏离了最初意图的结果,那时的保民官已经既不是国家的代表,也不是平民的代表,而是一个僭主。但尼布尔绝非革命者,早期平民与贵族之间的冲突之所以值得肯定,是因为贵族的让步"确保了法律和所有权的效力,保障了等级的和谐,以及国家的权威",奠定了后来罗马所有成就与光辉的基础,并且成功防止了革命[20]。

因此,在尼布尔笔下,早期罗马的平民是共和国的核心力量,他们在军事上是主力,在政治上举足轻重。他们被接纳入罗马国家,成为公民,是共和国强盛的基础。在这个意义上,平民的破产和瓦解,以及保民官权力的演变,是共和国瓦解的根本因素。

尼布尔的看法在19世纪的罗马史学界产生了重要影响,《罗马史》被译成多种文字。但他只写到第一次布匿战争结束,且基本以文献史料为基础。在他之后,学者们积极填补尼布尔留下的空白,或者与他论战,或拓展新的领域[21]。直到蒙森出现,才改变了德国以及欧洲罗马史学的走向。

---

[19] Georg Barthold Niebuhr, *The History of Rome*, vol., 1, pp. 543–544.
[20] Georg Barthold Niebuhr, *The History of Rome*, vol., 1, pp. 555–556.
[21] Karl Christ, *Römische Geschichte und deutsche Geschichtswissenschaft*, pp. 43–48.

与自学成才的尼布尔不同,蒙森受过严格的古典学、法学和史学训练。他在大学里主修罗马法,曾获得法学博士学位,第一个受聘的职位是莱比锡大学罗马法教授。法学训练深刻地影响了他的历史研究,晚年他曾宣称,自己是在法学思维基础上成为学者的[22]。但他同样是优秀的古典学家和历史学家,熟悉历史文献和各类考古、碑铭史料,并且非常自如地把它们运用到罗马史研究中,用雷纳克(S. Reinach)的话说,在法学家中,蒙森是最优秀的古典文献学家,而在古典文献学家中,他又是最优秀的法学家[23]。最能体现他法学、史学和古典语文学综合素养的,莫过于三卷本的《罗马公法》。该书的总体框架是宪法和制度,包括罗马的各类官职、元老院和公民大会、公民和非公民等,但对每个制度职能和地位的叙述与分析,无不包括起源、发展和演变。在论述罗马平民的起源时,他既从法学角度详细说明平民多个不同成分的来源及其法律地位,又从史学角度对他们如何演变为平民,以及平民总体的发展与成分、地位的变化,做出了概要的说明[24]。对执政官、元老院等的产生和演变,公民大会的类型与权力,他也都是兼顾法律规定和历史的实际,并提供了大量具体的史料。

蒙森并不是一个纯粹的书斋学者。他亲自参与过1848年革命,并因此受伤。他支持什勒斯维希-霍尔斯坦因(Schleswig-Holstein)加入德意志,且编辑过报纸。他尤其希望德意志能够统一,为此他甚至认为,可以为了统一牺牲个人的某些权利[25]。但蒙森骨子里是一个自由主义者,因此当德意志在俾斯麦(Otto von Bismarck)的铁血政策主导下走向统一、国家权力日益强化时,蒙森感到越来越不自在,不仅与俾斯麦发生公开冲突,也与特赖奇克(H. von Treitschke)等反犹主义者论战,希望确保德国的法制和公民的基本权利。如他晚年在《政治遗嘱》中所说,"在我

---

22 金寿福:《蒙森与德国的古典学》,《史学理论研究》2015年第3期。
23 转引自 Karl Christ, *Römische Geschichte und deutsche Geschichtswissenschaft*, p. 61。
24 Theodor Mommsen, *Römisches Staatsrecht*, Dritter Band, I. Abtheilung, Leipzig: Verlag von S. Hirzel, 1887, pp. 54-88.
25 Karl Christ, *Römische Geschichte und deutsche Geschichtswissenschaft*, p. 59.

的灵魂深处并且依我的良知而言,我一直是一个政治动物并试图当好一个公民。这一点在我们这个国家里做不到,因为每一个个体,不管他多么优秀,他都无法摆脱必将沦为一个零件并陷入盲目政治崇拜的命运。我与我所属的民族之间有着隔膜,由于这个原因,只要有可能我就尽量不出现在公众面前,他们不值得我尊重。我希望即使在我死后我的个性也与他们毫无瓜葛"[26]。对德国统一的渴望,对政治自由主义的信仰,以及兼跨多个学科的治学方法,都深刻影响了他对罗马人民政治作用的判断。

对蒙森而言,罗马史并非罗马城的历史,而是意大利的历史。"虽则在公法的形式上看,罗马的公民群体先是获得了意大利的主权,之后是世界的主权。但这样的看法无法表达历史更高的和真实的意义。寻常所谓罗马人征服意大利,毋宁说是把意大利所有民族统一成一个国家。"[27]所以,任何有助于罗马统一意大利的行动,都是值得肯定的。在罗马走向强大的过程中,早期平民与贵族的冲突至关重要。如尼布尔一样,他认为第一批平民是贵族的门客,后来外来移民、解放自由人的后代等陆续加入平民队伍。随着时间的推移,他们与贵族之间的联系日益松弛,成为自由的客民,"自由客民既不若从前有特殊的感觉,便情不自禁地感到他们在政治上受到轻视"[28]。王政时代,因所有人都是国王的臣民,这种区别不足以导致政治冲突。但到共和国时代,平民承担了纳税和服役的责任,在享有主权的公民大会上获得了表决权并受到上诉权的保护,却受到高利贷和债务的压迫,且无权使用公有地,迫使平民起而与垄断权力与土地的贵族或者老公民斗争。从公元前5世纪初到前3世纪,平民赢得了一系列政治和社会权利,但并未从根本上解决平民经济上的困难。只是由于罗马从公元前5世纪起连续取得战争胜利,建立大量殖民地,"农业无产阶级的一部分因此得到自由农庄,而留在本国的也因为人口外流,痛苦得到减轻"。罗马收入的大规模增加造成的捐税减免和利率

---

[26] 转引自金寿福:《蒙森与德国的古典学》,第55页。
[27] Theodor Mommsen, *History of Rome*, vol., 1, translated by Charles Dickinson, London: Richard Bentley, 1864, p. 7.
[28] 蒙森:《罗马史》第1卷,李稼年译,商务印书馆,1994年,第81页。

下降,使中产阶级人数得到加强。"农人的痛苦虽然绝未根除,痛苦之源更未杜绝,可是,到了本时期末年(即公元前3世纪),罗马中产阶级所受的压迫,整个看来,却比国王被逐后第一世纪的压迫要少得多。"[29]

表面上看,李锡尼-塞克斯图法案(Lex Licinia Sextia)通过后的罗马共和国,随着高级官职对平民开放,平民加入罗马公民团体,基本实现了自由以及平等。"用法律的眼光来看,扩大的公民群体中并无武断的差别。年龄、智力、教育和财力的不同在公民社会中必然造成不同层次的等级。这种不同层次的等级又必然支配着公共生活,可是公民的精神和政府的政策稳定地产生作用,使这些分野尽可能显露得少些。整个罗马体制都在于把市民训练成中等人才,而不想让上智的天才得到发挥。""罗马是一个纯粹的农人社会,拥有整份胡弗地产的富人,外表上与住小茅舍的贫农无甚差异,而且与他们平等地交往。"[30]

然而,蒙森并不只关注法律规则。作为史学家,他从共和国实际的政治运作中,注意到贵族与平民的所谓平等只是形式上的。法律上,社会下层人士可以担任高级官职,但真正能够达到高位的,始终是例外,"各阶级的形式平等只改变了贵族,新统治阶级不仅继承了旧贵族,而且与它成为连理枝,最密切地生长在一起"。公民表面上的重要性增加了,但公民团体的重要性下降了,罗马疆域的扩大让很多人无法出席公民大会,能够出席公民大会的是少数住在罗马的人;公民大会的权力有所扩张,但会议的决定仰赖于主持会议的官员,公民大会很大程度上变成了主持者的工具;罗马缺乏人民领袖,会议上不存在辩论,保民官变成元老院制约官员、控制公民的工具。最后的结果是元老院窃取了罗马共和国的权力,"公民的自由行动被遏制和限制,官员被降格为他的行政执行人和会议主持人"[31]。

因此,"贵族的覆亡绝未使罗马共和国脱去其贵族政治的性质"。

---

29 蒙森:《罗马史》第2卷,李稼年译,商务印书馆,2004年,第55页。
30 蒙森:《罗马史》第2卷,第56—57页。胡弗(Hufe)是德国中古时期的土地计量单位,大小因地而异,约7—15公顷不等。
31 Theodor Mommsen, *History of Rome*, vol., 1, pp. 393-394, 410.

李锡尼-塞克斯图法案的结果,不过是册封了又一批贵族,因为那些与贵族一样能够取得执政官等高级官职的平民家族,一旦取得与旧贵族平等的权力,立刻与旧贵族融合为一个整体,罗马政治于是回到原点:"罗马不仅有了官职贵族和世袭的贵族阶级——二者实未尝绝迹——而且又有了一个世袭掌权的显贵阶级。"他们构成了元老中的特权等级,左右着元老院的议事和表决。骑士阶级的兴起,使他们在公民大会中享有特权地位。总体上看,"在这种政治地位——以元老院、骑士阶级和监察官之职位基础——显贵阶级不但能大致霸占政府,而且能按他们自己的意旨改造宪法。"[32] 即使公元前241年以后对百人团会议进行的改革,也未能触动他们的统治地位。

在这样的框架下,平民与贵族之间的鸿沟日益扩大。平民的人数有很大增加,且第一等级财产资格不断降低,几乎所有公民都获得了平等的投票权,但公元前3世纪及以后,人民的政治作用反而越来越小,有限的作用还不能正常地发挥,因为罗马公民居住在从波河流域到意大利中部的广大地区,许多人既无法出席公民大会以行使公民权,即使偶尔出席,也"没有地方的联络,也没有内部的团结,自不复能受具体的指导,也不复能有满意的事先商议,因为表决之前没有自由讨论,人们必更感到这种不便"。罗马征服的进展和帝国的获得,强化了公民大会无能的一面,"在一切超过市政事务的层面上,罗马公民大会是个幼稚甚至愚蠢的角色。通常人民站在会场,对于一切议案无不赞同;遇有例外情形,他们情不自禁地拒绝认同……可是也得到可怜的结果"。对罗马来说不幸的是,掌握权力的世袭显贵,以及拥有表决权的人民,在汉尼拔战争后,面对迅速扩张的帝国,都快速腐败。前者腐败是因为世袭权力,不愿再受限制;后者腐败,则因凡发动革新者,必须求助于公民,但能够出席公民大会的,只是罗马城的富人和他们的门客,以及数量众多的无产者。因此,蒙森并不认为共和国的衰落始于格拉古兄弟改革,而是始于人们通常所说的共和国盛期,即公元前3—前2世纪。"问题不在这建筑是否将倾,而在这建筑何日将倾。在形式上,任何时期的罗马政体都未犹如自

---

[32] 蒙森:《罗马史》第3卷,李稼年译,商务印书馆,2005年,第275、277、281页。译文略有改动。

西西里战争至第三次马其顿战争和以后三十余年间那样稳固的；可是政体的稳固却不是国家健康的表征，而是初期疾病的征候和革命的前驱。"[33] 也正是在这个意义上，蒙森对恺撒的独裁和改革寄予深深的同情，并做出了高度评价。

格尔泽尔和塞姆：人民——精英庇护网络中的小人物

无论是在尼布尔还是蒙森笔下，罗马政治虽是贵族政治，但普通平民仍能够发挥一定作用，是共和国制度中一个必需的角色。然而，蒙森博大的学问使得从制度和法律角度分析罗马政治的做法似乎走到了尽头，他广泛使用近代术语讨论罗马史的做法，一方面让罗马史变得更加生动和易于理解，另一方面也存在把古代历史现代化的危险。这也意味着，要想在罗马共和政治研究中取得突破，必须寻求新的路径。

1912年，当瑞士人格尔泽尔（Matthias Gelzer）以德文发表他刚过100页的小书《罗马共和国的显贵》时，年仅26岁，甚至还没有拿到大学的全职教授职位。该书出版之初，不管是在欧洲大陆上还是在英美古典学界，都没有引起多大反响。一位评论者只是简要介绍了它的主要内容，给了一个"有趣且富有指导意义"的大而化之的评语[34]。在他之后出版的闵采尔（Friedrich Münzer）的《罗马贵族党派与家庭》，虽然作者的名气更大，并且把格尔泽尔一书中20多页的论述变成一部400多页的大书，但当时也未能引起特别大的反响，在方法论和观点上尤其如此。格尔泽尔对该书的评价虽然颇高，认为以后任何研究罗马共和国政治的人都必须阅读该书，但他那时仍是一个年轻人，而且他不断在书评中暗示，该书不过是证实了他自己在《西塞罗时代的罗马社会》那篇文章中已经提出的结论[35]。《剑桥古代史》

33　蒙森：《罗马史》第3卷，第299、316页。
34　引自Robin Seager, "Introduction", in Matthias Gelzer, *The Roman Nobility*, translated by Robin Seager, Oxford: Basil Blackwell, 1969, p. xi。
35　Matthias Gelzer, *Kleine Schriften*, Band 1, Wiesbaden: Franz Steiner Verlag, 1962, pp. 196-197.

第一版有关罗马的各卷,至少从基本内容看,没有任何格尔泽尔和闵采尔路径的痕迹。直到第二次世界大战前夕,尤其是塞姆(Ronald Syme)《罗马革命》的出版,才使得格尔泽尔和闵采尔的著述广为学界所知,并被奉为"现代罗马贵族观念的发端,鲜明地与蒙森统治的19世纪学术决裂"的人物志[36]流派形成的标志,进而左右了20世纪中期的罗马共和政治研究[37]。从这个意义上说,该书的确是一场学术革命的转折点,打开了罗马史研究从19世纪通向20世纪的大门。

格尔泽尔第一个偏离蒙森之处,是对"显贵"更严格的定义。蒙森的确意识到元老地位不平等,但他认为显贵阶级包括市政官以上的元老,相对宽泛。格尔泽尔则指出,罗马统治阶级一律出自最富有的18个骑士百人团,所有军官和官员都从他们当中产生,普通士兵在军队中能够担任的最高官职,不过是百人团队长而已。在罗马制度下,由于进入元老院的资格是曾经担任过官职,因此只有骑士中那些担任过某种高级职务的人有资格进入元老院,再由他们构成罗马共和国的元老等级。这个集团本来就范围狭小,仅限罗马公民的上层,但在元老院中真正发挥作用的,只是那些担任过执政官、军政官或独裁官等高级官职的人,或者那些祖上出任过这些高级官职者的后代。他们构成了元老中一个特殊的、更狭小的阶层——显贵(nobility)。然而显贵阶层并非铁板一块,内部还有所谓"最显赫的人"(clarissimi)、"公民领袖"(Principes Civitatis)等最有权势的人。构成执政官顾问团的,往往是最后这两类人。格尔泽尔详细列举了公元前366年以来罗马显贵垄断执政官职位的情况。他提供的清单

---

[36] Prosopography 系以显赫人物之间的关系为中心考察罗马历史的一种方法,第一部有影响的集体著作是蒙森主持的《罗马帝国人物志》,著名的《保利-维苏瓦古典研究百科全书》包含大量人物辞条。该词译名并不统一,有学者译为"谱牒研究"或"群体人物传记"等。关于《罗马帝国人物志》的编纂,见王忠孝:《〈罗马帝国人物志〉与罗马人物志研究》,《西方古典学辑刊》第1辑,复旦大学出版社,2018年,第265—279页。

[37] 有关格尔泽尔及其学术的介绍,见 J. P. V. D. B., "Obituary: Matthias Gelzer", *The Journal of Roman Studies*, vol., 64 (1974), p. 221; H. Strasburger, "Matthias Gelzer", *Gnomon*, Band 47, H. 8 (Dec., 1975), pp. 817–824; T. R. Ridley, "The Genesis of a Turning-Point: Gelzer's Nobilität", *Historia*, Band 35, H. 4 (4th Qtr., 1986), pp. 474–502; Christian Simon, "Gelzer's 'Nobilität der römischen Republik' als 'Wendepunkt': Anmerkungen zur einem Aufsatz von R. T. Ridley", *Historia*, Band 37, H. 2 (2nd Qtr., 1988), pp. 222–240。

表明，在一个特定时期，能够在共和国政治中扮演决定性角色的，不过十余个家族而已。显贵中偶尔会出现新人，而且考虑到某些贵族家族的衰败，显贵也必须吸纳新人，但新人数量太少，从公元前366年到公元前1世纪末，不过15人前后24次出任执政官而已。据此，格尔泽尔顺理成章地得出了如下结论：

> 在罗马，就记忆所及，显贵是所有那些曾经担任过最高官职的人——独裁官、执政官或者是有执政官权的军团长官——的后代。这些后代的全体得到了显贵的集体称号，自公元前366年以降成为罗马的贵族，即元老阶层的上层。作为他们高贵的创建者——那些家族中第一位出任执政官的人——杰出和美德的继承人，这些家族认为他们较任何其他家族都更有资格占据最高官职，也被那些选举他们的人民认可。同样的观念造成了下述愿望：对他们的圈子的补充——因为严重的资源消耗使补充成为必须——应局限于元老之子。由于他们父辈的经验，正是他们最接近执政官的家族。骑士出身的人，即"公职圈子的新人"，能获得执政官职位的非常少。在这个意义上，显贵统治着罗马共和国。[38]

如果格尔泽尔只是证明显贵统治着罗马共和国，那他和蒙森之间的差别，不过是贵族圈子大小的问题。格尔泽尔显然不满足于此，在该书第二部分，他集中力量讨论了显贵控制罗马的社会基础，即显贵垄断权力的基本手段。他抛弃了蒙森所谓民主派和寡头派的概念，致力于从个人、家族等方面说明罗马政治的变化。在他看来，罗马显贵不代表任何阶层或者社会集团，只有个人和家族，政治活动的基本目的是提升个人和家族的地位。政治资源因此具有强烈的个人和家族色彩，主要手段是庇护关系，包括通过司法诉讼庇护其他显贵或者新人，为自己赢得支持，或者庇护非罗马人共同体，同时需要通过政治友谊、财政上帮助朋友以及个人拉帮结派等手段，建立起遍及

---

[38] Matthias Gelzer, *The Roman Nobility*, pp. 52–53.

罗马的关系网,以在激烈的官职竞争中赢得选举。他最后的结论是:

> 全体罗马人民,包括统治集团和他们统治的普通选民,作为一个社会,浸没在以忠诚和个人关系为基础的多重关系之中,庇护关系的主要形式,是法庭中的荫庇和对共同体的荫庇,以及政治友谊和经济义务。这些关系决定了政治权力的分配。要维护自己的权利,公民和臣民都必须寻求强权人物的保护,初入政治圈的人需要一个强有力的保护者以获得升迁。政治权力以元老院成员资格为基础,元老院由人民选举的官员组成,因此最强大的人是能够通过门客和朋友动员最大数量选民的人。政治权力在贵族家族中世袭的性质,源自显贵(最成功的政治家的后代)的特点。政治生活的动力集中在他们手里,政治斗争是显贵率领他们的依附者进行的争斗。不管这些依附者是如何获得的,也不管斗争在哪个领域以何种方式进行,都毫无区别。在此过程中,如果偶有新人走上前台,总体图景并无变化。老旧的罗马道德的约束,轻松地被时髦的希腊化的观念超越。对个人权力无限制的追求不断给政治领袖们创造着日益增大的目标。那场巨大冲突的结局,是反对者或者被消灭,或者完全筋疲力尽,拜倒在唯一胜利者的脚下,于是显贵的统治让位给了绝对君主的统治。[39]

必须承认,格尔泽尔将蒙森对罗马统治阶级的分析大大推进了一步。在蒙森那里比较笼统的元老院和高级官员,在格尔泽尔这里有了非常具体的分层:低级元老和高级元老,高级元老还细分为若干更有权势的集团。他还分析了罗马少数显贵如何控制庞大公民人口的具体路径。另一方面,在他的这套分析模式中,蒙森认为,应当对罗马的强大和共和国后来灭亡至少需要部分负责的罗马人民,几乎彻底从罗马历史中消失。如果他们仍有某些作用,那就是通过他们的选票,而且很大程度上是已经被预定的选票,让显贵阶层的权力获得合法性。在显贵阶级的网络中,所谓的人民最多是被动员和操

---

[39] Matthias Gelzer, *The Roman Nobility*, p. 139.

纵的对象，不可能有任何政治主动性，当然也不可能对政治施加任何直接的影响。罗马共和国的历史，变成了罗马统治阶级的历史。

格尔泽尔的方法，很可能启发了对人物志研究非常有兴趣的闵采尔，或者说他们相互启发[40]。闵采尔曾是格尔泽尔在巴塞尔求学时的老师，而且少年成名，已经为当时著名的《保利-维苏瓦古典研究百科全书》撰写了大量人物词条，在此基础上，他于1920年出版了《罗马贵族党派与家庭》[41]。虽然格尔泽尔在写作《罗马共和国的显贵》时曾40多次引用上述词条，而且绝大部分情况下持肯定态度，但有意思的是，格尔泽尔并不太情愿承认闵采尔是自己的老师[42]。另一方面，闵采尔在自己的书中倒是反复征引格尔泽尔的著作。两人的结论也的确比较接近：从公元前4世纪起，显贵就已经掌握了罗马政治。只是闵采尔仍承认，在共和国时代的罗马，"冲突主要发生在贵族和平民之间，它们是最古老的党派。可是，党派内部孕育着新分裂和联合的种子，它们不断地变化，在每一代人里，在不同情况下都会出现冲突。在数百年里，罗马的发展一般来说是稳定的和不间断的，没有暴力，并且是通过合法渠道进行的，原因正在于我们常常没有意识到它"[43]。但这里的平民并非全体平民，而是平民中的显赫富有之家。所以，闵采尔关注的，也是统治阶级内部的分裂与联合，并且主要以家族为中心。但闵采尔的一个重大贡献，是把意大利贵族纳入视野之内，详尽梳理了公元前4世纪中期以来贵族家族之间的分合，以及他们在选举中发挥的决定性作用[44]。无论如何，在闵采尔笔下，如同在格尔泽尔那里一样，罗马共和国政治只是贵族的游戏，与民众无关。

闵采尔的著作被视为半个多世纪以来罗马共和国政治史领域最重要的著作，尤其直接启发了英国学者塞姆。在1939年出版的名作《罗马革命》中，塞姆非常明确地宣布："本书对罗马政治本质的理解

40　R. T. Ridley, "The Genesis of a Turning-Point", pp. 476–478.
41　参见 Matthias Gelzer, *Kleine Schriften*, pp. 196–197。
42　在入选柏林科学院院士的演说中，格尔泽尔提到自己的老师时，仅仅提到维尔肯等人，未提及闵采尔。见 R. T. Ridley, "The Genesis of a Turning-Point", p. 476。
43　Friedrich Münzer, *Roman Aristocratic Parties and Families*, translated by Therese Ridley, Baltimore and London: The Johns Hopkins University Press, 1999, p. 5.
44　Matthias Gelzer, "Friedrich Münzer in memoriam", *Historia*, Band 2, H. 2 (1954), p. 379.

显然受到了闵采尔的深刻影响与指导,如果没有参考他对罗马共和国时期家族历史的研究成果,这本书恐怕根本无法写出。"[45]不仅如此,闵采尔的著作还成为塞姆在诸多具体问题上的参考资料。塞姆本人的论述,较之闵采尔更为集中:公元前60年到公元14年,即从前三头结盟到奥古斯都去世止的罗马史。他的核心也是要说明罗马政治的寡头性质。用他自己的话说:

> 本书的主题是公元前60—公元14年罗马政治与社会的转型过程,叙述中心为奥古斯都的崛起及其统治的建立(公元前44—前23年,第7 23章)……然而,本书的重点并不在于分析奥古斯都的性格与举止,而在于研究他的追随者和党羽。因此,寡头统治集团的构成是这部政治史的主题和衔接共和国与帝国的纽带:无论政权采用何种名目与理论体系,寡头统治集团都是真实可感的要素。
>
> 在任何时代,无论政府的组织形式和名称是怎样的,无论它属于君主制、共和制还是民主制,都需要一个寡头集团在幕后进行统筹;而且罗马在共和国和帝国时期的历史都是统治阶级主导的历史。我们可以在奥古斯都建立的共和国的官员和掌权者中再次辨认出革命年代的将军、外交家和财阀;他们更换了制服,但仍是同一批人。[46]

作者给自己规定的任务,决定了该书基本的立场和方法。他利用共和国末期丰富的史料,详尽勾勒出庞培、恺撒、安东尼、屋大维等主要政治领袖如何利用自己的权势,通过庇护关系构建自己的党派,进而掌握罗马共和国政权的进程。再次引用他自己的话说便是:

> 罗马政治最重大的一些变化是几个家族或几个人共同完成的。

---

45 塞姆:《罗马革命》上册,吕厚量译,商务印书馆,2018年,第3页。
46 同上书,第1、17页。

> 在罗马共和国历史上的任何一个时代,都有二三十个人(他们来自十余个显赫家族)垄断着官职与权力……尽管寡头集团的人员构成会随着罗马国家的发展而逐渐变化,但寡头政治的特征与运作方式的改变却微乎其微。[47]

易言之,共和国和元首制,不过是换了个名目,本质上都是少数寡头分子的操纵。在这样的框架下,人民在罗马共和国政治中没有任何地位,他们即使出场,就相关政策进行投票,那也是在寡头集体的引导下进行的,不可能真正表达自己的立场。相反,由于庇护关系盛行,统一的罗马人民群体根本就不存在,所存在的只是贵族家族的门客和追随者,相关的投票也按照这些政治巨头们的安排进行。所以,"罗马共和国——罗马人民的公共财产(res publica populi Romani)自始至终都是一个空洞的名号。社会的等级制度仍旧存在于罗马城内,并支配着一个庞大帝国。贵族家族主宰着罗马共和国的历史,为其中的每个时代来命名"[48]。共和国的历史必然是统治阶级而非人民的历史。

格尔泽尔和塞姆的研究,基本确立了20世纪中期罗马共和国史研究的观点和方法。塞姆之后,斯卡拉德(H. H. Scullard)、贝狄安(E. Badian)、范德布鲁克(Paul J. Vanderbroeck)、格律恩(Erich S. Gruen)、沙慈曼(Israël Shatzman)、怀斯曼(T. P. Wiseman)等在共和国史的某些方面,例如显贵如何控制非罗马人共同体、共和国最终瓦解的年代和表现、显贵如何动员支持者、显贵家族的财富及其在政治领域的使用、元老院中新人的数量和比例等方面做了更加具体和深入的讨论。[49]虽然在一些具体问题上,这些著述会稍许偏离格尔泽尔

---

[47] 塞姆:《罗马革命》上册,第26、34页。
[48] 同上书,第18、25页。
[49] H. H. Scullard, *Roman Politics 220–150 B. C.*, 2nd ed., Oxford: The Clarendon Press, 1973; E. Badian, *Foreign Clientelae (264–70 B. C.)*, Oxford: The Clarendon Press, 1958; Paul J. Vanderbroeck, *Popular Leadership and Collective Behavior in the Late Roman Republic (ca. 80–50 B. C.)*, Amsterdam: J. C. Gieben, 1987; Erich S. Gruen, *The Last Generation of the Roman Republic*, Berkeley and Los Angles: University of California Press, 1974 (paperback ed., 1995); Israël Shatzman, *Senatorial Wealth and Roman Politics*, Bruxelles: Latomus, 1975; T. P. Wiseman, *New Men in the Roman Senate 139 BC–14 AD*, Oxford: Oxford University Press, 1971.

等的路径,但几乎毫无例外地都把罗马民众视为统治阶级操纵的工具,否认他们对共和国政治施加过真正的影响。

从布隆特到米拉:罗马人民重回政治视野

以塞姆等为代表的人物志研究,几乎把全部精力都放在了统治阶级的构成与活动上,他的学生贝狄安甚至声称,"罗马共和国研究——相当程度上罗马帝国研究——本质上不是它的经济发展,也非它的大众,甚至都不是那些伟大的个人,而主要是统治阶级研究"[50]。不可否认,人物志研究推进了我们对罗马统治阶级,尤其是罗马高层政治生活实践的理解,赋予罗马共和国寡头政治的标签以具体的内涵,具有非常重要的意义。然而,如西塞罗所说,罗马共和国至少名义上是人民的事务或财产,共和国的制度安排中,如波利比乌斯所说,有人民的成分,罗马的主权,至少在法律上属于人民,因此,完全忽视人民的作用,意味着抛弃了公民的大多数。此外,部分学者过分热衷于探讨统治阶级不同家族、不同人士之间的关系,机械地搬用人物志方法,忽视了共和国制度安排在政治生活中的价值,还有个人政治信仰以及他们背后所依靠的政治力量的作用。更重要的是,对人物关系的着迷,使学者们忽视了罗马史上诸多重要的选题,如罗马的社会结构、经济特征、社会冲突和制度背景等更加根本的方面,也忽视了一些重大历史事件背后更重要的社会力量,政治变成了个人之间的勾心斗角与争风吃醋。易言之,人物志研究将政治斗争最根本的目标,即不同阶层和群体利益的纠葛甚至冲突及其解决,置于完全个人的层面上[51]。因此,从20世纪70年代起,随着社会经济史研

---

[50] E. Badian, *Roman Imperialism in the Late Republic*, 2nd ed., Oxford: Basil Blackwell, 1968, p. 92.
[51] 典型的是对提比略·格拉古改革的处理。在塞姆看来,提比略改革就是少数人的冒失和非法行为。提比略进行改革当然有个人动机,但不能据此否认他试图面对的是真正的社会问题。正如莫米利亚诺意识到的,"革命很难从领袖那里获得解释,对领袖的研究是必须的,但领袖研究本身是不够的"。见 Arnaldo Momigliano, "Ronald Syme, *The Roman Revolution*", *The Journal of Roman Studies*, vol., 30, part 1 (1940), p. 78。

究的深入和马克思主义影响的扩大,学者们的取向日渐改变,强调在史学研究中应从下向上看。这不可避免地波及罗马史研究,表现之一是普通罗马人重回共和国政治舞台。最初的表现是牛津大学古代史教授布隆特(P. A. Brunt)的《罗马共和国的社会冲突》。

在该书的《序言》中,布隆特直接宣布,他对统治阶级之间的私人关系不感兴趣:

> 这本小书不是共和国时代罗马内政的通史,主题在书名中已经做出限定。它关注的是社会中等级和阶级之间产生的冲突,因此,它很少讨论分裂统治阶级本身的帮派(factions)——在我看来,帮派没有那么协调和持久,也远比人们现在普遍认为的要难于识别,本书讨论强权人物野心和计谋的篇幅,以追寻社会冲突的必要性为标准。[52]

基于此,《罗马共和国的社会冲突》用两章勾勒了罗马扩张及其对罗马国家内部结构的影响,以及意大利一般的经济状况,接着是政治制度的发展,包括门客体系的运作、显贵的特点以及政制原则及其变迁。在概述共和国的基本制度背景后,他认为人民名义上享有主权,但表达主权的公民大会非常不民主:

> 人民只能在某个高级官员召集时才能集会;只能就他提交的建议进行表决;从他提供的候选人名单中挑选;对他提议的法律,只能表示赞同或者否决,根本没有可能修改。罗马会有提前的辩论,但除非召集会议的官员邀请,否则任何人不得发言,虽然其他官员也可能召集会议进行讨论,并征询不同人士的意见。[53]

此外,在公民大会中,富人占据优势。他以百人团大会为例,指

---

[52] P. A. Brunt, *Social Conflicts in the Roman Republic*, New York: W. W. Norton and Company Inc., 1971, preface.

[53] P. A. Brunt, *Social Conflicts in the Roman Republic*, p. 46.

出集体投票制使第一等级的富人占据了百人团大会的多数，无产者尽管人数众多，却只有一票，而且可能从无投票机会。即使这样一个不够民主的公民大会，也很少召开。在元老院中，领袖更加重要。加上财富主要集中在贵族手中、高利贷盛行，平民的斗争，尽管背后肯定有平民中的富人支持，却有充分的理由。平民的胜利，使得"罗马如今形式上更加民主了，但公民群体的广大和社会惯于服从的特点，一般使得他们在实践中发挥不了作用"。新崛起的显贵中，只有少数富有的平民能够加入，社会的等级制没有本质改变，相反，由于富有平民的脱离，此后平民更加难以找到领袖发起斗争了。所幸罗马的扩张以及殖民，一定程度上缓解了平民的不满[54]。

早期罗马平民贵族冲突的解决方式，导致罗马扩张的主要收益归于贵族，并被贵族用来扩大自己的实力，进而造成共和国末期的社会冲突。"帝国的收益使上层阶级进口成千上万的奴隶、全套的希腊艺术品、各种各样的奢侈品，并且购买土地，用于放牧牲口或者改造成瓦罗（Varro）喜欢的橄榄园。"虽然在古代社会，财产分布不均是常态，由此导致富人剥削穷人以及社会分裂也并不稀奇，但"使罗马与众不同的，既不是经济不平等，也不是剥削，而是两者都规模庞大。无论对此进行道德谴责是否恰当，但事实在历史上极其重要，因为革命就是从大众的贫穷和仇恨中产生的"[55]。

正是在这个层面上，布隆特为共和国末年的社会冲突注入了与蒙森和人物志派都不同的内容。对蒙森而言，共和国末年的罗马人民不过是城市流氓无产者；对人物志派学者而言，共和国末年的冲突是统治阶级内部的争权夺利，民众如果存在，也是被操纵的对象。布隆特则认为，罗马人民在共和国末年的行动，甚至所谓罗马暴民的某些行为，都有深刻的社会和经济根源。在他看来，统治着罗马共和国的是元老院中的少数元老，罗马人民理论上拥有主权，但是，"在罗马，政制中有太多的制衡，实践中的运作都有利于统治阶级。改革者必须使用暴力，至少要创造让元老院害怕的使用暴力的状况，这是罗

---

[54] P. A. Brunt, *Social Conflicts in the Roman Republic*, pp. 58–59. 这段评论与前文第183页引用的蒙森的话非常接近。

[55] P. A. Brunt, *Social Conflicts in the Roman Republic*, pp. 40–41.

马有利于暴力成长的第一个因素"[56]。罗马城大约百万的人口中,除奴隶和少数富人外,绝大部分是生活悲惨的贫民。"他们天然倾向于响应那些承诺改善他们状况的政客,对那些基本不关心他们利益的上层阶级,他们会爆发敌对情绪(尽管只是间歇性的)。"[57]所以无论是格拉古兄弟的改革,还是恺撒等赢得的支持,都有着深厚的社会基础。他承认提比略·格拉古提出土地法案时可能有私心,但反对将其政策归于纯粹的私心:格拉古关注的是社会问题,是罗马公民的贫困化、奴隶制地产的增长和罗马公民脊梁——农民——的衰落,因此"主要用帮派敌对的话语解释公元前133年的危机,是根本的误解"[58]。在关于共和国末年罗马暴民的文章中,布隆特以确凿的史实证明,在绝大多数场合,首先使用暴力的并非贫民,而是统治阶级,他们太热心于维护自己的利益。基于这样的论述,共和国末年罗马政治暴力的根源,恰恰在于统治阶级对民众的漠不关心。共和国的垮台,也源自统治阶级的贪婪:他们的"贪婪体现在大众的贫穷和不满,对此撒鲁斯提乌斯(他不同于西塞罗)有敏锐的认识,正是在不满的语境中,马略和苏拉、庞培和恺撒之类人物的野心,会摧毁已经建立的秩序"[59]。他否认共和国末年的罗马贫民只靠国家养活,认为他们大多需要工作以养家,并且抨击罗马显贵面对共和国末年罗马的多种社会矛盾无动于衷,导致行省、意大利人和罗马公民普遍的不满,进而造成了共和国的崩溃[60]。

布隆特的看法,在芬利(M. I. Finley)和德圣克鲁瓦(G. E. M. de Ste. Croix)那里获得了认可。芬利借用了他在分析古代经济时抛弃的马克思的阶级概念,从亚里士多德等的论断出发,承认古代城邦公民分成两个明显的阶级:富人和穷人。在列举了罗马共和国多种不利于民众参与的障碍后,芬利指出,罗马人民几乎不可能通过正常的途径对政治施加影响,公民大会的作用非常有限。他认为:

---

[56] P. A. Brunt, "Roman Mob", *Past and Present*, No. 35 (Dec. 1966), p. 8.
[57] P. A. Brunt, "Roman Mob", p. 11.
[58] P. A. Brunt, *Social Conflicts in the Roman Republic*, p. 77.
[59] P. A. Brunt, *Social Conflicts in the Roman Republic*, p. 76.
[60] P. A. Brunt, *The Fall of the Roman Republic and Related Essays*, Oxford: The Clarendon Press, 1988, pp. 23-41, 68-81, 240-276.

当候选人或即将表决的提案只由寡头们挑选审查,当执政官和副执政官的选举以及宣战权掌握在公民大会即百人团大会手中——其中下层阶级的百人团甚至很少被召来投票——之时,如果我们说罗马人民不是通过对正式的政府机制的参与,通过其投票权来施加影响,而是通过上街、骚动、游行和暴乱来发挥影响,也许离真相不远。在内战那个世纪的黑帮与私兵之前很久,罗马政治就已经如此。[61]

他认为,早期罗马平民的撤离,很可能就属于这样的骚动。罗马不断的扩张,尽管表面上表现为精英阶级内部对荣耀和权力的争夺,"但我确实认为,在讨论的问题事关战争或帝国时,雅典的移民点和罗马人称为'公有地'的东西从不曾远离公民们的意识"[62]。对芬利而言,罗马人民的利益诉求固然只能通过非政治的暴力手段来实现,但他们的压力仍是共和国政治中一个不可忽视的因素。

德圣克鲁瓦是西方少有的主张以阶级斗争解释历史发展的古史学家。他同样不赞成从个人动机来判断共和国末年罗马的社会冲突,而主张从阶级利益来判定人民对政治和历史的影响。他承认罗马平民中有富人,但认为平民大众之所以支持那些富人,是希望从平民领袖那里得到更好的对待;法律上,平民希望公布成文法,并获得上诉权,以对抗贵族官员的权力;经济上,平民希望能够缓解严厉的债务法,分配土地和减轻兵役。他否认骑士和元老之间存在本质差别,承认罗马政制中包含民主因素,但寡头因素实际上要强大得多,这导致政制的总体特点是寡头制的。"罗马较为贫穷的阶级犯了一个致命错误:在罗马国家仍然够小,因而城邦类型的民主政治(如果我可以那么叫的话)在实践中有可能性时,他们未能追随在如此众多的希腊人国家中较为贫穷的公民的榜样,要求扩大和提高政治权利,创建一个民主社会。"[63] 对于共和国末年的社会冲突,他赞同布隆特的

---

61 芬利:《古代世界的政治》,晏绍祥、黄洋译,商务印书馆,2015年,第115页;芬利:《古代经济》,黄洋译,商务印书馆,2020年,第xxi页。
62 芬利:《古代世界的政治》,第144页。
63 G. E. M. de Ste. Croix, *The Class Struggle in the Ancient Greek World*, London: Duckworth, 1983, p. 340.

结论:"他们个人的动机或许难以确定,但较之他们可以利用的真正的不满而言,没有那么重要。"共和国末年的所谓人民派(populares),尽管动机和成分非常多样复杂,对危机根源的认识也相当不同,但他们有一个共同点:利用当时人民对掌权的寡头的不满,因而不断提出这样那样的土地法,给穷人低价或免费提供粮食,减免债务,捍卫政制中的民主因素。因此,在政治领域的阶级斗争中,他们成了领袖,以对抗统治阶级的贪婪和对民众利益的冷漠。大量的证据表明,许多贫民的确认为这些人是他们的领袖,并且支持这些统治阶级中的异类[64]。从这个意义上说,共和国末年罗马的民众具有重要的政治意义,尽管这个意义是被动的。

1984年起,弗古斯·米拉(Fergus Millar)连续发表四篇文章,后来还出版了两部著作,即《晚期共和国罗马的大众》和《政治思想中的罗马共和国》,试图借用波利比乌斯有关混合政制的理论,重新论证罗马人民即民主因素在共和国政治中的积极作用[65]。他发展了布隆特的观点,指出庇护关系不可能作为理解罗马政治过程的钥匙。首先,罗马公民集体太大,此类制度不可能有效发挥作用。人民不仅仅是显贵或帮派的工具,也不是被动的看客,而占据了舞台的中心,那些期望获得官职的人需要为讨好人民而竞争。其次,罗马公民集体直接就立法进行投票,选举所有一年一任的政治和军事官员,在百人团大会和部落大会组成的人民法庭中判决案件。所以罗马共和国的主权至少在理论上属于罗马公民集体,投票本身决定着贵族的政治生命,迫使统治阶级不能忽视民意,且共和国末年,罗马人民的确通过了许多元老院不赞同的法律。最后,就政治运作来说,罗马政治在露天广场进行,实践的核心不是贵族对依附者进行庇护,并把自己的意志强加到后者头上,而是演说家在罗马广场对大众发表演说,其余的人民就立法和国家重大事务投票。他否认同盟者战争授予意大利人公民权严重影响共和国政治的运作,强调消息在意大利传播的

---

[64] G. E. M. de Ste. Croix, *The Class Struggle in the Ancient Greek World*, pp. 350–359.
[65] 关于米拉一生著述和学术思想的长篇评论,见王班班:《从挑战者到拓荒者——弗格斯·米勒的罗马史研究历程(上)》,《西方古典学辑刊》第3辑,复旦大学出版社,2021年,第233—249页以及本辑第256—271页《从拓荒者到引路人——弗格斯·米勒的罗马史研究历程(下)》。

迅速和人民对罗马政治的熟悉。他还以西塞罗为例,说明当时的演说家们非常注意争取舆论,而且总是担心对手对舆论的操控。总之,波利比乌斯关于人民作用的观点是正确的,而他的现代批评者们错了[66]。

从这个立场出发,米拉重新评估了奥古斯都元首制的建立。只有罗马共和国的主权属于罗马公民集体,才能理解公元前27年奥古斯都把权力归还罗马人民的举动。"如果共和国时代的人民政治仅仅是象征性的表演,那么到了帝国时代,地中海世界最强有力的人物何必要继续进行表演?"[67] 在这个意义上,共和国末年的政治斗争,确实是显贵和人民之间的冲突,具有讽刺意味的是,君主制的建立,乃罗马政体中民主因素即罗马人民的胜利。

与布隆特等不同的是,米拉强调罗马政治的公共性,对罗马地形和政治生活特征的关系做出了新的解读,从而对塞姆那种自上而下理解罗马共和国政治史的传统形成了有力的挑战[68]。他的论著引起了学术界广泛的注意,激起了激烈的争论[69]。在面对批评时,米拉的观点也日趋激进。在1995年发表的论文中,他明确把罗马共和国的政治界定为直接民主式的,理由有两点:所有官职都由公民大会选举产生,人民有权进行立法[70]。在《共和国后期罗马的大众》和《政治思想中的罗马共和国》中,他甚至认为,虽然罗马不是雅典,但罗马的政治,就是一种民主政治[71]。

米拉最积极的支持者是雅各布森(Alexander Yakobson)和洛佩兹(Cristina Rosillo-López)。雅各布森的重点是罗马公民大会的投

---

[66] 参见 Guy MacLean Rogers, "Introduction", in Fergus Millar, *Rome, the Greek World and the East*, vol.I, Chapel Hill and London: The University of North Carolina Press, 2002, pp. xii–xiv。
[67] Guy MacLean Rogers, "Introduction", p. xv.
[68] 宋立宏:《评弗格斯·米勒〈罗马、希腊世界与东方〉卷一》,《中国学术》2004年第2期,总第十八辑,商务印书馆,2004年,第284页。
[69] 晏绍祥:《显贵还是人民——20世纪初以来有关罗马共和国政治生活特点的争论》,《历史研究》2008年第5期,第146—150页。
[70] Fergus Millar, *Rome, the Greek World and the East*, vol.I, pp. 165-166.
[71] Fergus Millar, *The Crowd in Rome in the Late Republic*, Ann Arbor: University of Michigan Press, 1998; Fergus Millar, *The Roman Republic in Political Thought*, Hanover and London: University Press of New England, 2002.

票问题[72]。该书主要从两个方面论证罗马政治的民主特征：第一，第一等级诚然在百人团大会中占据优势，但随着财产资格的日益降低，第一等级并非罗马最富有的一小部分人，很可能包括了罗马大部分重装步兵。第二，在高级官职选举过程中，候选人众多，竞争激烈，第一等级的投票根本不可能一致，很多时候投票实际上到最后一个等级才能决定。在这个意义上，第一等级以下各百人团的投票反而成为关键票，具有决定意义。雅各布森认为，如果罗马的选举真的由第一等级决定，那么政治精英根本不用通过举办宴会、分发现金等手段收买选民，特别是考虑到直接分发到公民个人手中的现金数字都不大，贿赂的对象主要应是比较贫穷的等级。如果他们的选票无足轻重，精英们何必耗时花钱、冒着受到政治控告的危险贿赂他们！

洛佩兹的重点是公共舆论的影响。她承认在公民大会等正式的政治程序中，人民能够发挥作用的空间有限，公民大会上的演说也主要由精英阶级掌控。但是，罗马的公共舆论以消息、流言和谣言等形式，创造了罗马平民影响政治的另一个重要领域和公共空间，迫使统治阶级充分关注普通民众的政治诉求。她认为，在讨论共和国政治时，我们不仅要关注公民大会的出席率和投票程序，也要重视人民公共舆论创造的非正式参与途径："人民的政治参与应当根据公共舆论的表达和信息的流通加以重新考虑，因为它们允许平民增大自己对政治事务潜在的参与。"罗马的公共舆论表明："精英和人民之间的相互作用事实上对于日常政治的运作是重要的。""没有流言、小册子和街头或餐桌上的讨论，政治参与就会有限，正式的演员（高级官员）无法获得足够的信息做出选择。"[73]从这个意义上说，罗马人民在政治中的地位是无可置疑的。由于公共舆论的存在，甚至那些非公民或者无法在公民大会上投票的人，也都可以在某种程度上参与罗马政治。洛佩兹的论述，显然相当程度上借鉴了芬利有关雅典民主

---

[72] Alexander Yakobson, "Petitio et Largitio: Popular Participation in the Centuriate Assembly of the Late Republic", *The Journal of Roman Studies*, 82 (1992), pp. 32-52; Alexander Yakobson, *Election and Electioneering in Rome: A Study in the Political System in the Late Republic*, Stuttgart: Franz Steiner Verlag, 1999.

[73] Cristina Rosillo-López, *Public Opinion and Politics in the Late Roman Republic*, Cambridge: Cambridge University Press, 2017, pp. 222, 223; 225.

政治的论述[74],发掘了罗马共和国政治生活中城邦特性或者说民主的一面,从口传社会和非制度的路径揭示了罗马人民的政治影响,拓宽了研究人民政治作用的领域。

最近20年的研究:罗马共和国政治表演中的人民

米拉等对格尔泽尔和塞姆的批评,严重冲击了20世纪初以来关于罗马民众在政治上无足轻重的基本看法,迫使人们更多地注意共和国政治中制度安排的作用,以及显贵阶层寻求大众支持的努力;对罗马政治的公开性,尤其是预备会(contio)和公民大会的作用,给予更多的重视,不再把它们视作纯粹的形式;对演说家的作用,也有了更深入的认识[75]。不仅如此,罗马人民的影响,还被扩展到对外政策领域。最近的罗马帝国主义研究,暗示罗马的扩张某种程度上是人民主动或被动支持的结果[76]。即使那些不完全赞成米拉看法的学者,在论述共和国政治时也不能不考虑米拉的观点,最典型的是林托特(Andrew Lintott)。在《罗马共和国政制》中,如米拉一样,林托特选择以波利比乌斯的混合政体论作为理解共和国制度的起点,并且如米拉那样,首先叙述罗马共和国的制度,包括公民大会、元老院、高级与低级官职,以及刑事司法。但他也汲取了人物志派的某些看法,对社会和宗教的影响,主要是贵族的价值观、庇护关系和宗教等的影响,给予了适当的注意。在林托特看来,要恰当理解罗马共和国政制,必须给予制度安排适当的考虑。从宗教和社会角度看,罗马统治阶级对于民众的要求,还是能够做出积极反应的。在意识形态中,人

---

74 在《古代世界的政治》中,芬利正是如此剖析雅典公民的政治参与的。见该书第103—106页。

75 John A. North, "Introduction: Pursuing Democracy", in Alan K. Bowman et al., eds., *Representation of Empire: Rome and the Mediterranean World*, Oxford: Oxford University Press, 2002, pp. 1–12.

76 William V. Harris, *War and Imperialism in Republican Rome 327-70 BC* with a new preface and additional bibliography, New York: Oxford University Press, 1991, pp. 41–51; Andrew Erskine, *Roman Imperialism*, Edinburgh: Edinburgh University Press, 2010, pp. 43–47.

民的作用也不容忽视[77]。因此,他虽然不赞同米拉罗马共和国政体属于民主政治的看法,但承认了人民在罗马共和国政治中的基础地位。

不过,米拉等的论证也存在显著的弱点:他恰当地强调了罗马公民团体规模的庞大以及庇护制度的不可行,却没有注意到公民大会会场可以容纳的人数以及大规模人群集会治理罗马帝国型共和国是否可行等实际问题;他重拾西塞罗和塔西陀的论述,重视演说在罗马政治中的作用以及政治的公开性[78],却忽视了到底是谁在演说,演说的对象和演说的内容,以及演说家和听众之间的关系;他注意到共和国制度的重要性,提醒人们人民是混合政体中一个必需的因素,重要的决定需要人民表决,却没有对制度本身运作所依附的社会结构、公民大会的表决方式、表决内容和表决本身的特性做出足够充分的说明,把政制的规定与政治实践等同起来,也忽视了到底是人民中的哪些成分在出席和表决;他的注意力放在保民官等主持召开的立法性质的部落人民大会、平民会议或非正式的预备会(contio),而非选举性质的森都利亚大会,对共和国政治的呈现也不无偏颇之处[79]。由于罗马政治随着时代的发展不断变化,以及应对变化时的随机性质,政制的规定根本不能作为政治实践可靠的指南[80]。他还忽视了一个基本事实:罗马三个主要的权力机关之间的自由程度存在明显区别,公民大会受到那些指导它的人的控制,"在多数情况下,公民大会在重大问题的投票中遵从了领袖的意志。另一个影响是,如果公民大会没有按照领袖的期待发展,他(即主持会议的官员)随时可以解散会议。人们不应忘记,公开投票让居于领袖地位的精英们能够检查投票的内容,并使得任何非顺从行为变得困难"[81]。在人民与

---

[77] 安德鲁·林托特:《罗马共和国政制》,晏绍祥译,商务印书馆,2016年。
[78] 西塞罗在《布鲁图斯》和《论演说家》、塔西陀在《关于演说家的对话》中,都强调了罗马共和政治的公开性和演说在政治运作中的重要性。塔西陀还借此抨击了帝国时代政治运作的秘密性及其对演说术发展的不利影响。
[79] Erich S. Gruen, "The Crowd in Rome in the Late Republic by Fergus Millar", *Classical Philology*, vol., 95 (Apr., 2000), pp. 236-240.
[80] John A. North, "The Constitution of the Roman Republic", in Nothan Rosenstein and Robert Morstein-Marx, eds., *A Companion to the Roman Republic*, p. 274.
[81] Leonhard Burckhardt, "Political Elite of the Roman Republic: Comments on Recent Discussion of the Concepts Nobilitas and Homo Novus", *Historia*, Band 39. H. 1 (1990), p. 90.

领袖的关系中,人民始终处在比较被动的地位。"公民大会潜在的做出无限决定的权力被置于社会和政治框架中,实际上限制和削减了它的权力。"人民对政治的参与,不过是强化了显贵阶级控制国家的合法性[82]。"如果上述考虑正确,那显贵和人民之间就绝不是平等的伙伴关系,即使制度结构显示了它们的平等。因为政制技术上的细节、小人物对显贵非正式的社会依附、显贵的团结和社会优势,公民大会行动的自由受到严重的制约。但人民的权力确保政治精英不能对公民个人以及作为一个整体的平民的要求置之不理。"[83]

莫里森(Henrik Mouritsen)与莫斯坦因-马科斯(Robert Morstein-Marx)对米拉的批评,正是从对政治实践层面的分析展开的。莫里森对罗马公民政治的参与程度进行了计量研究。他发现,罗马最大的公民大会的会场可容纳7万人,最小的会场,也是最常用的会场(Comitium),初期仅能容纳3 600人左右;扩建后也仅能达到5 000人。而罗马的公民,同盟者战争以前已远超30万,同盟者战争之后可能接近90万。即使每次开会会场满员,参加者在整个公民人口中所占的比例也微乎其微。从参与的社会阶层来说,由于普通公民忙于生计,或者公民大会讨论的问题和他们无关,根本没有机会或兴趣出席。所以,出席罗马公民大会的,始终是那些登记在乡村部落但在罗马拥有住所的少数上层精英分子。他对罗马几种不同类型的公民大会召开的时间与地点、讨论的问题、议事的程序、做出的决定等进行了分析,证明所有的公民大会,不过是精英们进行政治表演的场所。他的结论是:罗马人民的参与率一直处于低水平;公民大会缺乏政治主动权;权力的制衡机制,事实上制约的是公民大会;公民大会所以经常召开,不过是因为从意识形态上来说,它是罗马国家主权的代表,显贵们需要利用它进行表演,以为自己的权力取得合法性。所以,罗马广场上的表演,绝非罗马政治民主的表现,参与表演的始终只是统治阶级的一个部分。罗马共和国后期社会分化的加

---

[82] Leonhard Burckhardt, "Political Elite of the Roman Republic: Comments on Recent Discussion of the Concepts Nobilitas and Homo Novus", pp. 97–98.

[83] Leonhard Burckhardt, "Political Elite of the Roman Republic: Comments on Recent Discussion of the Concepts Nobilitas and Homo Novus", pp. 98–99.

剧,特别是显贵和人民之间鸿沟的加深,人民生活环境的恶化和不能得到改善,都表明政治受到显贵的操纵。米拉等人所以认为罗马政治具有民主特征,人民是政治中的决定性力量,是因为他们把罗马政治实践和人口的、社会的及经济的背景割裂开来,只看到公民大会的活动,却未对公民大会的构成及它实现自己权力的手段、效果进行评估[84]。

莫斯坦因-马科斯关注演说在共和国政治中的作用。他指出,罗马的演说是精英阶层凭借政治、军事和演说技巧上的巨大优势控制大众的手段,以让罗马人民落入精英阶层的意识形态牢笼之中。首先,在罗马的公民大会上,不存在不同意见之间的真正交锋,所有的会议和演说都是为了创造、控制舆论,形成一种有利于自己的政治气氛乃政治家手中的攻击性武器,目的不是要激起争论,而是要排除对论战具有重要意义的其他选项,以争取和保持对公共舆论的控制[85]。在这样的会议上,反对派的意见一般很难得到表达,主持人往往都是在支持者充分阐述了有利的见解后,才让反对派发言,而且给的时间非常少,根本不足以让反对派做出相对充分的反驳[86]。由于公民的情绪已经被充分调动起来,反对派即使勉强发表演说,也不免遭到台下的轰赶。所以,这里很难说有不同意见之间的公开交锋[87]。

莫斯坦因-马科斯进一步指出,在公民大会的具体讨论过程中,出席会议的普通公民和主持会议的高级官员以及演说者,并非平等的交流者。虽然有关建议可能此前已经在罗马广场公布,部分人也许阅读过提案全文,部分人通过各种途径,对罗马政治的历史与现状

---

[84] Henrik Mouritsen, *Plebs and Politics in the Late Roman Republic*, Cambridge: Cambridge University Press, 2001, pp. 138-148; Henrik Mouritsen, *Politics in the Roman Republic*, Cambridge: Cambridge University Press, 2017. 德国学者耶奈对公元前70/69年罗马不同类型的公民大会场地参会人数的估计是:如果公民大会在马尔斯校场举行,出席者不会超过公民总数的3.3%,如果在广场举行,不会超过1.1%,如果在公民大会会场(Comitium)举行,不会超过0.4%。转引自Cristina Rosillo-Lopez, *Public Opinion and Politics in the Late Roman Republic*, p. 225。

[85] Robert Morstein-Marx, *Mass Oratory and Political Power in Late Roman Republic*, Cambridge: Cambridge University Press, 2004, pp. 178-179.

[86] 莫斯坦因-马科斯称之为"最后时刻辩论",见Robert Morstein-Marx, *Mass Oratory and Political Power in Late Roman Republic*, pp. 179-186。

[87] Robert Morstein-Marx, *Mass Oratory and Political Power in Late Roman Republic*, pp. 172-178.

也有非常精确和具体的知识，可是，拥有知识并不代表能正确地行使权力，因为有关提案有时非常长，涉及内容广泛而具体，演说者可能利用公民无法仔细核对的客观事实以及演说技巧，对提案做断章取义的解释，导致公民被演说者的思路控制，无法在投票时表达自己的真实意志[88]。此外，能够在公民大会上发言的，始终是那些拥有权威的精英阶级人士，普通公民没有机会在公民大会上发言，使精英和普通大众之间没有交流，演说的流向，只是从精英流向大众，大众却不可能有真正的反馈，只能通过呼喊或者非正常途径表达。罗马公民大会的主席台高达2.5米到4.3米，演讲者站在台上时，高高在上，突出了会议主持者、发言者与普通人众的区别，创造出对精英的服从意识[89]。在这个意义上，罗马所有的公民大会，既无不同意见之间的平等交锋，也无精英和大众之间的平等交流。演说的作用是"通过秘密排除其他选项，将现存秩序自然化"，消除任何实质性变革的可能性。罗马共和国最后的失败，正因为精英阶层和罗马的人民大众都把共和国视为当然的存在，从来没有考虑到其他可行的选择之故[90]。

耶奈、霍尔凯斯肯普和范德布鲁姆等的研究，也从不同角度否定了演说在罗马政治决策中的决定性作用。耶奈和霍尔凯斯肯普不约而同地认为，预备会上的演说和辩论，并非真正的政策讨论，"而毋宁是一种象征性的展示，表达的是元老等级的演说家和普通听众之间一种本质上等级化的、互动关系的集体一致"，或者说是"人民和精英所支持的利益、效忠和认可的象征性交换模式"[91]。范德布鲁姆细致分析了共和国末年从盖乌斯·格拉古到安东尼的6位重要政治家的经历，发现在他们上升的过程中，演说固然会发挥一定作用，但有些人如庞培等演说能力并不突出，祖先、财富、庇护关系及其网络、军

---

[88] Robert Morstein-Marx, *Mass Oratory and Political Power in Late Roman Republic*, pp. 132-149.
[89] Robert Morstein-Marx, *Mass Oratory and Political Power in Late Roman Republic*, p. 51.
[90] Robert Morstein-Marx, *Mass Oratory and Political Power in Late Roman Republic*, p. 287.
[91] M. Jehne, *Demokratie in Rom?: Die Rolle des Volkes in der Politik der römischen Republik*, Stuttgart: Franze Steiner Verlag, 1995; K, -J. Hölkeskamp, *Reconstructing the Roman Republic: An Ancient Political Culture and Modern Research*, Princeton: Princeton University Press, 2010; 引自 Henriette van der Blom, *Oratory and Political Career in the Late Roman Republic*, Cambridge: Cambridge University Press, 2016, pp. 3-4。

功、个人魅力等才是地位上升的根本基础,而且不同的人在不同的时期会采取不同策略来打造自己独特的政治形象,以争取不同阶层罗马人民的支持。因此,共和国末年的罗马政治的确具有一定公开性,非显贵的精英进入政治核心圈子的道路大体也是开放的。总体上看,西塞罗的经历不具有典型性。虽然"演说在某种程度上是成功政治生涯的必备条件",但不具有决定意义,"演说术是一个更大的道路网的一部分,通过这些道路,(政治家)提升和传达自己的路径选择,并且培育未来的晋升阶梯"。也就是说,政治家有多种途径提升自己,但他到底选择哪种方式,取决于个人特定的背景和当时的形势[92]。如果此论成立,则米拉对演说政治作用的凸显,会遭遇严重的挑战。

但是,米拉的研究,已经在相当程度上改变了对罗马人民在共和国政治中地位的判断。修订第二版的《剑桥古代史》关于罗马共和国早中期的论述,承认了共和国早期罗马政治的民主性质,并且适当肯定了人民在共和国中后期的作用。阿斯廷(A. E. Astin)在强调古典共和国时期罗马共和国寡头政治性质的同时,也承认了制度安排对理解罗马政治的重要价值[93]。最近出版的《剑桥罗马共和国指南》和布莱克维尔《罗马共和国指南》,以及爱丁堡古代罗马史丛书中有关共和国中后期的两卷,因为既面对普通读者,也与专业学者对话,观点或许具有一定的代表性,值得在这里略作介绍。

《剑桥罗马共和国指南》中,与共和国政制关系最密切的是第二章"共和国'政制'中的权力与过程"。作者布伦南(T. Corey Brennan)不讨论政制,而是把注意力转向权力和过程。他并不承认罗马共和国有所谓统一的政制,也没有在共和国制度上花费多少笔墨,而是将分析的重点放在官员们如何行使权力上。在相关的讨论中,我们只看到官员们相互之间的关系,以及官员与元老院的关系,

---

[92] Henriette van der Blom, *Oratory and Political Career in the Late Roman Republic*, pp. 282-289. 引文见第289页。

[93] 如德拉蒙德和康奈尔就认为,公元前5—前4世纪初,罗马政治有相当的民主性,平民能够在政治中发挥相当作用。但随着李锡尼-塞克斯图法案的通过,平民上层进入统治圈子,平民组织被整合进罗马国家,平民反而失去了对自己组织的控制权。见沃尔班克、阿斯廷等编:《剑桥古代史》第7卷第2分册,胡玉娟、王大庆等译,中国社会科学出版社,2020年,第228—262、354—380页;阿斯廷和沃尔班克等编:《剑桥古代史》第8卷,陈恒等译,中国社会科学出版社,2020年,第187—218页。

人民与官员的关系几乎不曾进入他的视野[94]。有意思的是，在作者的注释中，不曾出现米拉、塞姆等的著述，看起来作者在决心回避罗马共和国政制性质的争论的同时，又把罗马人民从政治生活中排除了。

布莱克维尔的《罗马共和国指南》稍有不同。这本文集不仅讨论了罗马法律，而且专列两章分别论述共和国政制和罗马共和国人民的权力，其中"政制"一章的作者是曾批评过米拉的诺斯，"权力"一章的作者是雅各布森。诺斯首先说明了共和国政制成文与不成文、稳定与不断变化并存的特点，接着讨论了政制在共和国早期和中期的变化，重点是共和国后期政制的运行。如米拉一样，诺斯首先介绍了公民大会及其权力，明确承认公民大会可能存在严肃的辩论，但也指出百人团大会严重偏向富人，部落大会的部落投票制度对于主要集中居住在罗马的穷人以及距离罗马较远的普通人来说，也不够民主，"所以结果可能是比较富有的选民有可能支配31个乡村部落，并且忽略人数较多的城区部落的意见"。好在罗马部落资格世袭，那些移居罗马的乡村部落的穷人仍可能左右部落大会的投票，"无论如何，结果似乎是：与百人团大会比较，部落大会更可能按照统治阶级不喜欢的方式投票。实际上，共和国末年正是这种情形"[95]。就混合政体的三个因素来说，元老院虽然是决策的核心，行动权属于官员，但"在某些领域，需要公民大会确认元老院的政策，通过必要的立法，每年选举官员"[96]，只有三个因素相互配合，才能使共和国机制运行良好，共和国末年的冲突也表现为三种因素的不协调。无论如何，罗马人民在政治中有相当重要的作用。不过诺斯也指出，真正参与投票的公民有限，那些居住地远离罗马的公民实际上不可能参与。同时，罗马公民大会的召开依赖于官员，演说能力以及演说需要的权威也都属于由富人出任的官员，"这些考虑相当自然地导向下述意见：共和国后期的政治活动最好不要按照现代忙于发现和表达民意的模式来理解，毋宁理解为官员、元老院和人民相对权力高度仪式化的表

---

[94] T. Corey Brennan, "Power and Process under the Republican 'Constitution'", in Harriet I. Flower, ed., *The Cambridge Companion to the Roman Republic*, 2nd ed., Cambridge: Cambridge University Press, 2014, pp. 19-46.
[95] John A. North, "The Constitution of the Roman Republic", p. 263.
[96] John A. North, "The Constitution of the Roman Republic", p. 269.

达,它们意在取得共同行动所需要的一致"。在这种情况下,"政制中的民主因素,只有当统治阶级的精英在具体问题上陷入深刻的分裂、公民大会成为争端可以解决的唯一场所时,才会变得重要。所以合理的解释是:从早年开始,罗马政制中就包含民主的潜质,但在不同时期,居统治地位的寡头们不同程度地成功限制了它"[97]。成功的秘诀是统治阶级的经济和社会影响力。

雅各布森的看法大体与他早期的著述一脉相承。他仍然强调人民在共和国政治中的作用,但在解释时,倾向于把贵族和人民视为罗马共和政治中的伙伴,一定程度上承认了贵族对政治的重要影响,但人民的分量至少同等重要。在他看来,贵族之间的竞争赋予选民独立的选择权。对庇护制的作用,他抱怀疑态度,指出,在"等级冲突"时期——那时庇护制肯定发挥着更大的作用——平民仍可以不断迫使贵族让步,在共和国末期,庇护制基本失灵,处于两者之间的古典共和国时期,庇护制的作用肯定非常有限。对公民大会出席者的规模和表决方式,雅各布森认为,由于罗马城的穷人可以经常出席会议,则人们可以认为,公民大会具有代表性。所以在罗马,无论是元老还是官员,都需要积极寻求人民的支持。在"解构"了罗马政治中所有的寡头制因素、回顾了西塞罗的理论后,他得出了自己的结论:

> 对他(西塞罗)来说,人民的权力是一个"生活事实",任何对它的直接攻击都是无效的,人们必须接受它,将它整合进制度中,尽可能地为了制度的总体稳定操纵它。政制中的民众因素就在那里,明智的政治家的作用,是让它作为一个安全阀门发挥作用。但没有可能取消它,甚至从理论上进行这类玄想都无任何意义。一个政府,贵族得足以使国家获得理性治理,但也民主得足够使国家获得广泛合法性,会如同美好的古昔……保留元老院在制定政策时的领导作用。对西塞罗而言,这是所有可能的政治世界中最美好的状态。[98]

97　John A. North, "The Constitution of the Roman Republic", p. 275.
98　Alexander Yakobson, "Popular Power in the Roman Republic", in Nathan Rosenstein and Robert Morstein-Marx, *Companion to the Roman Republic*, p. 396.

在雅各布森笔下，罗马共和国是贵族和人民的共治。虽然罗马统治阶级拥有足够的手段塑造公共舆论，但"我们必须记住，这个阶级缺乏有效的国家强制，它的各个成员必须相互竞争以获得人民支持。人民的顺从和支持不可以被命令，而是需要去争取"[99]。所以，对理解罗马政治而言，将精英阶级和大众的权力对立起来的做法并不合适，罗马公共生活的实际，是两种力量复杂的相互作用。

雅各布森一面高扬罗马人民主权，一面赋予贵族权威，实际上从他过去单纯强调人民作用的立场有所退却。他关于共和国政治是人民与贵族共治的论证过于依赖西塞罗，也很难与共和国末年罗马激烈的冲突协调，因而在罗森斯坦（Nathan Rosenstein）和斯提尔（Catherine Steel）分别撰写的两部罗马共和国断代史中并未得到认同。罗森斯坦非常明确地宣布，波利比乌斯关于罗马共和国是混合政体的理论是错误的，罗马人民在理论上的确享有共和国的主权，但这种抽象的主权在实践中受到严重的限制："在选举共和国的高级官员、决定战争与和平以及重罪审判中，老人和富人起着支配作用。"[100] 公民大会在罗马举行，那些居住在罗马以外地区的公民无法投票，除了那些常住罗马但登记在乡村部落的富人外，任何人都不可能经常性地出席公民大会，所以公民大会的出席者都是富人；元老院制度上的连续性，官员的世俗和宗教权威，使精英阶层不但拥有强制权，还拥有权威等软实力。人民如果有作用，那就是通过自己的投票，可以影响贵族对自身的期望与性格的塑造。罗马贵族的慷慨、热衷为国服务、争取荣誉等行为，体现了民众参与对贵族阶层的重要影响。不过他仍然认为，精英阶级政治、军事、文化、宗教上全方位的优势，使他们能够在罗马社会占据优势，"一旦他们（元老院和高级官员）达成协议，人民除了服从他们的建议，别无他途。不过，元老院权威的力量最终取决于公众相信它建议的路线肯定是正确的，而信任反过来不仅仰赖于对过去成功的记忆，还仰赖于对未来建议的期

99　Alexander Yakobson, "Popular Power in the Roman Republic", p. 398.
100　Nathan Rosenstein, *Rome and the Mediterranean 290 to 146 BC: The Imperial Republic*, Edinburgh: Edinburgh University Press, 2012, p. 10.

望"[101]。因此,在罗马,不断取得成功极其重要,一旦遭遇失败,则对当事人来说就是灾难。

斯提尔的立场与罗森斯坦相近。她认同罗马是一个城邦,成年男性公民控制着重要问题的表决,"罗马政治生活的构造,是作为整体的公民集体,少量的、受人民委托掌握权力的公民个人……以及元老院——那些杰出个人的集体机构——之间持续的对话"[102]。只是罗马的集体投票制度偏袒富人、老人和乡村农民,而非穷人、年轻人和罗马城自身日益增多的人口。虽然如此,斯提尔仍承认人民在罗马政治中的作用,而且致力于从制度和社会两个方面理解共和国末年的政治。

自近代专业史学产生以来,罗马共和国政治中民众的角色就一直受到关注。对相关问题的探讨,也经历了从蒙森的贵族与民众对立,到格尔泽尔和塞姆基本排除民众,再到米拉重新界定制度与民众角色的过程,在新世纪中,虽然米拉的某些具体看法被抛弃,罗马政制的贵族性质再度获得学界一定程度的认可,但民众和制度的作用在罗马共和政治中也再度赢得了必要的地位。这个曲折的过程体现了西方学者在认识罗马共和国历史发展过程中的曲折和多次转向。每一次转向,既让我们对共和国政治的理解更进一步,或者拓宽了我们对共和国政治研究的领域,也与学者们所处的时代以及学者个人的政治立场存在某种或隐或显的关联。近代早期,欧洲人正在追寻国家的强大与人民的自由,马基雅维利和孟德斯鸠不可避免地都把眼光瞄准了自由与国家强大的关系;民族主义者蒙森把罗马的扩张与德国的统一挂起钩来,也给予人民一定的重视;20世纪中前期政治的变动,尤其是法西斯的上台,使塞姆等人对政治抱有负面立场[103],罗马共和政治也更多地变成统治阶级内部的争夺,人民基本被排除在政治之外;20世纪后期,随着西方民主政治的巩固,马克思主义阶级分析方法的应用,以及从下向上看的史学的兴起,人民的权利

101　Nathan Rosenstein, *Rome and the Mediterranean 290 to 146 BC*, p. 35.
102　Catherine Steel, *The End of the Roman Republic, 146–44 BC: Conquest and Crisis*, Edinburgh: Edinburgh University Press, 2013, p. 1.
103　吕厚量:《论罗纳德·塞姆〈罗马革命〉中的西塞罗形象》,《史学理论研究》2016年第3期。

再度吸引了米拉等学者的注意。准此而论,有关罗马民众角色观点的变化,固然是学术研究不断创新的需要,也具体、生动地体现了学术界对罗马共和国政治认识深化的过程,以及学术本身的进展与时代之间的互动。当莫米利亚诺发现西方的古典学陷入某种困境,希望从史学史中,尤其是过去的那些大家们那里寻求灵感时[104],他无意中也给了我们很好的启示。史学的创新,或许从来不是断裂式的,每一代学者当然都会创造适应他那个时代的理论和方法,但也延续着前辈的某些思想和路径。如果我们希望真正在前人的基础上有所前进,则与过去的大师们接触,熟悉他们的理论与方法,并保持适当的现实关怀,或许是一种比较可行的路径。

(作者单位:首都师范大学历史学院)

---

[104] A. D. Momigliano, *Studies on Modern Scholarship*, edited by G. W. Bowersock and T. J. Cornell, Berkeley and Los Angeles: University of California Press, 1994, p. xii.

参考书架
Reference Books

《拉丁铭文集成》的编纂与拉丁碑铭学研究[*]

王忠孝

长期以来,传世文献是学者们从事古典研究所依赖的最主要的资料。然而,自19世纪中叶以后,随着大量碑刻、钱币和莎草纸等其他书写材料的发掘、整理和出版,后者的史料价值愈加得到正视。在当前的古典学研究领域,铭文、钱币和纸草文献均已摆脱了曾经的附庸角色,它们和传统文献并列,具有独立的学术地位。本文以《拉丁铭文集成》(*Corpus Inscriptionum Latinarum*,以下简称*CIL*)这部编纂了一百多年且仍在进展中的铭文大全为考察对象。在文章的第一部分,笔者将对*CIL*问世之前拉丁铭文的研究和出版情况加以概述。其次,笔者将详细介绍*CIL*的编纂初衷和编纂方法。随后本文将介绍*CIL*各卷主题,并以第6卷第8分卷第2分册为例,向读者展示其框架结构,并列举实例加以释读。

一、19世纪之前的拉丁铭文搜集、整理和出版概况

我们首先给"铭文"下一个粗略的定义。在笔者看来,那就是将

---

[*] 本文是在2020—2021学年复旦大学本科生课程《中级拉丁语(下)》的授课基础上撰写完善而成的,在此感谢所有课程参与者的支持。

文字以不同的方式（如刻写、涂写或者镶嵌等）附着于某些物体或介质之上，进而形成的一种书写材料。鉴于古希腊—罗马文献最初多是通过写在纸草、皮纸甚至涂蜡的木板上来实现知识的交流和传承的，因此，从最为广义的层面而言，这些材料连同其上的文字，均属于某种程度上的"铭文"，它们最基本的功能是作为交流的媒介。但学术意义上的"铭文"，已将从古代到中世纪通过抄本形式（manuscript）存续下来的各类文献排除在外。另外，随着纸草、钱币和马赛克镶嵌画这些材料被视作"专学"而得到单独处理，铭文的范围就大大缩小了。狭义而言，无论是拉丁铭文还是以其他文字写成的铭文，通常具有持久的特点。老普林尼曾提到，早在远古时期，重要的文字被刻在铜板等坚硬、不易腐蚀的介质之上，目的是为了使这些文字得以长久保留[1]。这种持久性或者永恒性，又往往让铭文具备纪念之功用。它们往往涉及城邦订立的法律、条约、协议以及宗教仪式的记录、历法等公开的、具有广泛约束力的文件。如波利比乌斯说，在罗马共和国成立之初，罗马人和迦太基人之间订立的和平协议被刻在了卡皮托林山的朱庇特神庙旁的铜柱子上[2]。罗马人的第一部成文法典，即公元前450—前449年编写的著名的《十二表法》（*Leges Duodecim Tabularum*）也被刻在铜板上（另一说为象牙板），并立于罗马广场内以供民众效法。罗马大祭司编写的《编年纪》（*Annales maximi*）则是写在白板上，再用钉子楔到朱庇特神庙墙壁之上，从而成为拉丁历史书写的最早范本[3]。对个体而言，在人死之后，对其生平的歌颂和简短记载被刻在石碑这类不易腐烂的材料之上，成为最常见的一种拉丁铭文类型，这是对铭文兼具持久性和纪念性最容易理解的解释。

正是由于拉丁铭文是一种保留公共或私人记忆的重要材料，早在罗马时代，好古之士和作家就曾征引铭文文字，以增强自身作品的说服力。尽管很多铭文实物时至今日早已亡佚不见，但这些吉光片

---

[1] Plin. *HN* 34.99.
[2] Polyb. 3.22; 26.
[3] Cic. *De or*. 2.52.

羽因被载入某些古代作家的记载而显得弥足珍贵[4]。然而，虽然罗马人已知晓铭文的主要功用和价值，但古人并没有建立起清晰的史料鉴别和分类意识。将铭文材料和其他类型的文献（这里主要指的是以纸草和皮纸作为载体的各类文学作品）区分开来，作为一个单独的门类加以整理和研究，这一工作至少要等到中世纪中晚期才渐成气候。

向上溯源所得最古老的一部拉丁铭文集被称为《艾恩西德尔恩抄本》（Codex Einsidlensis）。据说它是9世纪初某人去罗马城朝圣时，将沿途所经之地常见的80篇拉丁铭文汇集而生成的一部作品。该书的残篇首先于1417年被意大利学者波焦·布拉乔利尼（Poggio Bracciolini）发现。又过了两个多世纪，1685年，来自法国的本笃会修士和学者马比庸（Jean Mabillon）在瑞士的艾恩西德尔恩（Einsiedeln）发现了一个完整的抄本[5]。另一个值得提及的早期拉丁铭文集是《洛尔施集成》（Corpus Laureshamense），手抄于9世纪上半叶德国的洛尔施（Lorsch）隐修院中。尽管这两个加洛林时代创作的铭文集存在不少讹误，但由于二者成书年代较早，因此记载了一些罗马城及周边地区不复存在的铭刻、纪念碑和建筑等古代遗迹，具有较高的史料价值[6]。随着文艺复兴时代的到来，人们对古罗马尤其是异教罗马文化和遗存的热情大涨。意大利人文主义学者科拉·迪·里恩佐（Cola di Rienzo）、乔瓦尼·唐迪（Giovanni Dondi）和波焦是第一批对拉丁铭文进行系统化搜集、誊抄和整理的代表人物。到15世纪，出现了一位对后世拉丁铭文的编纂工作产生奠基性作用的人物，那就是来自安科纳的奇里亚科（Ciriaco of Ancona或Cyriacus）。出身于商人家庭的他资产雄厚，这让其成为一名旅行家，足迹遍布罗

---

[4] 例如，西塞罗在《图斯库鲁姆辩论集》和《论老年》中记录了古罗马诗人恩尼乌斯和阿基米德的墓志铭（Cic. Tusc. 1.34; Sen. 73），小普林尼在《书信集》中记载了维尔基尼乌斯·鲁弗斯的墓志铭全文以及克劳狄乌斯时代的宫廷宠奴帕拉斯的墓志铭（Plin. Ep. 6.10; 7.29; 8.6），奥古斯都甚至利用科内利乌斯·科苏斯胸甲上的铭文来修改历史书写以强化个人地位（Livy, 4.19–20; Cass. Dio 51.24.4）。

[5] CIL VI.1, pp. ix–xiv.

[6] Buonocore, "Epigraphic Research from its Inception: The Contribution of Manuscripts", in Christ Bruun and Jonathan Edmondson, eds., Oxford Handbook of Roman Epigraphy, Oxford: Oxford University Press, 2014, pp. 22–24. CIL VI.1, pp. xxvii–xl.

马、意大利和地中海东部地区。正因如此,他不像前人那样仅以罗马城的铭文为目标,而是试着将意大利乃至欧洲各地的铭文一网打尽。奇里亚科力求从建筑物上将铭文直接誊抄下来,还常配以绘图佐之[7]。在这一过程中,奇里亚科创立了"亲眼见证"(autopsia)的重要铭文辑录原则。也就是说,凡收录在册的铭文,作者均力求亲眼见到实物,而不是从另一个抄本直接照抄过来。与此同时,他还有意识地标明铭文发现地,并对建筑的形貌和周边地形加以概述。这就形成了一个全新的"铭文学抄本传统"(epigraphic manuscript tradition)。我们在下文看到,奇里亚科奠立的传统,对后世及至19世纪蒙森的铭文搜集汇编工作产生了极深远的影响[8]。

除奇里亚科之外,15世纪的铭文抄本无论是在规模还是数量上都比前期有所增加。费力克斯·费利恰诺(Felix Feliciano of Verona)、庞波尼乌斯·莱图斯(Pomponius Laetus)等人是这一时期代表性的铭文搜集整理者[9]。尤其是乔瓦尼·焦孔多(Giovanni Giocondo)编有《拉丁—希腊铭文集汇》(Collectio Inscriptionum Latinarum et Graecarum)一书,先后校订出版三次。在书中,他将奇里亚科倡导的"亲眼见证"原则进一步发扬光大。他还从悠久的古典语文校勘传统中获得启迪以助其编辑铭文[10]。如下文所见,这一方法同样在蒙森编辑《拉丁铭文集成》之初就被奉为圭臬。

印刷术时代的来临很快影响到了铭文学领域。被收录到最早的活字印刷品中的一批拉丁铭文并非来自罗马城,而是出自拉文纳、奥格斯堡以及美因茨。第一部真正意义上的印刷体拉丁铭文集是《古

---

[7] Buonocore, "Epigraphic Research from its Inception: The Contribution of Manuscripts", p. 26; John Edwin Sandys, *Latin Epigraphy*, Cambridge University Press, 1919, pp. 20–21; *CIL* VI.1, p. xli.

[8] 由他创作的多卷本《汇编》(*Commentarii*)后来在一场大火中焚毁了,好在这部书的大部分内容已传抄开来,所以我们依然有幸通过追溯抄本目睹经他之手辑录的大部分铭文: Buonocore, "Epigraphic Research from its Inception: The Contribution of Manuscripts", pp. 29–30; Sandys, *Latin Epigraphy*, p. 22; Alison E. Cooley, *The Cambridge Manual of Latin Epigraphy*, Cambridge University Press, 2012, pp. 363–364.

[9] *CIL* VI.1, pp. xlii.

[10] Cooley, *The Cambridge Manual of Latin Epigraphy*, pp. 364–365; Buonocore, "Epigraphic Research from its Inception: The Contribution of Manuscripts", pp. 30–31, table 2.1.

罗马城碑铭》(*Epigrammata antiquae Urbis*)，它于1521年出版，编者匿名。这部集子仅收罗马城内发现的铭文，但因为它是第一个印刷版的拉丁铭文集，因此问世后即得到不少古物学者的追捧，并在日后被翻印出多个版本[11]。正如库利(Alison Cooley)在《剑桥拉丁碑铭学手册》中所说，日益丰富的铭文材料中蕴含的信息给这一时期研究者考察研究古代历史提供了重要的资料来源[12]。这一观察不无道理。活字印刷术的出现让书籍成批地制造出来，而一系列在罗马历史上占据重要地位的拉丁铭文也在16—17世纪被陆续发现。如1546年建造梵蒂冈圣彼得大教堂时无意间发现了建材背面铭刻的执政官年表(*Fasti consulares*)及凯旋式名录(*Acta triumphalia*)。阿尔瓦兄弟会卷宗(*Acta Fratrum Arvalium*)铭文残篇最早发现于1570年。著名的斯奇比奥石棺铭文(the epitaph of Scipio)也在17世纪早期得到发掘。这些重要的铭文对于验证或补充传世文献的不足起到非常重要的作用。

16世纪杰出的铭文学家是荷兰人德·斯迈特(Martin de Smet 或 Martin Smetius)。他编写的《古代铭文》(*Inscriptiones Antiquae*)打破了按地区对铭文进行编排的传统，以铭文材料和主题为标准进行分类，这在拉丁铭文编辑史上算是一个不小的创举。在他死后，其手稿由同胞、知名的古典学者利普修斯(Justus Lipsius)在1588年协助出版[13]。同时期另一个对拉丁铭文进行搜集和出版的人是意大利建筑师皮罗·利戈里奥(Pirro Ligorio)。和文艺复兴时期的某些意大利人文主义学者一样，利戈里奥天资聪颖，在铭文、钱币、建筑工程和绘画等多个领域均拥有极高的造诣，堪称一个百科全书式的人物。他著述甚丰，身后留下了40多卷作品。然而利戈里奥的大名历来为碑铭学家所诟病，这主要因为他生前伪造了为数众多的古代铭文，这给后世学者带来很大的困扰。由于其作伪手段高超，因此这些铭文极难鉴别。数个世纪以来直至今日，铭文学家依然陆续甄

---

[11] Buonocore, "Epigraphic Research from its Inception: The Contribution of Manuscripts", pp. 34–35.

[12] Cooley, *The Cambridge Manual of Latin Epigraphy*, p. 366.

[13] Cooley, *The Cambridge Manual of Latin Epigraphy*, p. 367; *CIL* VI. 1, pp. xlix.

别出由他伪造的诸多赝品[14]。到17世纪初,一部空前规模的铭文集出现了,那就是由扬·格鲁特(Jan Gruter)搜集整理,并在斯卡利杰(Joseph Scaliger)的大力支持下于1602年出版的《罗马铭文大全》(*Inscriptionum Romanarum Corpus absolutissimum*)。这部作品旨在将罗马帝国时代已发现的铭文全部包罗其中,初版包含的铭文数量即达12 000篇。斯卡利杰为此耗费心思地做了多个索引。可以说,这部横空出世的大型铭文集成当之无愧地成了《拉丁铭文集成》的先驱[15]。

故此,17—18世纪的铭文学家多以格鲁特—斯卡利杰的这一作品为标杆,试图编辑出版一部部头更大、包含铭文数量更全的著作以超越之[16]。需要注意,16—18世纪是西欧印刷出版业蓬勃发展的两百年,同时也是古典学对古代文献进行大规模整理和校勘、成果丰硕的两百年。因此,拉丁铭文研究和铭文集的出版需要放在这样的大时代背景下去观察。一方面,铭文的整理汇编在规模上越来越大,但在研究上也朝着更精细化的方向前进。这一时期所出版的一些局限于某特定地区或某题材的拉丁铭文集(如阿尔瓦兄弟会铭文卷宗)就体现了这一特点。学者们也已意识到铭文在文体和风格上不同于古典文献之处,将其视作独立的文体加以处理。18世纪的意大利学者斯蒂法诺·莫尔切利(Stefano Antonio Morcelli)所编写的两卷本的

---

[14] CIL第6卷第5分册单独收录了他制造的伪文(*Auctarium inscriptionum Ligorianarum*)(*CIL* VI. 6, pp. 209-249)。有关19世纪的学者对利戈里奥铭文的甄别,参阅 Ginette Vagenheim, "Bartolomeo Borghesi, Theodor Mommsen et l'édition des inscriptions de Pirro Ligorio dans le *CIL*", *Journal of the History of Collections*, Vol. 26, No. 3 (2014), pp. 363-371。关于利戈里奥伪作的手法,见 Cooley, *The Cambridge Manual of Latin Epigraphy*, pp. 383-398。文艺复兴及近代早期的铭文作伪,见 William Stenhouse, *Reading Inscriptions and Writing Ancient History, Historical Scholarship in the Late Renaissance, Bulletin of the Institute of Classical Studies*. Suppl. no. 86, Oxford: Oxford University Press, 2005, pp. 75-98; Silvia Orlandi, Maria Letizia Caldelli and Gian Luca Gregori, "Forgeries and Fakes", in Christ Bruun and Jonathan Edmondson, eds., *Oxford Handbook of Roman Epigraphy*, Oxford: Oxford University Press, pp. 42-65。

[15] 该著作所起的承前启后的作用,见 Stenhouse, *Reading Inscriptions and Writing Ancient History, Historical Scholarship in the Late Renaissance*, pp. 149-160。

[16] 这一时期还有一系列杰出的铭文学家,如意大利人乔瓦尼·巴蒂斯塔·唐尼(Giovanni Battista Doni, 1594—1647)、拉法埃洛·法布雷蒂(Raffaello Fabretti, 1618—1700)以及安东尼奥·戈里(Antonio Gori, 1691—1757)也都有各自编校的铭文集出版,17—18世纪的情况可参考 Ida Calabi Limentani, *Epigrafia Latina*, 4th ed., Milan: Cisalpino, 1991, pp. 49-53。

《论拉丁铭文的风格》(*De stilo inscriptionum Latinarum*)就是典型代表。当然，由于铭文集越编越厚，贪多求大，这也不可避免地导致讹误增多、质量不高的作品出现，这又反过来促使学者们对这些低劣的，甚至夹杂了不少伪作的铭文集进行订正[17]。因此，站在积淀日深的学术传统基石之上，解决日趋增多的新问题，这一任务传到了19世纪的铭文学家手中。

二、《拉丁铭文集成》的编纂

1. 特奥多尔·蒙森与《拉丁铭文集成》的编纂

到19世纪初，拉丁铭文的研究和出版迎来了有史以来的黄金时期。首先，从奇里亚科时代至此，拉丁铭文搜集、整理和研究已积累了数个世纪的传统。同时，古物学和古史研究者们已经充分意识到古典语文学、考古学、古文书学、建筑学甚至艺术史和铭文学之间存在的内在关联。这让像加埃塔诺·马里尼（Gaetano Marini）和巴尔托洛梅奥·博尔盖西（Bartolomeo Borghesi）这样优秀的古物学家自觉地从上述学科中汲取方法和营养，运用到铭文集的编写之中，进而为后世铭文学科的发展确立新规范。其次，每年新发现的铭文数量日趋增多，编出一部能够超越格鲁特—斯卡利杰著作的新作的呼声从未中断[18]。最后，19世纪学术研究的职业化以及来自不同国家和地区的学者之间交流密切，这也为编纂一套跨地区的大型铭文集提供了外部支持。在当时，意大利、法国和德国等不同国家的学者都怀有这一想法，且处于某种程度的竞争之中。最终，这一工作交到了位于柏林的普鲁士皇家科学院手中（Königlich-Preußische Akademie der

---

[17] 以穆拉托里（Lodovico Muratori, 1672—1750）的《古铭文新编》(*Novus thesaurus veterum inscriptionum*, 4 vols., Milan, 1739-1742) 为例，它的初衷是为了取代格鲁特的《大全》，但成书后质量较差，这导致同时代的另一位意大利人，来自维罗纳的马费伊（Scipione Maffei, 1675—1755）对这套铭文又做了修订，逝世后出版（Scipione Maffei, *Supplemento al Tesoro delle Inscrizioni di Muratori*, Lucca, 1765）。

[18] 对于这一迫切性，请参见蒙森给普鲁士皇家科学院提交的计划书：https://cil.bbaw.de/fileadmin/user_upload/Mommsens_Plan.pdf.

Wissenschaften）。时值1845—1846年，年轻的罗马法学家特奥多尔·蒙森（Theodor Mommsen）正在意大利为他的罗马法研究搜集素材。在此期间，他得到了博尔盖西和巴蒂斯塔·德·罗西（Battista de Rossi）两位杰出的意大利铭文学家的指导和帮助。前者向蒙森展示了铭文背后所蕴藏的丰富的史料价值以及校勘铭文的重要准则，而作为蒙森同龄人的德·罗西不仅向他敞开了梵蒂冈图书馆的大门，使其有机会一窥内藏的珍贵手稿资源，而且他在基督教铭文研究方面展现出的不俗实力也让蒙森十分叹服[19]。总之，这次意大利之行对于蒙森此后的学术生涯产生了极为深远的影响。正如他在多年后回忆的那样："去意大利时是一名法学家，回来时就是历史学家了。"（Der Jurist ging nach Italien — der Historiker kam zurück）[20]1847年返回柏林后，时年30岁的蒙森给普鲁士科学院提交了一份计划书（Ueber Plan und Ausführung eines *Corpus Inscriptionum Latinarum*）。在其中，他表达了希望主持编纂一部《拉丁铭文集成》的想法。蒙森开门见山地道出了当前拉丁铭文研究的窘迫现状：

> 编纂一套拉丁铭文大全的需求已毋需多言。格鲁特—斯卡利杰的作品早已过时；穆拉托里的著作从问世之初就存在缺陷且极不可靠[21]；而在这两部集成之外，散落于上百套书籍之间的铭文数量规模巨大，克勒曼最初满怀诚意、雄心勃勃，但计划不幸很快搁浅了[22]，巴黎的项目来得快去得更快[23]。……

---

[19] 蒙森和德·罗西之间的关系，见：Stefan Rebenich, "Giovanni Battista de Rossi und Theodor Mommsen", in R. Stupperich, ed., *Lebendige Antike, Rezeptionen der Antike in Politik, Kunst und Wissenschaft der Neuzeit, Mannheimer Historische Forschungen*, Mannheim: J+J Verlag, 1995, pp. 173–186.

[20] Stefan Rebenich, "Berlin und die antike Epigraphik", in Werner Eck, Peter Funke, Marcus Dohnicht, Klaus Hallof, Matthäus Heil, Manfred G. Schmidt, eds., *Öffentlichkeit-Monument-Text: XIV Congressus Internationalis Epigraphiae Graecae et Latinae 27-31. Augusti 2012. Akten (Corpus Inscriptionum Latinarum, Series Nova, vol.4)*, Berlin: de Gruyter, 2014, p. 15.

[21] 见上页注释17。

[22] 奥劳斯·克勒曼（Olaus Kellermann）是19世纪早期来自丹麦的年轻铭文学者。他曾先于蒙森提出编纂《拉丁铭文集成》的设想，并一度得到哥本哈根和柏林方面的资助，但他因感染霍乱于1837年早逝，这使其计划被迫终止。

[23] 这里指的是法国学界于1843年发起的一个拉丁铭文编纂项目《拉丁铭文总编》（recueil général d'épigraphie latine）。

紧接着，蒙森提到了自己在巴黎和意大利访学的宝贵经历，表达了希望能够领衔编纂一套呼应时代需求、经得住后人批判的铭文集成的愿望。蒙森还提到了自己从事铭文研究的主要手段，那就是要像校勘古典文本一样，深入实地去察访刻在石碑和铜板上的那些第一手材料，"尽可能地去追本溯源"（es muss, so viel es möglich ist, auf die Originale selbst zurückgegangen werden）[24]。秉持这一精神，蒙森于1852年出版了他在意大利访问期间的研究成果，即《那不勒斯王国铭文集》(*Inscriptiones regni Neapolitani*)。接下去的一年是个重要的年份。在经历和奥古斯特·博克（August Boeckh）及其支持者聪普特（August Zumpt）之间历时7年的斗争后，蒙森获得了最后的胜利[25]。1853年，普鲁士科学院认可了蒙森的计划并委任其作为该项目的总编，次年起开始从普鲁士政府领取稳定资助：每年6 000塔勒，首批资助为期6年[26]。因此，我们以这一年作为《拉丁铭文集成》编纂正式立项运作的年份。从此，蒙森以《拉丁铭文集成》编纂工程领导者的身份持续工作了半个世纪，直至1903年去世。

需要注意的是，蒙森的志向旨在将泛地中海地区的所有古代拉丁铭文都囊括进来。这即是说，这套著作所涉及的时间和地理跨度都非常广。时间上，从最古老的拉丁铭文一直到罗马帝国晚期，涵盖了近千年的罗马历史。从地域范围上看，虽然拉丁语主要在罗马西部地区盛行，但由于帝国治下疆域广袤，拉丁铭文实际遍及古代地中海世界的各个区域。因此，可以想见这是一个多么浩大的工程。像19世纪以前那样，仅凭某古物学家一己之力编纂一套铭文大全的做法行不通了。各国的研究者必须加强合作才能使任务顺利进行。在正式接手该项目前，蒙森就通过和威廉·亨岑（Wilhelm Henzen）[27]、博尔盖西以及德·罗西等学者的接触充分意识到国际合作的必要

---

[24] https://cil.bbaw.de/fileadmin/user_upload/Mommsens_Plan.pdf.
[25] 博克领衔的《希腊铭文集成》(*Corpus Inscriptionum Graecarum*)编纂项目的开启时间要早于《拉丁铭文集成》，但它在启动后不久便陷入长期的困局。后来，作为普鲁士科学院院士的博克希望继续在《拉丁铭文集成》的编纂中担任领导角色，因此他和他的学术支持者同蒙森之间进行了多年的斗争。
[26] Rebenich, "Berlin und die antike Epigraphik", p. 9.
[27] 亨岑是*CIL*的推动者和发起人之一，是蒙森坚定的学术盟友。虽然他是德国人，但长期在海外任职和研究，和国际学术界保持着密切联系。

性。在成为 CIL 的负责人之后，他和英、法、意、西等各国的史学家、铭文学家和考古学家建立了广泛的联络和沟通，形成了一个遍及欧洲的铭文搜集和整理网络。

在对铭文的编辑过程中，蒙森谨守"亲眼见证"的铭文搜集原则[28]。前面提到，这是文艺复兴时代的学者奇里亚科在搜集铭文时所恪守的原则，然而在此后数百年来，它并未成为所有古物学者遵循的一条铁律。当蒙森在博尔盖西的指导下研读铭文时，就受其提醒要谨守这条标准，并将其重要性写入计划书中[29]。在成为 CIL 总编后，他也督促各位编者做到这一点。他强调，无论是新发现的铭文，还是从未被整理的碑刻，抑或是由前人出版的铭文文本，编者都需要亲力亲为，去实地探访、查证、记录在案，只有这样才具有可信性。因此，我们在 CIL 条目中随处可见编者用第一人称动词对其编辑的铭文所做的描述，如 *descripsi*（该铭文由我查验并记录在册）、*contuli*（我将该铭文和此前的发表做了对比）、*recogonvi*（我再次校验并做了订正）等。对于那些被辑录在中世纪抄本中但已亡佚不见的铭文，编者需要做类似如下的声明：*periit*（它佚失了）或 *frustra quaesivi*（我试图寻找未果）等[30]。这种情况在早期的抄本中并不少见，因此就需要采用古典语文学的批判方法，对文本进行细致校勘。如果某则铭文在此前仅被一位学者提到，我们就有较强的理由质疑该铭文的真实性。按照蒙森的观点，所有这类铭文都被单独归到"不确定或虚假铭文"（*inscriptiones incertae vel falsae*）之列。

在《拉丁铭文集成》正式立项10年后，即1863年，CIL 第1卷出版，涵盖了当时已知的罗马共和国时代（截至公元前44年恺撒被刺）的所有拉丁铭文。1869年，CIL 的第2卷第1分册出版，主编为埃米尔·许布纳（Emil Hübner），涵盖西班牙地区的拉丁铭文（基督教铭文除外）。到蒙森辞世时，已经有多达15卷、130 000条铭文被编辑整

---

[28] Lorraine Daston, "Authenticity, Autopsia, and Theodor Mommsen's *Corpus Inscriptionum Latinarum*", in Ann Blair and Anja-Silvia Goeing eds., *For the Sake of Learning: Essays in Honor of Anthony Grafton*, Leiden: Brill, 2016, pp. 955−973.

[29] Rebenich, "Berlin und die antike Epigraphik", p. 15. 吴靖远:《简谈西方古典学铭刻研究的若干发展与挑战》,《古典与中世纪研究》第二辑, 商务印书馆, 2021年, 第164页。

[30] Cooley, *The Cambridge Manual of Latin Epigraphy*, p. 346.

理出来[31]。事实上，由于19世纪下半叶每年都有大批量的铭文被发现，因此当蒙森仍在世时，CIL编委就开始对最早出版的铭文集进行更新或编订补卷或分册。1892—1893年，学者开始对数十年前问世的第1卷和第2卷出版更新版和补卷（supplementa）。自此以后直到一战前夕，对CIL加以补编和更新成了编委会的日常工作。

2. 20世纪至当前的《拉丁铭文集成》编纂

20世纪早期，领导和参与集成编纂工程的主要学者有赫尔曼·德绍（Hermann Dessau）、奥托·赫希菲尔德（Otto Hirschfeld）、海因里希·德雷塞尔（Heinrich Dressel）以及洛塔尔·维克特（Lothar Wickert）等人[32]。欧洲形势的风云变幻和第一次世界大战让国际间的合作受到破坏，这自然影响到铭文集的编写进程[33]。不过，到"一战"结束时，当时已知的绝大多数拉丁铭文已经被收入已出版或者在编的CIL之中。纳粹德国政府的登台以及第二次世界大战的爆发，再次让工程遭遇困局，部分编者被革除或辞职，或者被征召入伍，一些资料也因战争而陷入短暂的混乱。但整体上的编纂工作并未停止。譬如由赫伯特·内塞尔豪夫（Herbert Nesselhauf）主编的第16卷《退役军人证书》（Diplomata Militaria）于1936年出版，第13卷第5分卷的索引出版于1943年。在二战之后，希腊—罗马铭文研究者绝大多数都是在各高校和研究机构从事教学和科研工作的专业学者。高度职业化的学术共同体的形成有利于同一研究领域内的学者对话和交流。国际铭文会议的举办［如1952年在柏林召开的第2届希腊—拉丁国际铭文学大会（International Congress of Greek and Latin Epigraphy）］和铭文学会的建立（如1977年成立的希腊—拉丁

31　Rebenich, "Berlin und die antike Epigraphik", p. 42.
32　Rebenich, "Berlin und die antike Epigraphik", p. 19. 在法国人勒内·卡尼亚（René Cagnat）于1891年成为第8卷主编之前，各卷的主编都由德国学者担任。这也是蒙森所坚持的看法，因为只有如此，该项工程的主导权才能掌握在德国学者手中。蒙森认为，既然该项目依托的机构和资金来源都出自柏林，德国学者在该工程中占据领导地位是理所当然的事实，见Rebenich, "Berlin und die antike Epigraphik", pp. 30–34。
33　尤其是无法从作为法国殖民地的北非获取铭文一事上表现得十分明显。这一时期，德国和以卡尼亚为代表的法国学术界之间的关系一度遭到破坏，但德绍从中做了不少沟通和协调工作，最终使关系得到了缓和，见Rebenich, "Berlin und die antike Epigraphik", pp. 37–40。

国际铭文学会，简称AIEGL — Association Internationale d'Épigraphie Grecque et Latine)也都是国际间合作加强的重要体现[34]。但高度的职业化并非没有负面作用，它容易造成整体研究的割裂和地域化倾向。二战后的铭文学家大多专攻某个地区，多无余力或兴趣像蒙森以及之前的学者那样关注全局。这反而凸显了《拉丁铭文集成》这个工程在促进国际合作方面的价值和重要性。不幸的是，自进入20世纪50年代中期后，弥漫全球的意识形态隔阂制造的困难日趋严重，影响了国际学术间的正常交流。原来从属于柏林科学院的CIL工程变得四分五裂，分散到民主德国不同的机构中，这让CIL的编纂更加难以为继。漫长的冷战带来的最大危害是，来自西德、奥、比、法、西、葡和英国等"资本主义阵营"的铭文学家和东德、匈牙利、罗马尼亚、阿尔及利亚等同行之间在材料的搜集和交流方面长期面临困难，更不要说展开有效合作。虽然这一时期的工作进展缓慢，但在汉斯·克鲁姆雷(Hans Krummrey)和康拉德·舒布林(Konrad Schubring)等人的努力和协调下，出版工作并未遭到完全中断，如很多19世纪末期和20世纪上半叶出版的卷册在70年代得到再版[35]。

两德统一、苏联解体以及两大阵营的彻底瓦解给《拉丁铭文集成》的编纂带来了全新的局面。新成立的柏林勃兰登堡科学与人文学院(Berlin-Brandenburgische Akademie der Wissenschaften)全面接手了CIL项目，并获得了新资金的支持。盖佐·阿尔丰迪(Géza Alföldy)和曼弗雷德·施密特(Manfred G. Schmidt)于1992—2007年担任项目总编。在两人领导下，CIL编委会和许多国家从事罗马考古、历史及铭文研究的学者积极配合，《拉丁铭文集成》的编纂再次迎来发展的黄金期。许多补卷、分册在这一时期纷纷出版[36]。目前，该工程由美因茨大学古代史系教授玛丽埃塔·霍斯特(Marietta Horster)主持。工程预计将在2030年左右完成所有已知拉丁铭文的

---

[34] Christer Bruun, "The Major Corpora and Epigraphic Publications", in Christ Bruun and Jonathan Edmondson, eds., *Oxford Handbook of Roman Epigraphy*, Oxford: Oxford University Press, p. 68.

[35] 这一时期的情况，见Rebenich, "Berlin und die antike Epigraphik", pp. 65–69。

[36] 关于一百余年间CIL各位主编的简介，见官网：https://cil.bbaw.de/hauptnavigation/das-cil/autoren。

汇编、增补和修订工作。[37]

三、《拉丁铭文集成》的框架结构、内容和释例（*CIL* VI 40368）

截至目前，《拉丁铭文集成》已出版17卷，其中绝大部分又含数个分卷，而分卷又含有数量不等的分册或补卷，总计铭文数量达20万余条。上文已述及，在所有卷册中，只有第1卷涵盖了罗马共和国时期及共和国之前更古老的铭文（数量极有限）。它由两个分卷组成。由蒙森编辑的最早的一卷包含了古老的颂歌（*elogia*）、历法和执政官年表，在1863年出版，并于1893年得到再版[38]。第2分卷共5个分册，最新的两册于1986年和2015年出版，补充了文字、图版以及索引信息。

从第2卷到第17卷按地区和主题编订。由于《拉丁铭文集成》卷册众多，本文无法对各卷及下设分卷及分册的每个主题详加说明[39]，下表仅对每卷所统摄地区和主题做一罗列。

卷数	涵盖地区	出版信息（最新）
II	西班牙三省	1869年初版，1892年出版补卷。自1995年起，全卷更新版，其中的最新一册于2019年出版
III	诺里库姆、雷提亚、潘诺尼亚、摩埃西亚、达契亚、色雷斯、埃及、克里特、小亚细亚、叙利亚、犹大、阿拉伯、昔兰尼加和埃及	1873年初版，1889—1893年以及1902年出版补卷

---

[37] Manfred Schmidt, *Corpus Inscriptionum Latinarum*, Berlin: Berlin-Brandenburgische Akademie der Wissenschaften, 2007, p. 35.
[38] Pars I: *Fasti consulares ad a. u. c. DCCLXVI. Elogia clarorum virorum. Fasti anni Iuliani*. Cura Th. Mommsen, W. Henzen, Chr. Huelsen. 1893.
[39] CIL 每一卷、分卷、分册的标题和主题，见官网提供的目录总表（最新一卷更新至2019年）: https://cil.bbaw.de/hauptnavigation/das-cil/baende 以及 Cooley, *The Cambridge Manual of Latin Epigraphy*, pp. 336–346; François Bérard et al. *Guide de l'épigraphiste, Bibliographie choisie des épigraphies antiques et médiévales*, 4th ed., Paris: Rue d'Ulm, 2000, pp. 91–155.《剑桥手册》和《碑铭指南》均补充了每卷所针对地区对应的其他铭文出版物。

（续表）

卷数	涵盖地区	出版信息（最新）
IV	庞贝、赫克兰尼乌姆、斯塔比埃	1871年初版，含4个补卷，其中最新的一册于2020年出版
V	阿尔卑斯山南高卢	1872年初版，共2个分卷
VI	罗马城	数量庞大，共8个分卷，首卷于1876年初版。目前最新一册于2019年出版
VII	不列塔尼亚	1873年初版。更新的拉丁铭文多收录在其他铭文集中
VIII	北非（埃及和昔兰尼加除外）	1881年初版，含2个卷，5个补卷
IX	意大利东、南部：卡拉布里亚、阿普利亚、萨莫尼乌姆、萨宾、皮凯努姆	1883年初版，2018—2020年出版了补卷，包含3个分册
X	意大利西、南部：布鲁提乌姆、卢卡尼亚、卡帕尼亚、西西里、萨丁尼亚、科西嘉	1883年初版，含2个分卷
XI	意大利中、北部：埃米利亚、伊特鲁利亚、翁布里亚	1888年初版，含2个分卷
XII	阿尔卑斯山北高卢	1888年初版
XIII	三大高卢和日耳曼尼亚	1899年初版首卷首册，共6卷
XIV	意大利拉提乌姆	1887年初版，1930年和1933年出版奥斯蒂亚铭文补卷
XV	罗马及其周边出土的砖、陶片、陶瓶、油灯、玻璃器皿等家用器具铭文	1891年出版首卷，共2卷
XVI	退伍军人证书	1936年
XVII	里程碑	1986年初版，目前已出3卷（卷1、卷2、卷4），最新一册2012年出版

在这样一个宏大的学术工程中,编者们的主要工作是补充新发现的铭文,并对老铭文的信息加以更新和必要的订正。在 CIL 启动后不久,随着新发现的铭文数量源源不断地增加,以至于不得不出版单行本以及时补充新的内容,这就形成 CIL 的"增册"(auctarium)、"补卷"(supplementum)和独立于 CIL 项目之外,由其他学者纂写的各类续编或补编类资料[40]。针对部分已出铭文,编者常在新卷册中就其内容加以"增补和修正"(addenda et corrigenda),或列出真实性遭质疑、伪造和本不属于该地区的铭文(falsae vel alienae)[41]。由于大部分铭文整体上是按地域编排的,因此大多数卷的开头部分是按地区对该地铭文所做的一个整体性综述[42]。以下我将以 CIL 第 6 卷第 8 分卷第 2 册为例,展示一下如何查阅这部大型的铭文工具书[43]。

第 6 卷共含 8 个分卷,最后一卷由任教于罗马智慧大学的杰出铭文学家、意大利人西尔维奥·潘切拉(Silvio Panciera)担纲主编。由第 6 卷的总标题《罗马城的拉丁铭文》(Inscriptiones Urbis Romae Latinae)可知,该卷包含了和罗马皇帝及其家族、帝国元老、骑士衔等官员等相关的铭文,因此它在罗马帝国政治史研究中占有相当重要的分量。事实上,第 8 分卷中所含有的 3 个分册正是宗教铭文(Inscriptiones sacrae)、罗马皇帝及皇室铭文(Titulos imperatorum domusque eorum)以及罗马元老、骑士职官相关铭文(Titulos magistratuum populi Romani ordinum senatorii equestrisque)这三大块内容。由此看来,虽然《拉丁铭文集成》中的大多数卷是按地域加以编排的(卷 1、卷 15、卷 16、卷 17 除外,见上表),但下设的分卷和分册也和主题相关。此外,不得不提的是,1996 年,大量照片首次被加入到 CIL 中,和编辑文本形成对照[44]。由《拉丁铭文集成》工程

40　见第 227 页页注释 39。
41　第 6 卷第 5 分卷单独列出了作伪铭文: Pars V: *Inscriptiones Falsae*, ed. E. Bormann, G. Henzen, Chr. Huelsen. 1885. 另见 Calabi Limentani, *Epigrafia Latina*, pp. 412f。
42　有时读者会跳过这一部分,直接翻到后面查找自己需要的某条铭文,但因为此处提供了铭文的整体背景和学术史,因此这部分内容是不容忽视的。
43　需要提醒的是,各卷各册在编排上虽存在逻辑衔接,但对这样一个持续编纂了一百多年的大型丛书而言,没有一个通用全篇的结构框架。读者只有细致浏览已出版了的所有卷册目录并翻阅内文,才能对 CIL 的通盘架构有基本了解,此处的例子仅为导读。
44　*Fasc. II: Titulos imperatorum domusque eorum thesauro schedarum imaginumque ampliato* ed. G. Alföldy adiuvantibus A. Kolb, Th. Kruse, V. Rosenberger, A. Scheithauer,(转下页)

总编、杰出的匈牙利籍拉丁铭文学家盖佐·阿尔丰迪编辑的第3分册在这一年出版,因此读者的阅读体验较之以往有了很大的改善。

  翻开扉页,映入眼帘的是由潘切拉和阿尔丰迪所写的两篇拉丁文序言(*praefatio*, VII-XIII),之后是各类文献(绝大多数出版于20世纪)以及期刊列表和缩写(XV-XXII),再随后是拉丁铭文的校勘符号和标记(XXIII-XXIV)[45]。接下去的是"增补和修正"(*addenda et corrigenda*, 第4307—4366页)。前面提到,该部分主要是对此前发表的同一主题的铭文所做的订正和补充。如第4303页的条目889对应的是收录在第6卷第1分卷中的第889号铭文。由于该卷出版于1876年,某些信息早就陈旧,因此在这里编者对一百多年前的条目加以扩充和校正就很有必要了,尤其是补充了过去五十多年和该铭文有关的研究成果,很有价值。同时,它还提供了收录在其他铭文集中同一条铭文的出处(如 *CIL* VI 889=*ILS* 83)[46]。如果铭文配有照片,那么通常会在后面的正文部分给出,并被给予一个新编号,而在此仅简单标识"885 Vide infra 40370",即提示读者到下文的第40370号铭文查询。从这里我们可知,不同编号下对应的铭文可以是同一条铭文,只是包含信息不同而已。有时候情况甚至变得还要复杂,这是因为 *CIL* 的编修已经历时逾一个半世纪。正如前文提到的,早在蒙森还在世时,第6卷就开始进行再版和更新了,而到了20世纪末和新世纪至今,围绕同一铭文所做的信息补充,百余年

(接上页)G. Wesch-Klein itemque I. di Stefano Manzella, M. Spannagel, J.-U. Krause, Berlin: de Gruyter, 1996. 第3分卷和第1分卷分别出版于2000年和2018年。因此,请注意后续补进来的各分卷、分册的序号并非是按出版时间的先后顺序编排的。

  45 特别需要提到的是,早期(大约在1920年之前)出版的 *CIL* 诸卷采取的铭文转写规则和后期不大相同。自蒙森时代到一战结束后不久,各个卷册中,可见铭文的转写一律采用大写体(majuscule lettering),而已经消失不见而由校勘者填补上去的字母则用小写斜体等。最基本的转写规则,参见Cooley, *The Cambridge Manual of Latin Epigraphy*, p. 349。到20世纪20年代,纸草和铭文学界内逐渐流行一套新式的校勘符记并在1932年荷兰莱顿大学召开的第18届国际东方学大会上得到大力推广。这套体系被命名为"莱顿系统"(Leiden System)。在铭文校勘领域,尽管并非所有的铭文学家和出版物都会严格遵循这套惯例,但"莱顿系统"不断发展完善,已成为铭文学校勘采用的基本符号。基于"莱顿系统"的一套较新的校勘标记可参见Cooley, *The Cambridge Manual of Latin Epigraphy*, pp. 352-355。

  46 不同铭文集中的同一条铭文,可参见同卷中最后的索引(*Tabellae synopticae*)。

中前后可能达数次之多。如4303页的这则铭文，原编号为 CIL VI 894，最初收录在第1分卷第840页，但我们在第4分卷第2分册中可以找到该铭文的更新版，在第8分卷第2分册再次对该铭文的信息进行了补充。由于"增补和修正"内不提供图片和铭文原文的讨论信息，因此，读者需要回到正文中去查阅和这则铭文绘图、照片或刻文文本相关的学术讨论。由此可见，这则铭文实际上被给予了3个不同编号：894 (cf. p. 840)=31194 Vide infra 40367[47]。我们通过这三个编号，就可以详察在1996年之前围绕该铭文所做的近百年的编撰史[48]。

在这之后，我们终于来到了整册书中的主体部分——罗马皇帝及皇室铭文（第4367—4585页）以及界碑铭文（tituli terminorum，这部分内容仅含数页）。编者补充了从奥古斯都到公元7世纪初期，在本卷册主题限定范围内的相关铭文。在主体部分——"罗马帝国皇帝及皇室铭文"以及"界碑铭文"——之后，是编者所做的分别基于文本、罗马城地理建筑和主题细分的三个精彩索引。再之后是收录在CIL此前卷册和其他铭文集中铭文条目的对照表。最后是编者绘制的极为详尽的四开本的"罗马城平面图"及使用说明。

为了给读者提供阅读CIL的直观感受，我从中选取了一个较短的铭文，全文摘录如下：[49]

40368 tit. honorarius (?) domus imperatoriae
Duo fragmenta tabulae lapidis marmorei Lunensis (*a-b*) inter se ex parte coniuncta, undique fracta. Frg. *a* (8) × (12) ×1,8, frg. *b* (5,3) × (12,5) × 1,8. Litt. rubricatae 3. Frg. *a* rep. a. *1926 durante l'esplorazione al centro del Mausoleo*, frg. *b certamente trovato*

---

[47] 本分册第4303页。
[48] 除了CIL内提供的索引（前11卷），读者还可参阅A. Faßbender, *Index numerorum. Ein Findbuch zum Corpus Inscriptionum Latinarum 1-11*, Berlin: de Gruyter, 2003。
[49] Fasc. II: *Titulos imperatorum domusque eorum thesauro schedarum imaginumque ampliato* ed. G. Alföldy adiuvantibus A. Kolb, Th. Kruse, V. Rosenberger, A. Scheithauer, G. Wesch-Klein itemque I. di Stefano Manzella, M. Spannagel, J.-U. Krause, Berlin: de Gruyter, 1996, p. 4400.

negli scavi di quegli anni Panciera. Duo fragmenta inter se coniuncta *negli scavi del 1928* reperta esse dixit Giglioli. Asservabantur in museo Caelimontano, nunc extant in *Pal. Esp., cassa 254* (inv. n. 2.076 et n. 1.595), ubi descripsit Panciera haud multo post a. 1970. Contuli ad im. phot.

*Germ[anicus Caesar]
Ti(beri) August[i filius].*

Im. phot. a Giglioli publici iuris facta (unde neg. G. A. n. 222,24. 25; adde neg. *Ist. Ep.* n. 7.502).

Q. G. Giglioli, *Capitolium* 6,1930, 542 cum im. phot.; Panciera, *Mausoleum* 128 s. n. XII cum im. phot. tab. 14 *d* et cum im. del. fig. 53. — Cf. A. M. Colini, *BCAR* 54, 1926, 220 et *ibid.* p. 217 de situ (frg. *a*); F. De Ruyt, *Ét. Class.* 2, 1933, 439.

2 *Ti. August[i f. Divi Augusti n.]* Giglioli.

Ad urnam Germanici Caesaris rettulit Giglioli, *l.l.*, certe minus recte; de titulo imaginis cogitavit Panciera, *l.l.* De urna Germanici cf. A. Mlasowsky, *RM* 93, 1991, 223–230.

Dedicatus videtur a. 20.   G. A.

蒙森时代的铭文学家通常将其所校验的单个铭文写在"纸片"

或者"卡片"(Schede)上[50]。久而久之，这上面的记录转化为一套铭文学领域内不成文的规则，就此形成了 CIL 编纂的基本步骤[51]。大致而言，一条铭文的辑录分以下几步：首先，**开头**通常会提到铭文的编号（不止一个，见上文）、铭文类别（荣誉性铭文，或墓志铭，或宗教铭文等）、铭文载体的物理特征、铭文发现时间、地址、现收藏地等相关背景信息。如果该铭文已被19世纪早期的出版物甚至更古老的中世纪抄本收录，还要简单提供相关信息。其次，**文本转录(transcriptions)**。转录文本又分两种：(1) **仿真摹本(diplomatic text)**。校勘者需尽量依照原样将碑文上的文字用大写体摹写下来，不做主观更改。甚至碑义中出现的留白、碑体的残缺等，也要尽量描摹出来从而反映物理原貌。即便需要补全铭文，保留和被补的两部分也被一目了然地标记出来。注意，并非每一条 CIL 铭文都会提供规格一致的仿真摹本。(2) **编辑本(editorial text)**。编者参照铭文校勘规则提供编辑好的版本。前文（注释45）已提到，目前我们看到的编辑文本建立在"莱顿系统"的基础之上。尽管仿真摹本并未完全被取代，但随着相片的普及，20世纪90年代以后出版的 CIL 各册通常采取照片加编辑本的样式，譬如上文释例所示[52]。再次，**参考文献、校勘记和评注**等。参考文献通常按照出版时间顺序排列。校勘记一方面会包括对铭文的书写体(palaeographical apparatus)做校注，另一方面会对文本本身进行校勘(textual apparatus)，这涉及对以往发表的版本的再读或纠正。评注涉及的内容很杂，由于编者的专长和个人取向不同，因此不能一概而论，大致从语文到历史诸问题都可能涉及，并无特定之规律。最后，编者会对铭文的出现时代加以**定年**。结合上述步骤，下面我为例

---

[50] 针对一条铭文，铭文学家从收集到发表前的准备工作和步骤，见 Christian Bruun and Jonathan Edmondson, "The Epigrapher at Work", in Christ Bruun and Jonathan Edmondson, eds., *Oxford Handbook of Roman Epigraphy*, Oxford: Oxford University Press, pp. 7-14；意大利文的一个碑铭手册给出了从铭文采集到发表每一步的详细流程（I. Di Stefano Manzella, *Mestiere di epigrafista. Guida alla schedatura del materiale epigrafico lapideo*, Rome: Edizioni Quasar, 1987）。

[51] Manfred G. Schmidt, *Lateinische Epigraphik: Eine Einführung*, Darmstadt: Wissenschaftliche Buchgesellschaft, 2015, pp. 23-26.

[52] 尽管并未提供全文翻译，库利在《剑桥铭文手册》中展示了一个阅读示例（CIL XI 1056）: Cooley, *The Cambridge Manual of Latin Epigraphy*, pp. 347-350。

文 *CIL* VI 40368 提供一个清晰的译本[53]：

40368. honorary (?) inscription of the imperial house

Two fragments of the Luna marble stone tablets (*a–b*) that partly connect together are completely broken. Fragment *a*, 8 cm long, 12 cm wide and 1.8 cm high; fragment *b*, 5.3 cm long, 12.5 cm wide, 1.8 cm high. Letters in red color are 3 cm high. According to Panciera, fragment *a* was found in the excavation of the center of the Mausoleum in 1926; fragment *b* was certainly found in the excavation during those years. Giglioli said that the two fragments connected to each other were found in the excavation in 1928. The two pieces used to be collected in the museum of Caelimontana. Now it is in case n. 254 (inventory n. 2.076 and n. 1.595) of the Palazzo delle Esposizioni. Panciera has checked it and drawn up an entry shortly after 1970. I have compared it with the imprinted photo.

Germ[anicus Caesar]
Ti̧(beri) August[i filius].

53　此处笔者选择以英文而非中文译出，主要出于三方面的原因：第一，原文是拉丁文，以国际通行的学术语言英语来翻译，能更好地对应拉丁文字词方面的含义；第二，文中已夹杂不少的德、法、意文学术文献，按惯例不做翻译，若汉字这一非字母文字充斥其间，则显凌乱；第三，默认本文大部分读者有流畅阅读学术英语的能力。

The photo taken by Giglioli is a work of public property (see Géza Alföldy n. 222,24.25; also *Istituto di Epigrafia Latina* n. 7.502). Q. G. Giglioli, *Capitolium* 6, 1930, p. 542 with im. photo; Panciera, *Das Mausoleum des Augustus: Der Bau und seine Inschriften*, Munich: Bayerische Akademie der Wissenschaften, 1994, p. 128, s. n. XII with an im. photo table 14 *d* and with im. delineated fig. 53. See also A. M. Colini, "Relazione della prima campagna di scavo nel Mausoleo di Augusto", *Bullettino della Commissione Archeoiogica Comunale di Roma*, vol. 54, 1926, p. 220 and *ibid.* p. 217 about the location of fragment *a*. F. De Ruyt, "Les récents travaux archéologiques de Rome", *Les Études Classiques*, vol. 2, 1933, p. 439.

According to Giglioli, line 2 reads: *Ti. August[i f. Divi Augusti n.]*

In the earlier-cited work, Giglioli referred it to the urn of Germanicus Caesar, certainly less correct. Panciera believed that this is a statuary inscription, see the above-cited work. Concerning the urn of Germanicus, see A. Mlasowsky, "Alexander, Die Aschenurne des Germanicus. Deutungsvorschlag eines Lampenmotivs im Kestner-Museum Hannover", *Mitteilungen des Deutschen Archäologischen Institutes, Römische Abteilung*, vol. 93, 1991, pp. 223–230.

It was dedicated in 20 CE.

Géza Alföldy

前已提及，本册所收铭文均和罗马皇帝及皇室成员有关，再结合碑铭正文、碑刻发现地及产生年代这三个有效信息，我们大体可以推断这块碑是为尊崇或纪念死去不久的皇子日耳曼尼库斯而立的。但由于碑体残损严重，这两块残片究竟出自何种建筑物，如本例所示，学者之间尚存争论。应当说，碑身的残缺或者铭文的阙如对碑铭学家而言是司空见惯的事情，但正因如此，它反而凸显了《拉丁铭文集成》编纂的价值。尽管从理想化的角度而言，我们永远无法将罗马历史上产生的每一块拉丁铭文都找到并囊括其中，但正如一幅巨大的拼图玩具一样，随着被发现并被拼接起来的碎片愈多，每块碎片内在的信息也更加清晰，整幅图像的形貌也愈加完整，而这注定是一个持续不断甚至无法止息的工作。

四、余论

自1847年年轻学者蒙森向位于柏林的普鲁士科学院提交计划书，雄心勃勃地筹划编纂一套超越前人的拉丁铭文大全以来，《拉丁铭文集成》已度过了数代春秋。目前，这个项目依然在德国学者的主持下，在国际希腊—拉丁铭文学者的通力合作中进行着[54]。虽然还有很多工作要做，但仅凭该工程历时一百七十余年而不息这一事实，就不由让人感叹，这是一项多么伟大的学术志业和成就！当下，拉丁铭文学的研究是一个高度专业化的学术分支，和古代史、考古学之间的关联已密不可分。《拉丁铭文集成》虽然是有史以来的出版物中涵盖拉丁铭文数量最多、覆盖地域最广、统摄时间最长的拉丁铭文大全，但进入21世纪后，拉丁铭文集的编纂并未囿于一家独大的局面。相反，各种以地区和主题为单元的铭文集纷纷问世，发枝散叶，成果赫然[55]。尤其是近二十年来，随着数据库的完善，大部分拉丁铭文已经被搬上了网络，实现了电子化，这俨然铭文学界研究的一次革命[56]。目前绝大部分CIL铭文都被囊括到如 *Epigraphik-Datenbank: Clauss /*

---

[54] 两册最新的铭文，即卷4补卷4分卷2以及卷9补卷1分卷3于2020年出版。

[55] 和CIL同期以及此后其他的拉丁铭文集的出版情况见Bruun, "The Major Corpora and Epigraphic Publications", pp. 72-76以及John Bodel, *Epigraphic Evidence Ancient History from Inscriptions*, London and New York: Routledge, 2001, pp. 153-174。

[56] John Bodel, "Latin Epigraphy and the IT Revolution", in John Davies and John Wilkes eds., *Epigraphy and The Historical Sciences*, Oxford: Oxford University Press, 2012, pp. 275-294; Heather Parker, and Christopher A. Rollston, "Teaching Epigraphy in the Digital Age", in David Hamidović, Claire Clivaz, and Sarah Bowen Savant eds., *Ancient Manuscript in Digital Culture: Visualisation, Data Mining, Communication*, Leiden: Brill, 2019, pp. 189-216.

Slaby、*Epigraphische Datenbank Heidelberg* 或者 *Epigraphic Database Bari* 这样的大型铭文数据库中,方便编者对数据的更新、补充和搜索,也为读者的查阅和研究提供了极大便利。这一发展现状和趋势自然是作为"拉丁铭文之父"的蒙森及其19世纪的同辈们所无法想象的。但是,一枚硬币自有它的两面。我们已经看到,在当下的欧美国家科研和高校的学术体系中,古典学、古代史席位和经费日益遭到政府的削减,从业人员的数量逐渐萎缩,而拉丁铭文学作为下设的分支,更是无法独善其身。古老的学术传统在持续散发魅力的同时,有时也会给自身发展带来沉重负担。截至2020年,*CIL* 最新出版的两册依然在用拉丁文这一早已过时的学术语言来编写,书中保留的大量19世纪甚至更早的那些古奥难懂的术语缩写也显得和时下格格不入,即便是专业读者也会望而生畏。*CIL* 的编纂,或者再进一步而言,整个希腊—拉丁铭文研究,如何在恰当地保留传统的同时,贴合新时代的气息,给人提供更大的便利,是年轻一代的从业者们需要考虑的问题,而这也正是保证这门学科能够持续向前发展的一个极现实的条件。

(作者单位:复旦大学历史学系)

学术书评

Book Reviews

自我与他者:雅典视角下的斯巴达
——评《古希腊强邦:雅典人自我定义中的斯巴达》

白珊珊

2018年,威尔士古典出版社(The Classical Press of Wales)出版了一本名为《古希腊强邦:雅典人自我定义中的斯巴达》(以下简称《强邦》)的学术论文集[1]。《强邦》是继1994年出版的《斯巴达的阴影》(*The Shadow of Sparta*)之后,威尔士古典出版社献给读者的又一部关于斯巴达的"接受"研究论文集,同时也为该出版社旗下的"古代作家与斯巴达"系列丛书预热[2]。斯巴达的"接受"研究之所以重要,是因为目前传世的有关斯巴达的文献史料多由外邦人书写,有学者怀疑外邦作家出于不同目的歪曲了斯巴达的形象,这导致斯巴

---

[1] Paul Cartledge and Anton Powell, eds., *The Greek Superpower: Sparta in the Self-Definitions of Athenians*, The Classical Press of Wales, 2018, 以下简称《强邦》。作为斯巴达研究的出版阵地,威尔士古典出版社近十年来出版了多部斯巴达研究的专著或论文集,平均每年一本,可谓引领学术潮流的风向标。

[2] 此处的接受研究不同于传统意义上的接受研究,而是安东·鲍威尔(Anton Powell)及其合作者在论文集《斯巴达的阴影》(*The Shadow of Sparta*)中提出的"较宽泛意义上的雅典史料所呈现的对斯巴达的接受和再现"。参见 Anton Powell and Stephen Hodkinson, eds., *The Shadow of Sparta*, The Classical Press of Wales, 1994, pp. 214-255, 以及 Paul Cartledge and Anton Powell, eds., *The Greek Superpower: Sparta in the Self-Definitions of Athenians*, p. xi。"古代作家与斯巴达"系列的《色诺芬与斯巴达》已于2020年出版,《修昔底德与斯巴达》也于2021年2月出版发行,《希罗多德与斯巴达》即将出版,《普鲁塔克与斯巴达》也正在策划中。

在古希腊社会中显得独特且反常[3]。那么,古代作家是否真的扭曲了斯巴达的社会形象?他们的叙述有多可靠?若想解答这些问题,就需要理解这些古代作家的写作动机和视角。《强邦》从自我(雅典)与他者(斯巴达)的角度切入,剖析了公元前5—前4世纪雅典视角下的斯巴达形象,揭示了雅典在构建斯巴达社会形象中扮演的角色,并在此基础上探讨了这些外邦作家对斯巴达的态度。

《强邦》一书有两位重量级编者。编者之一为英国学者保罗·卡特里奇(Paul Cartledge),可谓当代斯巴达研究的领军人物,他的通识性读物《斯巴达人》为国内读者熟知[4]。另一位编者安东·鲍威尔(Anton Powell)虽不在高校任教,却也在斯巴达研究领域耕耘多年,曾主编布莱克维尔出版社出版的《斯巴达研究指南》一书[5]。鲍威尔还积极地组织凯尔特学术会议(Celtic conference)[6],将来自世界各地的斯巴达研究者聚集起来,为斯巴达研究做出了卓越的贡献。本书为2013年夏在剑桥大学举办的学术会议的论文集,共收录9篇学术论文,内容涉及斯巴达社会的风俗习惯、政治制度、社会阶层等诸多方面。值得一提的是,威尔士古典出版社过去出版的论文集多由斯巴达史研究者合力完成,而《强邦》的作者多为专精某一古代作家的古典学者,他们熟悉古代作家的表达方式与文学手法,精通一部作品的内部脉络与不同作品之间的外部联系,擅长从文本分析入手来讨论问题,这为斯巴达研究注入了新的活力。在本书中,学者们围绕修昔底德、伊索克拉底、阿里斯托芬、欧里庇得斯和柏拉图等重要雅典作家和亚里士多德对斯巴达的"接受",展开对雅典人眼中的

---

[3] 斯巴达在古希腊社会中以其独特、反常的社会形象著称,然而近年来反思的声音持续不断,斯巴达到底在多大程度上是一个独特的城邦?有学者认为,其实斯巴达并非与众不同,只是斯巴达人不愿被外界了解而刻意不写作,加之来自其他地方的古代作家出于不同目的歪曲了斯巴达的形象,由此人们才认为斯巴达十分独特反常,这被称为"斯巴达幻象"(Spartan Mirage),参见 Anton Powell, Stephen Hodkinson and Nikos Birgalias, eds., *Sparta: Beyond the Mirage*, The Classical Press of Wales, 2002。

[4] [英]保罗·卡特利奇:《斯巴达人》,梁建东、章颜译,上海三联书店,2010年。

[5] Anton Powell, ed., *A Companion to Sparta*, Blackwell, 2018.

[6] 凯尔特学术会议对斯巴达研究的推进有着巨大贡献。原定于2020年举行的凯尔特学术会议由于受疫情影响被推迟至2022年举行。此次会议的主题为斯巴达与考古学,在筹划过程中得到英国诺丁汉大学伯罗奔尼撒研究中心的大力支持。斯巴达与考古学必将成为近年来斯巴达研究的重要议题与方向。

"他者"斯巴达的形象探究。《强邦》收录的文章大致可以按照材料类型依次分为三个部分：前三篇论文围绕希罗多德和修昔底德等人的历史作品展开；中间三篇论文关注文化艺术领域，分别讨论了古希腊悲剧、喜剧、绘画与建筑中的雅典及斯巴达形象建构；最后三篇论文则聚焦于演说家和哲学家笔下的斯巴达政治。接下来笔者将分别对这三个部分展开评述。

一、历史书写中的理想形象

希罗多德、修昔底德和色诺芬这三大古典史家都在雅典和斯巴达两个城邦上花费了大量的笔墨，他们的作品因此成为研究雅典与斯巴达历史的重要材料。古典学者葆拉·德布纳尔（Paula Debnar）已发表过数篇探讨修昔底德的论文，还与本书的编者卡特里奇合写了《修昔底德笔下的斯巴达和斯巴达人》一文[7]。在《强邦》第一篇论文《伯里克利葬礼演说中的斯巴达》中，她延续了《修昔底德笔下的斯巴达和斯巴达人》的基本立场，即修昔底德《伯罗奔尼撒战争史》中的雅典与斯巴达是两极对立的关系。德布纳尔注重还原修昔底德所处时代的历史背景，并强调修昔底德获得的信息多来源于希罗多德。基于这一前提，德布纳尔详细地分析了修昔底德笔下的伯里克利演说辞，展示了他是如何通过与斯巴达的对比来塑造雅典形象的。

在伯里克利的葬礼演说中，斯巴达与雅典分庭抗礼，分别称霸陆地与海洋。德布纳尔认为，对海军实力强盛的雅典而言，修昔底德相信船只和财富是衡量权力的重要因素，而以重装步兵闻名的斯巴达人不如雅典人重视这些因素。在修昔底德笔下，斯巴达人的生活方式太过严苛，雅典人在享乐的同时且能自给自足（*autarkeia*）；相对于斯巴达寡头政治，雅典民主制具有优越性——雅典公民的政治参与

---

[7] Paul Cartledge and Paula Debnar, "Sparta and the Spartans in Thucydides", in Antonios Rengakos and Antonis Tsakmakis, eds., *Brill's Companion to Thucydides*, Brill, 2006, pp. 559–588.

更为平等，选择更为自由；斯巴达没有成文法，只是严格遵循习俗（*nomos*）行事，而雅典的法律则被书写下来；斯巴达人的勇气被夸大了，雅典人言行一致且毫不软弱；斯巴达人沉默寡言，而雅典人长于言辞。然而，在德布纳尔看来，以上就雅典的优越与斯巴达的缺陷所做的种种对比显得比较理想化。葬礼演说辞呈现的雅典是伯里克利美化过的形象，实际的雅典远非伯里克利所宣称的这般卓越。修昔底德笔下的伯里克利对雅典人的自我定义是以斯巴达人为参照对象的，作者认为伯里克利演说辞刻意贬低了斯巴达，以便体现雅典的优越性[8]。德布纳尔的结论虽无显著的创新之处，但她通过细致的文本分析和具体例证，成功揭示了修昔底德笔下的理想状态与实际的历史现实之间的距离[9]。

斯巴达人少言寡语的形象不仅出现在修昔底德的作品中，色诺芬和普鲁塔克对此也皆有涉及。在第二篇《雅典、斯巴达和商议的技艺》中，埃伦·米伦德（Ellen Millender）以希罗多德和修昔底德的作品为核心，分析了雅典和斯巴达的议事方式，而她选择这两位古代作家正是因为他们的作品都表现了雅典人的能言善辩和斯巴达人的寡言少语。米伦德透过文本发现了这种表象背后的意涵，即雅典人和斯巴达人对演说与商议活动存在截然相反的态度，前者素来有集体商议的习惯，且通过商议来进行政治决策，而后者则排斥商议。然而，文本中的社会形象和历史现实之间仍存在一定差距。米伦德揭穿了埋藏在文本中的秘密，即在历史书写的过程中，雅典人的德性与演说能力得到了美化，斯巴达则被塑造成一个不擅演说和商议的城邦。米伦德引用了德布纳尔的观点来展开论证，这使论文集内部的联系更为紧密。然而美中不足的是，在论及斯巴达人的

---

[8] 德布纳尔得出的结论与德国学者约纳斯·格海特莱（Jonas Grethlein）截然不同，格海特莱认为修昔底德实际上在批评作为雅典民主制习俗之一的葬礼演说。约纳斯·格海特莱在纪念妮科尔·洛罗（Nicole Loraux）的国际学术研讨会上提出了这一观点，该会议论文集预计于2022年由剑桥大学出版社出版。

[9] 至于修昔底德对斯巴达与雅典的评价究竟如何，她的论证显然无力终止这场旷日持久的辩论。她和卡特里奇在《修昔底德笔下的斯巴达和斯巴达人》一文中已经探讨了修昔底德对斯巴达的态度，他们认为修昔底德显然不太喜欢斯巴达，这可能跟他个人在安菲波利斯（Amphipolis）的失败有关，参见 Paul Cartledge and Paula Debnar, "Sparta and the Spartans in Thucydides", pp. 559–588。

少言寡语和商议习惯时，米伦德忽略了亚里士多德的《修辞学》和普鲁塔克的相关论述。此外，抛开材料方面的缺失不提，米伦德也没有深入探讨斯巴达极具特色的"商议"与投票方式——"呼喊"造成的结果[10]。

第三篇《雅典作为新的斯巴达？拉科尼亚主义与公元前404/3年的雅典变革》出自论文集的编者鲍威尔之手。他承袭了20世纪80年代美国学者彼得·克伦茨（Peter Krentz）与英国学者大卫·怀特黑德（David Whitehead）的论断，认为雅典发生的政治变革是对斯巴达政体的模仿[11]。这篇论文考察了雅典变革这一历史问题，其研究路径与本书其他论文有所不同，即作者以古代文本作为史料来重构历史，而非通过文本分析考察古代作家的写作动机。在本文中，鲍威尔缕述了克里提阿斯、普鲁塔克、色诺芬和吕西阿斯等作家笔下的雅典变革，并结合"大公约"（Great Rhetra）等史料，重构雅典三十僭主与斯巴达的关系。他准确地指出，公元前5世纪的部分雅典人有明显的亲斯巴达倾向，雅典人的姓名便是一项例证，例如雅典将军克蒙就将自己的儿子命名为拉栖代梦尼厄斯（Lakedaimonios）。也正是在这一背景下，色诺芬和吕西阿斯出于不同的目的淡化了斯巴达对三十僭主的实际影响。当时的真实情况可能是雅典政治家在一定程度上认可斯巴达的成就，而雅典民众则对斯巴达人心存敬畏。战败后，许多雅典人为了存活，不论支持斯巴达与否，都提倡雅典应模仿斯巴达政制进行改革，使雅典成为新斯巴达。鲍威尔认为，雅典的"斯巴达模式"只可能在斯巴达人允许或主动提议的前提下发生，而斯巴达人也不可能在他们占据政治与军事优势时批准三十僭主大肆屠杀雅典人，因为大屠杀必然抹黑三十僭主与斯巴达人的名声。因此，不应武断地将三十僭主的屠杀行动归咎于斯巴达。综上所述，鲍威尔提出的新解读有力地反驳了罗宾·奥斯本（Robin Osborne）和

---

10 关于呼喊这一投票方式，参见 J. E. Lendon, "Voting by Shouting in Sparta", in Elizabeth Tylawsky and Charles Weiss, eds., *Essays in Honor of Gordon Williams: Twenty-Five Years at Yale*, Henry R. Schwab Publishers, 2001, pp. 169–175。

11 Peter Krentz, *The Thirty at Athens*, Cornell University Press, 1982; David Whitehead, "Sparta and the Thirty Tyrants", *Ancient Society* 13/14 (1982–1983), pp. 105–130.

卡特里奇的观点，推进了对这一问题的探讨[12]。他审慎地解释了文本校勘的问题以及他自己的读法的选择依据，为史料翻译提出了新见解，还以问题的形式在文章末尾呼吁对雅典变革展开进一步考察。

二、绘画、建筑与戏剧中的城邦形象建构

雅典人在艺术作品与建筑作品中进行自我宣传的同时，还不忘贬损他们的竞争对手斯巴达人。迈克尔·斯考特（Michael Scott）的《雅典艺术与建筑中所见的斯巴达》通过考察一系列的艺术与建筑作品，展现雅典人是如何描绘并塑造斯巴达形象的。斯考特的研究兼顾文献与物质史料。文献方面，他以旅行者保桑尼阿斯的游记为文本证据。保桑尼阿斯在雅典看见的斯巴达盾牌与保存在斯巴达的盾牌十分不同。为了避免黑劳士偷走盾牌用于起义，传统的斯巴达盾牌和把柄往往是分开存放的，而雅典人则将斯巴达盾牌和把柄存放在一起，这表明雅典人没有对黑劳士的顾虑。物质史料方面，斯考特重点分析了雅典柱廊的欧伊诺绘画（Oenoe painting）。他指出，欧伊诺绘画刻意扭曲斯巴达的形象，将其女性化和蛮族化。不仅如此，雅典人还对神话进行了"历史化"。残留的浮雕呈现出忒修斯统治下的雅典人与欧里色乌斯（Eurystheus）带领的斯巴达人之间的战争。在斯考特看来，这无疑是雅典人自我赋权的方式之一，因为这些图像隐晦地告诉观众，雅典自身的军事实力超过了斯巴达。然而，当时的实际情况并非如此。伯罗奔尼撒战争结束以后，科林斯和忒拜都强烈要求斯巴达摧毁雅典，这时的雅典明显处于弱势地位。尽管如此，斯巴达人既没有拆除作为反斯巴达象征的胜利女神雅典娜的神庙，也没有清除雅典城墙的残骸。它们被保留下来，以象征斯巴达

---

[12] 奥斯本认为黑劳士和双王制等机制不可能被轻易复制，三十僭主并没有尝试把斯巴达政体移植到雅典，见 Robin Osborne, *Athens and Athenian Democracy*, Cambridge University Press, 2010, pp. 279–282；卡特里奇指出，三十僭主确立后再没听到"监察官"这个模仿斯巴达头衔的说法，不能把三十僭主的政治变革视作以斯巴达为模型构建的政治运动，而政治家克里提阿斯也并非彻底的斯巴达主义者，见 Paul Cartledge, *Agesilaos and the Crisis of Sparta*, Duckworth, 1987, p. 62。

人的"仁慈"。

抛开雅典人对斯巴达形象的构建,斯考特指出,斯巴达人自身艰苦朴素的形象也具有一定的迷惑性,因为古典时期的斯巴达人实际上也有对奢侈品的需求,而表面上作风奢靡的雅典人其实也并非全然赞同采用奢华的装饰风格。笔者认为这一论点有待推敲,因为在斯巴达人中只有少数贵族才有权享受奢侈品,而整座城市的建筑风格和男性群体的集体生活都相对简朴。况且,相较城邦的整体形象而言,奢侈品的享受是较为私人层面的问题,讨论时不宜将集体层面和私人层面的奢侈混为一谈[13]。

古希腊戏剧研究领域的杰出代表伊迪丝·霍尔(Edith Hall)在《欧里庇得斯、斯巴达与雅典的自我定义》一文的引言中指出,尽管戏剧化的表演可能夸大了斯巴达的特征,欧里庇得斯仍在诸多方面为理解雅典与斯巴达的异同提供了帮助。在欧里庇得斯的悲剧中,雅典人以斯巴达为镜塑造了自身的集体形象。雅典城邦虽算不上资源充沛,幅员广袤,但它广泛地建立联盟,具有强大的帝国势力。雅典盛行民主政治,海军力量强大,且在法律道德方面是希腊的榜样,对变革持有开放心态。介绍完雅典的集体形象后,霍尔结合欧里庇得斯所处的时代背景,采取文学接受史的研究路径,展开了扎实的文本分析。霍尔认为,欧里庇得斯一方面希望通过悲剧演出以便让其政治提案得到执政官批准,另一方面则试图减少有浓烈的雅典中心主义色彩的剧情。因此,读者在阅读欧里庇得斯的悲剧时需要分外警惕,以免错过作品中那些隐晦的暗示。例如,在《忒勒福斯》(*Telephus*)中,阿喀琉斯和奥德修斯的对话暗示,斯巴达的军事援助行动极为拖沓,这与雅典的迅速行动形成了鲜明对比。除此之外,与阅读伊索克拉底的作品一样,定年问题和观众构成也为细读欧里庇得斯的悲剧带来了方法论层面的另一陷阱。诚然,悲剧本身亦有模糊性,其中的具体表现为文本中神话与历史现实之间的界限模糊不清,现代读者往往不易认识到这一点进而造成误读。霍尔不

---

[13] 关于斯巴达人艰苦朴素的形象和奢侈品的问题,可参考汉斯·凡·韦斯(Hans van Wees)的《斯巴达的奢侈品、朴素性与平等》一文,见 Hans van Wees, "Luxury, Austerity and Equality in Sparta", in Anton Powell, ed., *A Companion to Sparta*, pp. 202-235。

仅揭示了文本阅读中的障碍，还提出了一系列的方法来帮助读者克服障碍。例如，读者应了解悲剧的翻译者所持的政治立场，以避免在阅读过程中落入政治陷阱[14]。总之，霍尔对欧里庇得斯的文本细致入微的解读精彩纷呈，展现了悲剧蕴含的地缘政治与欧里庇得斯的幽默感，在研究方法和路径方面也为研究者提供了可贵的借鉴。

比欧里庇得斯稍晚一些的戏剧作品中，喜剧作家阿里斯托芬的"和平三部曲"多次将斯巴达人搬上舞台。在论文集的第六篇《旧喜剧中的斯巴达与斯巴达人》中，拉尔夫·罗森（Ralph Rosen）围绕伯罗奔尼撒战争给阿里斯托芬的创作带来的影响展开论述。罗森试图回答的一个核心问题是阿里斯托芬是否是斯巴达人的同情者。为了探明阿里斯托芬的态度，罗森聚焦于阿里斯托芬对斯巴达的刻画，发现阿里斯托芬对斯巴达的取笑主要集中于其物品、外貌、军事和习俗等方面，这些零星的取笑是相对温且符合节日气氛的欢笑，而非攻击性极强的嘲笑。然而，身为雅典精英，阿里斯托芬并未在作品中嘲笑对手斯巴达，原因何在？诚如罗森所言，"旧喜剧以雅典和阿提卡为中心"并不能解释阿里斯托芬为何避免在其作品中嘲笑斯巴达，实际的原因在于阿里斯托芬可能是一位"克蒙式的斯巴达同情者"（Cimonian mold Spartan sympathizer），也就是说，为了给节日带来欢乐，他选择温和地取笑斯巴达，而非大肆抹黑斯巴达的形象。这样一来，阿里斯托芬成功地避免了疏远政见不同的观众，尤其是那些亲斯巴达的雅典人。罗森的文本分析无疑是视角与方法兼备的，但其不足之处在于，他仅从喜剧表演场合的角度探讨了阿里斯托芬对斯巴达持有的温和态度，可是阿里斯托芬团结雅典民众并不意味着他同情斯巴达，读者也不免期待更充分的文本分析来支撑这一论点。此外，罗森在释读文本时虽然提供了喜剧的演出年份，却在时代背景的勾勒上有所欠缺，这削弱了论证力度，还可能给不熟悉阿里斯托芬创作背景的读者

14　霍尔指出，《特洛伊妇女》就是一部曾因翻译问题被严重误读的悲剧，关于《特洛伊妇女》的翻译问题，参见 Gilbert Murray, *The Trojan Women of Euripides*, George Allen & Unwin, 1905; Gilbert Murray, *Euripides and his Age*, Williams and Norgate, 1913。

带来阅读困难。由此,罗森的文本分析不足以体现不同历史时段中的具体事件给阿里斯托芬造成的影响,即历史事件在喜剧文本中的映射。虽然存在这些论证问题,但罗森的文章仍可谓瑕不掩瑜。他不仅精确地批判了此前研究者的不足之处,还独具创见地指出了阿里斯托芬对斯巴达的同情态度,这为解读阿里斯托芬的创作立场带来了新启发。

三、演说家与哲学家眼中的斯巴达政治

雅典的演说家与哲学家积极地分担了公民教育的任务。他们通过建立学园和四处游历招徕学生从而影响雅典的政局,而正是在此过程中,这些雅典知识精英经常将斯巴达作为案例应用到教学中并加以讨论。在第七篇《想象的强邦:伊索克拉底笔下雅典与斯巴达的对立》中,古典政治思想史研究者卡罗尔·阿塔克(Carol Atack)开宗明义地指出,想借助伊索克拉底的作品来理解雅典人对斯巴达的评价其实是十分困难的,因为演说辞的定年及其面向的受众都难以确定。不过,读者仍然可以从演说辞中窥见端倪。根据阿塔克的分析,伊索克拉底心中的雅典远远优于斯巴达,而斯巴达仅有的可取之处皆为对雅典的模仿。伊索克拉底甚至声称斯巴达的混合政治制度来自古老的雅典政制,阿塔克准确地认识到了伊索克拉底这样做的原因。由于斯巴达是雅典精英教育过程中不可忽略的存在,伊索克拉底自然也无法回避斯巴达,于是他便用"模仿雅典"来解释斯巴达政制的优点以展现雅典的优越性。除了论点新颖且切中要害,阿塔克的行文逻辑也十分清晰。在阐释文本之前,阿塔克较为系统地剖析了每段演说辞的历史语境与伊索克拉底的书写动机,这为接下来的文本分析做了充分的铺垫。稍显遗憾的是,阿塔克仅在开头和结尾指出,对伊索克拉底而言,斯巴达象征着他在雅典精英教育中的对手——柏拉图学园派,但她极少在文本分析中指明伊索克拉底回应了学园派的何种论断或思想,因而导致这一论断与文章主体部分存在一定程度的

脱节[15]。

　　作为同时代的雅典知识精英,伊索克拉底的"对手"柏拉图也在其对话录中呈现了不少斯巴达社会的特征。具体而言,柏拉图的《理想国》与《法篇》中的"最优城邦"和"次优城邦"的某些特征就是斯巴达式的。那么,这是否意味着柏拉图认可斯巴达的政治体制呢?长久以来,学者们对"柏拉图如何看待斯巴达"这一问题争议不断。对历史学家而言,这个问题关涉柏拉图时代的知识精英对斯巴达社会的认知。而在哲学家看来,这关系到如何定义与理解"美善之邦"(kallipolis)。"牛津古典文本"(Oxford Classical Texts)系列中最新版柏拉图著作的校勘者之一、古典语文学家弗里茨-格雷戈尔·赫尔曼(Fritz-Gregor Herrmann)对此提出了他的见解。在第八篇《柏拉图〈理想国〉中的斯巴达回响》中,赫尔曼指出过去的研究低估了柏拉图对斯巴达的严肃批判。首先,赫尔曼概述了《理想国》具有的广泛的学术价值,随后他对有关斯巴达的审慎(sōphrosynē)、政体与内乱、哲学王和次优城邦的文本段落进行了释读。在文本分析的基础上,赫尔曼大胆推测,柏拉图在《理想国》中之所以严肃地批评雅典民主制,是为了与雅典亲斯巴达的读者对话,而这类读者希望看到理想的城邦是斯巴达式的[16]。由此,赫尔曼揭示了斯巴达模式对公元前4世纪中期雅典的修辞学与哲学的影响。虽然受此影响的柏拉图在《理想国》一书中称赞了斯巴达的某些政治特征,但这并不必然说明他将其视为政治制度方面的楷模。

---

[15] 稍显可惜的是,阿塔克回避了斯巴达政治制度的稳定性这一重要论题,仅在参考文献中体现出对这一问题的关注,见 K. A. Morgan, "Plato and the Stability of History", in J. Marincola, L. Llewellyn-Jones and C. Maciver, eds., *Greek Notions of the Past in the Archaic and Classical Eras: History without Historians*, Edinburgh University Press, 2012, pp. 227–252。如果读者希望更为深入地研究伊索克拉底笔下的斯巴达,可参考道格拉斯·麦克道尔(Douglas Macdowell)于1986年出版的经典之作《斯巴达法》,他在使用伊索克拉底的文本来阐释斯巴达的制度时更加审慎且具有批判性,见 Douglas Macdowell, *Spartan Law*, Scottish Academic Press, 1986。此外,若要借助伊索克拉底的《阿基达姆斯》来研究斯巴达,还可参考较新的德语评注本,见 Emanuel Zingg, *Isokrates Archidamos Einleitung, Text, Übersetzung und Kommentar*, Wellem Verlag, 2017。

[16] 克里提阿斯就是雅典人中亲斯巴达的典型代表,他将斯巴达视作制度和伦理的楷模。然而,他的《斯巴达政制》没有完整地保存下来,其残篇(88 B 6 DK)收录在迪尔斯-克兰茨(Diels-Kranz)的《前苏格拉底哲学家残篇》(*Die Fragmente der Vorsokratiker*)之中。

赫尔曼的论证过程大抵如此，不过他的论证有两个方面值得商榷。在材料方面，赫尔曼对柏拉图的其他文本以及色诺芬和伊索克拉底的作品做了长篇累牍的解析[17]。这种过多着眼于《理想国》之外文本的做法让读者难以厘清行文脉络，与文章标题不符。在论点方面，赫尔曼坚信色诺芬是一名斯巴达的崇拜者，然而他却忽略了色诺芬的《拉栖代梦政制》结尾的真伪与含义问题，而这对相关文本的理解十分重要，且与"色诺芬是否为一名斯巴达拥护者"这一论题密切相关[18]。总体而言，赫尔曼的文本分析与论证显得相对薄弱，且缺乏新的创见。

如果说柏拉图对斯巴达的态度尚存争议，那么亚里士多德则毫无疑问是一位斯巴达批评者。例如，在《政治学》中，亚里士多德直言不讳地批评了斯巴达，指责其训练机制过于严苛，妇女过于放纵[19]。不过在目前有关亚里士多德对斯巴达所做批评的学术研究中，学者们较多地关注到亚里士多德笔下作为整体的斯巴达社会，却忽略了亚里士多德对斯巴达立法者在战争、征服、控制等方面的分析，本书的最后一篇论文《亚里士多德对斯巴达帝国主义的批评》正好弥补了这一空缺。古代哲学研究者马尔科姆·朔菲尔德（Malcolm Schofield）结合伊索克拉底、柏拉图和色诺芬的作品，分析了亚里士多德在《政治学》中对斯巴达帝国主义的批评。如果说柏拉图为亚里士多德的斯巴达政体论奠定了基础，那么亚里士多德对斯巴达帝国主义的批评则源于伊索克拉底和色诺芬。朔菲尔德提炼了帝国主义的精髓要义——好的帝国更像一位盟友，为臣民提供政治领袖和帮助，而坏的帝国则以武力强行征服其他城邦。朔菲尔德在此基础上对亚里士多德的说法展开解读。亚里士多德在《政治学》中控诉

---

[17] 赫尔曼指出，色诺芬笔下的斯巴达人具有强大的军事能力，他们保持健康的习惯并且极为自制，但他们其实只在表面上服从纪律，实际上并非内心自愿服从。为了满足自身利益，斯巴达人甚至会牺牲盟军的利益。伊索克拉底则赞美了与斯巴达密切相关的贵族制，但他排斥波斯战争之后的斯巴达政制，因为它建立在暴力的基础上。

[18] 若想进一步了解色诺芬对斯巴达政制的态度，还可参考色诺芬研究者维维恩·格雷（Vivienne Gray）的《色诺芬论政府》和德国学者米夏埃尔·利普卡（Michael Lipka）的《拉栖代梦政制》评注本，见 Vivienne J. Gray, *Xenophon on Government*, Cambridge University Press, 2007; Michael Lipka, *Xenophon's Spartan Constitution*, De Gruyter, 2002。

[19] Aristotle, *Politica* 1338b9–1339a10.

了斯巴达奴役其他城邦的帝国主义野心,并将斯巴达令人生厌的帝国主义归咎于立法者的失误和政体的僵化,因此斯巴达应被视作坏的帝国。

接下来,朔菲尔德将视线投向斯巴达立法者的错误。他不仅关注文本的定年问题与历史语境,还高度重视哲学史,清晰地呈现了柏拉图与亚里士多德之间的联系与区别。柏拉图在《理想国》和《法篇》中都谈及立法者,而亚里士多德的《政治学》承袭了柏拉图的《法篇》。亚里士多德犀利地批评了斯巴达立法者不仅忽视和平与幸福,还以战争、征服与控制为立法目标来打造斯巴达帝国。立法者的失策进一步导致了斯巴达在教育方面的缺陷,尚武的斯巴达人近乎疯狂地鼓吹军事行动中的勇气,却摒弃了其他方面的美德。

最后,朔菲尔德探讨了亚里士多德在哪些方面受到雅典的影响。朔菲尔德认为,尽管亚里士多德在讨论政体时流露出雅典民主制对他产生的影响,但他在批评斯巴达的过程中并非纯粹从雅典视角出发,把斯巴达当作雅典的"他者"对待,而是倾向于将斯巴达与其他希腊城邦甚至东方蛮族做对比。朔菲尔德发现,在《政治学》的第七卷和第八卷中,亚里士多德并不仅限于列举斯巴达的罪状,他还揭露了雅典作为帝国的缺陷,这也证明亚里士多德并非站在雅典一方去数落其对手斯巴达。总体而言,朔菲尔德的论述填补了学界的研究空白,丰富了对亚里士多德政治立场的思考维度。在细节方面,他通过援引色诺芬的《拉栖代梦政制》,为亚里士多德《政治学》中的矛盾之处提供了令人信服的解释[20]。

四、结语

作为"斯巴达研究系列"的新近出版物,本书集中展示了斯巴达

---

[20] 马西莫·纳菲西(Massimo Nafissi)的《莱库古——斯巴达立法者》与此文讨论的内容关系密切,可能由于出版时间太接近,朔菲尔德没有提及这篇文章,见 Massimo Nafissi, "Lykourgos the Spartan 'Lawgiver'", in Anton Powell, ed., *A Companion to Sparta*, pp. 93–123。

的社会形象。与雅典相比,斯巴达人的生活更加艰苦朴素。他们少言寡语,不如雅典人擅长演说。他们的妇女相对自由,拥有更多的经济权利。斯巴达虽然尚未采用成文法,但其政治制度稳定,军队纪律严明且实力强盛。在"自我与他者"的研究框架之内,学者们不仅揭示了斯巴达社会的重要特征,还呈现了雅典人对斯巴达的"接受",即言语方面雅典对斯巴达的褒扬与贬抑和行动方面的模仿与摒弃。本书主题鲜明、内容翔实,得益于学者们对材料的准确把握,书中的文本分析和图像分析都较为细致,也不乏对古代作家及其作品的扼要介绍。

从学术史的脉络来看,"古代雅典作家对斯巴达的态度"这一课题由来已久,关乎雅典文献史料用于研究斯巴达的可靠性。学者们审慎地辨析了古代作家的立场,剖析了斯巴达与雅典的形象建构,这有助于读者深入理解二者的异同及互动,对斯巴达研究、雅典研究和古代接受研究的开拓均有所裨益。目前,由于斯巴达研究面临出土文献更新缓慢的困境,抽丝剥茧式的文本细读成为突破研究瓶颈的必要之举。在这个意义上,该书以接受研究的方式将读者带回史料批判。就研究方法而言,《强邦》还为读者指明了形象问题的研究中经常面临的陷阱。例如,古代作家在进行对比的同时可能不同程度地夸大了雅典与斯巴达的差异,而雅典和斯巴达的社会形象也难免被理想化和抽象化。这提醒研究者,两极化的思维方式存在局限,须注意文本与历史现实之间的差距。不过,这类陷阱或许可以通过阅读古代作品的历史性评注来避免。总之,本书通过还原古代作家的语境和考量他们的写作动机,既展现了雅典与斯巴达之间的文化碰撞,尤其是伯罗奔尼撒战争如何影响雅典人对斯巴达的看法,又揭示了研究形象问题中存在的陷阱。

作为"古代作家与斯巴达"系列书籍的先声,《强邦》在斯巴达研究的学术史上占据着承前启后的重要位置,在方法上也有创新。不过,《强邦》仍有一点小瑕疵,即学者们较为准确地还原了雅典人对斯巴达的"接受",但对雅典人的自我定义的分析却不够透彻,因而或许无法满足那些被本书标题吸引的读者。另外,并非每篇论文都对其讨论的古代作家进行了学术史梳理,所以《强邦》对斯巴达形象的展示虽较为全面,但仍有一些问题有待学者探寻。具体而言,书中数次论及斯巴达的教育,但尚未关注斯巴达青年训练中独有的克里普提(*krypteia*)机制[21]。该书聚焦于古典时代的雅典与斯巴达,而读者的追问或许不会止步于此。直到希腊化时代与罗马时代,雅典人与斯巴达人的交锋依然继续,这时的雅典人又如何看待斯巴达,而斯巴达人又如何认识并书写雅典?[22] 书中数次谈及色诺芬的《拉栖代梦政制》、柏拉图的《法篇》和克里提阿斯的残篇,也没有独立的文章对此展开论述,而这些正是目前斯巴达研究的空缺之处。我们期待该系列的后续出版物会回应上述问题。

《强邦》的出版首次集结了古代作家与斯巴达的相关研究,后续的"古代作家与斯巴达"系列书籍将为斯巴达研究的史料批判和接受研究迎来新的高潮。2020年,法国著名斯巴达研究者尼古拉·里歇尔(Nicolas Richer)与安东·鲍威尔合编的《色诺芬与斯巴达》再次回应了施特劳斯的隐微论。由安东·鲍威尔与葆拉·德布纳尔主编的《修昔底德与斯巴达》已于2021年2月面世。接下来,《希罗多德与斯巴达》即将付梓。所以无论从古人对斯巴达的接受,还是从斯巴达形象研究的角度来说,《强邦》一书都是影响和引领斯巴达研究的重要作品。

附 《古希腊强邦:雅典人自我定义中的斯巴达》目录

1. 葆拉·德布纳尔(Paula Debnar)《伯里克利葬礼演说中的斯巴达》
   (Sparta in Pericles' Funeral Oration, pp. 1–32)
2. 埃伦·米伦德(Ellen Millender)《雅典、斯巴达和商议的技艺》
   (Athens, Sparta, and the τέχνη of Deliberation, pp. 33–60)
3. 安东·鲍威尔(Anton Powell)《雅典作为新的斯巴达? 拉科尼亚主义与公元

---

[21] 克里普提是斯巴达人用于对付黑劳士的隐秘机制,参见 Anton Powell ed., *A Companion to Sparta*, pp. 529–531; Jean Ducat, *Spartan Education*, The Classical Press of Wales, 2006, pp. 282–294。

[22] 在研究希腊化时期的斯巴达知识精英时,奈吉尔·M.肯奈尔(Nigel M. Kennell)和托马斯·J.费格拉(Thomas J. Figueira)都提到了雅典的斯多葛学派对斯巴达政治的影响,但目前学界对这一问题的认识仍不充分,参见 Nigel M. Kennell, *The Gymnasium of Virtue*, University of North Carolina Press, 1995,及 Thomas J. Figueira, *Myth, Text and History at Sparta*, Gorgias Press, 2016。

前404/3年的雅典变革》
（Athens as New Sparta? Lakonism and the Athenian Revolution of 404/3 BC, pp. 61–86）

4. 迈克尔·斯考特（Michael Scott）《雅典艺术与建筑中所见的斯巴达》
（Viewing Sparta through Athenian engagement with art and architecture, pp. 87–114）

5. 伊迪丝·霍尔（Edith Hall）在《欧里庇得斯、斯巴达与雅典的自我定义》
（Euripides, Sparta, and the Self-Definition of Athens, pp. 115–138）

6. 拉尔夫·罗森（Ralph Rosen）《旧喜剧中的斯巴达与斯巴达人》
（Sparta and Spartans in Old Comedy, pp. 139–156）

7. 卡罗尔·阿塔克（Carol Atack）《想象的强邦：伊索克拉底笔下的雅典与斯巴达的对立》
（Imagined Superpowers: Isocrates' Opposition of Athens and Sparta, pp. 157–184）

8. 弗里茨-格雷戈尔·赫尔曼（Fritz-Gregor Herrmann）《柏拉图〈理想国〉中的斯巴达回响》
（Spartan Echoes in Plato's *Republic*, pp. 185–214）

9. 马尔科姆·朔菲尔德（Malcolm Schofield）《亚里士多德对斯巴达帝国主义的批评》
（Aristotle's Critique of Spartan Imperialism, pp. 215–234）

（作者单位：复旦大学历史学系在读博士生）

从拓荒者到引路人
——弗格斯·米勒的罗马史研究历程(下)

王班班

本文上篇回顾了弗格斯·米勒(Fergus Millar, 1935—2019)对罗马皇帝权责和共和国民主要素两个议题上的贡献,以及他引发的两场学术论战[1]。在上篇的余谈中,笔者简要勾勒了米勒对希腊东方以及罗马近东的学术探索。本篇将着重讨论米勒在帝国盛期和古代晚期东方研究领域内的开创性贡献,分析其晚年作品的得失。同时,我将择选数例米勒开创而由后来学者完成的研究,以讨论他晚年提出的问题中有哪些仍具学术前景。我期待本文上下两篇不仅能引起中文学界对这位巨擘的重视,也能帮助有志于探索罗马史尤其是古代晚期东方的学人,一窥前人立下的路标,开拓出新的研究前景。

希腊与近东:"超越希腊化/罗马化"的地方文化

米勒踏足希腊与近东领域,要追溯到他在1967年发表的作品《罗马帝国及其邻人》[2]。这本面向大众的罗马史读物绝非简单呈现一

---
[1] 王班班:《从挑战者到拓荒者——弗格斯·米勒的罗马史研究历程(上)》,《西方古典学辑刊》第三辑,复旦大学出版社,2021年,第233—249页。
[2] F. Millar, *The Roman Empire and its Neighbours*, London: Duckworth, 1967.

套以罗马为中心的大叙事：米勒反复强调，在罗马帝国境内，各个地区的地方文化与居于主导的罗马—希腊文化之间，既有融合，又有明显的上下分层关系。在讨论"希腊诸行省"的第十一章中，他主张，希腊和近东的罗马化并不深入，"对整个地区来说，罗马除了建立一套政治框架，就没再多做什么"[3]。而在马其顿和小亚细亚，希腊文化早在亚历山大征服以后就逐渐普及，并让当地本来的文化逐渐衰落。得益于罗马的政治框架，希腊文化在拜占庭时期仍主导这些地区的文化生活。在近东地区，希腊文化则长期是舶来品。虽然这些地方留下了丰富的希腊文铭刻材料和像《新约》这样的希腊文本，但凯尔特义、弗律基义等地方语言仍在铭文、地名、人名等材料中留下了蛛丝马迹。在罗马治下的叙利亚中南部和犹太地，即便希腊文、拉丁文在公共书写中占据主导，但亚兰语仍是日常生活的通用语言，不少闪米特语也长期在此地流行。因此，希腊文化以及推行它的罗马权威，时常与当地的闪族传统发生冲突。从公元 66 年的犹太暴动及随后耶路撒冷的陷落，到新兴基督教引发的冲突，再到 3 世纪不断的分治、战乱和来自波斯的威胁等一系列事例均是证据。罗马帝国治下，希腊的相对和平与近东的变动不安构成了米勒多年研究的一条暗线，并且往往遭到后来学者的相对忽视。这大概是因为，米勒对罗马时期希腊和近东的研究，不像他对罗马皇帝的研究那样集中于一部巨著《罗马世界的皇帝》，而是更多以单篇论文的形式发表；即使是后来的《罗马近东》，也大部分是个案研究的集成。这一方面是因为米勒更强调不同时间和地域的特殊性，另一方面也是由于当时学界对帝国东部的研究与西部相比仍显零碎。当然，这绝不意味着米勒对东方的研究相对不那么重要。恰恰相反，他对东方的研究开启了这一领域方法论的重要探讨。

1967 年，米勒在牛津女王学院组织了一门题为"罗马帝国的地方文化"(Local Cultures of the Roman Empire)的研究生课程，当时仍是博士生的彼得·布朗也参与其中，两人随后各自发表了多篇和这

---

[3] F. Millar, *Roman Empire and its Neighbours*, p. 195.

一议题有关的文章[4]。与关注地方宗教发展及地方文化传统之关系的布朗相比,米勒的兴趣点较为分散。在《罗马帝国中的地方文化:罗马阿非利加境内的利比亚文、布匿文和拉丁文》(1968)一文中,米勒强调,虽然当地的拉丁文材料鲜少提及当地传统文化,多数知识活动与公共生活也主要以拉丁语进行,但长期被古代史家忽视的地方文字铭文和相对基层的(尤其是基督教时期的)社会史材料仍能显示,地方语言(如阿非利加行省的布匿语)在罗马帝国中维持着一定的社会意义[5]。在《罗马帝国及其邻人》中,他着眼于3世纪战乱期间的地方文化,重点关注到了希腊和叙利亚地区。该书出版后,他对3世纪东方的研究仍在继续:在关于希腊史家德科希波斯(P. Herennius Dexippos)的一篇短文中,他着重谈到,面对赫鲁利人(Heruli)对希腊本土的入侵,希腊东方的民众抵抗运动十分盛行,这是因为地方精英往往诉诸本地的历史传统动员民众,而不是向罗马皇帝求援[6]。《萨摩撒塔的保罗、泽诺比娅与奥勒良:3世纪叙利亚的教会、地方文化与政治效忠》是一篇以小见大的案例研究:安条克主教保罗因为宣讲当地流行的神格唯一论(monarchianism),推行叙利亚式的修道实践而被上层希腊教会于269年罢黜,这显示了地方文化与希腊文化之间,借由基督教教义表现出来的冲突。当时,割据该地的女王泽诺比娅不仅为保罗的教席提供了保护,还委任他以政务。直到272年罗马皇帝奥勒良重新征服叙利亚,反保罗的希腊教士和修辞学者旋即向非基督徒皇帝奥勒良请愿,再次罢黜了保罗的教职,使世俗皇帝第一次得以仲裁教会事务。这不仅呈现了地方割据势力和罗马政权之间的冲突,还第一次展现了政权对教会事务的处理方式。我们将在晚期罗马帝国的历次大公会议中多次看到这三个要素[7]。在这个案

---

[4] P. Brown, "Christianity and the Local Culture in Late Roman Africa", *Journal of Roman Studies* 58 (1968), pp. 85–95; P. Brown, "The Diffusion of Manichaeism in the Roman Empire", *Journal of Roman Studies* 59 (1969), pp. 92–103.

[5] F. Millar, "Local Cultures in the Roman Empire: Libyan, Punic and Latin in Roman Africa", *Journal of Roman Studies* 58 (1968), pp. 126–134.

[6] F. Millar, "P. Herennius Dexippus: The Greek World and the Third-Century Invasions", *Journal of Roman Studies* 59 (1969), pp. 12–29. 注意本文与米勒的博士论文《卡西乌斯·狄奥研究》之间也有密切联系。

[7] F. Millar, "Paul of Samosata, Zenobia and Aurelian: The Church, Local Culture and Political Allegiance in Third-Century Syria", *Journal of Roman Studies* 61 (1971), pp. 1–17.

例中,米勒细致地分析了上述三重张力,但同时谨慎地宣称:

> 我们能在罗马时期的丰饶新月(Fertile Crescent)[8]无尽复杂的文化中确定一些要素,并承认不可能在文化到政治态度之间做出简单推导;我们能自信地驳斥历史书中"萨摩撒塔的保罗,泽诺比娅的二百夫长"这一可怖的形象;我们能看出,无需为了解释安条克正统教会何以向异教皇帝上诉,来考察巴尔米拉权势的扩张。但距离理解叙利亚和美索不达米亚更广泛的亚兰-希腊文化的本质以及这种文化如何影响在其中成长的人们的态度与信仰,我们还有很长的路要走。[9]

为了"理解叙利亚和美索不达米亚更广泛的亚兰-希腊文化的本质",米勒在出版了《罗马世界的皇帝》后不久就投入希腊化、罗马时期的近东研究,并试图颠覆自德罗伊森以来确立的关于希腊化时期闪语族群与希腊罗马文明的"融合"(Verschmelzung)概念。在对希腊化时期腓尼基地区的研究中,他仍以语言和建筑形制作为证据,说明早在亚历山大以前,腓尼基与希腊地区就已经开启了文化艺术上的碰撞,但所谓"希腊化"式的文明融合既非希腊人有意推动,而且腓尼基人在文化碰撞中也有自己的能动性。具体而言,他们绝非被动接纳希腊征服者的一切文化,而是利用自己向北非、意大利南部的拓殖,以及本地保存的崇拜、书写和历史传统,延续并强调本地文化和希腊文化之间的差异。反过来,希腊、罗马人也得益于腓尼基人确立的文字、贸易、拓殖、航运网络,并和腓尼基城邦长期在制度上有相似之处。一种单边的"希腊化融合"无法呈现这个案例中地方文化的特别作用[10]。同样的问题也出现在希腊化时期的叙利亚:希腊文化在叙利亚的复杂环境中"有限度、不同程度且不稳定地"存在着[11],

---

[8] 按:传统上笼统指约旦河沿岸、幼发拉底河和底格里斯河流域。
[9] Millar, "Paul of Samosata", p. 17.
[10] F. Millar, "The Phoenician Cities: a Case-Study of Hellenisation", *Proceedings of the Cambridge Philological Society* 209 (1983), pp. 55–71.
[11] F. Millar, "The Problem of Hellenistic Syria", in A. Kuhrt & S. M. Sherwin-White (eds.), *Hellenism and the East* (London 1987), pp. 110–133.

希腊化塞琉古王国统治对此地少有积极影响,致使在罗马到来之前,并没有清晰的文化融合特征。希腊罗马文化借由罗马权威而在叙利亚扎下根来,同时地方文化也得以利用希腊文自我表达。而在希腊地区,米勒的研究则着重于政治史,强调罗马通过授予个别城市以自由地位等特权,诱使希腊城市互相竞争;又通过建立殖民地(colonia),以罗马式的行政制度来约束希腊地区,索取当地资源。与此同时,皇帝可以通过授予免责或免税(exemption)、公民权、特权等方式来回应希腊城市的请愿或保证自身对这些城市的影响力。[12] "最终,'被征服的希腊'(Graecia capta)却实在是困住了它的征服者"[13]。在这三个案例中,统治者们对地方传统的影响各不相同,而地方文化面对权威文化时,有时抵抗,有时合作,有时共存。米勒在行文中反复提醒我们,现存的材料只能确凿地证实某个地方的文化在某个特定时间、地点以某种形式存续着,而不能下过大的结论。这可能也是为什么米勒在《罗马近东》一书中会选择从细节出发分地区讨论个案,而只将关于"东方"和"西方"的大结论置于结语之中了。

1987年,哈佛大学古典学系邀请米勒主持杰克逊讲座(Carl Newell Jackson Lectures),而米勒选择了讨论罗马近东这一地区。这一系列讲座在1995年得以整理出版,这就是米勒的又一部代表作《罗马近东》[14]。本书的第一部分站在罗马人的角度,对从奥古斯都到君士坦丁的近东政治与军事发展加以概述。米勒强调帝国在这一地区耕耘已久。在帝国早期,小亚细亚东部和犹太地的附庸王(client kings)与罗马帝国合作,维系当地稳定的同时,地方政治体也能相对独立地发展。随着维斯巴芗(Vespasianus)平定犹太地并重新梳理近东的行政体系,此地开始大量驻军。从卡帕多奇亚到叙利亚再到新

---

[12] F. Millar, "Empire and City, Augustus to Julian: Obligations, Excuses and Status", *Journal of Roman Studies* 73 (1983), pp. 76−96; "*Civitates liberae, coloniae*, and Provincial Governors under the Empire", *Mediterraneo Antico* 2.1 (1999), pp. 95−113.

[13] F. Millar, "The Greek City in the Roman Period", in M.H. Hansen (ed.), *The Ancient Greek City-State* (Copenhagen 1993), pp. 232−260=Millar, *Rome, the Greek World, and the East.* Vol.3: *The Greek World, the Jews, and the East*, pp. 106−139.引自后者 p. 129。

[14] F. Millar, *The Roman Near East: 31 BC−AD 337*, Cambridge MA.: Harvard University Press, 1993.

征服的美索不达米亚,罗马军队的驻扎和随之而来的大规模军事、交通工事,使得罗马中央政权得以更容易插手当地的军政事务。到3世纪,近东成为罗马与波斯战争的主战场,在两大帝国和割据势力间反复易手,宗教信仰也频繁波动。从四帝共治到君士坦丁统治期间,近东逐渐失去了行政上的特殊性和独立性,而罗马皇帝及代表他们的税赋体系深入地方,使罗马在当地获得了前所未有的影响力。

本书第二部分分地区从内外多角度呈现这些地区的"共同体认同和文化认同"(communal and cultural identities),而并非试图"写出该地区的社会或经济史"[15]。与具体结论相比,米勒在第二部分开头的方法论探讨更具启发性,且毫无疑问地被他沿用到学术生涯晚年。罗马近东就像整个罗马帝国东方一样,绝不像帝国中心那样拥有成体系且连续的可靠材料。虽然像塔西佗、卡西乌斯·狄奥等关注全帝国的史书中偶尔会出现有关近东的战争记录,但关于近东的史料主要还是考古发现的出土文献和建筑、艺术史材料,以及在叙利亚、犹太地的一些当地文献作品(例如犹太教塔木德、叙利亚教会的讲道书等)。这些史料不仅数量相对有限,而且类型多样,还十分碎片化。因此,米勒认为这些材料无法提供一套有意义的、完整的历史叙事,并且在行文中反复提醒读者,不能得出何种结论。不过这并不意味着历史学要在此陷入悲观主义。在这些可以确定时地的史料中,只要研究者不急于给出大结论,就能更清晰地认知每一个案的文化情境(cultural context),并将不同案例连缀起来,讨论外部因素的变化如何能影响到这些文化情境的变化。通过比较语言和物质文化等要素,我们有机会获知罗马、基督教等势力是如何在不同的文化情境下表达和整合的。因而,在米勒看来,近东的社会文化史,绝非简单的"'古典'与'东方'冲突之事",而整个地区也绝非仅用"东方"(Orient)就可概括[16]。希腊文化是在罗马权力影响下深入近东的,近东

---

[15] 他在第二部分开头就宣称,"罗马时期近东的社会与经济史是无法撰写的(第225页)"。虽然未加引用,但这很可能是在针对前辈学者琼斯的巨著《晚期罗马帝国:社会、经济与行政考察》(*The Later Roman Empire, 284-602: A Social, Economic and Administrative Survey*, Oxford 1964)这部米勒长期以来一直希望挑战的作品。

[16] Millar, *Roman Near East*, p. 235. 这里的Orient绝非仅是地理意义上的偏东,而是从"非古典""波斯"等其他意义上而言的。

接受的并不是"纯粹的希腊文化",而是某种业已改变的"希腊-罗马文化"。比如,虽然近东各行省本地语言的"铭刻习惯"(epigraphic habit)不同,但随着罗马行政的深入,希腊文在2世纪成为叙利亚、犹太地等多处公共书写的主要语言,地方语言逐渐从行政领域退出,留存在更为私人的范畴中(人名、私人铭刻等)[17]。但亚兰文和叙利亚文并未销声匿迹,而是在数百年后借由基督教会的下层组织,重新进入公共生活。

这本600余页的巨著信息翔实,案例丰富,很难用一两句话概括其主旨。正如一篇书评所说,"米勒认为,能说得确定的阐释少之又少"[18],这种谨慎的论断方式或许不能让追求简明结论的读者满意。与之相比,法国学者萨特(Maurice Sartre)同期出版的大部头《罗马东方》(*L'Orient romain*)则选择了更为乐观和大胆的方式,用粗线条、大叙事描述了东方诸行省的经济结构,试图对帝国盛期东部数百座讲不同语言、经济发展方式不一的城市加以统一的论断[19]。和米勒的著作相比,尽管萨特的这部作品在20世纪90年代末似乎赢得了更多称赞,但现在回望,米勒对犹太地、美索不达米亚等地区的案例研究反而更能经受时间的考验。

米勒和萨特的两部作品第一次全面阐述了这一复杂而碎片化的地区在罗马人到来后数百年中所经历的文化与经济发展。但无论是米勒还是萨特,考古材料(尤其是非文字材料)的相对缺位都让他们在判断诸如建筑风格、物质文化影响等因素时失于片面(米勒尤甚)。进入新世纪以来,更多的考古学者和关注考古材料的历史学者参与了关于罗马近东物质文化和"罗马化"概念的讨论。2000年,近东考古学者华威·保尔(Warwick Ball)的博士论文《罗马在东方》出版。作者在序言中未加点名地批评了米勒因为秉持传统西方的观念,理

---

17 例如,Millar, *Roman Near East*, pp. 250–251(叙利亚中部),pp. 285–287(腓尼基)。
18 B. D. Shaw, "Review: *The Roman Near East, 31 BC–AD 337*", *Classical Philology* 90.3 (1995), pp. 286–296, 此处为第288页。
19 M. Sartre, *L'Orient romain: Provinces et sociétés provinciales en Méditerranée orientale d'Auguste aux Sévères (31 av. J.-C.–235 ap. J.-C)* (Paris: Le Seuil, 1991). 注意:米勒没有讨论埃及和希腊本土等地区,但其研究时限要长于萨特。

所当然地更多使用希腊、拉丁材料,并相对轻视了波斯和闪语民族的自我表达。在引用了"我们的理解受限于我们的材料正好有兴趣讲些什么"等强调史料局限性的米勒式句子后,保尔措辞严厉地指出,"我们的材料"大部分都是物质遗存,而近东恰恰是罗马世界物质遗存最为丰富的地区之一,能呈现出更为精确的社会图景[20]。因此,保尔专辟出第四章对今日伊朗地区的考古遗址和罗马边境军屯等物质遗存进行了探讨。米勒在给保尔著作所写的书评中,一面赞同了保尔大规模引入考古材料,一面批评后者对铭文与钱币利用不够,致使全书推测多于定论[21]。另外,虽然保尔批评米勒过于强调西方观念,但保尔本人的核心主张,即"近东文化逐渐扩展至欧洲……以罗马帝国的一场东方化革命(oriental revolution)告终"其实也并非真的是站在"东方观点"这一立场所下的论断,就连"东方化革命"这个概念都出自希腊史研究[22]。与此相比,此后数年凯文·布彻(Kevin Butcher)在《罗马叙利亚与近东》中的史料处理就更为全面了。身为钱币学家的布彻能充分利用数量巨大的钱币材料和艺术史遗存,首次对罗马时期近东多地的经济生产模式进行了较全面的考察,并呈现了比保尔的"东方化革命"更复杂的文化交流样态:一方面,表演希腊文化是近东地方精英跻身罗马帝国上层的重要一环;另一方面,希腊文化也并非简单而肤浅的"精英文化";地方精英和普通民众通过宗教、建筑、艺术等媒介,以不同方式接纳希腊文化并加以改编[23]。在这个意义上,米勒早先提出的"罗马推动希腊文化深入地方"这一逻辑在布彻这里得到了更精细的呈现。

---

[20] W. Ball, *Rome in the East: The Transformation of an Empire*, London: Routledge, 2000, pp. 2–5.

[21] F. Millar, "Review: W. Ball, *Rome in the East: The Transformation of an Empire*", *Topoi* 10.2 (2000), pp. 485–492.

[22] Ball, *Rome in the East*, p. 7 及 pp. 444–450. 关于"东方化革命",见 W. Burkert, *The Orientalizing Revolution: Near Eastern Influence on Greek Culture in the Early Archaic Age*, Cambridge, MA: Harvard University Press, 1992。

[23] K. Butcher, *Roman Syria and the Near East*, Los Angeles: J. Paul Getty Museum, 2003, Chapters 5 & 9.

但以上这些概念仍然没能逃开以罗马为中心的"罗马化"叙事,而近东地区具有吸引力的大帝国也绝非只有罗马一个[24]。在对希腊化末期科马基尼王国(Commagene)的诸王纪念遗迹内木鲁山(Nemrud Dağı)的一份研究中,弗施劳斯(Miguel J. Versluys)提出了与"希腊化"相对立的"波斯主义"(Persianism)概念[25]。但他并非仅止于提出一个对称概念,而是主张,像科马基尼这样身处两大文化圈中间(*Mittlerstellung*)的文化实体会发挥自己的能动性,"有意找寻独特和新创的组合",游动于多种外部文化传统与地方文化之间,成为"缝补式创新的实验室"(laboratory for innovation by bricolage)[26]。站在这个落脚点回头考虑米勒在1967年提出的"希腊-罗马文明在多大程度上仍然是限于城市中的舶来品,乡村人在多大程度上保持着地方文化和语言,或者在多大程度上文化和社会是真正融合到一起"这一问题[27],可以说,在"身份认同"和"地方文化"这两个研究主题上,米勒的发问在远超他想象的方向上获得了更为精细且复杂的解答。相比于《罗马近东》,当下对近东的讨论已经从军事政治叙事发展成以物质文化为中心的文化史热点。

而米勒也从未离开这一领域,他只是将自己关注的时代更多地向后推移。在《罗马近东》序言中,米勒曾提到"有必要写一部关于

---

[24] 限于篇幅,本文不涉及更广范畴下的"罗马化"概念及其争论,但这个概念与米勒《罗马近东》及其之后的学术发展息息相关。最近出版的论文集《罗马帝国:在殖民化与全球化之间的罗马化》试图从物质文化和身份认同层面终结这一讨论,值得认真考量(O. Belvedere & J. Bergemann eds., *Imperium Romanum: Romanization between Colonization and Globalization*, Palermo: Palermo University Press, 2021)。

[25] 中文长期将德罗伊森的 *Hellenismus* 及其对应的时代 Hellenistic Period 译作"希腊化"。Persianism 与这个概念相对照,指波斯文化在政治压力之外的扩张和影响。它区别于 Persianization("波斯化"),后者指在阿契美尼德波斯帝国治下直接的文化影响(类似"罗马化"),同时也和 Iranism("伊朗主义")不同,它用来指代萨珊波斯治下以东伊朗为中心对"大伊朗"地区政治与文化的统一化。相比之下,波斯则更多面向地中海和西伊朗。综上,我将之译作"波斯主义"。对这些概念的详细辨析,见 R. Strootman & M. J. Versluys, "From Culture to Concept: The Reception and Appropriation of Persia in Antiquity", in Idem. eds., *Persianism in Antiquity*, Stuttgart: Franz Steiner Verlag, 2017, pp. 10–11.

[26] M. J. Versluys, *Visual Style and Constructing Identity in the Hellenistic World: Nemrud Dağ and Commagene under Antiochos I*, Cambridge: Cambridge University Press, 2017, pp. 249–254.

[27] Millar, *The Roman Empire and its Neighbours*, p. 10.

罗马晚期和拜占庭早期近东的整体史"[28]，而这也将是他长达半个世纪的学术生涯中涉足的最后一个领域：古代晚期的东方世界。

希腊式罗马帝国：教会与政治运作

2001年，米勒从牛津的古代史讲席退休。对于很多丰产的学者来说，荣休意味着开拓另一个领域的可能，米勒也不例外。他早年受过的希伯来文训练以及先前在近东的深入耕耘，使他在牛津东方学院希伯来与犹太研究中心如鱼得水。早在《罗马近东》出版后不久，他就发表了一系列关于东方基督教会、犹太教与晚期罗马帝国关系的文章。在《罗马近东的民族认同：325—450年》一文中，他按照《罗马近东》后续的计划，将对民族身份认同问题的探讨延续到了5世纪中叶，并强调叙利亚语在教会口传传统中的兴起与希腊文在城市书写长存的主导地位，展现了地方文化与主流文化之间以另一种方式延续着矛盾和碎片化[29]。《希腊东方的基督徒皇帝、基督教会与流散犹太人，379—450年》不仅关注流散犹太人与基督徒之间于5世纪逐渐尖锐的冲突，且尤其重视皇帝在宗教共存环境下的立法，以及基督徒如何在内部神学论争不断的同时，看待犹太社群的存在和犹太文学。皇帝的立法试图维持犹太人相对独立但比基督徒更低的地位，且逐渐限制他们在帝国行政体系中发挥的作用。而基督徒作家则逐渐强化自己的反犹太倾向，把流散在巴勒斯坦以外的犹太人及其信仰体系的存在解释为基督教正统信仰的对立面和异端的来源之一[30]。政治与教会、文化与语言，这些米勒关注一生的问题在古代晚期的近东找到了一个交会点。

2003年萨瑟讲座的邀约让米勒得以整理自己既往的大量研究，

---

[28] Millar, *The Roman Near East*, p. xiii. 同样，在《希腊式罗马帝国》序言中，他称自己的计划是写作"一部罗马近东4—6世纪的社会与宗教史"，参见 *A Greek Roman Empire*, p. xiii.

[29] F. Millar, "Ethnic Identity in the Roman East, A. D. 325–450: Language, Religion, and Culture", *Mediterranean Archaeology* 11 (1998), pp. 159–176.

[30] F. Millar, "Christian Emperors, Christian Church and the Jews of the Diaspora in the Greek East, CE 379–450", *Journal of Jewish Studies* 55.1 (2004), pp. 1–24.

并在6次讲座的限制中呈现他所喜欢的复杂张力。他选择了材料丰富，但对古代史家来说研究仍显薄弱的狄奥多西二世时代（408—450年在位）[31]。这位罗马史上在位时间最长的皇帝并没有普罗柯比那样的史家给他留下连篇累牍的记载，后来也没有像阿米亚努斯·马尔凯利努斯（Ammianus Marcellinus）那样的史家将之放进一篇古典式通史作品之中加以处理。除了经常被秉承古典正统的古代史家贬斥的教会史以及数量不多的铭文以外，这个时代最集中的史料有两部，即集合大量先帝和本朝敕令的《狄奥多西法典》（Codex Theodosianus）和卷帙浩繁的基督教大公会议文献（Acta Conciliorum Oecumenicorum）。这两大部史料确立了米勒讲座的副标题——"狄奥多西二世治下的权力与信仰"。虽然早在19世纪末和20世纪初就有语文学者对以上两部史料进行整理出版，同时不少法学家和宗教史家也从各自角度对这些文献加以解读，但从行政和地方矛盾等视角审视这些史料的学者中，米勒是做得最彻底的一位。

我们能从各章的选题中看到作者先前研究的诸多影子：狄奥多西二世面临着来自多瑙河和东方萨珊王朝两方面的军事压力（第二章）；狄奥多西掌控的帝国已是一个以希腊城市和文化为主的世界，而权势更高的拉丁和罗马文化，以及屡遭贬抑的闪语传统既与希腊文化有所整合，又保持着各自的独立（第三章）；此外，还有政治权力与教会和神学的关系（第四章）；得益于狄奥多西时期留存至今的大量法律和教会文献，我们更易把握皇帝及其机关在政治运作中起到的作用，以及皇帝的臣民在政治结构中如何游说（persuasion）掌权者以获得好处（第六章）。凡此种种都归结于米勒对5世纪上半叶"希腊式罗马帝国"的概括。米勒认为，虽然此时立法和皇帝敕令仍然用拉丁文写成，且原则上东方皇帝仍要和西方合作以共同领导名义上仍然统一的罗马帝国，但东方皇帝统治的区域正是一个讲希腊语的统一而辽阔的世界[32]。因此，传统上属于拉丁文和罗马的体系也要受希腊城市和文化的影响。譬如在军事领域，5世纪20年代，在帝国

---

[31] F. Millar, *A Greek Roman Empire: Power and Belief under Theodosius* II *(408–450)*, Berkeley, CA.: University of California Press, 2006.

[32] Millar, *A Greek Roman Empire*, pp. 6–7, pp. 15–17.

西部屡遭外族入侵的情况下,狄奥多西治下的东部帝国并未选择出兵西向支援,而是将军队集中于君士坦丁堡和希腊语地区,抵御同样危险的汪达尔人,并利用边境危机来维系境内的文化认同[33]。米勒用生造词"二元语言"(dual-lingualism)来描述拉丁文与希腊文共存于行政体系中的现象。简单来说,在狄奥多西的"希腊式罗马帝国"中,虽然形式上两种语言都代表着权威,但现实规则却是根据不同语境只使用一种语言,比如行政体系内部往往使用拉丁文,但在帝国与教会和城市的交流中则使用希腊文。拉丁文是帝国上层建筑的重要部分,世俗官员想要跻身行政结构上层,就需要掌握拉丁文来理解行政文书,但希腊文是事实上的通用语,其他语言必须要借出希腊文书写的中介与其他语言产生关联。即使是自有书写体系、教义传统甚至教会组织的叙利亚语和科普特语,也没有行政上的特殊地位,因此在大公会议文献上,叙利亚语和科普特语的发言和文本都必须被译成希腊文才能写入文献[34]。

第四至第六章最能体现米勒呈现复杂权力关系的功力。这三章集中描述皇帝如何用自己的政治权力介入教会内部的组织和神学争论,使政权与教权维持"持续互相依赖、互相关切与互相冲突的状况,并致力于统一、和谐的理想,即便这一理想永不会实现"[35]。他清晰呈现了地方主教、宗教群体和帝国公民如何能通过请愿、游说甚至贿赂,吸引皇帝注意并获得好处。早在《罗马世界的皇帝》中提出的"请愿—回应"机制,在这里得到了新解。狄奥多西时期对请愿的回应并非皇帝独断,而是"诸多官员群体之间形成共识、为影响力而竞争"的集体决策的结果,最后再由皇帝决定[36]。虽未明说,但米勒在第五章讨论神学和异端时存在一个基本假设:无论教会事务和争论有多么具体而复杂,皇帝和行政机构处理的程序都不会有太大变化。这种用政治关系解读大公会议讨论神学议题过程的方式,颇有米勒在《罗马世界的皇帝》中彰显出来的特征:无论是两地教会谁地位

---

33 Millar, *A Greek Roman Empire*, Chapter 2, esp. pp. 55–58.
34 Millar, *A Greek Roman Empire*, Chapter 3, 对"二元语言"的定义, 见 p. 85 n. 3.
35 Millar, *A Greek Roman Empire*, p. 133.
36 Millar, *A Greek Roman Empire*, pp. 226–228.

更高,还是两派教义谁更接近上帝真理,对狄奥多西来说,都与帝国时期两座城市的冲突一样,只是需要给出决策的问题而已。考虑到米勒先前讨论萨摩撒塔的保罗的文章中,将保罗的"异端"归结为叙利亚地方文化传统,而不是在神学上与希腊传统有什么教理差别,这种对神学教义进行政治性解读的尝试或许也颇有道理[37]。从请愿一方来看,在《皇帝》一书出版三十年后,米勒也明显深化了"请愿—回应"机制中的请愿部分。在这里,地方群体有了更多的能动性,能够通过谈判、信函往来、贿赂重要人物等方式影响请愿的结果。《大公会议文献》中收录的大量信函,提供了更多关于请愿如何形成的信息,而在帝国盛期,我们实在没有太多材料来说明请愿是如何呈现的。当然,这套框架无疑要得益于米勒的学友布朗在"权力与游说"方面提出的创见,米勒也在序言中对其不吝赞美之辞[38]。

在我看来,《希腊式罗马帝国》不仅是米勒研究生涯的集大成之作,并且很好地解释了乃师塞姆的训诫,即面对我们所拥有的史料时,"还有工作要去做"(there is work to be done)。他确实还在讨论自己熟悉的问题,但是面对的却是以往并不经常处理的史料,尤其是施瓦茨整理成的《大公会议文献》。这批文献包含了历次大公会议前后教士间的往来信函、历次会议"听写"记下的会议记录以及历次决议。会议期间各方经常会引用先前的信函、讲道、审判记录和法律文本,各地教会留下的会议文献也往往会选择不同的信函、会议记录等抄录,甚至用不同的语言翻译会议记录,形成不同版本的会议文献。因此,这些文本及其传抄史中存留着多层书写者的主观意志和地方教会传统的自我表达[39]。就在米勒《希腊式罗马帝国》出版的同

---

[37] 虽说米勒在必须描述神学上的争论时,因为过分依赖二战前教义史学者的过时结论而时有疏失,对此的批评见 G. Bevan, "Review: *A Greek Roman Empire*", *Phoenix* 62.3/4 (2008), p. 410。

[38] Millar, *A Greek Roman Empire*, p. xiv; P. Brown, *Power and Persuasion in Late Antiquity*, Madison, WI.: University of Wisconsin Press, 1992. 中译本《古代晚期的权力与劝诫》,王晨译,三联书店,2020年。

[39] 这方面的一部经典之作是 Philippe Blaudeau, *Alexandrie et Constantinople (451-491): de l'histoire à la géo-ecclésiologie*, Rome: École française d'Athènes et de Rome, 2006。

一年，文献最丰富的迦克墩公会议（Council of Chalcedon）记录首次英译出版[40]。仅仅十年间，关于大公会议的研究数量陡增，直至今日仍是古代晚期研究的热点之一，这一趋势无疑得益于米勒的指引。例如，米勒曾在一次私人交流中向当时正在寻求第二部专著题目的哈吉特·阿弥拉芙（Hagit Amirav）提出了如下的建议：[41]

> 至今尚无人看到这些独一无二的翔实记录的潜力：展现皇帝任命的高级政府官员如何控制会议记录，主教们在每次分会上如何就座，如何在表达冲突观点时使用修辞和身体姿态，以及共识或者表面共识是如何达成与表达的（因为，即使在分会上有时会表达异议，但在总结书面公证共识时却总是描述为主教们达成了完全一致的共识，尽管形式上是每个主教自己讲话）。因此，此种公会议的每次分会，在某种意义上可以被看作一幕戏剧，不同的演员扮演着自己的角色；另一种意义上，分会又像是现实生活剧，将对基督教史产生决定性的影响。所以，这部独一无二的、详尽又异常生动的记录，主动吸引人们从社会动力和不同角色的表演（acting-out）角度加以分析。

阿弥拉芙确实从最后这两个角度出发，写作了一部优秀的社会网络与话语分析专著。她还沿着米勒的道路，勾勒了狄奥多西二世的后继者马基亚诺斯（Marcian）时代的行政结构。米勒自己在《希腊式罗马帝国》出版以后，也曾辟专文讨论了多次大公会议。例如在关于449年第二次以弗所公会议的研究中，米勒又一次探讨语言、地方文化与异端的关系，将现存的叙利亚文公会议文献归结于"一直变动着的对基督教信仰的私人表达，对6世纪30年代叙利亚基督单性论（miaphysite）信条的反思，以及对先前单性论主导时期的精选

---

[40] R. Price & M. Gaddis eds., *The Acts of the Council of Chalcedon*, Liverpool: Liverpool University Press, 2006.
[41] H. Amirav, *Authority and Performance: Sociological Perspectives on the Council of Chalcedon (AD 451)*, Göttingen: Vandenhoeck & Ruprecht, 2015, pp. 17–18.

记录",并将之视为查士丁尼时期正统教会之外重要的另类声音[42]。查士丁尼治下于536年的两次公会议也被放在了以君士坦丁堡为中心的希腊正统教会和即将分裂出去的叙利亚正教会间冲突的视域中考察[43]。在这两篇文章中,米勒还以《希腊式罗马帝国》附录为模板,整理了这些当时尚未译成现代语言的文献的文本结构,并标记了大公会议和文献之间的引用关系。因此,读者也更易借助这两篇文章,阅读这些对古代史家来说很不易读的史料。

余谈:批判米勒与延续探索

2010年,米勒在英国国家学术院(British Academy)主持了关于圣经考古学的三次讲座,并于2013年整理成书《罗马近东的宗教、语言与共同体:从君士坦丁到穆罕默德》,这可能算是米勒在多处承诺过的,要写一部"4—6世纪晚期罗马近东的历史"[44]。在学术生涯晚期,米勒仍然抱持着"希腊文化借由罗马扩张而植根近东"的观点。但古代晚期近东越发丰富的叙利亚文、亚兰文和希伯来文文本也让他不得不反思自己在二十年前得出的结论是否在这一时期仍然成立。正如一篇并不客气的书评所说,"在一个双语人群中,语言使用(不应该)是零和游戏。我们可以从现代世界中得知这并非事实,而口头语言可以是交流和身份认同中极为有力的一环"[45]。这一书评概

---

[42] F. Millar, "The Syriac Acts of the Second Council of Ephesus (449)", in R. Price & M. Whitby eds., *Chalcedon in Context*: *Church Councils 400-700*, Liverpool: Liverpool University Press, 2009, pp. 45–69, 此处见第67页。这部文集中的多数论文,也都在回应或延续《希腊式罗马帝国》的方法。第二次以弗所公会议因为支持单性论,被迦克墩公会议推翻,查士丁尼时期的君士坦丁堡公会议再次强调了第二次以弗所公会议的无效。或许是因此,第二次以弗所公会议的希腊文文献并未单独存世,只有叙利亚教会因为长期支持单性论,所以保留着相对完整的第二次以弗所公会议文献译本。

[43] F. Millar, "Rome, Constantinople and the Near Eastern Church under Justinian: Two Synods of C. E. 536", *Journal of Roman Studies* 98 (2008), pp. 62–82.

[44] F. Millar, *Religion, Language and Community in the Roman Near East: Constantine to Muhammad*, Oxford: Oxford University Press, 2013.

[45] A. Papaconstantinou, "Review: *Religion, Language and Community in the Roman Near East*", *The English Historical Review* 130.547 (2015), p. 1518.

括了21世纪10年代以后米勒的大多数出版物存在的问题。米勒并没有脱离不少老年学者陷入的困境:自己在漫长学术生涯中做出的激进论断,在面对新史料时却不得不采取一些后来学人看来不大合适的解释路径。

然而,正如《罗马世界的皇帝》一样,虽然米勒在很多地方给出的结论已经经不起推敲,但是他发表的诸多专著都能拓展后来学者的史料视野,或是引发深入而热烈的学术讨论,或是开辟新的学术角度和道路。米勒似乎也对此有着清晰的认识,尤其是在晚年,他的论文越来越少有确定的论断和激进的表达,而留下了越来越多的空白和问题。早在2006年他的单篇论文被结集出版之时,米勒写了一篇名为《重绘地图?》的余谈,讨论了一系列值得思考的开放问题,比如如何利用考古史料,从何种角度分析古代的多语言环境,应该怎样使用正典化(canonized)文本(如罗马法、圣经、犹太塔木德)重构历史语境,以及如何反思西方中心的"古代史"概念[46]。在他的最后一部论文结集《晚期罗马近东的帝国、教会与社会》中,他又写了一篇题为《待解诸问题》的余谈,讨论如何利用阿拉伯文献、大公会议文献和伊斯兰教出现前的叙利亚、阿拉伯文献,来理解伊斯兰教的兴起等问题[47]。他清楚自己已经无力对很多问题做出回答,或者因为自己既有的观点固化了思维,很难对新问题给出令人满意的答案。因此,他在诸多论文中都反复提醒读者,根据现有史料不能得出何种结论。

回顾米勒的学术生涯,我认为对这位涉猎广泛、著作等身的学者致敬的最好方式,绝不是将其作品奉为圭臬不加质疑。恰恰相反,后辈学者应该不断发掘新史料,选择适当的新方法,认真重审米勒的个案研究和大胆论断并探索他指出的道路以确定他是否指向了死胡同。总之,正如他对自己最推崇的史家罗斯托夫采夫所做的那样,将米勒掀起的皇帝权责、罗马共和的民主倾向、希腊-罗马文化在近东

---

[46] F. Millar, "Epilogue: Re-drawing the Map?", in H. Cotton & G. Rogers eds., *Rome, the Greek World, and the East*. Volume 3. *The Greek World, the Jews, and the East*, Chapel Hill, NC.: University of North Caroline Press, 2006, pp. 487–509.

[47] F. Millar, "Epilogue: Open Questions", in idem, *Empire, Church and Society in the Late Roman Near East: Greeks, Jews, Syrians and Saracens. Collected Studies, 2004–2014*, Leuven: Peeters, 2015, pp. 779–802.

的"在地化"和基督教与政治运作的讨论继续下去,认真地将米勒"视作论敌",或许是我们学习并超越他的最佳方式。毕竟,对于现有和新出的史料,"还有工作要去做"。

(作者单位:德国海德堡大学"物质文本文化"研究中心学术助理暨在读博士生)

古典艺术
Classical Art

雅典陶瓶画和僭主刺杀者

虞欣河

对雅典历史略知一二的人可能都不会对哈耳摩狄俄斯（Harmodios）和阿里斯托癸同（Aristogeiton）这两个名字感到陌生。在公元前514年的泛雅典人节上，正是他们二人刺杀了庇西特拉图的儿子希帕克斯。四年后，即公元前510年，希帕克斯的哥哥希庇阿斯被逐出雅典，庇西特拉图家族的僭政就此终结；又过了两年，克里斯提尼展开了一系列改革，为民主制度奠基。

为庆祝新政制的诞生，雅典人开始纪念这两位刺杀僭主的勇士（Tyrannicides），把他们视为推翻僭主统治的关键角色。他们先是"平等政治"（isonomia）的英雄，随着"demokratia"一词的逐渐流行，又成为"民主"的英雄。这一叙事所带来的最实在的好处落在这两人后代的头上。雅典推出了诸多法律给予他们荣耀和特权：最初他们受邀在市政厅（Prytaneion）用餐（sitesis）[1]，后来又被免除了赞助公共事务的责任（ateleia），还获得了坐在剧场前排的权利（proedria）[2]。

至于僭主刺杀者本身，他们的故事逐渐演变为城邦的英雄神话，他们成为拯救雅典于危难之中的人物[3]。希罗多德把雅典人在马拉松

---

[1] $IG\ I^3$ 131（约公元前440—前430年）。关于这条铭文的断代和解读可见 Schöll (1872); Wade-Gery and McGregor (1932); Ostwald (1951). 狄那耳科斯（Dinarchus）也在他的演说中提到过这一点，见《反德摩斯梯尼》，101。

[2] 伊萨欧斯（Isaeus）的演说中提到了这两项优待，见《论狄卡厄俄革涅斯的遗产》，46—47。关于 proedria 可参见希罗多德：《历史》1.54 及 9.74；阿里斯托芬：《骑士》，573—576；《地母节妇女》，834。

[3] 可见 Gauthier (1985), p. 92; Kearns (1989), p. 55。

战役中的功绩和僭主刺杀者的所作所为相比较[4];在公元前322年致敬拉米亚战争阵亡将士的葬礼演说里,许珀瑞得斯(Hyperides)向听众描绘逝者进入冥界的场景时说,特洛伊战争的勇士、希波战争的英雄和僭主刺杀者会一同前来迎接这些死去的雅典战士[5]。每年,军事执政官(Polemarch)都要主持纪念僭主刺杀者的忌辰[6],雅典人在崇拜仪式中会以歌唱的形式缅怀他们[7]。

城邦艺术与僭主刺杀者

既然公共艺术是政治宣传不可或缺的一种渠道,僭主刺杀者自然在其中占据一席之地。城邦让安忒诺耳(Antenor)[8]创造了两人雕像的最初版本,但是这组雕像被薛西斯入侵雅典时掠回了苏萨[9]。希波战争结束后,在公元前477年到公元前476年间,克里提俄斯(Critios)和涅西俄忒斯(Nesiotes)[10]很快为这对民主英雄在雅典市集上重新立起了一组雕像(图1):哈耳摩狄俄斯右脚在前,右臂上屈,位于头顶的右手握剑随时准备挥出;阿里斯托癸同左腿在前,前伸的左臂上搭着一条披风,左手握剑鞘。他们的雕像是神话英雄式的,

---

4 希罗多德:《历史》,6.109。
5 许珀瑞得斯:《葬礼演说》,35—39。
6 伪亚里士多德:《雅典政制》,58.1。
7 菲罗斯特拉托斯(Philostratos):《堤阿那的阿波罗尼俄斯传》,7、4、3;德摩斯梯尼:《演说辞19》,280;西塞罗:《为米隆辩护》,80。过去有学者认为雅典人在阵亡将士葬礼上纪念僭主刺杀者,如Mommsen (1898), pp. 302-303; Taylor (1981), pp. 7-8; Anderson (2003), pp. 202-204。关于泛雅典人节上纪念僭主刺杀者的论证,可见Shear (2012)。
8 安忒诺尔是活跃于公元前6世纪末的一位雅典雕塑家,有一座大型古风少女像现存至今("Statue of a Kore with its base", Athens, Acropolis Museum, inv. n. akr. 681)。据我们所知,他常为反庇西特拉图势力工作,除了文中提到的已失传的僭主刺杀者雕像,他还很有可能受阿尔克马厄翁家族资助,在德尔菲雕刻了阿波罗神庙的山墙。可参见Boardman (1978), p. 83。
9 保萨尼阿斯:《希腊游记》,1、8、5;老普林尼:《自然史》,34、19;阿里安:《远征记》,3、6。也可见Brunnsåker (1971), p. 43。
10 克里提俄斯活跃于古典时代早期,影响了包括菲迪亚斯在内的许多后来的雕塑家。相比于古风时期的作品,他给人像的姿势加入了一些动感,人像的面部表情则变得严肃(severe),古风时期的微笑不复出现。可参见其留存下来的另一作品:"Kritios Boy", Athens, Acropolis Museum, inv. n. akr. 698。至于涅西俄忒斯,除了他与克里提俄斯合作过"僭主刺杀者",并无更多记载。

他们赤身裸体，有着和忒修斯或是赫拉克勒斯同样强壮有力的身躯。他们袭击的对象希帕克斯没有出现于这组雕塑中，因为他已被泛化为一个"反民主"的概念，供观赏者想象[11]。挥舞着刀剑的僭主刺杀者成了雅典民主的守护者，把一切威胁民主的力量当作他们的敌手。

事实上，克里提俄斯和涅西俄忒斯选择了一种既有的视觉艺术范式来塑造僭主刺杀者。他们的姿势在公元前6世纪中期的陶瓶画中已经出现：在"诸神与巨人之战"主题中，阿波罗会例外地使用短剑作为武器，与哈耳摩狄俄斯的动作近似；狄奥尼索斯的姿势则常常近似于阿里斯托癸同[12]。茱莉亚·希尔（Julia Shear）提出，或许因为僭主刺杀者和巨人之战都是与泛雅典人节有着密切联系的主题，所以雕塑家才会选取奥林坡斯神的姿势来刻画两位"民主英雄"[13]。他们的作品是如此成功，以至于此后使用这两种姿势的角色会很自然地被与僭主刺杀者相比较[14]，而两位奥林坡斯神在巨人之战中则逐渐更换了姿势[15]。

此后，公元前5世纪末的泛雅典人节竞技会上，僭主刺杀者的形象充满政治意味地被呈现于胜利者的奖品，即装满橄榄油的双耳陶瓶（Panathenaic amphora）上。这些陶瓶的一侧通常有运动员练习或竞技的场景作为装饰，另一侧则是全副武装的雅典娜。迄今为止，考古学家们共发现四只有僭主刺杀者作为雅典娜大盾盾饰的奖品双耳瓶（图2）[16]。相比于在泛雅典人节作为奖品发放的双耳瓶的巨大总

---

[11] Monoson (2000); Dietrich (2013).
[12] "Stamnos, attributed to Kleophrades Painter", Paris, Musée du Louvre, inv. n. CP10748; "Stamnos, attributed to Tyszkiewicz Painter", London, British Museum, inv. n. E443. 可参见 Richter (1928); Shefton (1960); Carpenter (1997); Shear (2012)。
[13] Shear (2012).
[14] 比如后来用类似姿势消灭强盗的忒修斯会被认为是在有意模仿僭主刺杀者，参见 Kardara (1951)。
[15] Carpenter (1997), p. 172.
[16] "Panathenaic Amphora, attributed to Hildesheim group", Hildesheim, Roemer-Pelizaeus Museum, inv. n. 1254; "Panathenaic Amphora, attributed to Hildesheim group", Hildesheim, Roemer-Pelizaeus Museum, inv. n. 1253; "Panathenaic Amphora, attributed to Kuban group", London, British Museum, inv. n. B605; "Panathenaic Amphora, attributed to Hildesheim group", Cyrene, Archaeological Museum, 无馆藏编号。最后一件常被忽视，因为雅典娜盾饰损毁严重，难以通过照片呈现出来，可见 Maffre 在其文中对它的描述 [Maffre (2001), pp. 27-29, n. 1]。Peters 更进一步，指出它们是"阿里斯托芬画家"（Aristophanes Painter）的作品 [Peters (1942)]。

量，以僭主刺杀者的雕塑形象装饰雅典娜盾饰的双耳瓶并不算多。但是，从图像传统的角度来考虑，雅典娜的盾饰多为器物或是动物，除胜利女神之外，极少有人物出现，僭主刺杀者作为盾徽可以说是一种极其罕见的情况[17]。因此，一些学者推测，这批双耳瓶很可能制成于公元前402年或是公元前398年，城邦特地选用了僭主刺杀者作为城邦保护神的盾饰，来庆祝三十僭主垮台和民主制度的重新建立[18]。

反对的声音

尽管僭主刺杀者被雅典城邦视为建立民主秩序过程中至关重要的角色，但是他们的身份从古典时代以来就备受争议。争议主要集中在两个方面：其一，两人刺杀希帕克斯的动机为何，是否真的是为了追求"平等"和"民主"；其二，他们刺杀的究竟是不是"僭主"，换言之，他们的行动有没有解放雅典。

针对第一个关于动机的问题，柏拉图在《会饮篇》中给出的回答是"爱欲和激情"（一个非常适合会饮的话题），《雅典政制》的作者将其归于"愤怒与复仇"，而修昔底德则认为两者皆有[19]。愤怒、复仇、为自己的家族洗刷耻辱，这些都是贵族道德，听起来似乎与民主、平等的目标毫不相干。传统观念认为，在雅典推行民主的过程中，旧时代的贵族道德逐渐被转换为诸如"平等"和"团结"的公民道德[20]。刺杀僭主被视为追求平等，而把两人紧紧连接在一起的同性之爱则转换为民主雅典的公民—战士之间的团结。不过，我们之所以会把这些价值对立起来，很可能是出于一种"公私分立"的现代视角[21]。在古代世界，公私之间的界限或许并不那么分明，比如在斯巴达，青年就是

17　Bentz (1998), pp. 204-206.
18　Lissarague and Schnapp (2007), p. 43; Cromey (2001).
19　柏拉图:《会饮篇》, 182c；伪亚里士多德:《雅典政制》, 18；修昔底德:《伯罗奔尼撒战争史》, 6.54-56。
20　Fehr (1979); Fehr (1984), pp. 54-55; Loraux (1997).
21　Monoson (2000); Azoulay (2014).

借助与年长者的同性情谊进入公民社会的。古典时代的雅典人会赞叹哈耳摩狄俄斯和阿里斯托癸同出于私人目的的行动能够转换为公共福祉,埃斯基涅斯也在他的演说中公开提到两人之间的同性情谊[22]。

因此,从动机的角度来讲,或许驱使着僭主刺杀者行动的多种因素是能够并存的,各种说法之间并不矛盾。然而,两人在历史进程中扮演的角色则没有那么多摇摆的空间。一批被视为对时政"心怀不满"的古典作家对大众想象中的僭主刺杀者抱有深切的怀疑[23]。希罗多德和修昔底德认为这两人没有帮助雅典人摆脱僭主统治,他们强调庇西特拉图家族的垮台受到了雅典的阿尔克马厄翁家族(Λlcmaeonids)的影响和斯巴达势力的介入[24]。如修昔底德所说,希帕克斯从未拥有过僭主的权力,哈耳摩狄俄斯和阿里斯托癸同怀疑自己的计划已经暴露,才慌不择路刺杀了真正僭主的弟弟[25]。原本相当温和的希庇阿斯因希帕克斯之死变得惊惧多疑,其统治风格也转为暴虐残酷,也就是说,僭主刺杀者不仅并没有推翻僭政,反而让城邦承受了一段时间的暴政[26]。但是,对于自豪地宣称自己是"土生人"(autochthon)的雅典人来说,受外界——尤其是受斯巴达干涉而问世的民主制度或许有些难以接受。考虑了这个因素后,两位纯正的雅典人也就应运而生,被选作征民主制度的政治宣传形象。

一些学者指出,雅典贵族阶层很可能普遍对僭主刺杀者抱有敌意。克里斯提尼的民主改革并非一帆风顺,虽然贵族最终落败,但这股势力始终存在,嘲笑讥讽民主制度,自然其中也包括被擢升为"国家英雄"的僭主刺杀者[27]。在公元前4世纪,雅典城邦甚至立法禁止讽刺僭主刺杀者,反映了现实中存在着许多对这两人的中伤[28],比如下

22　埃斯基涅斯:《反提马尔库斯》,1,148。
23　特别是阿里斯托芬、修昔底德、柏拉图和亚里士多德。见Ober (1998)。
24　希罗多德:《历史》,5.62—63;修昔底德:《伯罗奔尼撒战争史》,6.53—59。阿里斯托芬在他的喜剧中也提到过斯巴达人的帮助:《吕西斯特拉塔》,1149—1155。也可见Jacoby (1949), pp. 158 ff.; Welwei (1992), pp. 256 ff.。
25　修昔底德:《伯罗奔尼撒战争史》,6.59。
26　修昔底德:《伯罗奔尼撒战争史》,6.54,5—6;伪亚里士多德:《雅典政制》,19.1。
27　Dupont (2002)。
28　许珀瑞得斯:《反菲利庇得斯》,1,34—39。Azoulay (2014), pp. 72–73.

文提到的哈耳摩狄俄斯的饮酒歌[29]。

"正统"之外

讨论了民主城邦和贵族阶层对僭主刺杀者所持有的两种截然不同的意见后,我想试图引入一些陶瓶画家们的视角。当然,雅典的陶瓶画家并不是一个同质的群体,选用僭主刺杀者作为其装饰主题的画家零零散散地分布在这个范式诞生后的近一个世纪里;绝大多数的陶瓶随着时光流逝不知所踪,留存下来的陶瓶中又有一部分因只余零散碎片而无法窥见创作者的整体构想[30],因此,这篇文章能讨论到的画家和样本极其有限。

过去一些学者常认为,贵族派和民主派均将僭主刺杀者视为模范人物,陶瓶画家通过作品支持其中一派的观点。区分这两种抽象观点在陶瓶画上的方式则是通过两样非常具体的事物——衣服和受害者。赤身裸体的僭主刺杀者和希帕克斯的缺席遵循了雅典城邦规定的范式,强调了守护城邦的永恒意志,是大众的、民主的;如果僭主刺杀者穿着衣服,他们的袍子便为其英雄壮举赋予了历史维度,受害者的存在意味着这件事仅发生过一次,这种叙事便是贵族的、反民主的[31]。但是,就如上文所述,僭主刺杀者很可能并未受到贵族们的热烈欢迎,也没有被他们视为真正除掉僭主的英雄。

活跃于古风和古典时期交替之际的叙利斯克斯(Syriskos)可以给我们提供两个很好的例子。他有两只受僭主刺杀者雕塑所启发绘制的陶瓶流传至今:一只现存于维尔茨堡大学的贮酒罐(Stamnos)和一只保存在波士顿美术馆的混酒钵(Krater)[32]。维尔茨堡的贮酒罐

---

[29] Lambin (1979); Lambin (1992), pp. 215–311.
[30] 比如这两个陶瓶残片:"Skyphos Fragments", Rome, Museo Nazionale Etrusco di Villa Giulia, inv. n. 50321; "Skyphos Fragment", Agrigento, Museo Archeologico Regionale, ARV2 559.147.
[31] Oenbrink (2004).
[32] "Stamnos, attributed to Syriskos", c. 475–470 B. C. E., Würzburg, Museum Martin von Wagner, inv. n. L515, ARV2 256.5; "Krater, attributed to Syriskos", Boston, Museum of Fine Arts, c. 470 B. C. E., inv. n. 1970.567.

图1 僭主刺杀者,克里提俄斯和涅西俄忒斯,石膏像,格西博物馆藏。

图2 泛雅典人节双耳罐,库班团体,大英博物馆藏,馆藏编号B605。

图3 贮酒罐,叙利斯克斯,维尔茨堡大学博物馆藏,馆藏编号L515。

图4 混酒钵，叙利斯克斯，波士顿美术馆藏，馆藏编号1970.567。

图5 白底细颈油瓶，恩波里翁画家，维也纳艺术史博物馆藏，馆藏编号IV3644。

图6 酒壶，波士顿美术馆藏，馆藏编号98.936。

上展现的是一幅极具叙事张力的画面(图3)。希帕克斯头戴香桃木叶冠,衣着华丽,正要去参加节庆,却被来者不善的两人一前一后挡住了去路。年长的阿里斯托癸同拔剑出鞘,刺进了他的肋部。希帕克斯伸手抵挡,又想要回头呼救,但迎接他的只有哈耳摩狄俄斯带来的另一重击。在这只陶瓶的另一面,僭主的三位持矛护卫(doryphoros)正在慌张地四处张望,寻找他们的主人。由于这两幅画中所含的"历史维度",理查德·尼尔(Richard Neer)认为叙利斯克斯没有遵循当时通行的民主意识形态,更加偏向贵族,也就是这些装饰精美的陶罐的潜在买家们[33]。

然而,叙利斯克斯的另一作品中,僭主刺杀者则以赤身露体的"英雄"形象呈现(图4)。乍看之下,这是个描述狂欢庆祝(komos)的场面,两个青年面对面舞蹈,左边的人手里还拿着一个满满的羊皮酒囊。他们的姿势与僭主刺杀者的雕塑极为相似。不过,对于历史学家和图像学家来说,把僭主刺杀者打扮成狂欢者的样子似乎稍显肤浅,所以在研究中,这只混酒钵不如上文所提到的贮酒罐受欢迎。哪怕是最先指出两者之间相似之处的康拉德·金茨(Konrad Kinzl),也认为这只混酒钵不值得深入探讨,因为它只是展现了古希腊人的一种能力,能把非凡的壮举转换为日常的平庸行为,而这种能力的反向运用,就是悲剧作者在创作中给常见行为赋予超验性的意义[34]。

或许我们可以更进一步思考这只混酒钵传达出来的信息。加入狂欢队伍的僭主刺杀者很容易让人联想到一首常被阿里斯托芬提及的饮酒歌(skolion),这首关于哈耳摩狄俄斯的小诗得益于阿忒纳乌斯的作品流传至今[35]。诗中说道,哈耳摩狄俄斯和阿里斯托癸同用一把藏在香桃木叶枝中的剑(ἐν μύρτου κλαδὶ τὸ ξίφος)刺杀了僭主,给雅典城邦带来了平等政治(ἰσονόμους τ' Ἀθῆνας ἐποιησάτην)。如果我们把这首诗当作一篇严肃的作品,那么诗句中的"平等政治"(ἰσονόμους)一词则意味着这首诗成型于古风时期,那时此概念尚未

---

[33] Neer (2002), pp. 243–244.
[34] Kinzl (1978), pp. 125–126.
[35] 阿里斯托芬:《阿卡奈人》,980 & 1093;《马蜂》,1224—1227;《吕西斯特拉塔》,632。阿忒纳乌斯:《哲人燕谈录》15,694f–695b,亦可见 Page (1962), nn. 893–895。

被"民主"所完全代替，或许与之有着竞争关系[36]。但是，如果把这首饮酒诗放回它原有的表演环境——会饮之中，则不难在其中看出一丝调笑的意味。首先，不仅没有任何其他文本提及"藏在香桃木叶枝中的剑"，而且很难想象如何把剑自然地藏在香桃木中。其次，若考虑到会饮的风俗，这条香桃木细枝很可能并不在哈耳摩狄俄斯手中，而是被会饮者持有。平等的与宴者按照香桃木枝传递的顺序来唱一行或者一节饮酒歌[37]，这首饮酒歌像是在邀请会饮者扮演哈耳摩狄俄斯的角色、模仿他的姿势。最后，在贵族阶层的会饮中，始终存在着一种反民主的论调，也很难想象会饮者会真正把城邦视为民主英雄的僭主刺杀者看作完全正面的形象[38]。会饮是谈论爱情的好时机，僭主刺杀者故事中的两大因素——同性之恋和平等政治极有可能会引起参与者们的兴趣和讨论。叙利斯克斯把僭主刺杀者与狂欢者的形象混合是一种很好的吸引买家的策略，但他并没有迎合贵族文化去贬损他们，而是让两位相当俊美的少年摆出了僭主刺杀者的姿态。

恩波里翁画家（Emporion Painter）[39]的一只白底细颈油瓶（Lekythos）上也有一幅与僭主刺杀者相关的图像（图5）[40]。瓶上画着的两个裸体男人正从左向右大步前进，年少的哈耳摩狄俄斯在前，左手在头顶的高度挥舞一把剑；年长有须的阿里斯托癸同在后，前伸的左臂上搭着披风，左手持剑鞘，后摆的右手持剑。他们的敌人不知所踪。画面两端各有一棵有三条岔枝的树，除此以外还有若干条树枝在整幅画的背景中穿插，意味着他们身处城外的树林。画家似乎有意让观众从阿里斯托癸同身上联想到常在林中漫步的萨梯尔，他的额头突出，似乎有些秃顶，耳朵比常人要大（虽然是圆形的）。既像英雄崇拜，又像狄奥尼索斯崇拜，这件作品奇异地把两个装饰细颈油

36　Vlastos (1953); Ostwald (1969), pp. 121–136; Ehrenberg (1956).
37　普鲁塔克:《道德论丛》，615b。亦可见 Vollgraff (1921); Bowra (1961), p. 392, n.1; Lambin (1979); Azoulay (2014), pp. 75–86。
38　Dupont (2002).
39　恩波里翁画家活跃于公元前5世纪初，他有许多白底陶器作品，作画风格较为粗糙。可见 Haspels (1936), pp. 165 ff.。
40　"Scaramangà Lekythos, attributed to Emporion Painter", Vienna, Kunsthistorisches Museum, c. 470 B. C. E., inv. n. IV3644.

瓶的传统主题结合在了一起。僭主刺杀者本身像是被从他们的历史功绩中抽离了出来,他们的政治意义成了藏在美好身躯之后隐隐约约的符号象征,就如上文分析的维尔茨堡贮酒罐一样。

僭主刺杀者是雅典政治神话中为数不多的当代人物,也是频频被演说家们热情呼唤的城邦捍卫者。他们又是最"名不副实"的英雄,既没有撼动僭主制度,也没有为民主雅典立下根基,因此受到了敌视民主的贵族阶层的嘲讽。通过如今尚存于世的陶瓶,我们不仅看到了如泛雅典人竞技会奖品那样的、属于"官方艺术"的僭主刺杀者,还能发现一些游荡在两极之间的画家,他们既没有像城邦的官方艺术和诸多民主派演说家一样把僭主刺杀者神化,也没有如贵族阶层的作家那般对这二人嗤之以鼻。

克里提俄斯和涅西俄忒斯选用了已经存在于艺术创作中的战斗姿态来创作僭主刺杀者的雕塑,或者也可以认为是他们把"僭主刺杀者"的元素混入了既有的这两种姿势中,供后来的艺术家继续发挥。如今,我们能看到最热衷使用这个主题的画家均活跃于雕塑落成后不久,他们的发挥也最为丰富。而到了公元前5世纪末,雅典的制陶业式微,在这个时期,有关僭主刺杀者的创作也逐渐衰弱。有两只创作于公元前400年前后的酒壶残片(图6)[41],其上的僭主刺杀者以他们原本的方式——雕像——呈现,观众可以清楚地看到雕像脚下的基座,以及两侧回廊的立柱。几十年后,随着亚历山大的东征,早先在希波战争中被掠走的安忒诺耳的青铜雕像又被送返至雅典,两组雕像并列伫立在雅典市集时,已是这个城邦在文明史上的黄昏时分,或许会让有幸路过的观者泛起如吉本那般的浮思。

---

[41] "Oinochoe", Boston, Museum of Fine Arts, inv. n. 98.936; "Chous", Ferrara, Museo nazionale di Spina, inv. n.6406.

参考书目

Anderson, Greg. 2003. *The Athenian Experiment: Building an Imagined Political Community in Ancient Attica, 508–490 B.C.* Ann Arbor: University of Michigan Press.

Azoulay, Vincent. 2014. *Les Tyrannicides d'Athènes: Vie et mort de deux statues.* Paris: Seuil.

Bentz, Martin. 1998. *Panathenäische Preisamphoren: Eine athenische Vasengattung und ihre Funktion vom 6.–4. Jahrhundert v. Chr.* Basel: Archäologisches Seminar der Universität.

Boardman, John. 1978. *Greek Sculpture: The Archaic Period.* London: Thames and Hudson.

Bowra, Cecil Maurice. 1961. *Greek Lyric Poetry from Alcman to Simonides.* 2nd Edition. Oxford Scholarly Classics. Oxford: Clarendon Press.

Brunnsåker, Sture. 1971. *The Tyrant-Slayers of Kritios and Nesiotes: A Critical Study of the Sources and Restorations.* Stockholm: Svenska Institutet i Athen.

Carpenter, Thomas. 1997. "Harmodios and Apollo in Fifth-Century Athens: What's in a Pose?" In *Athenian Potters and Painters. The Conference Proceedings*, edited by John Oakley, William Coulson, and Olga Palagia. Oxford: Oxbow Monograph, pp. 171–179.

Cromey, Robert. 2001. "Athena's Panathenaic Episema and Democracy's Return in 403." In *Panathenaïka: Symposion zu den Panathenäischen Preisamphoren, Rauischholzhausen 25.11–29.11.1998*, edited by Martin Bentz and Norbert Eschbach. Mainz: von Zabern, pp. 91–100.

Dietrich, Nikolaus. 2013. "Unvollständige Bilder im spätarchaischen und frühklassischen Athen." *Antike Kunst* 56: pp. 37–55.

Dupont, Florence. 2002. *Le plaisir et la loi: Du Banquet de Platon au Satiricon.* Paris: La Découverte.

Ehrenberg, Victor. 1956. "Das Harmodioslied." *Wiener Studien* 69: pp. 59–69.

Fehr, Burckhard. 1979. *Bewegungsweisen und Verhaltensideale. Physiognomische Deutungsmöglichkeiten der Bewegungsdarstellung an Griechischen Statuen des 5. Und 4. Jahrhunderts v. Chr.* Bad Bramstedt: Moreland.

Fehr, Burkhard. 1984. *Die Tyrannentöter. Oder: Kann man der Demokratie ein Denkmal setzen?* Frankfurt: Fischer.

Gauthier, Philippe. 1985. *Les cités grecques et leur bienfaiteurs: IVe — Ier Siècle avant J.-C. Contribution à l'histoire des institutions.* Athens: École française d'Athènes.

Haspels, Caroline. 1936. *Attic Black-Figured Lekythoi*. Paris: E. de Boccard.
Jacoby, Felix. 1949. *Atthis: The Local Chronicles of Ancient Athens*. Oxford: Clarendon Press.
Kardara, Chrysoula. 1951. "On Theseus and the Tyrannicides." *American Journal of Archaeology* 55.4: pp. 293–300.
Kearns, Emily. 1989. *The Heroes of Attica*. London: University of London, Institute of Classical Studies.
Kinzl, Konrad. 1978. "Demokratia: Studie zur Frühgeschichte des Begriffes." *Gymnasium* 85: pp. 117–127.
Lambin, Gérard. 1979. "Dans un rameau de myrte." *Revue des études grecques* 92: pp. 542–551.
—. 1992. *La chanson grecque dans l'Antiquité*. CNRS Littérature. Paris: CNRS Édition.
Lissarague, François, and Alain Schnapp. 2007. "Athènes, la cité, les images." In *Athènes et le politique. Dans le sillage de Claude Mossé*, edited by Pauline Schmitt-Pantel and François de Polignac. Paris: Albin Michel, pp. 25–55.
Loraux, Nicole. 1997. *La cité divisée: L'oubli dans la mémoire d'Athènes*. Paris: Payot.
Maffre, Jean-Jacques. 2001. "Amphores panathénaïques découvertes en Cyrénaïque." In *Panathenaïka: Symposion zu den Panathenäischen Preisamphoren, Rauischholzhausen 25.11–29.11.1998*, edited by Martin Bentz and Norbert Eschbach. Mainz: von Zabern, pp. 25–32.
Mommsen, August. 1898. *Feste der Stadt Athen im Altertum*. Leipzig: Teubner.
Monoson, Sara. 2000. "The Allure of Harmodius and Aristogeiton: Public/Private Relations in the Athenian Democratic Imaginary." In *Plato's Democratic Entanglements. Athenian Politics and the Practice of Philosophy*. Princeton: Princeton University Press, pp. 21–50.
Neer, Richard T. 2002. *Style and Politics in Athenian Vase-Painting, the Craft of Democracy, ca.530–460 B.C.E.* Cambridge: Cambridge University Press.
Ober, Josiah. 1998. *Political Dissent in Democratic Athens: Intellectual Critics of Popular Rule*. Princeton: Princeton University Press.
Oenbrink, Werner. 2004. "Die Tyrannenmörder. Aristokratische Identifikationsfiguren oder Leitbilder der athenischen Demokratie? Rezeption eines politischen Denkmals in der Vasenmalerei." In *Bildergeschichte: Festschrift Klaus Stähler*, edited by Jörg Gebauer, Eva Grabow, Franck Jünger, and Dieter Metzler. Möhnesee: Bibliopolis, pp. 373–400.
Ostwald, Martin. 1951. "The Prytaneion Decree Re-Examined." *The American Journal of Philology* 72.1: pp. 24–46.

—. 1969. *Nomos and the Beginnings of Athenian Democracy*. Oxford: Clarendon Press.

Page, Denys Lionel. 1962. *Poetae Melici Graeci*. Oxford: Clarendon Press.

Peters, Karl. 1942. "Zwei panathenäischen Preisamphoren des Aristophanes." *Jahrbuch des Deutschen Archäologischen Instituts* 57: pp. 143–157.

Richter, Gisela. 1928. "The Right Arm of Harmodios." *American Journal of Archaeology* 32.1: pp. 1–8.

Schöll, Rudolf. 1872. "Die Speisung im Prytaneion zu Athen." *Hermes* 6.1: pp. 14–54.

Shear, Julia. 2012. "The Tyrannicides, Their Cult and the Panathenaia: a Note." *Journal of Hellenic Studies* 132: pp. 107–119.

Shefton, Brian. 1960. "Some Iconographic Remarks on the Tyrannicides." *American Journal of Archaeology* 64.2: pp. 173–179.

Taylor, Michael. 1981. *The Tyrant Slayers: The Heroic Image in Fifth Century B.C. Athenian Art and Politics*. New York: Arno Press.

Vlastos, Gregory. 1953. "Isonomia." *The American Journal of Philology* 74.4: pp. 337–366.

Vollgraff, Carl Wilhelm. 1921. "ΕΝ ΜΥΡΤΟΥ ΚΛΑΔΙ." *Mnemosyne* 49.3: pp. 246–250.

Wade-Gery, H. T. and Malcolm F. McGregor. 1932. "Studies in Attic Inscriptions of the Fifth Century B.C." *The Annual of the British School at Athens* 33: pp. 101–136.

Welwei, Karl-Wilhelm. 1992. *Athen. Vom neolithischen Siedlungsplatz zur archaischen Großpolis*. Darmstadt: Wissenschaftliche Buchgesellschaft.

(作者:虞欣河,法国高等研究实践学院在读博士生)

奥古斯都和平祭坛：献给皇帝的荣誉与元老院的表态

艾米·罗素

（贺向前 译）

公元前13年，为了旌表从西班牙和高卢凯旋的奥古斯都皇帝，罗马元老院通过决议，为"奥古斯都和平"（Pax Augusta）修造一座新的祭坛。经过四年的修建，这座祭坛（图1）于公元前9年被圣化（consecrated）。它坐落在马尔斯校场（Campus Martius）之上，那里当时只是一片紧挨罗马城的开阔草地，如今已经变成了建筑熙攘的战神广场（Campo Marzio）。对石质祭坛及其围墙的发掘早在16世纪就开始了，历经不同的阶段，直到20世纪初年它们才被拼凑起来。它们现在立于罗马的专属博物馆内，毗邻奥古斯都陵，离祭坛原址（也即现在的Via in Lucina地下）也只有几百米之遥[1]。

祭坛本身（图2）是一张大的平桌，供品在上面焚烧，以使烟雾能通到神明面前。但是不论是在往昔还是在如今，前来参观的人都不能直接看到供物桌，而是被一堵团团围住它的巨大石墙挡住视线。这道围墙由大理石制成，上面有丰富的高浮雕装饰。外墙分上、下两

---

[1] 本文的一部分曾在复旦大学以讲座的形式发表，我想在这里感谢听众们饶有助益的提问和评论。另有听众听过稍有区别的版本，在此一并致谢。关于和平祭坛的学术研究浩如烟海，在这则脚注中我甚至无法一一列举最重要的研究文献。重要的通论性质的著作包括：Simon (1967); Torelli (1982), 27—61; La Rocca (1983); Koeppel (1987), (1988); Settis (1988); Zanker (1988), 特别是第117—123、172—183、203—207页; Rossini (2006); Pollini (2012)全文各处，特别是其第204—247、271—308页。

图1　和平祭坛外墙

图2　和平祭坛主体

层,一条程式化的莨苕叶(acanthus-leaf)卷饰带填满了下层,其中点缀着其他式样的动植物(图3)。墙的上层由四个独立场景和一条列队游行的长饰带组成。

引起学界最大关注的是四块有丰富图像装饰的独立石板。在西

图3　祭坛外层莨苕叶卷饰带

边,通往祭坛的门左侧,有一块石板描绘了在未来的罗马城址,双胞胎婴儿罗慕路斯和雷穆斯被牧羊人福斯图鲁斯发现的情景(图1,左上)。在门的另一侧,一位蓄须的男性和几个随从将一头母猪献作祭品(图4)。对祭祀场景的标准解释是,这是埃涅阿斯到达同一地点,即未来罗马所在地后举办的庆典。而一些学者争论道,实际上这个人物应该是努马,即罗马继罗慕路斯之后的第二位国王,亦即传说中许多罗马宗教仪式的创始人。在东边,另一对石板分别描绘了两位女神。其中一位是罗马女神(Roma),她坐在一堆敌人的武器和盔甲上(这个图像现在已经残损严重了)。她对面的另一位女神呈现出类似的坐姿,在其周围是象征富饶和丰产的动物、植物和婴儿(图5)。最后这个人物的身份是祭坛最大的谜团之一:她是维纳斯,还是大地之母?是意大利的化身,抑或是和平本身?

祭坛还有许多别的雕刻装饰元素:石墙内侧上部由许多花环和牛头骨装饰,其下部的垂直线条设计或许意在模仿木制围栏,祭坛本身则有一条比真实尺寸小的祭祀队列饰带和其他装饰物。近年来,

图 4　祭祀场景饰板

图 5　女神饰板

这些装饰性元素与墙外侧的卷曲植物纹一道，得到越来越多的研究[2]。然而，就本文而言，祭坛最重要的视觉元素是沿着南、北墙外侧上部展开的游行图像（图6）。两边都有一群交叠的人物，包括男人、女人、小孩在内，一些人身着特殊的典礼服饰，另一些则穿着正式，行向围墙的西端，也就是祭坛主入口所在之处。他们头顶花冠，有的携带着宗教用具：这是一场宗教游行，大概与真实发生于这座祭坛的游行有关[3]。

图6　游行饰带

总体而言，祭坛的丰富雕饰使观者心潮澎湃，如果以其原初辉煌灿烂的涂绘展现，或许效果会更令人惊叹。它的整体主题非常明确：宗教（religion）和虔诚（piety），罗马及其在天下的特殊地位，以及最重要的丰产（fertility）与富饶（abundance）。祭坛所庆祝的"奥古斯都和平"许诺罗马和她的帝国将在众神的眷顾下繁荣昌盛。

这座祭坛的声名是当之无愧的：现如今，它被看作奥古斯都时代最著名的符号之一，可以同《埃涅阿斯纪》一起被看作对罗马的身份认同和奥古斯都时期文化的代表。两者都富含虔诚、罗马史和丰

---

[2]　Caneva (2011).

[3]　至于这里表现了哪种宗教场合，学者们意见并不一致，Simon (1967); Billows (1993)以及Bergmann (2010), 18-33都认为这是"谢神祭"（supplicatio）的场面，而Pollini (2012), 227认为这是一场鸟卜圣化礼（inauguratio，通过鸟卜求兆的方式圣化和平繁荣的新时代——译者按）。

饶等主题,并导向一种更为宽泛的、与奥古斯都本人有着密切联系的"黄金时代"意识形态。学校课本把这座祭坛用作关键的图像史料,学界则把它当成理解奥古斯都如何展现自己统治的重中之重,但是他们都没有强调这座纪念碑的一个重要方面:它并非由奥古斯都出面建造[4]。学者们十分清楚,是维吉尔,而不是奥古斯都创作了《埃涅阿斯纪》,有关它的奥古斯都诸主题的讨论倾向于追问,在留有相当大的批评或者赞扬的余地下,它们如何回应元首本人的行为及其公共展现。很少有人会认为这部史诗只是单纯的、由一个有着明确政治目的的中央权力所把持的宣传工具。实际上,我认为更有可能的情况是,这部史诗影响了奥古斯都的自我展现,而不是反过来被其影响。然而,就祭坛而言,通行的学术观点依然认为,这是一份对奥古斯都本人意识形态的显白声明,经过精心设计,意在从中央向人民传达一则拥护现行体制的简单信息。即便那些持论不如这般招摇之人,仍然尝试将其解读为用来参透元首心术的证据。

我们了解奥古斯都如何进行自我展示的最佳途径是他的自传性文本——《功德录》(*Res Gestae*)。文中,他非常清楚地叙述了祭坛的来源:

> *cum ex Hispania Galliaque rebus in iis provincis prospere gestis Romam redi, Ti. Nerone P. Quintilio consulibus, aram Pacis Augustae senatus pro reditu meo consacrandam censuit ad campum Martium, in qua magistratus et sacerdotes virginesque Vestales anniversarium sacrificium facere iussit.*
>
> 当我在西班牙和高卢行省取得良好成果并回返罗马之时,正值提比略·尼禄和普布利乌斯·昆提里乌斯任执政官,元老院通过决议,为了纪念我的归来,须向"奥古斯都和平"贡献一座祭坛,并命各行政长官、祭司和维斯塔贞女在该处举行一年一

---

[4] 注意到这一点的研究包括:Boschung (2005), 99-103; Stewart (2008), 113-114; Mayer (2010), 119-127。在讨论艺术品时,就学者如何以及为何倾向于认为皇帝是发起人这个问题,Dally (2007) 的研究最有价值,讨论最全面。

度的献祭仪式。(*RGDA* 12)⁵

祭坛是根据元老院的命令委托并修造的。因此,我们应该考虑到,它可能反映了元老们对奥古斯都的态度,而非对他的个人形象亦步亦趋。它被设计出来当然是为了赞扬和尊崇他,但这并不意味着元老院的观点就没有立足之地,甚至我们所熟知的《埃涅阿斯纪》中的"弦外之音"(further voices)都有可能存在⁶。

本文的大致脉络是:首先,我将就奥古斯都时代的元老院展开探讨,并谈及为何史学家应当把帝制时代的元老院当作一个机构来关注,而非将其贬作往日共和国的僵尸。然后我会回到祭坛本身,具体讨论这一对元老院在建造祭坛中所起作用的全面评价,将如何影响我们对其沟通和艺术功能的理解。

认为帝制时期的元老院是毫无用处的遗物这一观点从古代就开始存在了。作为元老,史家塔西佗将他的同僚和在早期皇帝治下的前辈们刻画成奴颜婢膝的谄谀之臣:他们置体面于不顾,只为逢迎讨好皇帝或者逃避他的怒火⁷。他描绘的元老院会议没有任何实质内容,元老们讨论得最多的就是如何更好地尊崇元首⁸。但即便是最暴虐的皇帝也没有走到完全忽略元老阶层的地步:尽管明面上元老院只是皇帝的橡皮图章,但只要帝国延续下去,元老院这个机构就一直存在。显而易见,它对罗马皇帝很重要。它存续的一个原因在于,无论罗马皇帝的权力多么不言而喻,他们都采取了一种强调延续性而非变化的说辞。他们把对共和国传统的信念作为新体制的柱石之一进行宣传。元老院是这种延续性的主要证明,皇帝需要展现出他们得到了元老院的支持,以给他们的主张披上合法化的外衣,即自共和

---

5 此处译文参考张楠、张强:《〈奥古斯都功德碑〉译注》,《古代文明》2007年第3期,第15—16页。有改动。以下译文未加注明者为译者自译。——译者注
6 "弦外之音"这个说法借自 Lyne 1987。
7 Tac. *Ann.* 1. 2: ceteri nobilium, quanto quis servitio promptior, opibus et honoribus extollerentur ac novis ex rebus aucti tuta et praesentia quam vetera et periculosa mallent. "剩下的精英表现得愈加奴颜婢膝,就越能升官发财;既然他们从新体制中获得好处,比之旧日的危险,他们更愿意在当下苟且偷安。"(此处译文参考王以铸、崔妙因译:《塔西佗〈编年史〉》,商务印书馆,1981年,第3页。有改动——译者注)
8 举例而言,参照 Tac. *Ann.* 1. 8, 12. 53。

国时代以来并没有任何真正的变化[9]。

因此,元老院对皇帝的公开支持是至关重要的。这种支持是以授予荣誉的形式表达的,通常涉及艺术品和建筑的委托与修造。元老院的这部分职能给自身提供了一个平台,不仅能传达皇帝的成就与美德,还可以提出他们自己的观点[10]。授予荣誉的行为是主动的,而非被动的:筹备荣誉的人能够对表彰的内容做出选择[11]。荣誉自身也有可能被转化成建议甚至命令:如果被授予荣誉者希望继续获得荣誉,他就不能辜负他获得的赞美。这种互动的最佳证明是公元前27年元老院赠予奥古斯都的金盾,上面列着四种德性:集男子气概、勇敢和军事成就于一身的"武勇"(virtus)、"仁慈"、"公正"以及对诸神和祖国的"虔诚"[12]。对用于称赞的德性的选取是有针对性的,他们并没有在可供选择的成百上千种德性中随意选取两个进行表彰,比如说他的"慷慨"和"智慧"。选择"仁慈"这一德性肯定意味着,元老们希望内战的腥风血雨和战后的互相攻讦能够真正消弭。并且,正如凯思琳·韦尔奇(Kathryn Welch)所证明的,他赖以获得称赞的"虔诚",特别是对诸神和祖国的"虔诚",与奥古斯都在刚刚结束的战争期间的自我展示略有出入:他声称自己是出于对被谋害的养父恺撒的虔诚(或孝心)而行事[13]。元老院授予的荣誉可以被解读成温和的规劝,希望他放下仇恨,担起国家重建的责任。这是元老院深思熟虑的选择,而非他们与元首达成一致后,表态上发生了变化。表明这一切的证据也在《功德录》之中:在引述荣誉的内容时,奥古斯都只是省略了最后几个字,声称他因其"虔诚"而受到表彰,而没有指明"虔诚"的对象是谁(RGDA 34)。金盾这一案例表明,荣誉可能是双方深层政治协商的一种形式,其内容也需要得到仔细的审视。

---

9 有关元老院的角色以及它作为帝制下共和国传统象征的重要地位,参见 Flaig (1992); Ando (2000), 152-168; Eder (2005); Roller (2015); Russell (2019)。综论帝国时期的元老院,参见 Talbert (1984); Bonnefond-Coudry (1995); Hurlet (2009)。

10 当然,我们有可能怀疑皇帝才是最初的推动者,他或许私下向资深元老做了表示。但我们知道,在有些情况下,提请的荣誉触犯了皇帝(例如 Tac. *Ann.* 1.14),意味着元老们在一定程度上拥有自由裁量的权力。

11 通论尊崇皇帝中的政治运作,参见 Lendon (1997); Rowe (2002); Roller (2010), 129-212;以及集中论述和平祭坛的 Mayer (2010)。

12 全文见于金盾的古代大理石复制品,发现于法国阿尔勒(Arles)。

13 Welch (2019)。

奥古斯都和平祭坛就是一项这样的荣誉。下令建造祭坛的元老院不仅赞颂了奥古斯都的成就，而且还昭告众人，他们作为能够授予最重要荣誉的机构，地位举足轻重。他们还在设计、地点、奉献对象等许多方面有选择的余地，这意味着他们有能力在奥古斯都图像和意识形态发展过程中发出自己的声音。

要在祭坛的雕饰中听到对奥古斯都体制的批评这一"弦外之音"，并不困难。最出名的例子出现在外墙下层的植物形象中，影射即便是在这"黄金时代"，也并非完美无缺：一条蛇蜿蜒滑向鸟巢，意在偷取鸟蛋（图3）；在别处的动、植物图像组合之中，同样出现了有威胁的动物，比如说蝎子。或许即便是那令人惊叹的植物浮雕组本身也暗含警示：这些花儿永远不会同时绽放，也绝对不可能同根而生。这是否预示着，奥古斯都对和平与繁荣的愿景是不切实际的幻象，而不是他那个时代罗马人生活的现实？坐于敌人盾牌之上的战争女神罗马和安坐的女性形象并置，或许只是一种"和平来自军事胜利"的朴素认同，但有没有可能也是在提醒人们不要忘记，奥古斯都本人手上的斑斑血迹，其中也有一部分是罗马人的？这些不和谐音符应该如何与弥漫整座祭坛的繁荣、和平基调相抗衡？毕竟，祭坛自身的名称就是对奥古斯都的明确赞美，下层茛苕叶微妙地旋向游行队列中的奥古斯都，这些都是显而易见的正面表达。有很多地方有讨论的价值，但在我看来，寻找隐藏的"反奥古斯都"信息不是正确的做法[14]。即便奥古斯都自己的作品也从不缺少暧昧之处，承认其政权建立的背景一面是战火连天的过去，一面是暗流涌动的当下。

相反，我们要抛弃过分简单化的"支持/反对'奥古斯都体制'"的二极对立框架，去观察这座祭坛成功将哪些细微之处，特别是它的元老院赞助人的意思，糅合进奥古斯都时代的演说辞、艺术品、钱币、纪念碑和诗歌所传达的整体信息之中。

我将集中讨论两个主题：蓄须的祭祀者形象，以及身份不明的女神石板。祭祀者形象（图4）通常被解读为埃涅阿斯，他在抵达意大利定居点时，奉献了一头母猪。我们从《埃涅阿斯纪》中得知这个

---

[14] 此处观点（还有许多处）仍有很多细微之处，我不能在一个段落中尽数表达，参照我在注1中引用的著作。通论"支持"和"反奥古斯都"标签的无效性，参见Kennedy (1997)。

情节，但是那个版本有一个重要的细节，即母猪带着小猪一同出现。[15]在祭坛的画面中，我们没有看到小猪的形象。一直以来，学者们认为这个差别并不重要：埃涅阿斯与对面的罗慕路斯是一对完美的组合，这样一来祭坛入口就由罗马两位创始者翼护，而两者都在擘画罗马将来的居所。但在2001年，保罗·雷哈克（Paul Rehak）大胆猜想、重新认定那位蓄须的祭祀者为罗马第二位国王努马。他虔诚的名声与这里的祭祀图像并不违和，也能在为战争画上句号的和平祭坛上，与对面的罗慕路斯成和谐呼应之势：罗慕路斯为罗马打下军事基础，努马则为其奠定宗教传统。[16]雷哈克的论点在技术层面遭到了约翰·波利尼（John Pollini）的严重责难，但我认为，仍值得花点时间探讨描绘努马的石板如何能够融入带有元老院色彩的祭坛之中。[17]罗慕路斯和努马都与元老院有着复杂的关系：罗慕路斯设立了元老院，但至少在一个版本中，他死于元老之手；努马则是在一次灾难性的政治实验之后才成为国王，实验中元老院得到了自行统治的权力。在西塞罗笔下的罗马史中，斯基皮奥（Scipio）讲述了这个故事：

> cum ille Romuli senatus ... temptaret post Romuli excessum ut ipse regeret sine rege rem publicam, populus id non tulit, desiderioque Romuli postea regem flagitare non destitit.
>
> 当罗慕路斯的元老院……在罗慕路斯死后，尝试撇开国王、自行统治共和国，人们难以忍受，出于对罗慕路斯的渴望，他们不断地要求得到一位国王。（Cic. *De Re Publica*. 2. 23）

这两个人一起出现，不仅可以提醒人们元老杀害了奥古斯都的神明父亲（指恺撒），而且可以指出共和制下的元老院已经失去

15　Virgil, *Aen*. 388–393.
16　Rehak (2001).
17　Pollini (2012), 242–247. 此外，雷哈克还认为石板上部左边角落里接受供奉的两位神明不可能是 *Penates*，即埃涅阿斯祭献的家神。因为家神以年轻男性的形象示人，而画面中至少有一位面带髭须。波利尼曾细致地端详过这块石板，认为雷哈克据以认作胡须的阴影部分实际上是浮雕表面的一块污迹。

了国家政治领导机构的作用,除了专制之外别无选择。不过,努马的故事还有更多的内涵。西塞罗的版本写于共和国的最后几十年,里面接着提到,人们在元老们的建议下,自行选择了努马(Cic. De Re Publica. 2. 25)。一代人之后,随着独裁统治成为生活实际,史家李维对同一个故事的讲述略有不同,场景却一模一样:元老们试图自己掌权,人民拒绝接受。但是选立新王的过程变得大相径庭:

> *cum sensissent ea moveri patres, offerendum ultro rati quod amissuri erant, ita gratiam ineunt summa potestate populo permissa ut non plus darent iuris quam detinerent. decreverunt enim ut cum populus regem iussisset, id sic ratum esset si patres auctores fierent ... "Quirites, regem create: ita patribus visum est. patres deinde, si dignum qui secundus ab Romulo numeretur crearitis, auctores fient." adeo id gratum plebi fuit ut, ne victi beneficio viderentur, id modo sciscerent iuberentque ut senatus decerneret qui Romae regnaret.*

> 当元老们意识到发生的事情之后,他们决定,他们应该心甘情愿地出让注定失去的东西。他们把最高权力移交给了人民,赢得了人们的感激,以至于他们放弃的权利失而复返。因为他们规定,当人民拥戴国王之时,需要得到元老院的同意……[摄政王(interrex)对人们说:]"公民们(Quirites),选立一位国王吧:这是元老院的决定。从此之后,如果你们选择了一位有能力承继罗慕路斯的人,元老院会给予认同。"这项决定广受平民欢迎,为了不显得吝啬小气,他们马上投票决定应该由元老院选择统治罗马的人。(Liv. 1. 17)

一场关于谁应该选立新王的辩论正在展开,元老院和人民各退一步,都表示对方有权做出抉择。最终,问题的解决方案对元老院有利,它作为最明智的机构和最有资格选择统治者的地位得到了保留。到普鲁塔克的时代,帝制已经建立,故事再次变得简单,元老院的角色却截然不同：没有任何关于最高决定权的辩论，元老们仅仅对心怀感激的群众宣读他们的决议（*Vit. Num.* 3）。或许西塞罗和李维提供的不同版本反映了共和国晚期以及奥古斯都时代早期罗马古物学氛围下正在进行中的一场争论：谁选立了努马。祭坛被委托制造的时候，与李维的版本最切近，有可能是那些认为元老院有最终决定权的人在辩论中风头正盛。那么，在努马身上，我们看到的不仅仅是一位像奥古斯都一样，在其前任去世后被任命来绥靖内乱，带领罗马走向更和平的未来的统治者，也是一个要将自己的地位归功于元老院的人。

把蓄须者认作埃涅阿斯的核心论证之一是，罗慕路斯/埃涅阿斯这对组合与奥古斯都广场（the Forum of Augustus）占据最重要位置的两尊雕像相匹配。在那里，他们统领着回廊中的 *summi viri*，也即罗马历史上的"最杰出者"。奥古斯都在一份公告中宣称，他特意选择这些人作为自己统治的榜样（Suet. *Aug.* 31）。在公元前最后二十年建成的这个广场中，哪个版本的罗马史得到了呈现是毋庸置疑的：它是在奥古斯都授意下形成的产物。埃涅阿斯之所以合适，不仅因为他是罗马创始人之一，是一位以虔诚著称的统治者，而且也因为奥古斯都将其认作自己的先祖。就在几米之外，在由他的养父开始建造、由其完成的恺撒广场（the Forum of Caesar）上，始祖神维纳斯（Venus Genetrix）神庙提醒罗马人：奥古斯都所属的尤里乌斯血脉，是由爱神通过她的儿子埃涅阿斯传下来的。[18]

委托修造和平祭坛的元老们无疑尊崇奥古斯都的神圣家世，但是，对奥古斯都与罗马史上重要的人物以及家庭联系的强调，并不一定体现在元老院修建的纪念碑上。一座带有罗慕路斯和埃涅阿斯的祭坛既赞颂罗马的历史，又赞颂奥古斯都的独特家世；一座带有罗慕路斯和努马的祭坛同样也为赞颂而设，但重点是奥古斯都作为罗马政治领袖的地位。

对祭坛另一端身份不明的女性形象（图5），也应加以同样的考虑。她一直是争论的对象。她的图像模式的某些方面使人想起诸如

---

18 跟和平祭坛情况类似，有关奥古斯都广场的研究也是数不胜数。重要的论著包括：Zanker (1968); Spannagel (1999); Geiger (2008); Shaya (2013)。

大地女神[19]、意大利女神（Italia）、凯瑞斯（Ceres）、和平女神以及维纳斯等神灵[20]。她斗篷稍微滑落肩膀的样式尤其使人回想起始祖神维纳斯的图像特征，有些人声称她完全应该被认定为那位女神。然而，我认为一厢情愿地将之认作维纳斯，是轻信了如下预设的结果：奥古斯都自己设计了祭坛，并且把对他个人很重要的图像元素加入其中。在女神坐像和祭祀图板这两个案例中，我的论证虽不能一劳永逸地证实辨别结果，但也为质疑目前的学术假设提供了新的论据。如果我们把祭坛看作是元老院的而不是奥古斯都的个人工程，这或许会促使我们重新审视默认的假设，即他的祖先必须占据突出的位置。

祭坛上的所有雕饰都带有某种程度的语意含混。它们没有一一悬挂标签，因此观众要根据自己对图像模式的了解，或者依靠一位阅历丰富的同伴的指引，才能读懂每个场景到底描绘了什么[21]。其中一些场景，比如罗慕路斯和雷穆斯场景，哪个神话得到展示是十分显而易见的：看到一只狼和一对婴儿在一起的罗马人，是不大可能认不出罗马的孪生始祖的。至于其他的场景，图像模式的反复出现会让它们变得为人熟知。举例而言，在围墙之内的祭坛上出现的微型祭祀游行图像，与罗马观众在现实生活和艺术品中无数次看到的场景相似，而顶盔掼甲的女神罗马则是日常流通钱币上的常见形象。但就像现代学者对埃涅阿斯/努马场景以及女性化身（personification）坐像大惑不解一样，一些古代观众或许也会感到莫名其妙。这些图像是新的创作，罗马人很难找到类似的设计来帮助理解。因此，要得出确切的结论，知道这些人物形象要传达什么信息给最初的观众，就更成问题了。最大而化之的回答往往是最好的：不管他们的具体身份是什么，那位蓄须的祭祀者代表了罗马的历史与虔诚，而那位女性化身则让人联想到丰产与繁荣。

同样的论证也能套用到我想要讨论的最后一个祭坛特征上面

---

[19] Tellus/Terra，两者异名而同义，参Cic. *Nat. D.* 3. 52以及Varro. *Rust.* 1. 1. 5。——译者注

[20] 早期的解释，比如Petersen (1902)（大地女神Tellus）和van Buren (1913)（意大利女神Italia），撮要总结在Galinksky (1992)之中。他认为这个形象有多重意涵，但植根于维纳斯之上。同样参照Zanker (1988), 172-176（和平女神）; Spaeth (1994)（凯瑞斯）。

[21] Elsner (1995)花了大量笔墨论述祭坛的观者。

来，即南、北两侧的大型游行饰带（图6）。画面上，一群男人、女人和孩童向祭坛入口方向走去。有些人戴着花环，拿着月桂枝。大多数男人都身着托袈袍；有些人携带特殊的宗教用具，表明他们的祭司身份。大量关于饰带的学术研究都集中在群体中个别成员的身份确认上，认为他们是可能出现于某些特定场合的历史人物[22]。而作为整体，这群人几乎总是被认作奥古斯都的家庭成员。

有时候观察人物特点，将他们与钱币上的已知肖像做对比，可以识别出他们的身份，而这种方法往往只能做到这个程度。相当多奥古斯都时期的显贵人物并没有肖像存世，此外，北侧墙壁上的人物头像全是现代修复的产物。然而，从根本上来说，从形象特征来识别这些人物是一项困难的工作，因为工匠们选择了一种古典式的、受希腊影响的风格，故意使得大多数形象面目模糊、身份不明。他们被赋予千篇一律的、年轻的特征，原型可能来自希腊的理想化雕像，而非罗马写实主义（veristic）风格的雕像。只有大概五张脸带有明显可识别的特点[23]。其中包括奥古斯都本人，位处南侧游行队伍的三分之一处（即图6中被一条裂纹贯透全身的人物），从一个特定角度能看到他额头上标志性的"发钳"[24]。他的左臂右膀阿格里帕（图6中最后一个完整的人物形象）因为他特殊的肖像特征，也使他与两侧的理想型雕像区分开来。

由于在大多数情况下没有面部特征辅助，学者们根据人物在队列中的位置，比照皇室成员名单与每个成年人身旁的孩童数量、他们佩戴的明显标志以及他们与奥古斯都位置的远近同他们皇室地位的相关性来确认他们的名字。然而，这些方法都不是万无一失的。创作饰带的工匠并不力求准确，举例而言，有些人物穿着只有显贵才有资格获取的特质鞋履，但阿格里帕却没有，尽管他早在公元前29年就已经跻身显贵之列了[25]。戴安娜·柯林（Diana Conlin）甚至数出饰

---

[22] 最重要的研究是Pollini (1978)。近期的有关研究中，Stern (2006)对所有猜想做了非常实用的总结。

[23] Conlin (1997), 78–79 对此进行了分析和讨论。

[24] claw, 钳状发缕, 艺术史家用以确定肖像身份的特征之一。——译者注

[25] Bergmann (2010), 18–33对这些人物形象穿戴的鞋履和花环等进行了全面的研究。

带底端人物双脚的数量与饰带顶端人物头部的数量不匹配[26]。总而言之,工匠并没有给特定场合或者特定群体描摹逼真肖像的打算,而是要给人一种罗马精英庄严游行的印象。

我们应该再次追问,罗马观众会如何看待这个作品呢?普通罗马人可能并不熟悉每位皇室成员的面部特征和身份级别。此外,上文讨论的几幅特征鲜明的肖像,是特意的艺术化加工,但在地面上观看,它们并不清晰可见。所以那些被认为表现了特定个体的人物形象,也许只有直接观看祭坛的一小撮人能够认出来。对大多数观者而言,饰带给人带来的视觉印象只是一次游行,或许涉及一两位知名人物,比如说奥古斯都和阿格里帕。

将这一群男人、女人和孩童认作皇室的传统使得这座祭坛成了奥古斯都自己家族的一座丰碑,比以往任何一座国家纪念碑都更加突出,不仅纪念了这一个人,而且还纪念了他延绵到帝制时代的世系。在建造祭坛的公元前13—前9年间,显然罗马人已经接受奥古斯都作为他们的元首和实际上的独裁者,尽管他的体制仍然保留了不少共和国的色彩。然而,皇位递嬗仍然是一个有争议的话题。那些研究不断发展的皇室图像特征的学者倾向于将和平祭坛游行队伍看作将整个皇族纳入中央宣传体系的早期尝试[27]。

然而必须认定这是皇室成员吗?没有肖像特征和标签的辅助,也没有任何刻画皇室的早期艺术传统,罗马观众很可能将这些图像解读成精英男女的游行队伍,与皇室没有任何关系。在知道是元老院委托建造这座祭坛的前提下,这种解释就更有说服力了。因为如果这不是奥古斯都家族的群像,而是罗马精英的一般表现的话,我们在这里看到的,其实是元老和他们的家人。实际上,皇族和元老阶层这两个群体很大程度上是互相融合的。罗马精英群体内部关系密切,无论是通过血缘还是通过婚姻,任意两名元老都很可能有某种家族关系。因此,我们甚至可以保留对这些人物身份的传统认定,而仅将侧重点略加转移[28]。这条饰带上所称颂的精英,不一定是奥古斯都

---

26 Conlin (1997), 85–86.
27 例如 Severy (2003), 111。
28 Mayer (2010) 遵循传统观点,但却认为一些观者可能会将这个群体当作更为笼统的精英人士。

的近亲,而是整个罗马的上层阶级,因此委托建造祭坛的元老也被包括在内。在这个群体之内,奥古斯都自己并非以一个高高在上的统治者出现,而只是群体中的一员——同侪中居首者(the first among equals),不像我们可能在他自己的一些纪念碑上看到的救世主般的王者形象,比如装点了奥古斯都广场的巨大雕像。

我的结论是,如果我们认真考虑和平祭坛是由元老院建造的这一事实,就能别开生面,说出一番新意。他们甚至在祭坛最大的独立装饰性元素——游行饰带上,将自身的群像放了进去。整座祭坛是为了尊荣奥古斯都而建的,他的荣耀与成就是统御一切的主题。但我同样认为,荣誉是很重要的。通过旌表奥古斯都带来的和平与繁荣,元老们毫不掩饰地提出,他们希望看到的是和平,而不是战争。通过将奥古斯都表彰为"同侪中居首者",表明了他们意欲在新体制中获得的地位,即作为元首的朋友和顾问,而非下属。他们出面修建祭坛,也使得元老院在奥古斯都新的和平与繁荣的意识形态夯实过程中起到了重要的作用。如果我们能避免将这个艺术品看作奥古斯都政治宣传(propaganda)的产物或者等同于直接的皇帝御旨,而是看作元老院对奥古斯都所作所为的品评,那么就会更易于发现它在某些方面所包含的耐人寻味的隐晦意旨。这不仅是一个有着漂亮雕饰的艺术杰作,在传达复杂信息方面,它也如同《埃涅阿斯纪》一般难以捉摸。

参考书目

Ando, C. 2000. *Imperial Ideology and Provincial Loyalty in the Roman Empire*. Berkeley: University of California Press.

Bergmann, B. 2010. *Der Kranz des Kaisers: Genese und Bedeuting einer römischen Insignie*. Berlin; New York: de Gruyter.

Billows, R. 1993. "The religious procession of the Ara Pacis Augustae: Augustus' *supplicatio* in 13 B.C.E.", *JRA* 6, 80–92.

Bonnefond-Coudry, M. 1995. "Princeps et Sénat sous les Julio-claudiens: des relations à inventer", *MEFRA* 107, 225–254.

Boschung, D. 2005. "Ordo Senatorius: Gliederung und Rang des Senats als Thema der römischen Kunst", in Eck, W and Matthäus Heil (eds.), *Senatores populi Romani. Realität und mediale Präsentation einer Führungsschicht*. Stuttgart: Franz Steiner, 97-110.

Caneva, G. 2011. *Il codice botanico di Augusto. Ara Pacis: Parlare al popolo attraverso le immagini della natura*. Rome: Gangemi.

Conlin, D. 1997. *The Artists of the Ara Pacis*. Chapel Hill: University of North Carolina Press.

Dally, O. 2007. "Das Bild des Kaisers in der Klassischen Archäologie oder: Gab es einen Paradigmenweschel nach 1968?", *JDAI* 122, 223-257.

Eder, W. 2005. "Augustus and the power of tradition", in Galinsky, Karl (ed.), *The Cambridge Companion to the Age of Augustus*. Cambridge: Cambridge University Press, 13-32.

Elsner, J. 1995. *Art and the Roman Viewer: The Transformation of Art from the Pagan World to Christianity*. Cambridge: Cambridge University Press.

Flaig, E. 1992. *Den Kaiser herausfordern. Die Usurpation im Römischen Reicht*. Frankfurt: Campus Verlag.

Galinksky, K. 1992. "Venus, polysemy, and the Ara Pacis Augustae", *AJA* 96, 457-475.

Geiger, J. 2008. *The First Hall of Fame: A Study of the Statues in the Forum Augustum*. Leiden: Brill.

Hurlet, F. 2009. "L'aristocratie augustéenne et la *Res publica restituta*", in Hurlet, F and B Mineo (eds.), *Le principat d'Auguste. Réalités et représentation du pouvoir autour de la Res publica restituta*. Rennes: Presses universitaires de Rennes, 73-99.

Kennedy, D. F. 1997. "'Augustan' and 'Anti-Augustan': reflection on terms of reference", in Powell, A (ed.), *Roman Poetry and Propaganda in the Age of Augustus*. London: Duckworth, 26-58.

Koeppel, G. M. 1987. "Die historischen Reliefs der römischen Kaiserzeit V: Ara Pacis Augustae. Teil 1", *BJ* 187, 101-157.

—. 1988. "Die historischen Reliefs der römischen Kaiserzeit V: Ara Pacis Augustae. Teil 2", *BJ* 188, 97-106.

La Rocca, E. 1983. *Ara Pacis Augustae. In occasione del restauro della fronte orientale*. Rome: L'Erma di Bretschneider.

Lendon, J. E. 1997. *Empire of Honour: The Art of Government in the Roman World*. Oxford: Oxford University Press.

Lyne, R. O. A. M. 1987. *Further Voices in Virgil's Aeneid*. Oxford: Clarendon Press.

Mayer, E. 2010. "Propaganda, staged applause, or local politics? Public monuments from Augustus to Septimius Severus", in Ewald, B and C Norena (eds.), *The*

Emperor and Rome. New Haven: Yale University Press, 119–127.

Petersen, E. 1902. *Ara Pacis Augustae*. Vienna: Alfred Hölder.

Pollini, J. 1978. *Studies in Augustan "Historical" Reliefs*, diss., Berkeley.

—. 2012. *From Republic to Empire: Rhetoric, Religion, and Power in the Visual Culture of Ancient Rome*. Norman: University of Oklahoma Press.

Rehak, P. 2001. "Aeneas or Numa? Rethinking the meaning of the *Ara Pacis Augustae*", *ABull* 83 (2), 190–208.

Roller, M. B. 2010. "Demolished houses, monumentality and memory in Roman culture", *ClAnt* 29, 117–180.

—. 2015. "The difference an emperor makes: notes on the reception of the Republican Senate in the Imperial age", *Classical Receptions Journal* 7, 11–30.

Rossini, O. 2006. *Ara Pacis*. Milan: Electa.

Rowe, G. 2002. *Princes and Political Cultures: The New Tiberian Senatorial Decrees*. Ann Arbor: University of Michigan Press.

Russell, A. 2019. "Inventing the imperial Senate", in Morrell, Kit, Josiah Osgood and K Welch (eds.), *The Alternative Augustan Age*. Oxford: Oxford University Press, 325–341.

Settis, S. 1988. "Die Ara Pacis", in *Kaiser Augustus und die verlorene Republik: eine Ausstellung im Martin-Gropius-Bau, Berlin, 7. Juni-14. August 1988*. Mainz: Philipp von Zabern, 400–426.

Severy, B. 2003. *Augustus and the Family at the Birth of the Roman Empire*. London and New York: Routledge.

Shaya, J. 2013. "The public life of monuments: the *summi viri* of the Forum of Augustus", *AJA* 117, 83–110.

Simon, E. 1967. *Ara Pacis Augustae*. Greenwich: New York Graphics Society.

Spaeth, B. S. 1994. "The Goddess Ceres in the Ara Pacis Augustae and the Carthage relief", *AJA* 98, 65–100.

Spannagel, M. 1999. *Exemplaria principis: Untersuchungen zu Entstehung und Ausstattung des Augustusforums*. Heidelberg: Verlag Archäologie und Geschichte.

Stern, G. (2006). *Women, Children, and Senators on the Ara Pacis Augustae*, diss., Berkeley.

Stewart, P. 2008. *The Social History of Roman Art*. Cambridge: Cambridge University Press.

Talbert, R. J. A. 1984. *The Senate of imperial Rome*. Princeton: Princeton University Press.

Torelli, M. 1982. *Typology and Structure of Roman Historical Reliefs*. Ann Arbor: University of Michigan Press.

van Buren, A. W. 1913. "The Ara Pacis Augustae", *JRS* 3, 134–141.

Welch, K. 2019. "Shields of Virtue(s)", in Morrell, Kit, Josiah Osgood and K Welch (eds.), *The Alternative Augustan Age*. Oxford: Oxford University Press, 282–304.

Zanker, P. 1968. *Forum Augustum: Das Bildprogramm*. Tübingen: Wasmuth.

——. 1988. *The Power of Images in the Age of Augustus*. Ann Arbor: University of Michigan Press.

（作者单位：美国布朗大学古典学系；译者单位：法国高等研究实践学院在读博士生）

图书在版编目(CIP)数据

希罗多德的序言/张巍主编.—上海：复旦大学出版社，2022.7
(西方古典学辑刊)
ISBN 978-7-309-16143-4

Ⅰ.①希… Ⅱ.①张… Ⅲ.①希波战争—战争史—研究 Ⅳ.①K125

中国版本图书馆 CIP 数据核字(2022)第 040456 号

希罗多德的序言
张　巍　主编
责任编辑/史立丽
复旦大学出版社有限公司出版发行
上海市国权路 579 号　邮编：200433
网址：fupnet@fudanpress.com　http://www.fudanpress.com
门市零售：86-21-65102580　　团体订购：86-21-65104505
出版部电话：86-21-65642845
上海四维数字图文有限公司

开本 787×960　1/16　印张 19.75　字数 284 千
2022 年 7 月第 1 版第 1 次印刷

ISBN 978-7-309-16143-4/K·782
定价：68.00 元

如有印装质量问题，请向复旦大学出版社有限公司出版部调换。
版权所有　　侵权必究